AI 인공지능 시리즈
미드저니와 ComfyUI로 완성하는
게임 그래픽
ChatGPT | 나노바나나(Nano Banana)
양영민 저
VIELBooks
비엘북스
JN409613

미드저니와 ComfyUI로 완성하는

게임 그래픽

ChatGPT | 나노바나나(Nano Banana)

2025년 09월 15일 1판 1쇄 인쇄
2025년 09월 25일 1판 1쇄 발행

지은이 양영민
펴낸이 김종원
펴낸곳 비엘북스

주소 경기도 고양시 일산동구 중앙로 1079, 624호 비엘북스
전화 031-817-3606
팩스 02-6455-3606
등록 2009년 5월 14일 제 313-2009-107호
출판사 홈페이지 https://vielbooks.com
저자 문의 thdgh506@naver.com
도서 문의 vielbooks@vielbooks.com

ISBN 979-11-86573-82-2(13000)
정가 33,000원

이 책을 만든 사람들
기획·진행 비엘플래너스
교정·교열 비엘플래너스
편집디자인 CVDESIGN

[일러두기]

이 책에서 소개된 AI로 생성된 그림들은 교육적인 기능 소개의 일환으로 사용한 것입니다.
특정 상품, 작가의 작품 및 저작권을 침해하려는 의도가 없음을 밝혀둡니다.

미드저니와 ComfyUI로 완성하는

게임 그래픽

ChatGPT | 나노바나나(Nano Banana)

양영민 저

VIELBooks
비엘북스

저자의 말

컴퓨터가 등장한 지 100년도 되지 않았지만, 그 사이 눈부신 발전과 수많은 변화가 있었습니다. 특히 AI라는 거대한 변화를 맞이하며, 우리 역시 시장의 가치에 걸맞게 변해야 한다고 생각합니다. 기업 입장에서는 인건비 절감이라는 기대가 있지만, 이제는 여러 사람이 협업하던 일을 개인이 해낼 수도 있는 시대가 되었습니다.

사람의 시간은 한정적이기에 원하는 자료와 결과물을 얻기까지 많은 노력이 필요합니다. 그러나 충분한 데이터셋을 갖춘 AI를 제대로 활용한다면, 머릿속에서만 그리던 의도와 상상을 시각적으로 구현하는 데 큰 도움이 될 것입니다. 실무에서 작업자는 대가를 받고 결과물을 내는 직업인입니다. 회사 또는 개인 간 계약을 기반으로 한 구조 속에서 일을 하게 되며, 경영진/의뢰자/상급자의 입장에서는 같은 결과라면 더 짧은 시간 안에 효율적으로 성과를 내는 인재를 선호할 수밖에 없습니다.

콘텐츠와 리소스 제작은 프리 프리덕션(Pre-Production 이전 단계)부터 본격적인 프리덕션(Production), 그리고 마감 직전까지 끊임없는 수정 작업이 이어집니다. 이런 치열한 시간 경쟁 속에서 작업과 결과물의 느낌을 빠르게 구현하고 리소스를 신속히 생성하는 것만으로도 강력한 경쟁력이 될 수 있습니다. 동시에 이는 개인의 성장과 발전에도 큰 도움이 되기에, 생성형 AI의 활용법은 반드시 익혀야 한다고 생각합니다. 기존 워크플로우에 생성형 AI를 접목하면 시간을 단축할 수 있을 뿐 아니라 같은 시간 안에 더 많은 결과물을 얻는 것도 가능합니다.

또한 생성형 AI는 기본기와 이론의 중요성을 다시금 일깨워 줍니다. 단일 이미지를 만드는 것은 누구나 할 수 있지만, 그 결과를 이해하고 컨트롤하며 실무에 활용하거나 수정하려면 이미지 관리와 보정 능력이 필요합니다. 개인적인 차원에서도 다양한 스타일을 접하며 자신이 선호하는 표현을 알게 되고, 예상치 못한 아이디어를 발전시켜 구체적인 시각 자료로 확장할 수 있습니다. 미드저니는 다른 생성형 AI에 비해 입문 난이도가 낮고 접근성과 편의성이 뛰어나서 프롬프트 기반의 이미지 생성과 자연어 처리 기술, 반복적인 이미지 생성을 통해 사용자 친화적인 환경을 제공합니다.

'오늘 하루에 하나라도 배우면 성공한 하루'라는 말이 있습니다. 조금이나마 오늘보다 나은 내일을 만들고자 이 책을 준비했습니다. 독자 여러분께 작은 도움이 되기를 바랍니다.

2025년 09월

양영민 드림

이 책의 특징

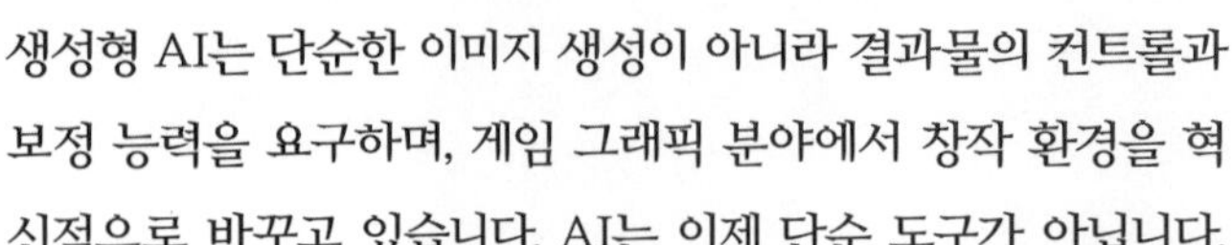

생성형 AI는 단순한 이미지 생성이 아니라 결과물의 컨트롤과 보정 능력을 요구하며, 게임 그래픽 분야에서 창작 환경을 혁신적으로 바꾸고 있습니다. AI는 이제 단순 도구가 아닙니다. 자신의 새로운 창작 파트너로 삼아서 효율성과 창의성을 동시에 높이는 데 활용해야 합니다.

미드저니를 활용한 아이템, 캐릭터 원화, 배경 프랍, 삼면도, 일러스트, UI 디자인 등 실무에서 바로 사용할 수 있는 예제를 다루며, 단순한 이미지 생성에 그치지 않고 원하는 결과물을 컨트롤하는 방법까지 상세히 설명합니다. 또한, ComfyUI를 활용해 컨트롤넷(ControlNet)과 LoRA 모델을 적용하는 고급 기법을 배우면서, 스케치 이미지를 컨셉 원화로 변환하는 방법, 캐릭터 삼면도 제작, 얼굴 턴테이블 효과를 따라하면서 구현해볼 수 있습니다.

또한 ChatGPT에서는 캐릭터 스타일, 감정 이모티콘, 알파 텍스처 등 게임 그래픽 리소스를 제작하는 방법을 다루며, 나노 바나나(nano banana)로 유명해진 Gemini 2.5 Flash를 통해 다양한 게임 그래픽 리소스 제작 방법을 배울 수 있습니다.

주요 내용

미드저니 캐릭터 / 배경 원화 / 게임 아이템 제작 / 무기 / UI / 이펙트 효과
캐릭터 삼면도 / 움직이는 이미지 만들기

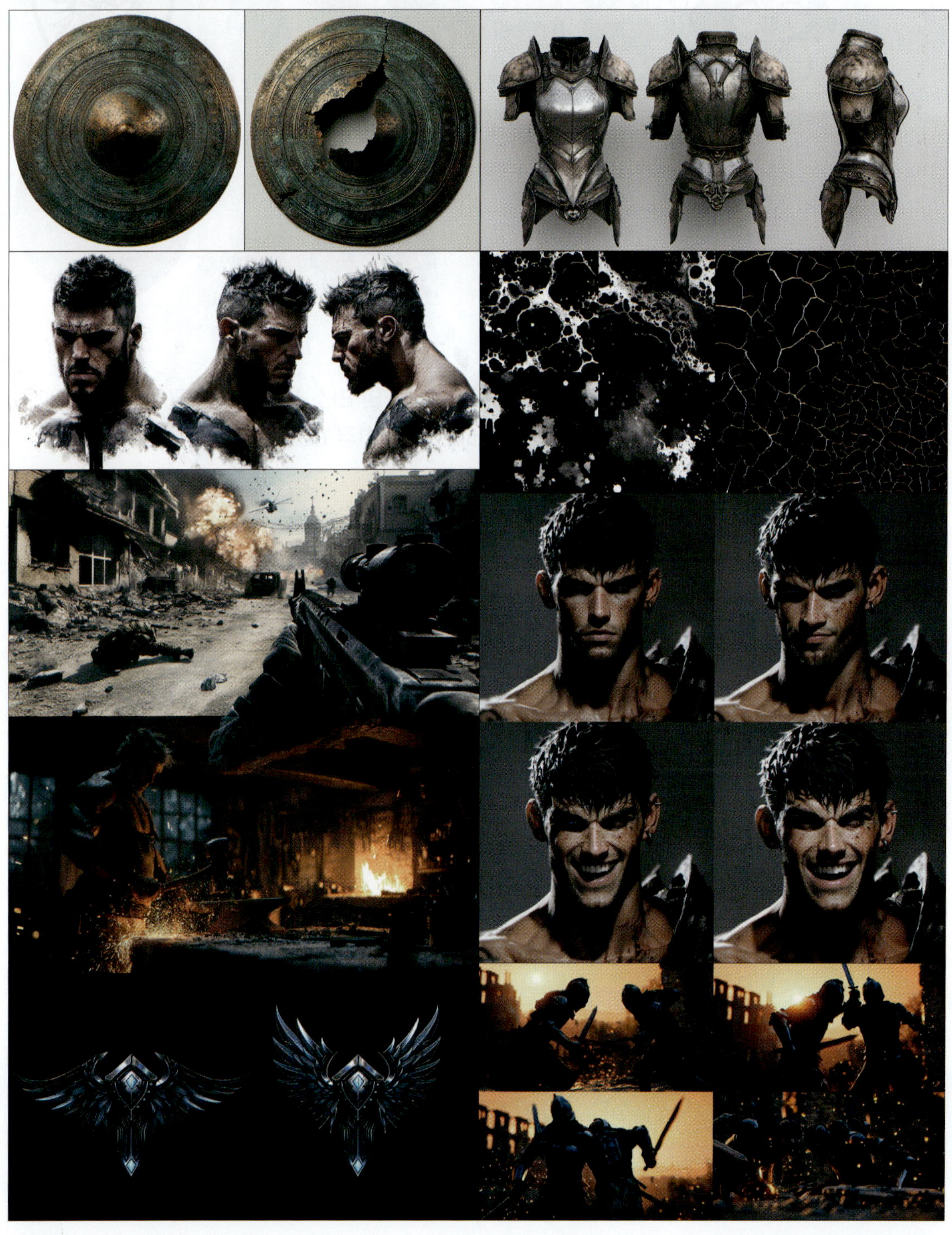

ChatGPT 세계관 기획 / 캐릭터 스타일 / 감정 이모티콘 / 삼면도 제작 / 알파텍스처 / 타일 텍스처 제작

나노바나나 이미지 합성-편집 기법 / 워터마크 및 리소스 삭제 / 피규어 / 캐릭터 표정/포즈/파츠 배경위치 변경 / 스케치 라인 생성

ComfyUI

컨트롤넷과 로라 활용 / 컨셉 원화 / 캐릭터 삼면도 / 턴테이블 만들기 / 배경 제거 / 캐릭터 / 이펙트 스프라이트 시트 만들기

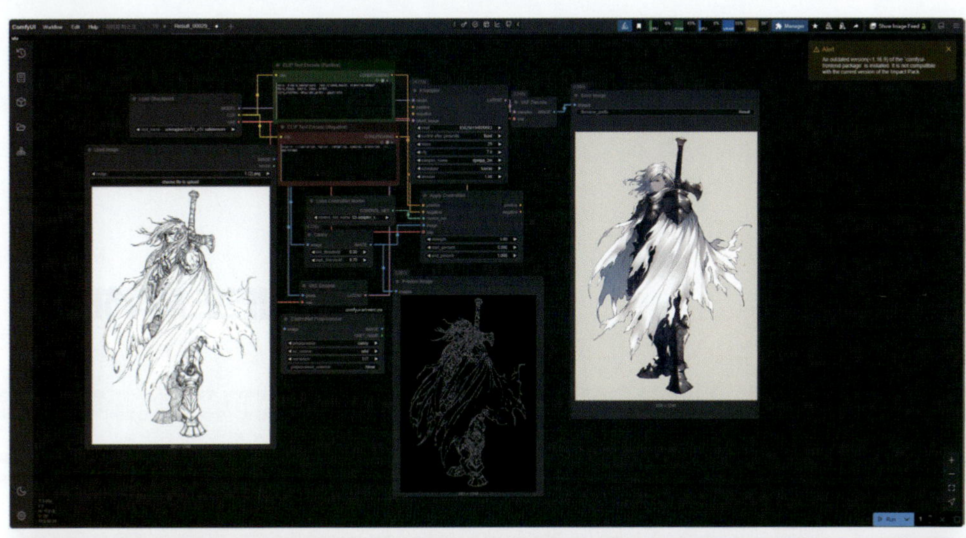

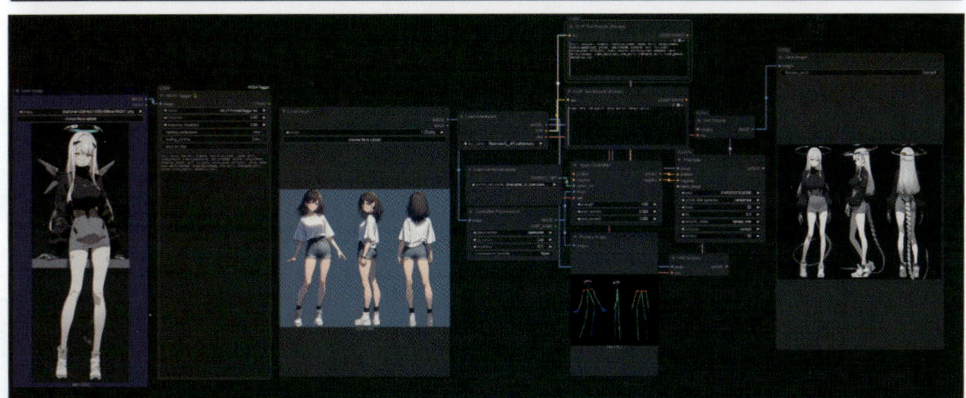

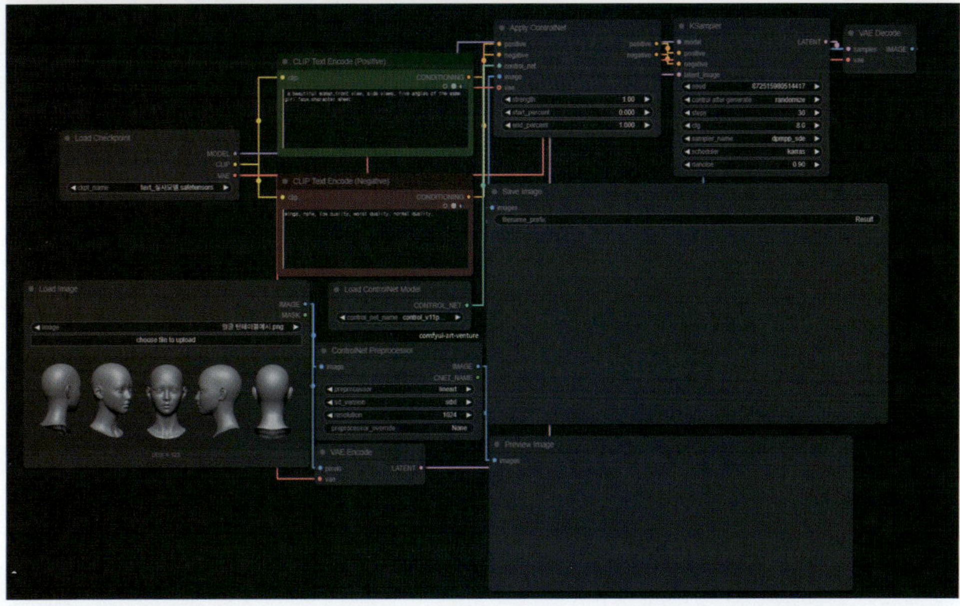

예제데이터 활용

ComfyUI 튜토리얼

캐릭터 삼면도 제작하기

미드저니를 활용하면 비교적 간편하게 캐릭터의 삼면도(정면, 측면, 후면)를 생성할 수 있습니다.
다만, 자동 생성 방식의 특성상 포즈 일관성과 활용 범용성이 제한적이라는 단점이 존재합니다.

이를 보완하기 위해, 본 워크플로우에서는 삼면도 제작에 적합한 기준 포즈의 레퍼런스를 선행으로 준비하고, 그 레퍼런스를 기반으로 좀 더 정밀한 포즈를 고정하고 및 생성하는 방법을 소개하겠습니다. 삼면도 포즈로 참고할 레퍼런스를 준비합니다.

미드저니에서 해당 프롬프트를 사용해서 삼면도를 생성하였습니다.

```
fullbody,1girl,turn back side,alpha transparency,turn back side, reference sheet --ar 5:4 --niji
```

예제데이터가 필요한 곳에는 위 그림과 같은 예제 아이콘이 있습니다.

다음 페이지에서 예제데이터를 다운로드를 받으셔서 활용하시기 바랍니다.

예제데이터에 대하여

이 책에서 소개하는 예제들을 원활하게 진행하려면 예제데이터가 필요합니다.
아래 예제데이터 다운로드 방법을 참고하셔서 예제데이터를 미리 준비해주세요.

이 책을 구입하신 후 반드시 해야 할 2가지!

1. 예제데이터 다운로드 하기

비엘북스 홈페이지에서 예제데이터를 다운로드 합니다.
네이버나 구글에서 비엘북스를 검색하시거나 아래 주소를 입력하시면 됩니다.

· 비엘북스 | https://vielbooks.com

2. 예제데이터 비밀번호 해제하기

예제데이터는 암호화 압축되어 있습니다.

· 비밀번호 [aigame368]을 입력하면 압축 해제됩니다.

압축해제는 윈도우 OS 환경에서 '알집' 또는 '반디집'을 이용해주세요.

문의사항

예제데이터의 다운로드 및 압축해제 오류 등의 문제는 아래 연락처로 문의해주세요.

· 전 화 | 031-817-3606
· 메 일 | vielbooks@vielbooks.com / xsi2maya@naver.com
· 블로그 | http://blog.naver.com/xsi2maya

목차

Part01. 미드저니 시작하기 18

1. 미드저니의 설치와 기본 사용법 20

- 미드저니의 시작 23
- 미드저니 개인서버 구축 25
- 텍스트 / 이미지 프롬프트 참고사항 27
- 이미지 프롬프트 사용법 28

2. 미드저니 주요기능 31

- 미드저니의 주요 기능 31
- Parameters 매개 변수 33
- 기타 명령어 36

3. 미드저니 웹 UI 버전 사용하기 37

- 미드저니 웹 UI 한 눈에 보기 43
- 웹 UI에서 이미지 생성하는 방법 44

Part02. 미드저니 활용하기 50

1. 미드저니의 Edit / Retexture 활용해 보기 52

- Edit 기능으로 게임 일러스트 만들어 보기 52
- Retexture 기능으로 스타일 바꿔보기 56

2. 미드저니 개인화 기능 Profile 사용하기 58

3. 무드보드로 게임 스타일 학습하기 61

4. 일관성을 유지하며 이미지 생성하는 법 67

- 미드저니 스타일 유지 방법 67

: 디스코드에서 스타일 유지하는 법 68

: 웹UI 버전에서 스타일 유지하는 법 69

- oref (Object Reference) 기능의 이해와 응용 70

: --oref 70

: --ow 70

- 실무에 유용한 미드저니 이미지 분석과 프롬프트 최적화 73

: /describe와 /shorten을 활용한 이미지 해석 및 스타일 반복 제작 73

: /shorten으로 프롬프트 최적화하기 74

: 웹UI 버전에서 프롬프트 추출해 보기 76

- 빠르게 스케치하듯, Draft기능으로 컨셉를 잡아보기 77
- 미드저니에서 한글 프롬프트 사용법과 다국어 사용해 보기 80

Part03. 미드저니에서 캐릭터 원화/일러스트 제작해보기 82

1. 게임 아이템/무기/방어구 이미지 제작 84
2. 캐릭터 원화의 제작 89
3. 캐릭터 삼면도 생성하기 93
4. 캐릭터 얼굴 삼면도의 제작 97
5. 실사/반실사/캐주얼 화풍의 변경 101
6. 캐릭터 표정 변경하기 105
7. 캐릭터 헤어 스타일 변경 109
8. 캐릭터 의상 변경하기 112
9. 캐릭터 포즈 변경하기 116
10. 캐릭터 연령대 바꾸어보기 118
11. 캐릭터 몸무게 바꾸어 보기 122
12. 미드저니로 게임 캐릭터 일러스트 제작하기 124
- 캐릭터 설정: 대장장이의 외형 정하기 125
- 공간 설정 126
- 디스코드에서 표현하는 방법 127
- 웹UI 버전에서 표현하는 방법 128

13. SD 스타일 캐릭터/도트 캐릭터 만들기 129
- SD 스타일 캐릭터 만들기 129
- 도트 캐릭터 만들기 131

Part04. 미드저니의 라이팅 132

1. 라이팅의 종류와 프롬프트 134
- Key light(키 라이트) 134
: Rembrandt lighting 렘브란트 라이팅 135
: Loop lighting 루프 라이팅 135
: Split lighting 스플릿 라이팅 135
: Back light 135
: Fill light 136
: High key light 136
: Soft light 136
: Hard light 136

- Color 137

2. 라이팅을 이용한 시선 처리 139
3. 피사계 심도 DOF로 조절하기 141
4. 분위기 시간과 계절의 변경 144

목차

Part05. 미드저니에서 배경 원화/일러스트/리소스 제작 148

1. 세계관별 프랍 컨셉의 제작 150

- 포스트 아포칼립스풍의 프랍 컨셉의 제작 151
- 낡은 드럼통 제작 152
- 오래되고 부서진 건물 표현 153
- 프랍 제작을 위한 디테일 프롬프트 이해 154
- 마나 포션 154
- 동굴 안의 크리스탈 제작 155
- 지브러쉬 스컬핑 느낌의 바위 표현 156
- 마도서의 제작 157
- 공성무기의 제작 158

2. 부서진 프랍 만들기 159

- 디스코드에서 사용하는 방법 159
- 웹UI 버전에서 사용하는 방법 161

3. 배경 카메라 앵글 조절하기 162

- 눈높이 162
- 로우앵글(Low Angle) 162
- 하이 앵글 (High Angle) 163
- 광각 (Wide Angle) 163
- 더치 앵글 (Dutch Angle) 163
- 조감도(Bird's eye View) 163

4. 게임 스크린샷 스타일 생성하기 164

- First Person View(1인칭 시점) 164
- Side view(사이드뷰) 165
- Isometric view(쿼터뷰) 165
- Back view(백뷰) 166
- Top view, Top-down(탑뷰) 166

5. 2D게임 타일맵 소스 만들기 167

6. 타일링 텍스처의 제작 169

7. 알파 텍스처 만들기 172

Part06. 미드저니에서 UI 리소스 만들기 176

1. 일관성 있는 게임 티어 이미지 제작 178

- 디스코드에서 작업하기 178
- 웹UI 버전에서 작업하기 180

2. 등급 알파벳 평가표 만들어보기 181

3. 미니멀 플랫 아이콘 세트 제작 182

4. 텍스트 이미지, 로고 만드는법 185

- 텍스트가 포함된 로고를 만드는 법 185
- 미드저니로 게임 타이틀 만드는 법 187
- 폰트 스타일 가져오기 188
- 이미지만 있는 로고 만들기 189
- 디테일 포토(Detail photo) 190

5. 로고 이미지에 이펙트 효과 넣기 192

6. 게임 버튼UI 만들기 194

- 텍스트가 있는 버튼만들기 194

7. 게임 아이콘 한번에 생성해보기 196

8. blend로 스킬 이미지 구현하기 198

Part07. 미드저니의 비디오 기능 활용하기 200

1. Midjourney Animate란? 202

2. 미드저니 비디오에서 캐릭터 삼면도 / 표정 애니 만들기 206

3. 미드저니 비디오에서 움직이는 게임 일러스트 만들기 210

4. 미드저니 비디오에서 게임 시네마틱 영상 만들기 216

5. 게임 퀘스트/에피소드용 배경 만들기 220

6. 미드저니 비디오에서 아이콘 승급 애니메이션 효과주기 224

Part08. ChatGPT로 게임 리소스 제작하기 230

1. ChatGPT 입문해보기 232

- ChatGPT 시작하기 232
- 프로젝트·창 생성과 관리해보기 234
- 이미지 생성 기능 소개 235
- 프롬프트 작성 기본기 235

2. ChatGPT 게임 기획과 리소스 설정하기 236

- 세계관 만들기 236
- 캐릭터와 직업 만들기 237
- 아이템·스킬·몬스터 구성 237
- 기획 문서 정리하기 237

목차

3. 이미지 스타일 변경과 이모티콘 제작하기 238
- 이미지 스타일 바꾸기 239
- 감정 이모티콘 만들기 239
- 실제 사진이나 낙서를 이모티콘으로 만들기 239

4. 게임 캐릭터 삼면도 만들기 240
- 삼면도 요청 방법 240
- 캐릭터 스타일을 유지하는 팁 241

5. 캐릭터에 의상 입혀보기 242
6. 게임 텍스처 소스 만들어보기 243
7. 로고에 재질감 넣기 244
8. 이미지 배경 제거(알파 텍스처 만들기) 245
9. 사진, 이미지에서 패턴 추출하기 246
10. 패턴을 아이템에 적용해보기 247
11. 게임 에셋을 배경에 배치해보기 248
12. 게임 UI 만들어 보기 249

Part09. Nano Banana(나노 바나나)를 이용하여 게임 리소스 편집하기 250
1. Nano Banana(나노 바나나) 알아보기 252
- Nano Banana(나노 바나나) 사용 방법 252
- Google AI Studio 레이아웃 254

2. Nano Banana로 이미지 합성/편집해보기 258
3. 캐릭터 표정/포즈/파츠 변경 및 응용 260
4. 배경 위치 및 변화와 아이템의 생성과 적용 264
5. 불필요한 텍스처와 워터 마크 및 리소스 지워보기 268

Part10. ComfyUI 활용하기 270
1. ComfyUI 실행 준비하기 272
- ComfyUI는? 272
- ComfyUI 데스크 탑으로 설치, 실행해 보기 273
- ComfyUI 포터블(로컬) 설치, 실행해 보기 275
- Python 설치 276

2. ComfyUI의 시작 279

- 사용가능한 OS: Window /Linux /MacOs 279
- 기존 Stable diffusion WebUI와 연동하는 방법 280
- ComfyUI 설치 후 실행 방법 281
- ComfyUI의 구성 및 인터페이스의 이해 282
: Workflow/Edit 283
: 체크포인트(Load Checkpoint) 287
: 프롬프트(CLIP Text Encode) 287
: Empty Latent Image (생성될 이미지의 사이즈) 288
: KSampler 289

- ComfyUI Manager 설치하기 292
- ComfyUI 관리하기 294
: ComfyUI 업데이트 294

- 모델/로라의 이해하기 296
: 체크포인트 모델(Checkpoint Model)의 이해 296
: 로라(LoRA)의 이해 297
: Stable Diffusion 모델과 로라의 적용과 사용 297

3. ComfyUI 활용 방법 302

- Txt 2 Img (텍스트 투 이미지) 302
- Img 2 Img(이미지 투 이미지) 307
- ComfyUI로 특정영역 마스킹 만들어 수정해보기 310
- ComfyUI 업스케일 사용해보기 311
- 로라(LoRA) 사용해보기 313
- ComfyUI 이미지로 프롬프트 추출하기 317

4. ComfyUI의 ControlNet 설치와 활용 318

- 모델 설치하기 319
: Canny 320
: Depth 321
: Onpose 321

[튜토리얼1] 스케치를 컨셉 원화로 바꾸기 324

[튜토리얼2] 캐릭터 삼면도 제작하기 336

[튜토리얼3] 캐릭터 얼굴 턴테이블 만들기 344

5. 로라(LoRA 제작하기 350

6. 이미지 1장으로 로라 학습하기 357

7. ComfyUI로 이미지 배경 제거하기 359

8. 캐릭터/이펙트 스프라이트 시트 만들기 363

1. 미드저니 시작하기

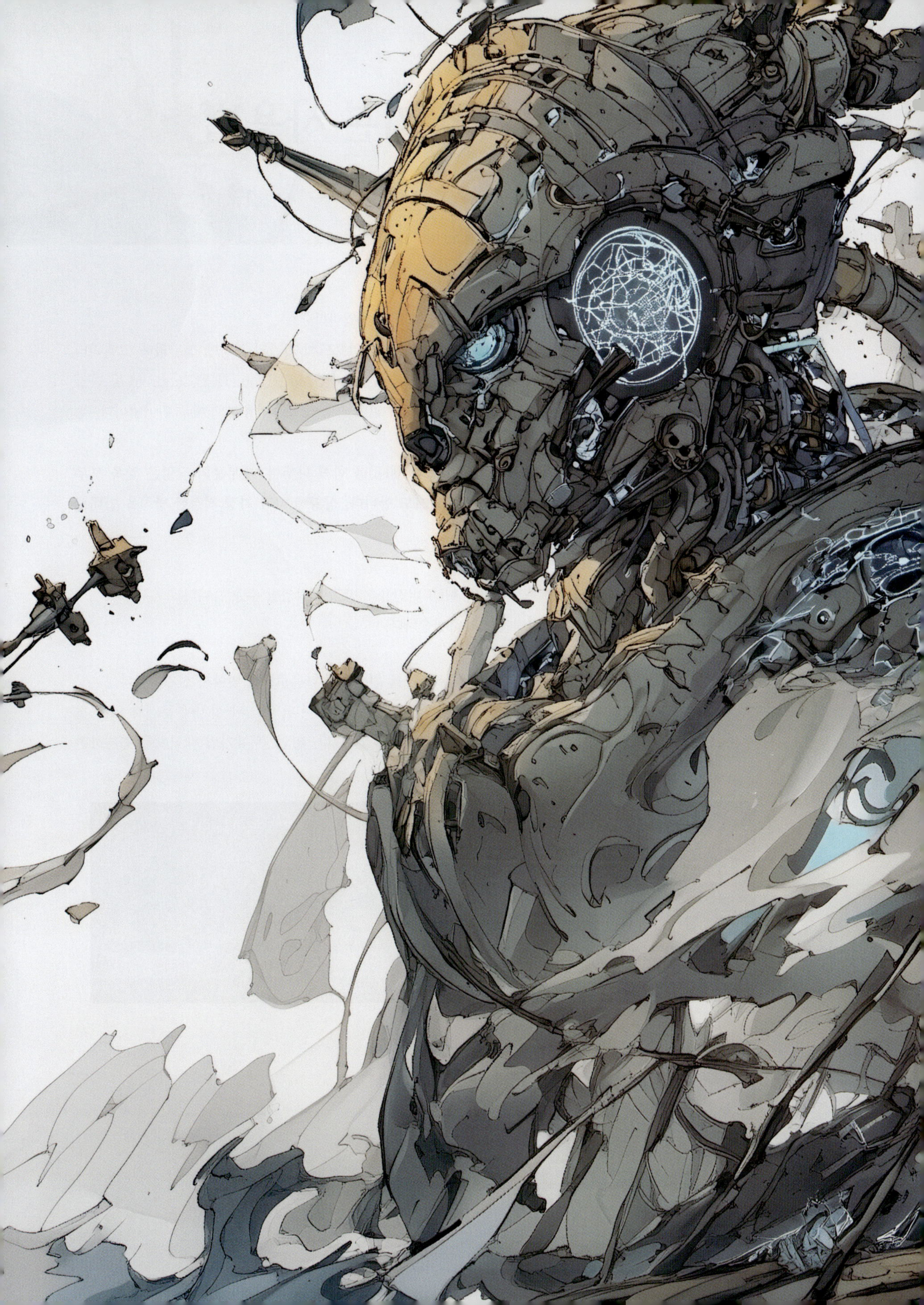

1. 미드저니의 설치와 기본 사용법

미드저니(Midjourney)는 이미지 생성에 초점을 맞춘 AI 모델입니다.
미드저니의 큰 장점은 텍스트를 입력하거나 이미지 파일을 업로드해 기기의 사양에 상관없이 고퀄리티 이미지를 아주 빠르게 생성할 수 있다는 점입니다. 또한 Windows, Mac, Linux, iOS, Android 등 다양한 모바일과 PC 환경에서 웹버전으로 사용 시 별도 설치 없이 작동되므로 범용성도 매우 뛰어납니다.

본 책에서는 미드저니의 두 가지 플랫폼(디스코드와 웹UI)을 함께 다루며, 대부분의 작업은 양쪽 모두 가능하지만 일부 파트는 한 가지 버전으로 진행되기도 합니다. 상황에 따라 가장 적절한 방식을 안내드릴 예정입니다.

미드저니는 디스코드(Discord) 소프트웨어와 웹UI 버전을 기반으로 작업할 수 있습니다.
먼저 디스코드 설치 및 회원가입 과정을 소개하겠습니다.

모바일이면 구글플레이 인터넷에서 디스코드(discord)를 검색하여 다운로드를 받아서 설치합니다.
회원가입은 Discord 등록 페이지 또는 앱에서 계정을 만들 수 있습니다. 가입과 설치에 문제가 있을 경우 디스코드 공식 홈페이지에서 가이드 문서를 제공하고 있습니다. 확인 후 재가입 재설치를 진행하면 됩니다.

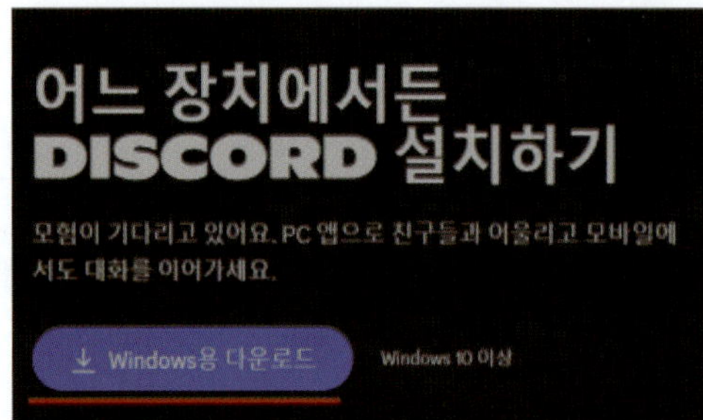

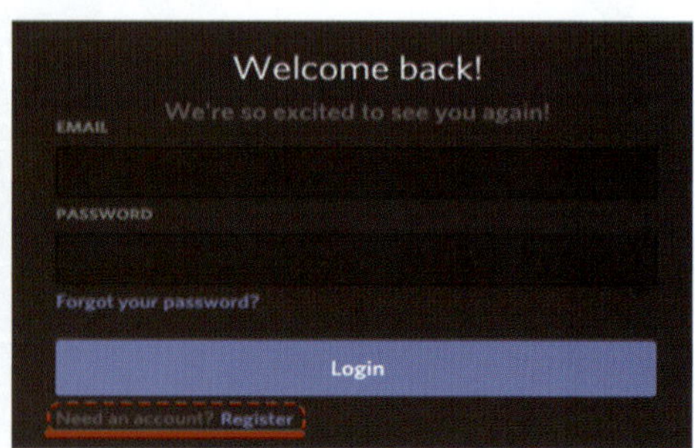

설치가 완료되면 해당 창이 뜹니다 파란 버튼을 눌러줍니다.

Discord App Launched
We've beamed the info to your Discord app. You can close this browser tab or continue with the web version.
Continue to Discord

디스코드 창이 성공적으로 불러와졌는지 확인합니다.

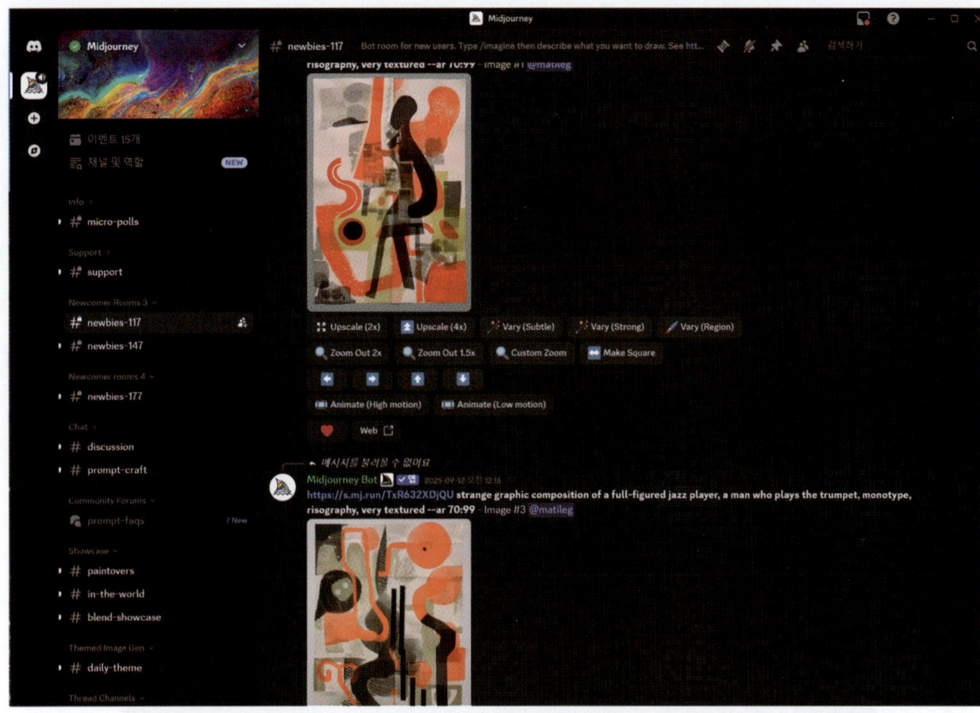

https://www.midjourney.com/home 미드저니 홈페이지에 접속합니다.

Sign up 또는 Log In을 눌러 회원가입/로그인을 해 줍니다. 회원가입/로그인 절차가 완료되면 미드저니의 기본 갤러리 사이트로 이동됩니다.

내 계정 아이디를 클릭 〉 Manage Subscription클릭하여 구독 관리 페이지로 이동합니다.

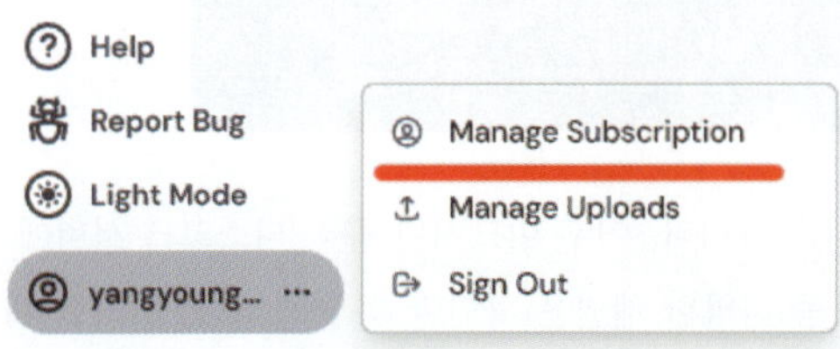

미드저니는 구독형 유료 서비스이기 때문에 다양한 옵션과 요금제가 있습니다. 입문할 때는 비싼 요금제보다는 자기에게 맞는 요금제를 확인하고 결제하는 것이 좋습니다

취미로 가끔 사용하는 사용자에게는 Basic 요금제가 적합합니다. 저렴한 가격으로 미드저니를 경험해 볼 수 있으며, 기본적인 이미지 생성 기능을 제공하기 때문에 가벼운 사용에 알맞습니다.

매일 꾸준히 작업하는 일러스트 창작자라면 Standard 요금제를 추천드립니다. 이 요금제는 개인이 사용하기에 충분히 빠른 생성 속도를 제공하며, 다양한 기능을 활용할 수 있어 개인 창작에 매우 유용합니다.

소규모 팀이나 대량 생성을 필요로 하는 아트 제작자라면 Pro 요금제를 선택하는 것이 좋습니다. 빠른 생성 속도와 높은 이미지 품질, 비공개 옵션까지 갖추고 있어 전문적인 창작 환경에 적합합니다.

팀 단위로 작업하거나 대량의 이미지 생산이 필요한 경우에는 Mega 요금제가 적합합니다. GPU 시간 여유가 많아 대량 작업에 효율적이며, 팀 관리에도 유리한 구조로 되어 있습니다.

월 가격	10달러	30달러	60달러	120달러
연간 가격	96달러 (월 8달러)	288달러 (월 24달러)	576달러 (월 48달러)	1,152달러 (월 96달러)
빠른 GPU 시간 ⓘ	3.3시간/월 (200분)	15시간/월	30시간/월	60시간/월
GPU 시간 연장 ⓘ	⃠	무제한 이미지	무제한 이미지 및 SD 비디오	무제한 이미지 및 SD 비디오
비디오 해상도 ⓘ	에스디	SD 및 HD	SD 및 HD	SD 및 HD
추가 GPU 시간 구매	시간당 4달러	시간당 4달러	시간당 4달러	시간당 4달러
Discord 다이렉트 메시지에서 혼자 작업하기 ⓘ	✓	✓	✓	✓
최대 동시 이미지 프롬프트	3 빠른	3. 빨리 하거나 편안하게	12 빠른 또는 3 휴식	12 빠른 또는 3 휴식
최대 동시 비디오 프롬프트	1 빠른	3 빠른	6 빠른 또는 3 휴식	12 빠른 또는 3 휴식
최대 반복/순열 크기	4개의 직업	10개의 일자리	40개의 일자리	40개의 일자리
대기 중인 최대 작업 수	10개의 일자리	10개의 일자리	10개 직업* (3개 릴렉스 영상)	10개 직업* (3개 릴렉스 영상)
사용 권한	일반 상업 조건**	일반 상업 조건**	일반 상업 조건**	일반 상업 조건**

결제가 완료되면 미드저니의 기본 세팅이 끝납니다. 이후 미드저니 공식 디스코드 서버에 접속하면 업데이트 소식, 질문 응답, 규칙, 커뮤니티 등 다양한 채널을 확인할 수 있습니다. 이러한 채널을 수시로 살펴보면 이미지 생성에 많은 도움이 됩니다.

미드저니의 시작

미드저니 공식 디스코드 서버에서 자주 보이는 채널이 newbies입니다.
이곳에서는 다른 유저들이 만든 이미지를 실시간으로 확인할 수 있으며, 요금제를 가입했다면 직접 이미지를 생성할 수도 있습니다. 저는 newbies-106 채널에 접속했고, 하단 채팅창에 명령어를 입력하면 이미지가 생성됩니다.

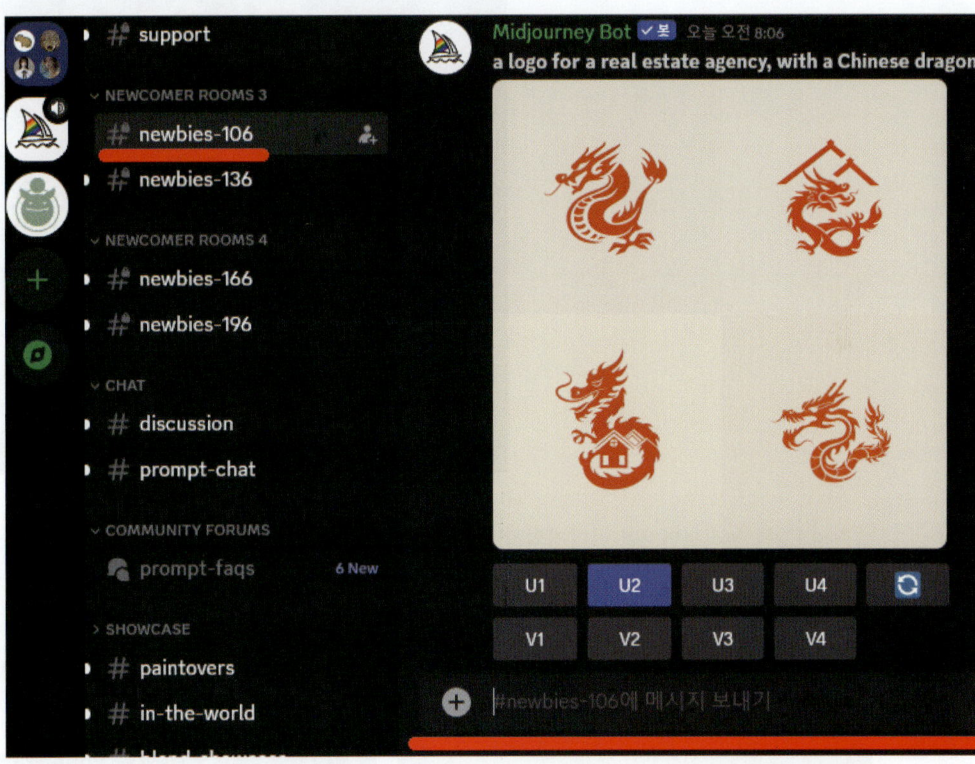

하단 채팅창에 /를 입력합니다.
여러 메뉴들 중 /imagine을 선택합니다.

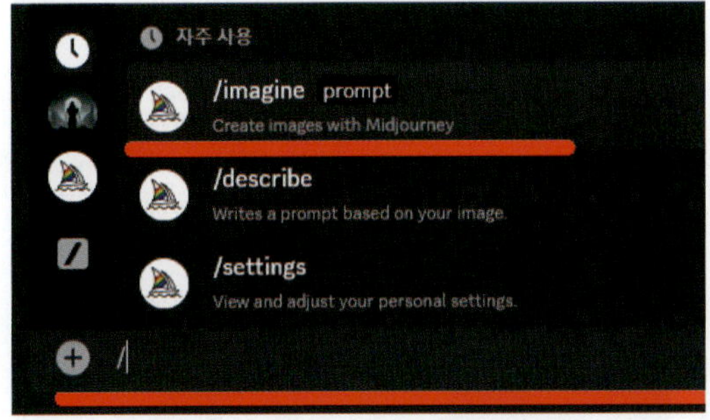

프롬프트 입력창이 적용되면 이미지를 생성할 수 있는 단계가 되었습니다. dog라고 입력하고 엔터를 눌러서 실행합니다. 생성 중인 과정을 실시간으로 확인이 가능합니다.

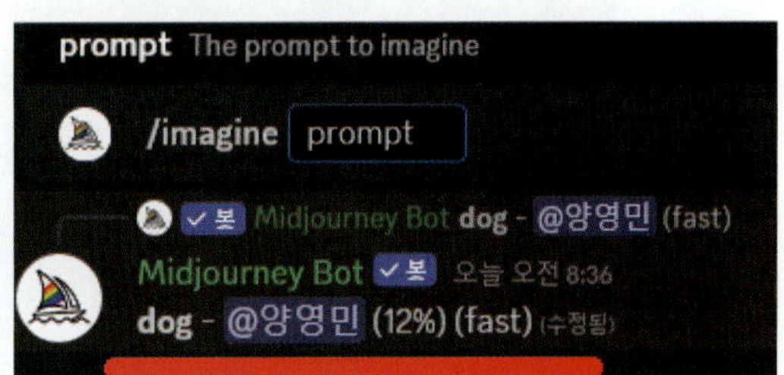

개(Dog) 이미지가 4개 생성된 것을 확인할 수 있으며, 좌측 상단부터 차례대로 1, 2, 3, 4번으로 기억하면 됩니다.

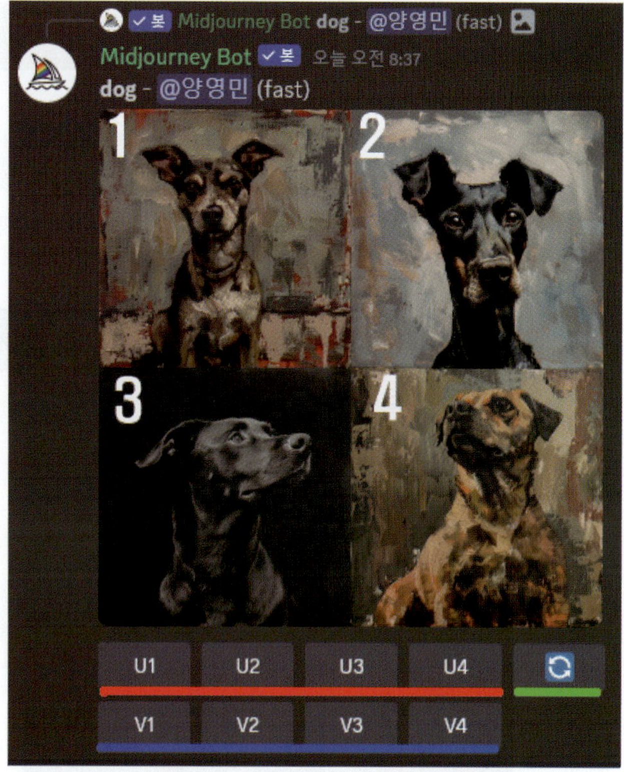

또한, 하단의 빨간색 선 아래에 표시된 U1, U2, U3, U4 버튼은 각각의 이미지를 선택해 고화질로 변환해 주는 업스케일링(Upscaling) 기능입니다.

그림의 U2를 눌러보면 2번 이미지의 업스케일링된 이미지를 얻을 수 있습니다.
저장 방법은 이미지를 클릭하여 마우스 오른쪽 버튼을 눌러서 저장할 수 있습니다. V는 Variation의 약자로 4가지 이미지의 베리에이션 제작이 가능한 버튼입니다. V2를 누르면 2번 이미지의 베리에이션 이미지 4장을 재생성해줍니다. 🔄를 누르면 같은 프롬프트로 처음부터 이미지 생성이 가능합니다. 여기서 프롬프트를 추가하거나 수정도 가능합니다.

미드저니 개인서버 구축

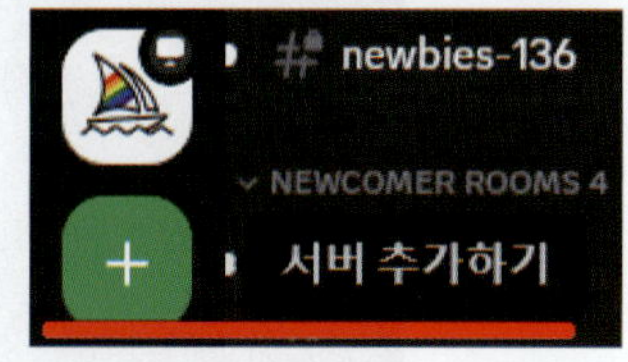

공식 서버에서도 이미지를 생성할 수 있지만, 실시간으로 다른 유저들의 작업이 함께 보이기 때문에 개인 프롬프트와 이미지를 관리하기가 다소 어려울 수 있습니다. 만약 디스코드에 개인 서버가 없다면, 왼쪽의 초록색 '+' 버튼(서버 추가하기)를 눌러 새 서버를 생성하면 됩니다.

서버 생성옵션창을 보면서 여러 옵션창을 보면서 나에게 맞는 서버를 만들어줍니다.

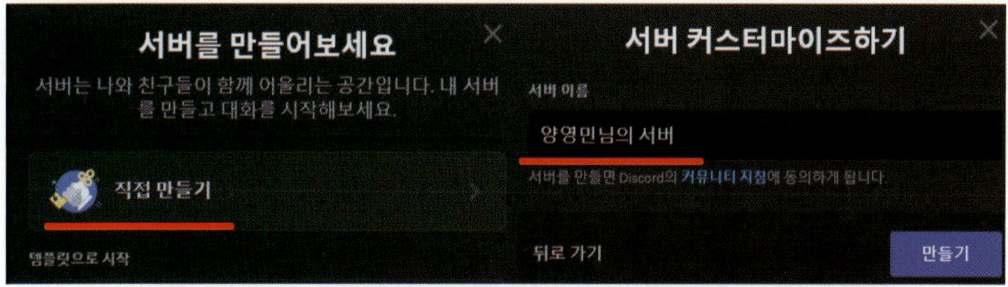

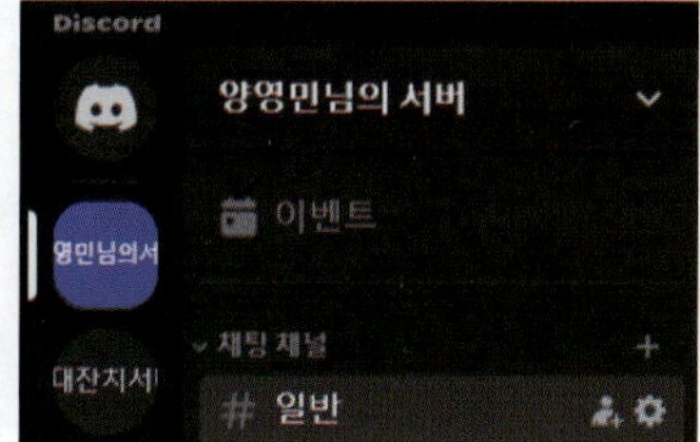

만들어졌으면 남을 초대하거나 나혼자 이 서버를 운영할 수 있습니다. 하지만 이 상태로는 미드저니를 바로 사용할 수 없습니다.

다시 미드저니 사이트로 접속하여 우측 창에 있는 미드저니 봇을 클릭해줍니다. 클릭하여 앱 추가 버튼을 누릅니다.

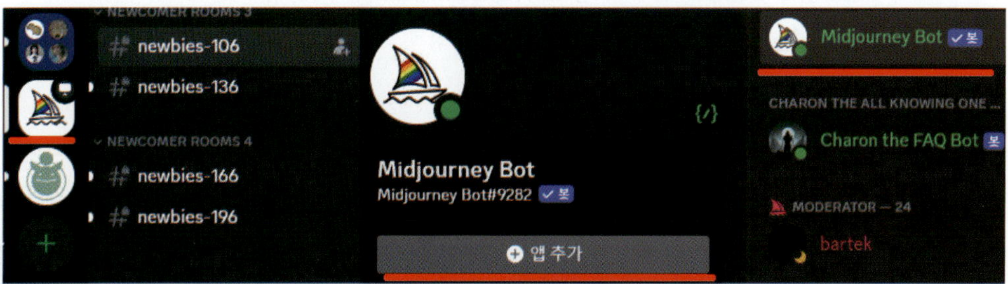

내 서버를 선택하고 옵션을 확인하고 진행을 해줍니다. 내 서버에 미드저니 봇이 온 것을 확인 할 수 있습니다. +을 눌러서 채팅채널을 추가하여 여러 개의 채팅채널을 통해 관리가 가능합니다.

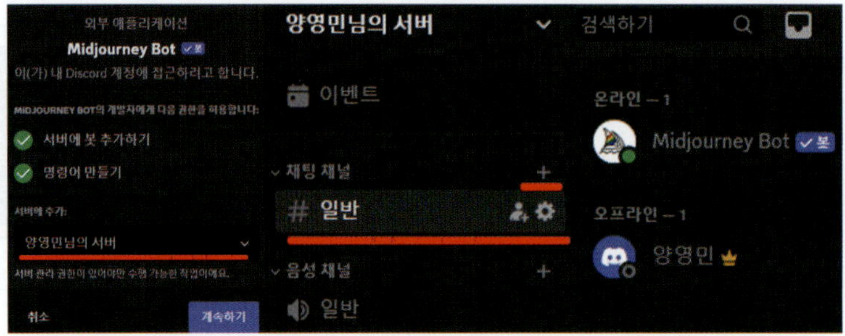

미드저니 채널에서 다른 사람이 생성한 이미지를 보면 맨 앞에 파란색으로 이미지 주소가 있고, 상황을 설명하는 텍스트 프롬프트 그리고 그 뒤에 --ar 16:9와 같은 파라미터 옵션을 볼 수 있습니다.

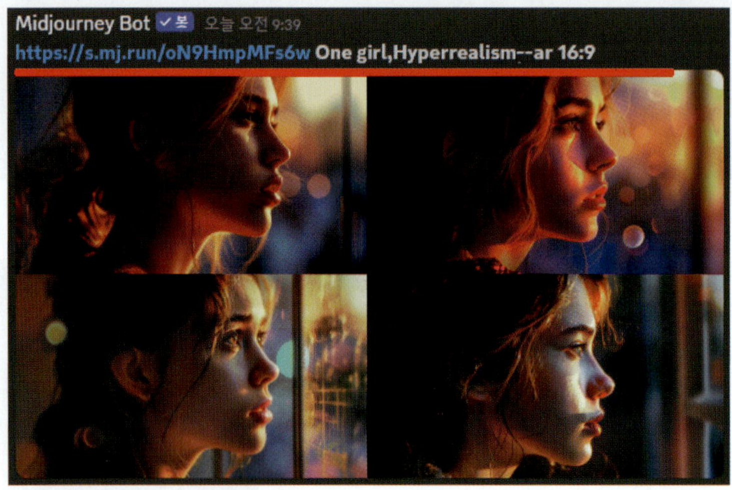

프롬프트의 기본 구성입니다.

프롬프트를 통해 텍스트와 추가된 이미지 정보를 토대로 미드저니는 이미지를 생성해 줍니다.

- /imagine prompt : [이미지 프롬프트] [텍스트 프롬프트] [파라미터]
- /imagine prompt : [텍스트 프롬프트] [파라미터]
- /imagine prompt : [텍스트 프롬프트]

파라미터가 없어도 생성되고 이미지 프롬프트, 파라미터가 없어도 이미지를 생성하는데 문제없습니다.

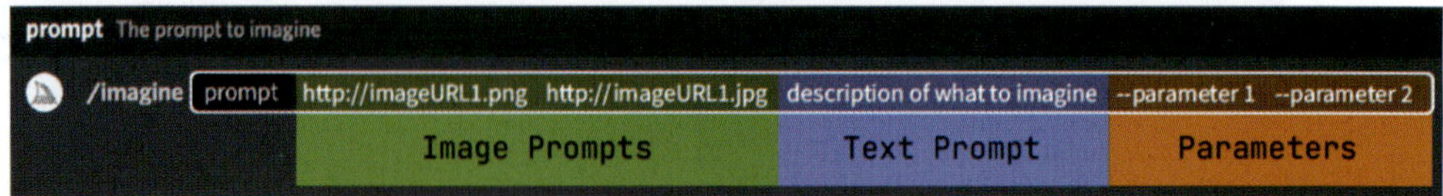

텍스트 프롬프트 참고사항

1. 프롬프트는 최소 한 단어 이상이어야 합니다.
2. 프롬프트가 짧다고 해서 나쁜 것도 아니고, 길다고 해서 반드시 좋은 것도 아닙니다. 만들고 싶은 이미지를 명확히 표현할 수 있도록 키워드를 잘 활용하는 것이 중요합니다.
3. 대문자와 소문자는 구분하지 않으며, 파라미터 입력에 사용되는 일부 특수기호를 제외한 다른 문장부호나 기호는 인식되지 않을 수 있습니다.
4. 원하는 이미지를 설명할 때는 간단하고 짧은 문장이 가장 효과적입니다. 단어 수가 적을수록 각 단어가 더 강력한 영향을 미치며, 불필요한 수식어가 많아질수록 핵심 단어의 영향력이 약해져 이미지 생성이 방해될 수 있습니다. 이럴 경우 /shorten 기능을 활용해 문장을 간결하게 검토하거나, 핵심 위주의 설명만 사용하는 것이 좋습니다.

프롬프트를 작성할 때 스토리텔링 구성을 알아보겠습니다.
내용(주제, 분위기) + 스타일(예술가, 예술 스타일, 매체/재료)+구도 + 색상 + 효과(화질, 조명)
여기서 입력을 하지 않으면 미드저니가 임의로 입력하지 않은 부분을 랜덤하게 생성해 줍니다.

```
/imagine prompt : One girl,Hyperrealism,side view,Fashion show, vivid colors,softlighting
```

위 구성을 토대로 프롬프트를 입력했을 때보다 내가 더 원하는 피사체, 앵글, 느낌에 가깝게 생성 됩니다. 미드저니 프롬프트에 효과적인 단어는 시각적인 형용사, 부사, 명사 키워드를 많이 씁니다. vividly,sharply,subtly,boldy... 등. 하지만 절대적인 정답은 없기 때문에 각자의 취향에 맞게 사용한 후 판단하셔도 좋습니다.

이미지 프롬프트 참고사항

1. 미드저니는 이미지 프롬프트가 텍스트 프롬프트 앞에 오는 것을 권장합니다. 이미지 프롬프트는 스페이스 바로 텍스트 프롬프트와 구분합니다.
2. 이미지 프롬프트는 2개 이상의 이미지를 입력하거나, 하나의 이미지와 텍스트 프롬프트를 같이 입력해야 작동을 합니다. (최대 제한없음)
3. 웹사이트 대부분 이미지는 이미지를 우클릭한 후, 이미지 주소 복사를 클릭하여 이미지 url을 복사합니다.
4. 이미지 프롬프트로 사용하는 이미지 주소는 png / gif / jpg / webp 같은 이미지 파일 확장자로 끝나야합니다.
5. 최대한 유사한 이미지를 가지고 싶으면 같은 비율을 사용하는 것을 추천합니다.
6. 이미지 프롬프트만 단독 사용이 가능합니다.

이미지 프롬프트 사용법

이미지를 준비합니다.

이 준비한 이미지를 디스코드 서버에 드래그&드랍으로 업로드를 해 줍니다.

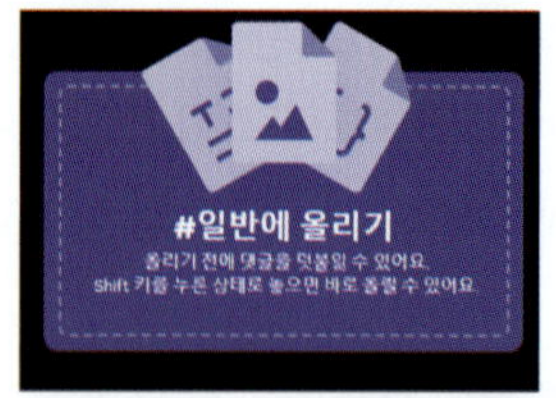

그리고 그 상태로 그림을 마우스 오른쪽 버튼으로 클릭하여 [링크 복사하기]를 누릅니다.

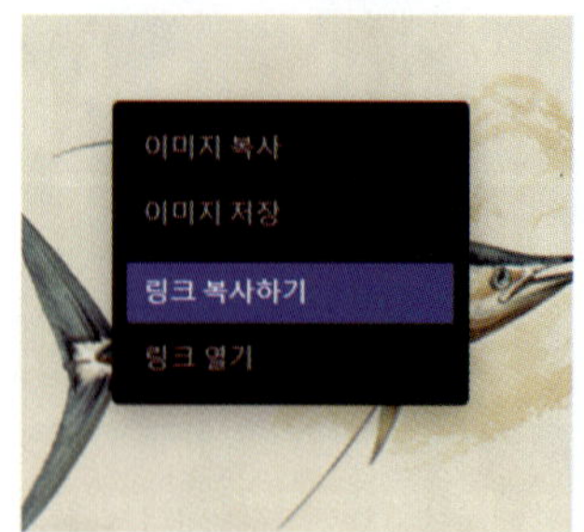

대화창에 ' / '을 눌러서 imagine를 입력한 후 그 뒤에 [Ctrl+V]를 해줍니다.

예시 이미지는 주소가 짧지만, 처음 주소를 복사했을 때 주소링크는 길게 나옵니다. 그 이후에 스페이스바를 한 번 눌러줍니다. 이미지 프롬프트는 ' , ' 로 구별하는게 아닌 스페이스로 구별합니다. 그 뒤에 fish를 입력하고 엔터를 누릅니다.

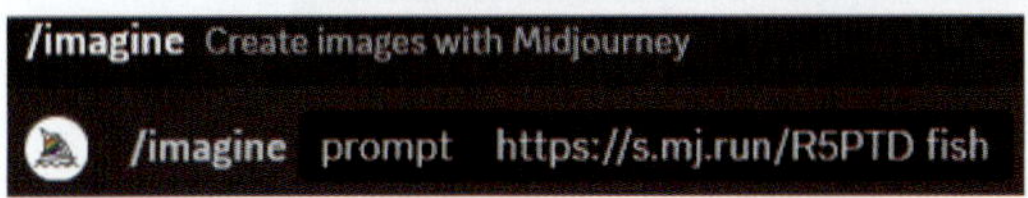

비슷한 이미지가 나오는 것을 확인할 수 있습니다.

이번에는 이미지를 이미지를 두 개 준비합니다. 동일하게 이미지를 디스코드의 미드저니 채팅창에 드래그&드랍으로 업로드를 해줍니다.

각각의 이미지 링크를 복사하여 복사&붙여넣기를 합니다. 스페이스 바를 눌러서 이미지 프롬프트끼리 분리해 줍니다. 이번에는 텍스트 프롬프트 없이 이미지 프롬프트만 2개를 사용하여 생성해 보겠습니다.

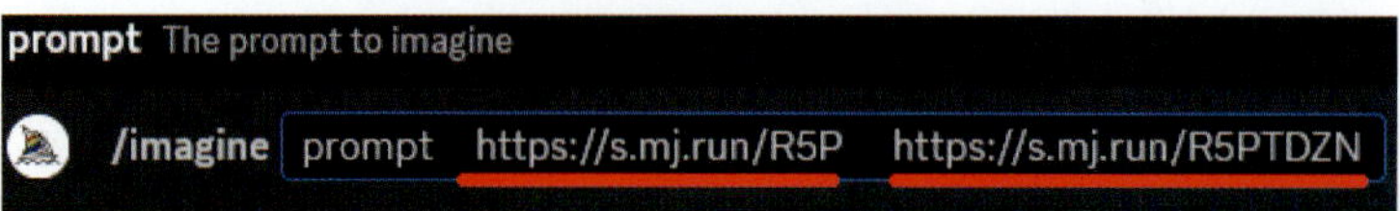

이미지 프롬프트만 사용했기 때문에 미드저니에서 학습된 텍스트 프롬프트를 입력하지 않아서 조화롭게 2개의 이미지를 참고해서 조합한 모습을 볼 수 있습니다.

2. 미드저니의 주요기능

미드저니의 주요 기능

인터넷에서 Midjourney Documentation 또는 Midjourney guide를 검색하여 홈페이지에 접속하면 미드저니 공식 사이트에서 업데이트 내역과 각 기능별 세부 소개가 영상과 이미지로 잘 정리되어 있습니다. 이 책에서는 한 눈에 보기 편한 구성으로 정리해 봤습니다.

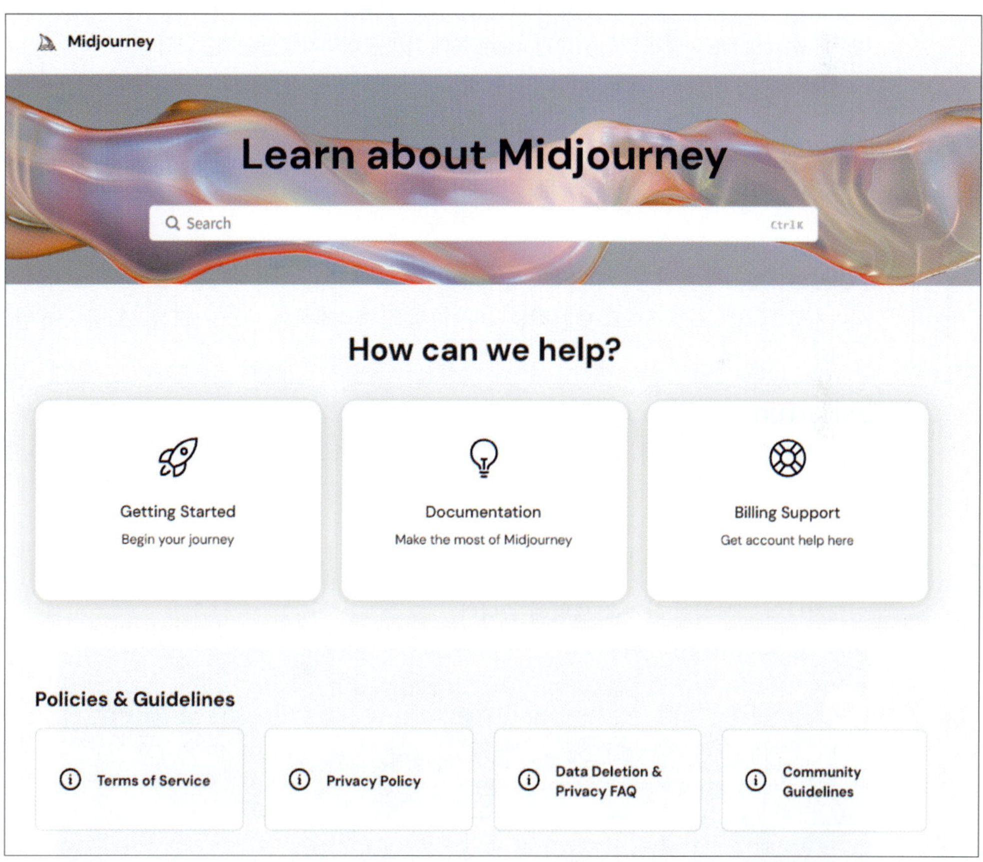

기본적으로 디스코드 메시지 창에서 사용가능한 주요 기능들입니다.

/imagine

이미지를 생성해 주는 프롬프트를 넣을 수 있는 기본 기능입니다.

1. 순열 프롬프트

순열 프롬프트는 중괄호 { }를 사용하여 옵션 목록을 분리하고 다양한 프롬프트 변형을 신속히 생성할 수 있는 고급 프롬프트 기능입니다. {pink,red,white}color dog라고 이미지를 생성하면 각각 핑크색, 빨간색, 하얀색의 이미지를 생성합니다.

2. 다중 프롬프트

이중 콜론(::)을 사용하여 프롬프트를 구별하여 문장 끝에 붙여서 사용합니다.

예시로 water:: fire 이렇게 되어 있으면 water 쪽에 가까운 이미지를 생성해줍니다.

/blend

두 장의 이미지를 서로 섞어주는 명령어입니다.

/describe

이미지를 텍스트 프롬프트로 변환해줍니다. 그림을 역추적하여 텍스트 프롬프트를 구성합니다.

/shorten

미드저니에서 인식하지 못하는 긴 문장, 문단의 텍스트 프롬프트를 최적화해 주는 기능입니다. describe 기능과 연동하면 좋습니다.

/settings

미드저니의 기본적인 환경을 세팅해 줍니다.

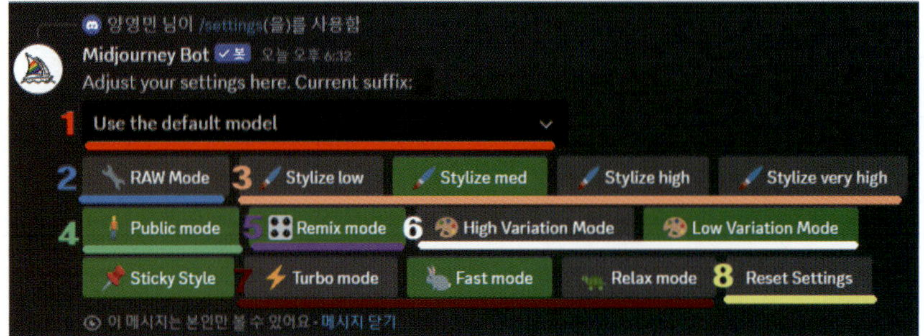

1. 미드저니의 버전 선택

2. RAW Mode 유무

RAW Mode는 미드저니가 프롬프트에 더 충실하게 만들어 주는 모드입니다. 사실적인 이미지를 원할 때 활성화하면 좋습니다. 니지저니를 사용할 때는 사용하지 않는 걸 권장합니다.

3. 스타일 파라미터

Stylize low ~ Stylize very high까지 선택할 수 있습니다. 미드저니에 훈련된 내용으로 얼마나 적용이 되는지를 조절합니다. 기본값은 100이며, 범위는 0~1000 입니다. 파라미터는 --s로 표시됩니다. Stylize low는 --stylize 50, Stylize Med는 --stylize 100, Stylize high는 --stylize 250, Stylize very high는 --stylize 75의 값을 가집니다.

4. 프라이버시 설정

미드저니의 Pro 요금제 이상부터는 /Public mode를 끄고 /Stealth 모드로 전환하여 이미지를 일반 공개를 차단할 수 있습니다. 이 경우 미드저니 홈페이지에 게시되지 않습니다.

5. Remix mode

Remix mode를 활성화하면 미드저니의 특정 이미지를 확장하거나 일부를 수정할 때 사용합니다. 베리에이션으로 원할 때마다 다시 수정해서 적용이 가능합니다. 기본적으로 활성화하는 것을 권장합니다.

6. High Variation Mode

미드저니로 생성된 이미지를 얼마나 변형시킬지 정하는 파라미터입니다. High Variation Mode를 클릭하면 강한 변형을 Low Variation Mode를 선택하면 약간의 변형을 해 줍니다.

7. 이미지 생성 속도의 선택

Fast Mode 모드를 사용하면 더 빠른 이미지 생성이 가능합니다. Fast Mode 모드는 저렴한 요금제이라도 한달동안 충분히 사용할 정도로 Relax모드의 경우 느리지만 무한히 생성할 수 있는 장점이 있습니다. 소진된 Fast Mode의 게이지는 결제일에 재충전 됩니다.

8. 설정 초기화

기본 설정을 초기화 합니다.

Your info - yangyoungmin

User ID: abcce74b-e865-4d69-98de
Subscription: Standard
Job Mode: Fast
Visibility Mode: Public
Fast Time Remaining: 8.72/15.0 hours (58.14%)
Ranking Count: 212
Lifetime Usage: 5177 images
Fast Usage: 4495 images
Turbo Usage: 642 images
Relaxed Usage: 40 images
accurate time usage will be back soon!
Queued Jobs (fast): 0
Queued Jobs (relax): 0
Running Jobs: None

- /info : 사용자의 정보를 보여줍니다.
- Subscription : 이용 중인 구독 플랜과 다음 갱신 날짜를 표시합니다.
- Visibility Mode : 공개 모드 /스텔스 모드를 표시합니다.
- Fast Time Remaining : 해당 월의 남은 Fast GPU 시간을 표시합니다. 매월 갱신되며 남은 시간은 이월되지 않습니다.
- Lifetime Usage : 가입 후 현재까지의 생성 이미지와 사용시간을 표시합니다.
- Turbo Usage : 터보 모드의 사용량을 표시합니다.
- Relaxed Usage : 릴렉스 모드의 사용량을 표시합니다.
- Queued Jobs : 실행 대기 중인 작업 목록으로 최대 7개 동시에 대기 가능합니다.
- Running Jobs : 현재 실행 중인 작업목록으로 최대 3개 동시에 실행 가능합니다.

파라미터(Parameter) 매개 변수

파라미터는 텍스트 프롬프트 뒤에 오는 --로 시작되는 매개변수입니다.
기본적으로 파라미터를 입력하지 않으면 유저가 설정한 setting 값에 충실하게 출력됩니다.

--niji

니지저니(niji journey) 버전을 선택할 수 있습니다. 니지저니는 캐주얼 애니메이션 스타일에 특화된 모델입니다. 인터넷에서 니지저니를 검색하면 공식 홈페이지와 공식 디스코드 서버가 있으며 사용법과 인터페이스 역시 미드저니와 동일합니다.

--quality, --q

이미지에 생성되는 시간과 퀄리티가 변경됩니다. 기본값은 1이며 범위는 0.25,0.5,1입니다.

--ar, --aspect

이미지의 가로 세로 비율을 설정합니다.

기본값은 1:1이고, 예를 들어 --ar16:9라면 가로16 세로9의 비율로 화면비를 구성해 줍니다.

--v

미드저니의 버전을 선택합니다.

--quality, --q

이미지에 생성되는 시간과 퀄리티가 변경됩니다.

기본값은 1이며 범위는 0.25,0.5,1입니다.

--ar ,--aspect

가로 세로 비율을 설정합니다. 기본 값은 1:1이고 예를 들어 --ar16:9면 가로 16 세로 9의 비율로 화면 비율을 구성해줍니다.

--v

미드저니의 버전을 선택합니다.

--c, --chaos /--weird, --w

비정상적이고 이상한 이미지를 만듭니다 --c, --chaos의 기본값은 0이며, 범위는 0~100까지 입니다. --weird, --w의 기본값은 0이며, 범위는 0~3000 까지 입니다.

--seed

이미지의 바코드 같은 역할로써 --seed를 입력함으로써 생성번호를 임의로 지정할 수 있습니다. 생성한 이미지의 오른쪽 상단의 스마일 버튼을 클릭하여 envelope을 검색하여 편지 이모지를 클릭합니다.

--no

부정 프롬프트의 개념으로, 생성 이미지에서 제외하고 싶은 요소를 입력하면 해당 요소를 제거합니다. 예시로 background --no human 이면 사람을 제외한 배경만 생성됩니다.

--tile

패턴 이미지를 생성합니다. 타일맵을 만들 때 아주 효율적입니다.

--Repeat

해당 프롬프트를 반복합니다. 자동 생성이 필요할 경우 사용합니다. 요금제에 따라 사용 방법이 달라집니다.

-- turbo --fast --relax

생성 속도를 개별적으로 제어할 수 있습니다. 기본 세팅값이 다를 경우에도 입력하여 각자 제어가 가능합니다.

--Stylize

미드저니에 훈련된 내용으로 얼마나 적용되는지 조절합니다. 기본값은 100이며, 범위는 0~1000까지 있습니다.

--cref

캐릭터 레퍼런스는 이미지 주소의 캐릭터 특징을 복사합니다.

--cw

cref의 가중치를 결정합니다. 뒤에 숫자를 입력하여 0부터 100 사이에서 설정합니다. 숫자가 클수록 참조 이미지의 특성을 더 많이 반영합니다.

--sref

스타일 레퍼런스는 이미지의 그림체를 복사합니다.

--p

자신만의 스타일 코드를 만들어낸 개인화 모델 번호를 입력하면 특정 스타일을 유지한 채 이미지 생성이 가능합니다.

--oref

지정한 이미지의 스타일, 구조, 형태 등을 참고하여 생성 이미지에 반영하는 고급 참조 기능입니다. 프롬프트에 이미지 URL과 함께 --oref를 입력하고, --ow(Omni Weight) 값을 조절하면 참조 강도를 조절할 수 있습니다. 미드저니 버전 7부터 사용이 가능하며, 그 이하 버전은 --cref 프롬프트를 사용합니다.

--ow 옵션 (Omni Weight)

oref로 참조한 이미지의 영향을 얼마나 강하게 반영할지 조절하는 수치입니다.
값이 높을수록 이미지의 스타일이나 구조를 더 강하게 따르고, 낮을수록 자유롭게 해석됩니다. (기본값: 100)

기타 명령어

/help

기본적인 사용법과 안내가 출력됩니다.

/ask

질문하면 대답하는 기능인데 GPT 같은 역할은 아닙니다.

/invite

미드저니 서버 초대장 링크가 출력됩니다.

/subscribe

구독 plane 관리할 수 있는 페이지를 열어줍니다.

/private /stealth

스텔스 모드를 켭니다.

/public

스텔스 모드를 끕니다.

/userid

유저 아이디를 출력합니다. info에서도 확인이 가능합니다.

3. 미드저니 웹 UI 버전 사용하기

웹 사이트에서도 쉽게 미드저니를 사용할 수 있습니다. 미드저니 웹 UI 버전을 사용해 보겠습니다. 공식 홈페이지에 접속하고 홈페이지 우측 하단에 있는 로그인 버튼을 눌러 접속해줍니다.

https://www.midjourney.com/

미드저니 홈페이지에 로그인을 하면 아래와 같은 화면을 보실 수 있습니다.

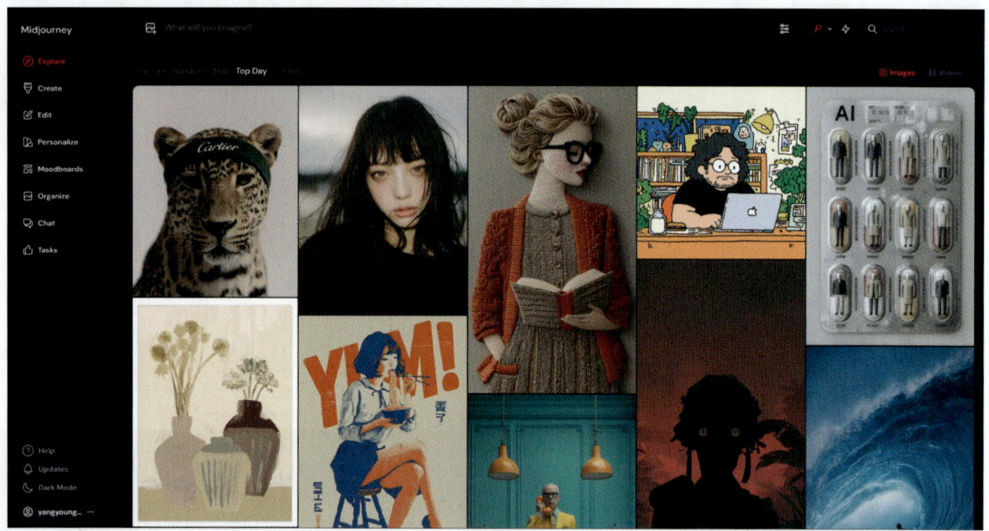

둘러보기에 앞서 이미지를 생성해보겠습니다.

화면 상단의 채팅창에 ork warrior라고 적고 오른쪽에 있는 화살표를 눌러줍니다.

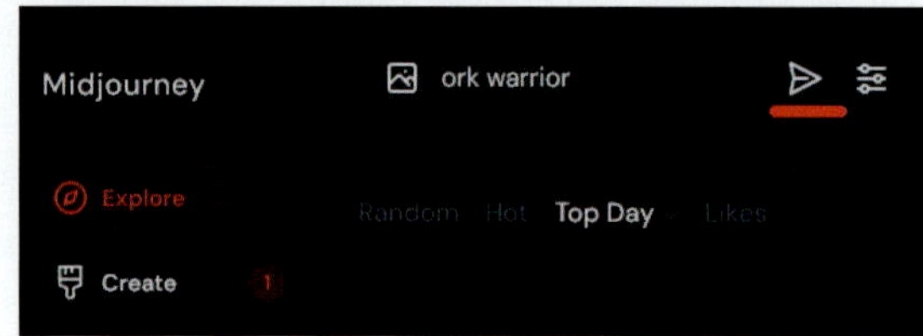

누르고 좌측 메뉴의 Create 탭을 클릭하면 아래 그림처럼 오크전사 이미지 4장이 생성됩니다.

그중에서 마음에 드는 이미지를 클릭해봅시다.

고퀄리티 이미지로 훌륭하게 생성하는 것을 볼 수 있습니다. 다시 홈페이지로 돌아가보겠습니다.

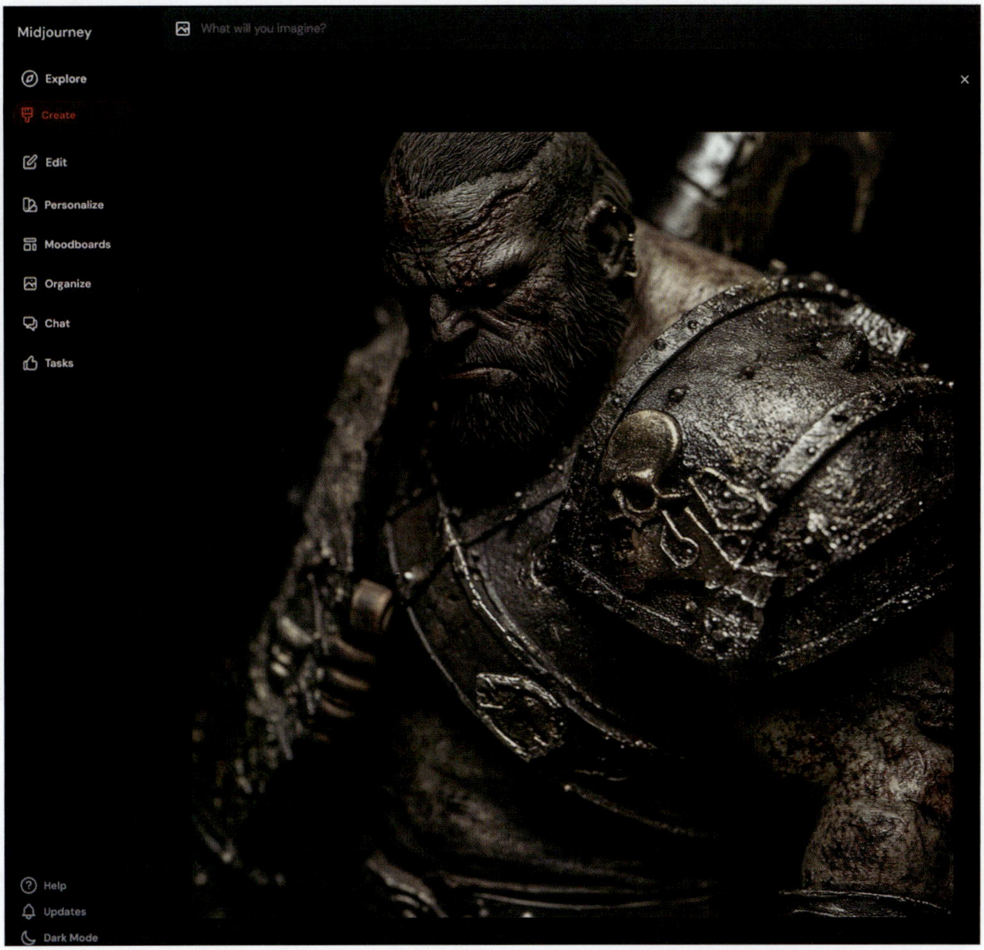

Light Mode, Dark Mode

좌측 하단에 Dark Mode를 클릭하면, 화면을 어둡게 하고 글씨를 밝게 표시하는 Dark Mode, 화면을 밝게 글씨를 어둡게 표현하는 Light Mode를 기호에 맞게 선택할 수 있습니다.

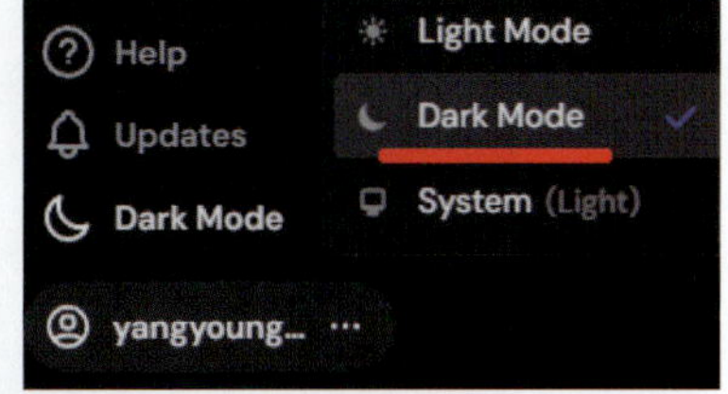

Explore

다른 유저가 생성한 다양한 이미지를 옵션에 따라 일간, 주간, 월간 등 순위 별로도 탐색이 가능합니다. 유저가 좋아요를 누른 이미지를 보여주는 Like 기능도 있습니다.

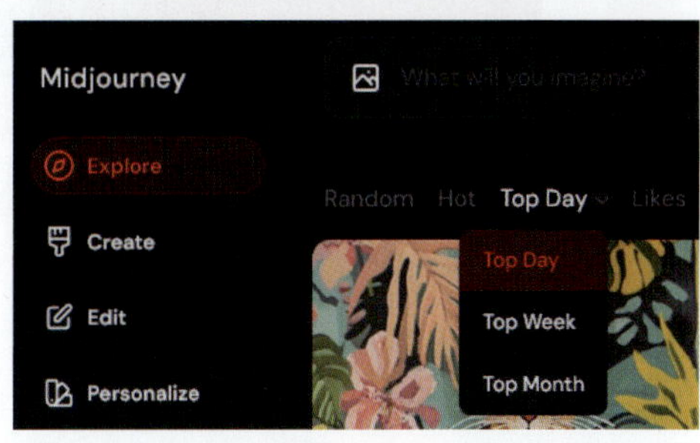

Create

Create 탭에서는 내가 지금까지 생성한 이미지와 동영상을 볼 수 있고, 프롬프트의 재생성, 프롬프트의 정보, 이미지 복사 등 다양한 기능을 사용할 수 있습니다.

Oraganzie

미드저니 Oraganzie에서는 내가 생성했던 이미지 필터와 폴더 기능을 통해 좋아요, 싫어요, 숨김, 이미지 종류, 사이즈, 버전 등 다양한 필터를 사용할 수 있습니다. 폴더 기능에서는 폴더를 만들거나 모든 이미지를 볼 수 있습니다.

Chat

Chat에서는 다른 유저들 생성한 이미지를 보거나 대화를 할 수 있으며, 프롬프트 공유 이미지 생성 그리고 미드저니가 추천하는 오늘의 테마를 알 수 있습니다.

Task

Task에서는 이미지 생성에 필요한 추가 시간을 얻을 수 있습니다. 이미지 생성에 시간이 부족한 분들은 미드저니에서 제공하는 과제를 잘 활용하면 많은 시간을 얻을 수 있습니다.

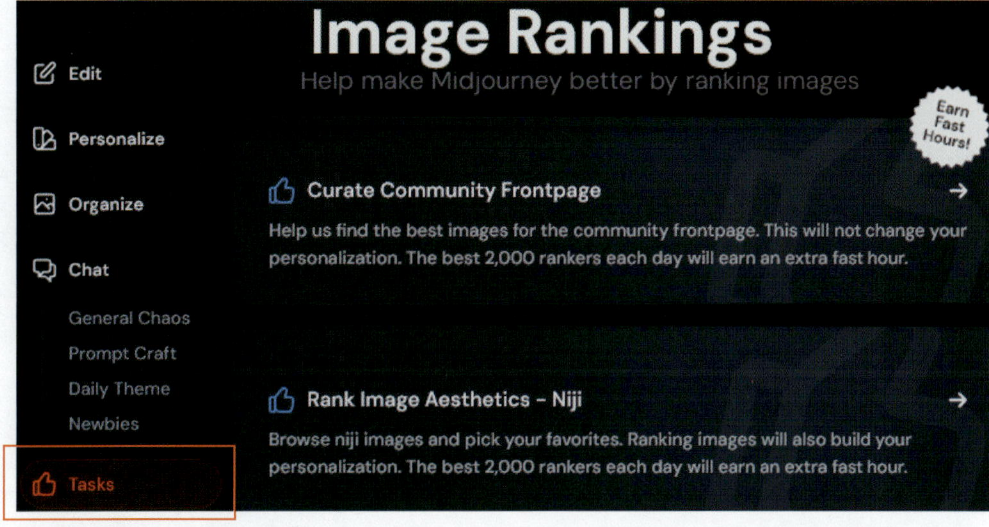

미드저니 웹 UI 한 눈에 보기

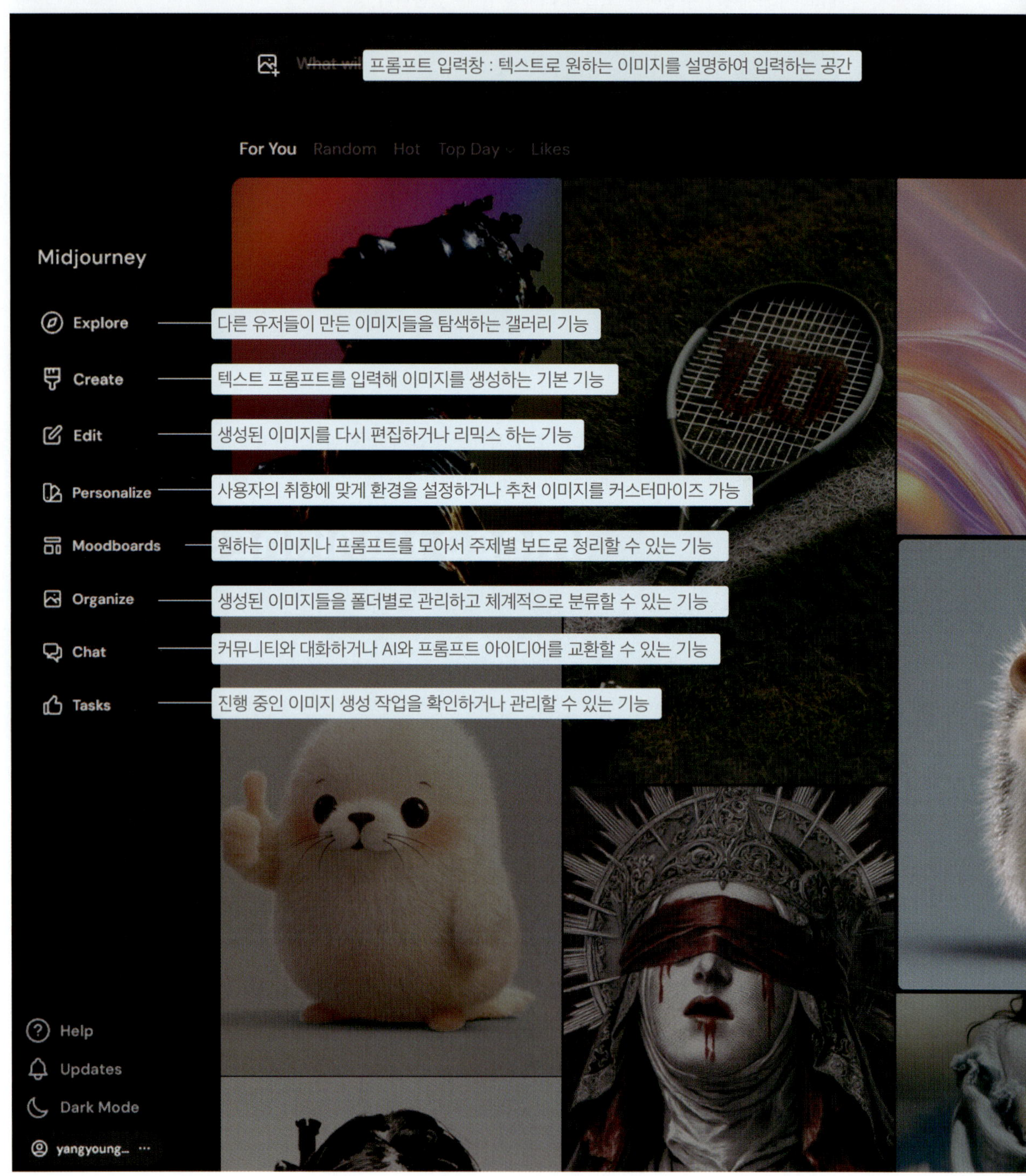

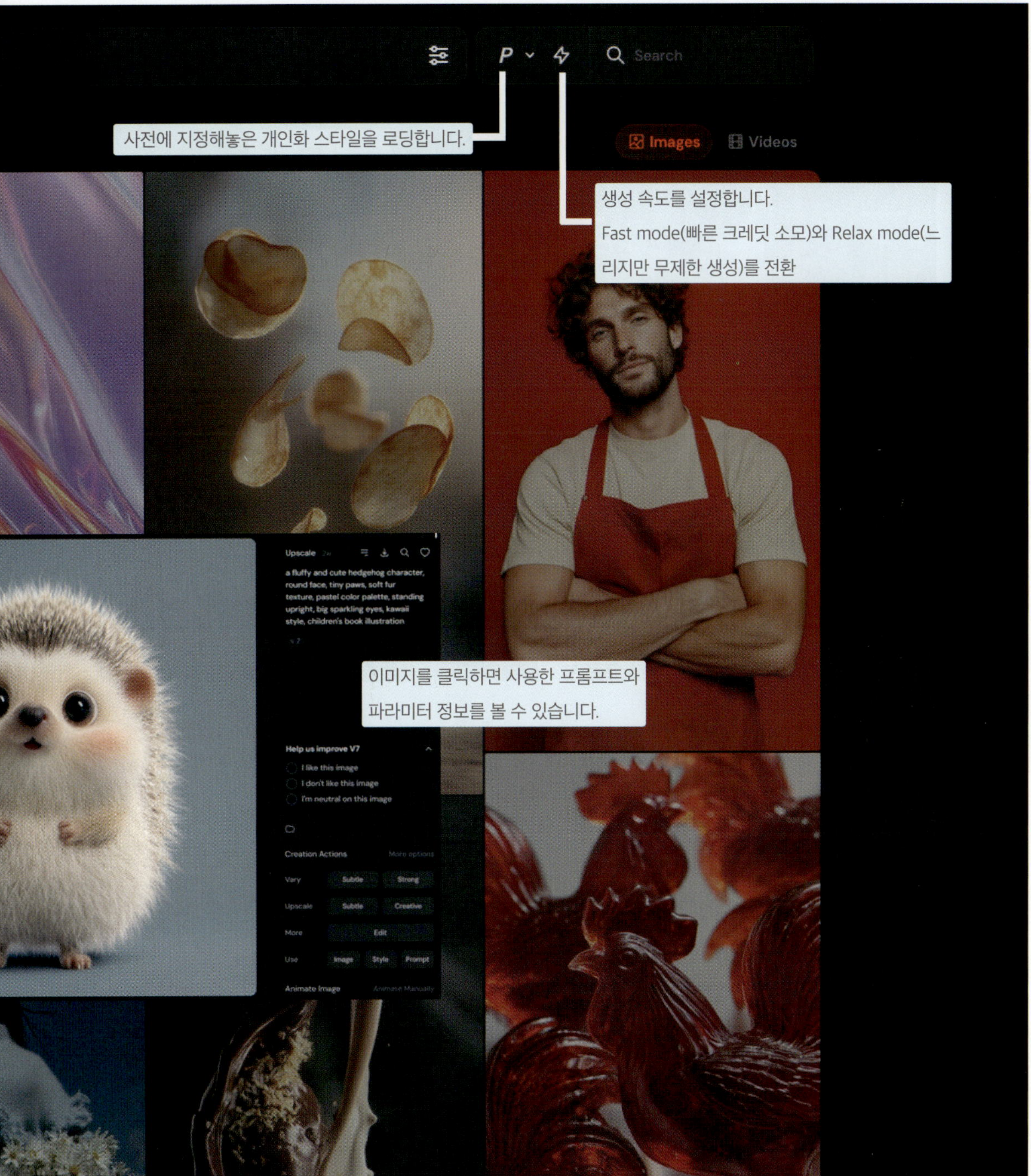
Search
사전에 지정해놓은 개인화 스타일을 로딩합니다.
Images
Videos
생성 속도를 설정합니다.
Fast mode(빠른 크레딧 소모)와 Relax mode(느리지만 무제한 생성)를 전환
Upscale
a fluffy and cute hedgehog character, round face, tiny paws, soft fur texture, pastel color palette, standing upright, big sparkling eyes, kawaii style, children's book illustration
이미지를 클릭하면 사용한 프롬프트와 파라미터 정보를 볼 수 있습니다.
Help us improve V7
I like this image
I don't like this image
I'm neutral on this image
Creation Actions
Vary
Subtle
Strong
Upscale
Subtle
Creative
More
Edit
Use
Image
Style
Prompt
Animate Image

웹 UI에서 이미지 생성해 보기

미드저니 웹UI 버전에서는 텍스트 기반의 디스코드보다 쉽고 직관적으로 이미지 생성이 가능합니다.

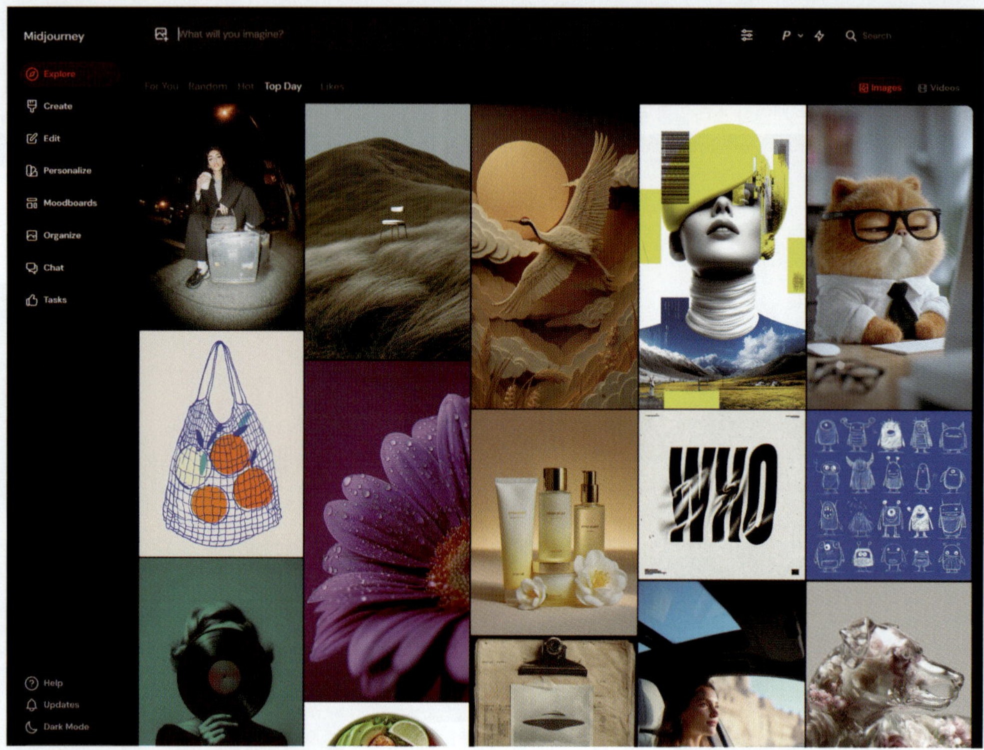

상단 중앙의 입력창에 프롬프트를 입력하면 생성됩니다.

먼저 이미지 생성창의 붉은색의 설정 목록을 클릭해 주면 여러 옵션 창이 보입니다.

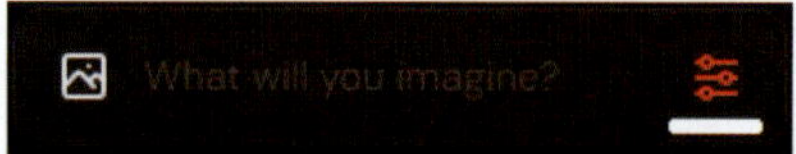

Image Size

생성할 이미지의 사이즈 16 : 9, 1 : 2, 2 : 1 등 다양한 비율로 결정할 수 있습니다.

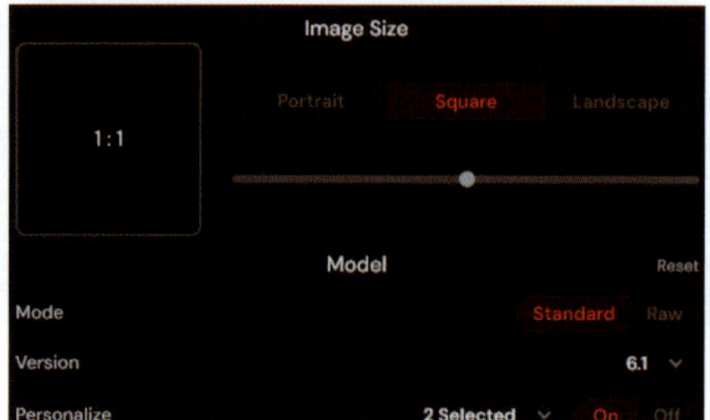

Model

Model은 2가지가 있습니다. Standard는 기본적인 모델이며 Raw는 미드저니의 창의적 개성이 개입되지 않도록 제어할 수 있습니다. 즉 프롬프트에 더욱 더 충실하게 구현해 주는 기능입니다.

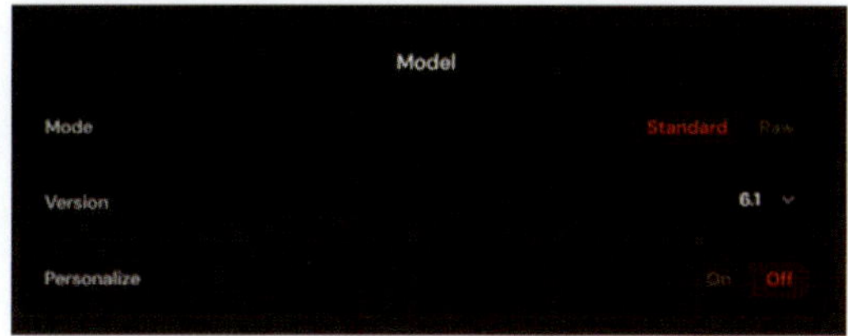

Version 미드저니의 버전을 선택할 수 있습니다.

Personalize 개인화 기능과 무드보드에서 만든 코드를 선택하여 사용할 수 있습니다.

Asthetics

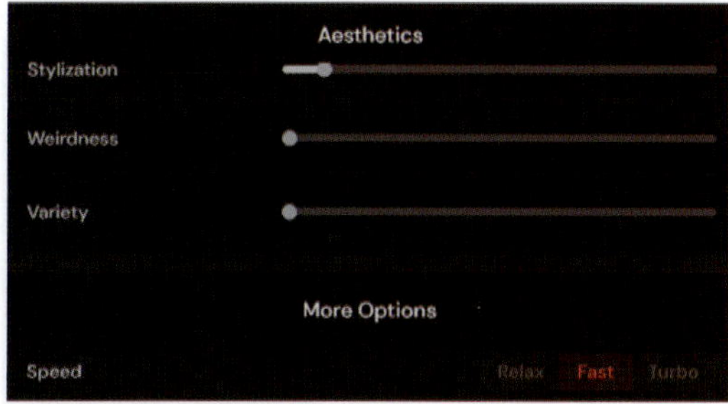

Stylization 미드저니의 미적 감각을 추가할 수 있는 옵션입니다. 값이 낮을수록 이미지는 프롬프트 내용과 비슷해지고, 높을수록 이미지는 프롬프트에 충실하지 않고 예술적인 이미지를 생성합니다. 값은 0~1000 사이로 설정이 가능합니다.

Weirdness 이미지에 독특한 차별성을 추가할 수 있는 옵션입니다. 수치값은 0~3000 사이로 설정할 수 있습니다.

Variety 이미지에 다양성을 추가합니다. 값이 낮으면 안정적이고 신뢰적인 이미지를 생성해주며, 높을수록 예상치 못한 이미지를 생성합니다. 수치값은 0~100 사이의 값으로 설정할 수 있습니다.

More Options

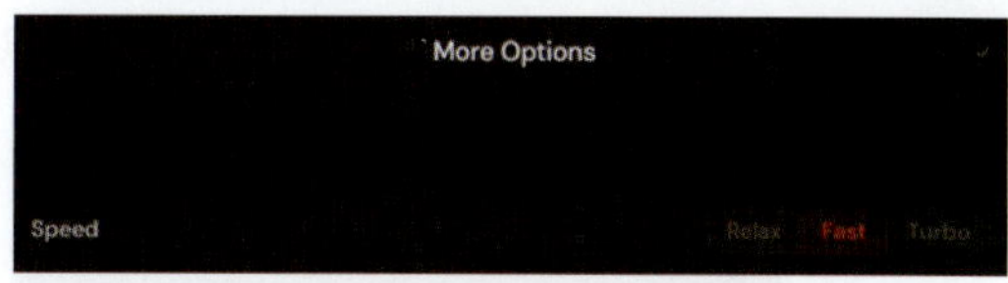

Speed 해당 옵션에서는 이미지의 생성 속도를 조절이 가능합니다.

Relax 천천히 이미지가 생성됩니다. 대신 Fast Hours를 소모하지 않습니다.

Fast 가장 기본적인 기본 속도이며, 5~10초 정도의 시간이 걸립니다.

Turbo 빠른 속도로 이미지 생성이 됩니다만, Fast Hours 시간 소모도 빠릅니다.

검색창에 이미지 표시를 클릭하면 이미지를 업로드하여 이미지 프롬프트로 사용이 가능합니다.

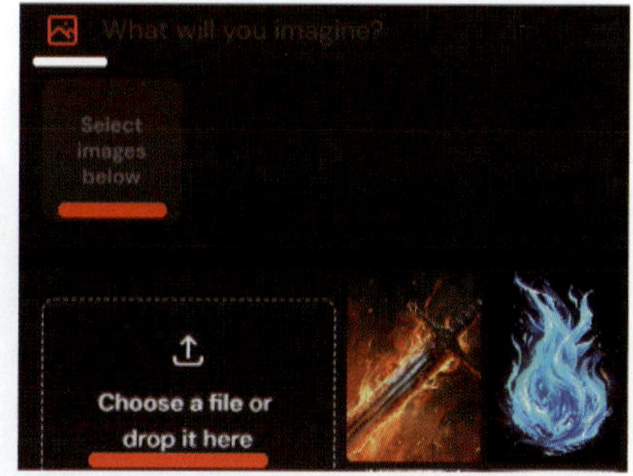

생성한 이미지는 Create에서, 다른 유저가 생성한 이미지는 Chat에서 이미지를 클릭하여 우측 상단의 메뉴 버튼을 누른 후 Copy를 눌러 프롬프트를 복사하거나, Report / Download 기능을 통해 이미지를 다운로드하거나 레포트를 올리는 등 다양한 기능을 할 수 있습니다.

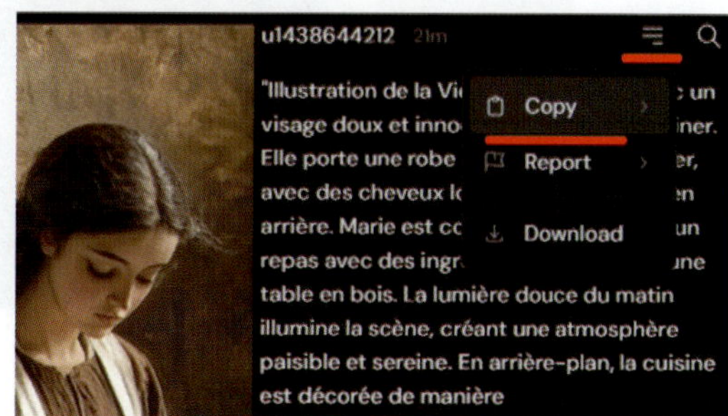

실습을 해 보겠습니다.

rabbit holding a shotgum(**샷건을 들고 있는 토끼**)을 영어로 입력창에 넣고 엔터를 눌러보겠습니다.

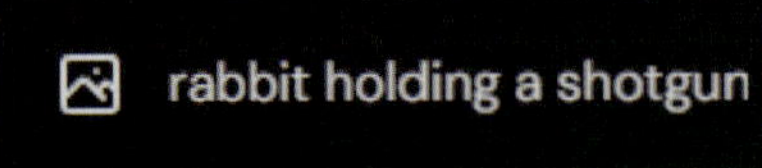

그 이후 Create 버튼을 누르면 생성 중이거나 생성된 이미지를 실시간으로 볼 수 있습니다.

마음에 드는 이미지를 클릭하면 프롬프트와 버전 등 자세한 정보를 알 수 있습니다.

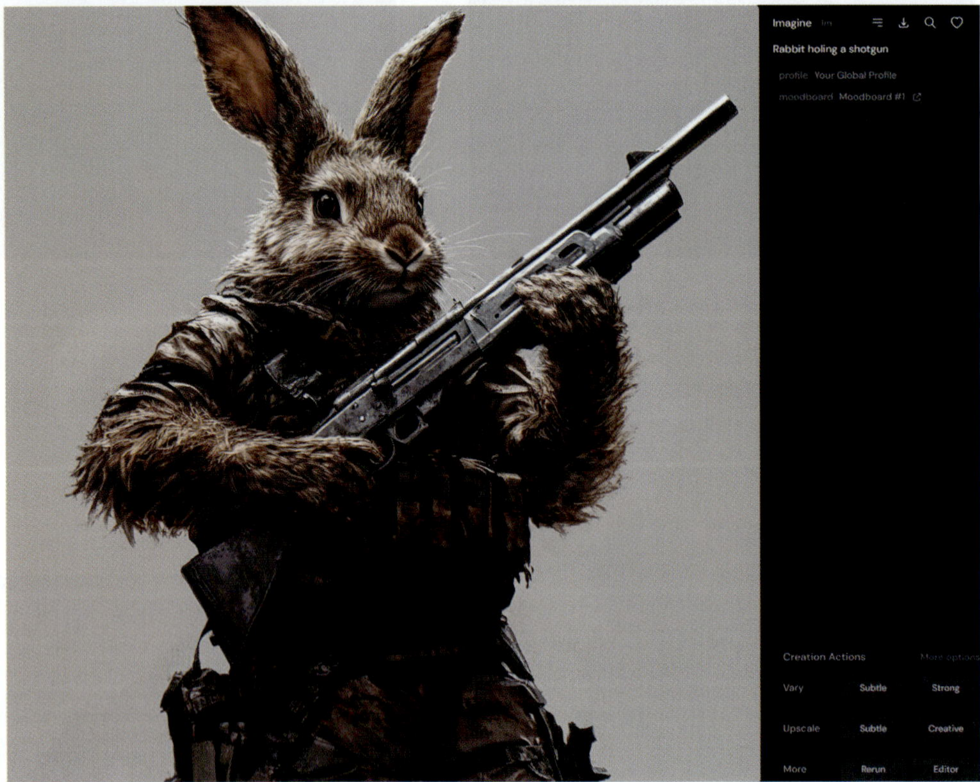

우측 상단에 Imagine 버튼을 클릭하여 프롬프트를 복사하거나, 이미지를 저장/ 주소복사/ 다운로드 등 생성한 이미지에 대한 기능을 제공하고 있습니다.

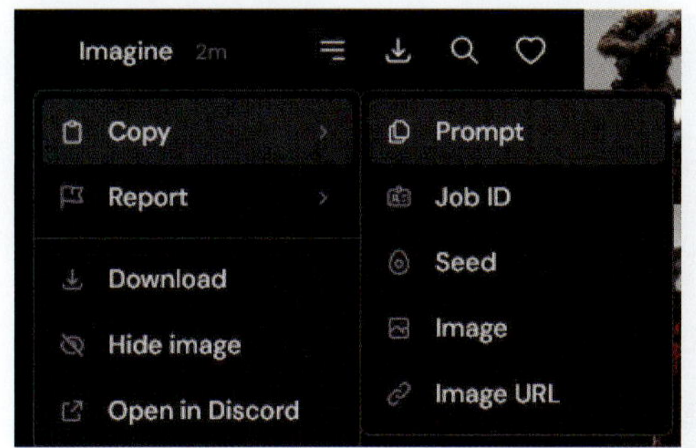

우측하단에 있는 Creation Actions을 보면 여러 기능이 있습니다.

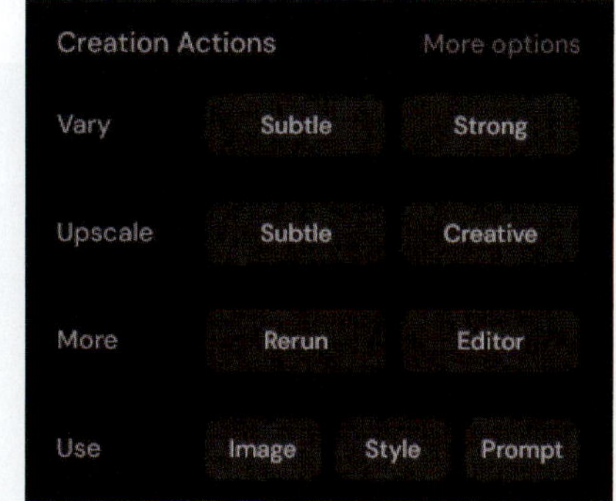

Vary
이미지의 베리에이션을 나타냅니다.

Subtle은 약한 변화를, Strong은 강한 변화를 주며 생성합니다.

Upscale Subtle, Creative 버튼을 통해 이미지를 2배, 4배 크기로 사이즈를 키워 줄 수 있습니다.

More, Use More에서 Rerun을 누르면 이미지를 같은 프롬프트와 파라미터로 재생성을 해 줍니다
.

More, Editor 기능은 이미지를 편집하고 use는 내가 생성했거나 남이 생성한 이미지의 이미지, 스타일, 프롬프트를 사용하는 기능입니다.

우측 하단에 Editor를 마우스 왼쪽 버튼으로 누르고, Erase 도구로 원하는 부분을 지운 뒤, 프롬프트에 새로 추가할 요소를 입력합니다.

rabbit holding a shotgun 프롬프트를 **tiger holding a shotgun**로 수정하여 재생성해보겠습니다.

우측하단에 있는 Submit 버튼을 누르면 이미지가 수정되어 잘 생성되었습니다.

수정된 리스트는 우측에 있는 작은 창을 통해 확인이 가능합니다.

이미지 비율 확장

우측 상단에 있는 1:1, 4:3 등이 있는 곳을 클릭하여 이미지 비율을 확장시킬 수 있습니다. 저는 1:1 비율인 이미지를 마우스 가운데 흰색 버튼을 클릭하여 이미지를 상단으로 이동시킨 후에 9:16으로 이미지를 확장했습니다.

2. 미드저니 활용법

1. 미드저니의 Edit / Retexture 활용

미드저니의 Edit / Retexture 기능을 사용하면, 게임 일러스트 작업에서 빠르게 수정과 반복이 가능합니다. 예를 들어, 캐릭터 복장만 변경하거나 배경 요소를 바꾸고 싶을 때 처음부터 새로 그릴 필요 없이 기존 이미지의 일부분만 선택해 간편하게 수정할 수 있습니다.

이는 컨셉 아트, 스킨 바리에이션, NPC 디자인 반복 등에 특히 유용하며, 작업 시간 단축과 시안의 다양화에 큰 도움이 됩니다. 해당 기능은 미드저니 웹UI 버전에서만 가능합니다.

Edit 기능으로 게임 일러스트 만들어 보기

이번엔 내가 가지고 있는 이미지의 스타일을 변경하는 방법에 대해 알아보겠습니다.

미드저니 홈페이지의 왼쪽 Edit를 클릭하여 Edit New Image를 클릭합니다.

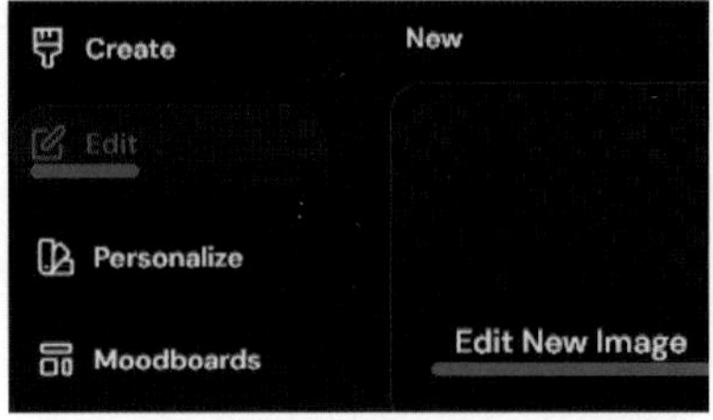

큰 화면으로 보면 다음과 같은 인터페이스를 하고 있습니다.
왼쪽 상단 Edit와 Retexture 모드에서 이미지를 수정하거나 스타일을 바꿀 수 있습니다.

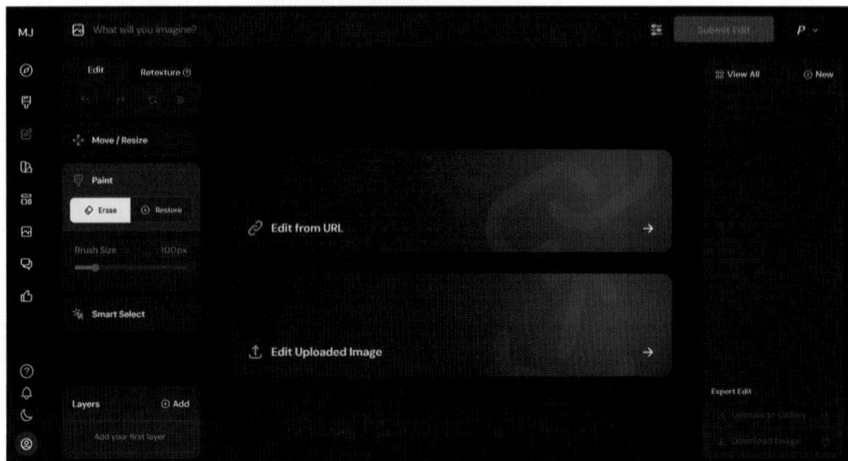

Move/Resize를 클릭하면, 업로드한 이미지를 수정하거나 사이즈 조절을 가능합니다.

사진을 업로드하고 지우개(Erase)로 수정할 부분을 지웁니다. 지운 부분을 특정 영역 만큼 원본 이미지로 다시 채우고 싶으면 Restore 기능으로 칠하면 됩니다.

Edit from URL로 이미지 주소를 직접 입력하거나, Edit Uploaded Image를 클릭하면 PC에 있는 이미지를 직접 업로드하여 이미지 편집을 할 수 있습니다.

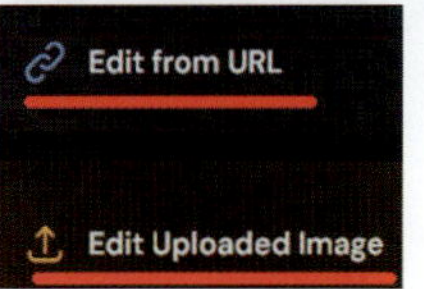

사용할 이미지를 구해줍니다. 판타지 느낌이 나는 이미지를 만들어 보겠습니다.
이미지를 업로드하고 [Alt]를 누르면 이미지 사이즈 크기를 조절할 수 있고, [Alt+마우스 왼버튼]으로 원하는 사이즈와 위치로 이동할 수 있습니다.

프롬프트란에 **Dragons are flying in the sky**를 입력하고 Enter키를 누르면 이미지가 생성됩니다.

Dragons are flying in the sky

Download Image 버튼을 클릭하면 이미지를 다운로드 받을 수 있습니다.

이미지에 알파채널이 있는 PNG 파일도 여백을 유지한 채 업로드가 가능합니다.

Suggest Prompt를 통해 쉽게 자동으로 미드저니가 텍스트 프롬프트를 작성해줍니다.

배경을 따로 그리지않아도 캐릭터에 어울리는 배경이 생성됩니다.

Retexture 기능으로 스타일 바꿔보기

Edit를 눌러주고 Edit New Image를 클릭해줍니다.

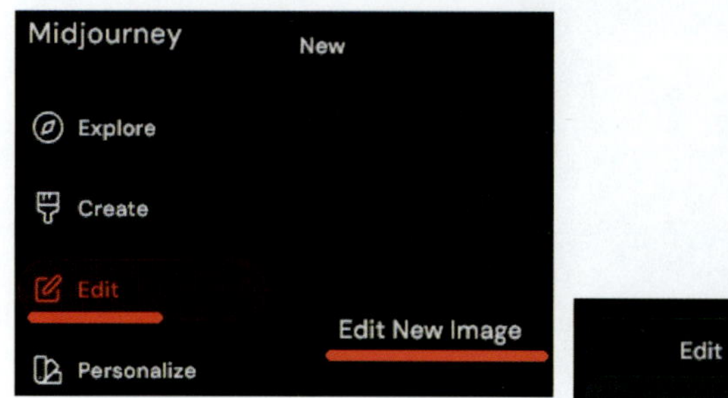

변경할 이미지를 업로드를 해줍니다.

앞 챕터의 Edit 기능을 참고하시면 됩니다.

프롬프트란에 pencil sketch drawing, Cartoon 같은 키워드를 입력하여 수정하거나 추가하면 이미지의 여러 스타일로 변환할 수 있습니다. 다양한 스타일 프롬프트를 활용해 여러 느낌을 적용해보세요. 캐릭터 스타일을 유지하고 싶다면 캐릭터 레퍼런스 --cref 프롬프트를 같이 사용하는 것도 좋은 방법입니다.

pencil sketch drawing　　Cartoon Style

2. 개인화 기능 Profile 사용하기

미드저니에서 새롭게 추가된 Profile 기능, 즉 개인화 모델에 대해 알아보겠습니다.
이 기능은 사용자가 선호하는 스타일을 저장해 두고, 이후 이미지 생성 시 해당 스타일을 일관성을 유지해 주는 방식입니다. 짧은 시간 내에 프로필을 만들고 무드보드를 설정하면 나만의 AI 스타일을 형성할 수 있어 기존 생성형 이미지와 차별화 된 결과를 얻을 수 있습니다.

특히, Profile은 게임 리소스를 제작하거나 참고할 때 매우 유용한 기능이며, 단순히 스타일을 반복하는 수준이 아니라 자동으로 원하는 방향성을 유지해 주는 것이 강점입니다. 참고로 무드보드를 통한 스타일 학습은 웹UI 버전에서 더욱 직관적으로 활용할 수 있지만, 디스코드 환경에서도 동일한 기능을 사용할 수 있습니다. 전자가 나만의 스타일을 기억시키는 자동화에 가깝다면 무드보드는 여러 아트 스타일을 수동으로 정리해 참고하는 방식입니다. 두 기능 모두 실무에서 중요한 역할을 합니다.

미드저니 공식 홈페이지에 접속하여 로그인을 한 후,
좌측 메뉴에서 Personalization(개인화)을 클릭합니다.

Personalization off라고 표시되어 있으면 클릭해서 Personalization on으로 바꿔줍니다.
개인화 모델은 Profile로 학습하는 방법과 Moodboard(무드보드)로 학습하는 방법이 있습니다.
이 두 가지 모드에 대해 알아보겠습니다.

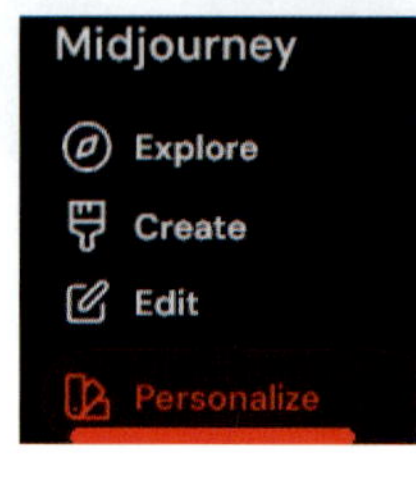

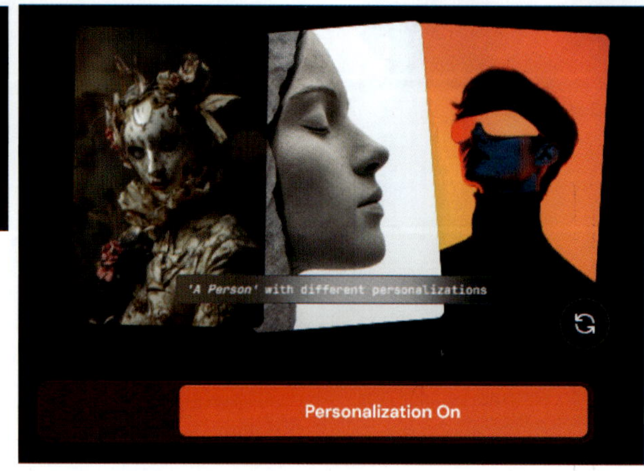

Create Standard profile을 눌러줍니다.

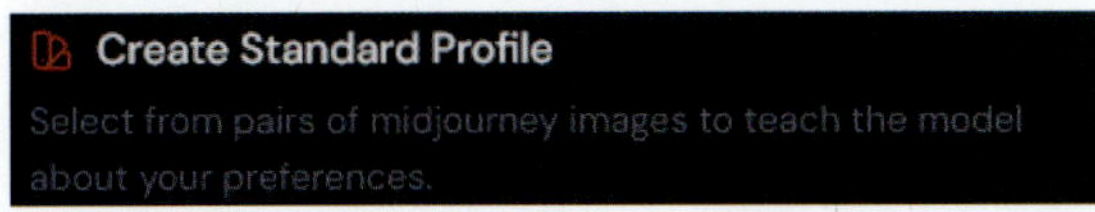

두 개의 이미지들이 나오면 두 이미지 중에 내가 더 좋아하는 이미지를 선택하는 방식으로 학습됩니다.

40개의 이미지를 선택하면 프로필이 해제되었다고 메세지 창이 뜹니다.

[Continue teaching]을 누르면 내가 선호하는 이미지 선택을 더 진행하고, Try it out을 누르면 진행을 종료합니다.

빨간 글씨의 --p p7276648032949501967가 나의 개인화 코드입니다.

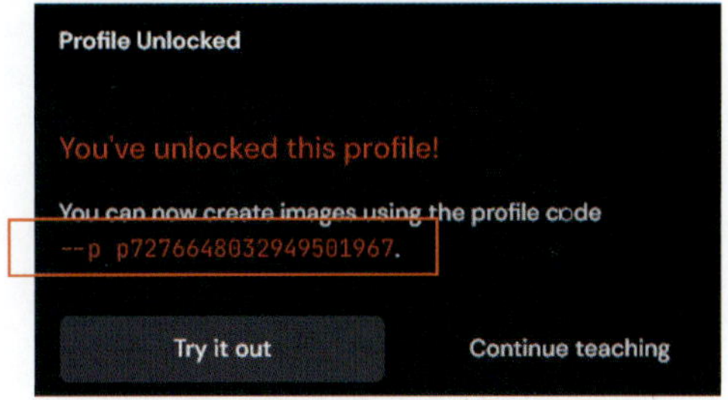

디스코드 미드저니 서버 또는 개인 서버로 돌아옵니다. 웹사이트는 종료하지 않습니다.

웹UI 버전에서 사용할 때 우측 상단의 P키를 클릭하면 빨간색으로 바뀌는데 이때 개인화 모드가 활성화됩니다.

personalization 기능을 클릭하여 활성화하거나 프롬프트 끝에 --p 파라미터를 붙여서 사용하면 됩니다.

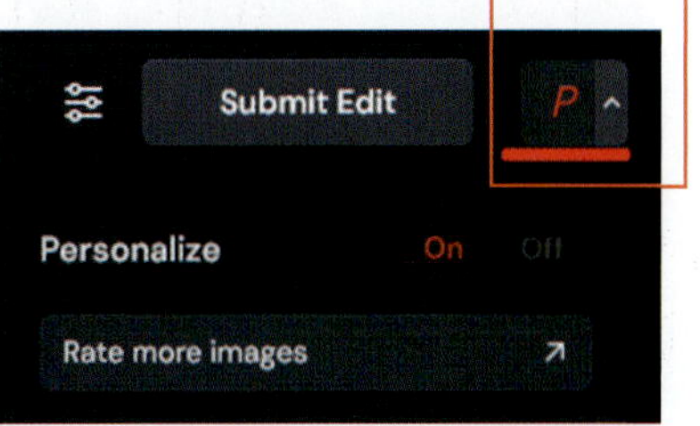

웹UI 버전과 디스코드 둘 다 생성이 가능합니다.

디스코드의 미드저니에서 이미지를 생성해 봅시다.

입력 창에서 /setting 입력하고 실행합니다.

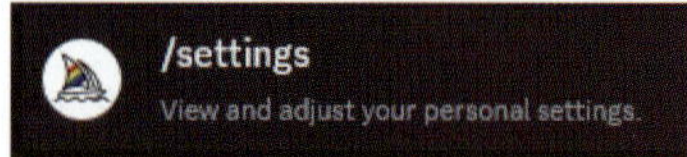

personalization 기능을 클릭하여 활성화 화거나,
프롬프트 끝에 --p를 붙여서 사용합니다.

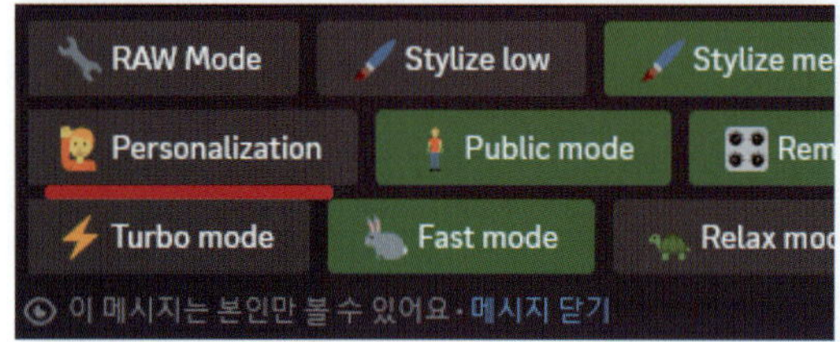

이미지를 생성해보겠습니다.

프롬프트를 White dog라고 입력하고, p-code를 활성화하지 않고 그냥 생성하였습니다.

이번에는 P-code를 활성화 해 보겠습니다.

/setting에 personalization 버튼을 눌러서 활성화를 하거나, 프롬프트 끝에 --p 파라미터를 입력하고 생성해보겠습니다.

 /imagine prompt White Dog --p

앞서 생성한 이미지보다 개성이 더욱 뚜렷하게 반영된 결과물을 얻을 수 있습니다.

프롬프트 끝에 붙는 --p zsf31q4와 같은 코드는, 사용자가 생성한 개인화 스타일(Profile)을 반영한 결과 코드이며, 이를 통해 동일한 스타일의 이미지를 반복 생성할 수 있습니다.

이 코드는 일회성 테스트용이 아닌 실제로 활용 가능한 고유한 스타일 ID 입니다. 다른 사용자와 공유하거나, 반대로 다른 사람이 만든 스타일 코드를 입력해 적용하는 것도 가능합니다. 책에 수록된 P-code는 예시가 아닌 실제로 사용할 수 있는 유효한 P-code 입니다.

3. 무드보드로 게임 스타일 학습하기

여러 스타일의 생성을 원한다면 무드보드 기능을 통해 보다 세밀하고 구체적인 방향성으로 스타일을 학습시킬 수 있습니다. 이 방식은 단순한 선택을 넘어, 캐릭터나 배경, 아이템 등의 리소스를 제작할 때 원하는 연출 톤과 미감까지 반영된 결과물을 얻는 데 매우 효과적입니다.

내가 원하는 스타일의 이미지를 같은 스타일로 최소 3, 4장을 구해줍니다.

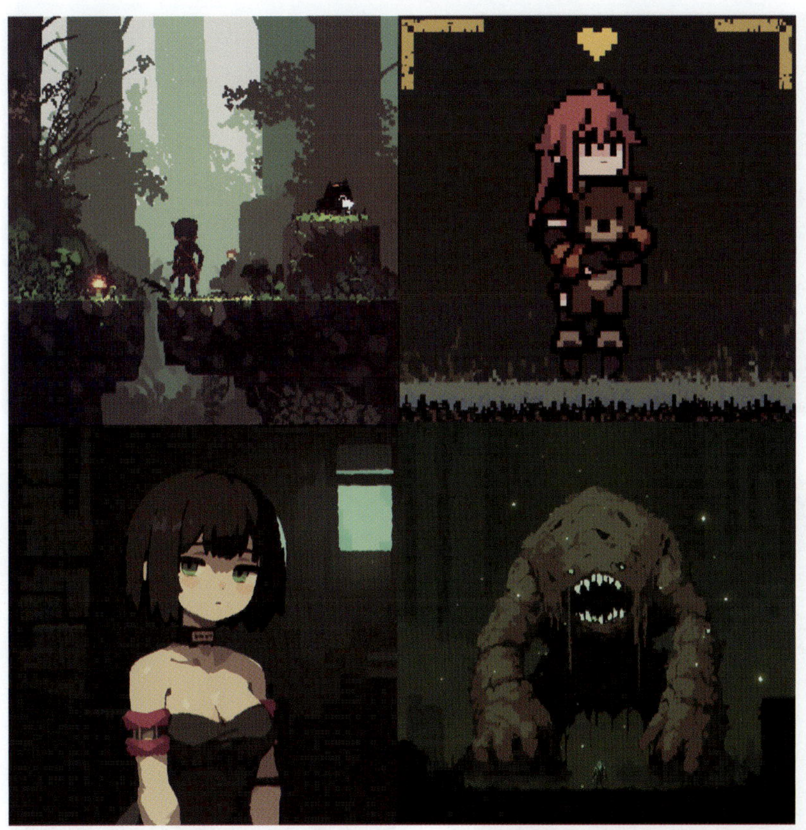

다시 미드저니 사이트의 personalize으로 돌아와 Create Moodboard를 클릭합니다.

종료를 하였으면 미드저니 공식사이트 로그인 후에 Personalize를 접속하면 됩니다.

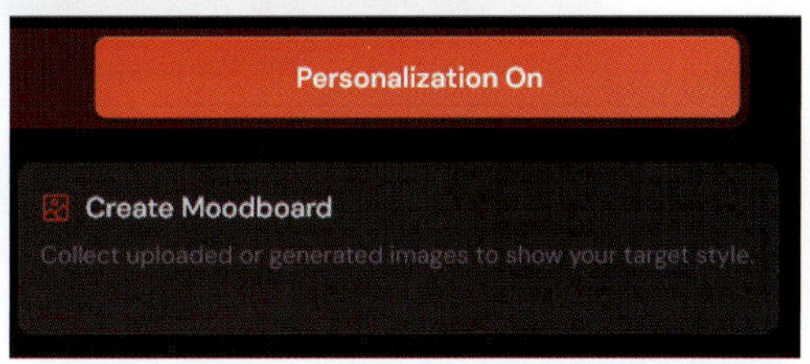

Moodboard #창이 생성되면 Upload Images를 클릭합니다.

Add from Link는 이미지의 링크를 Add from Gallery는 미드저니 갤러리의 이미지를 선택합니다.

처음이신 분은 Upload Images를 눌러줍니다.

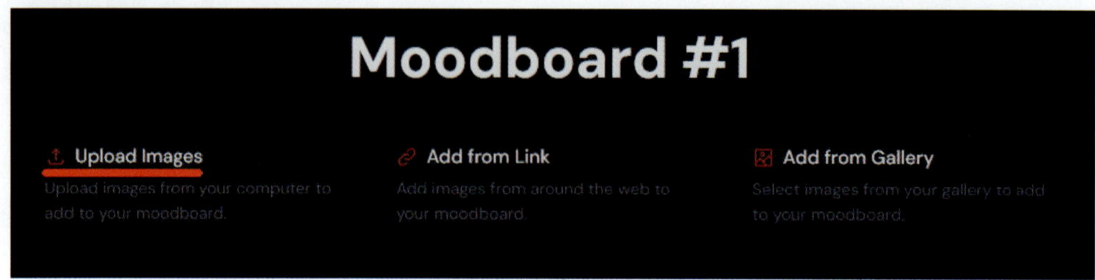

아까 찾은 이미지를 동시에 선택하여 열기 버튼으로 업로드를 합니다.

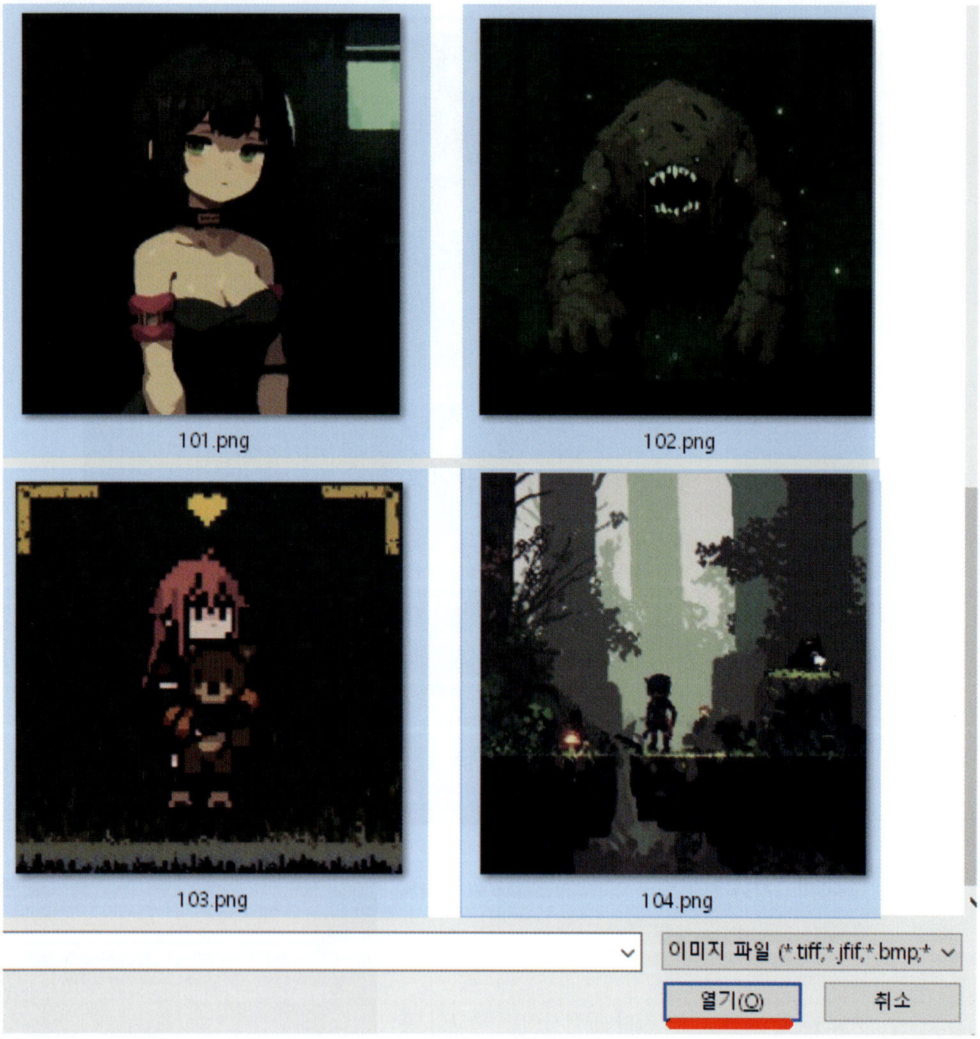

성공적으로 이미지를 불러오면 이렇게 이미지가 들어온 것을 확인이 가능합니다.
이후 Back 버튼을 눌러줍니다.

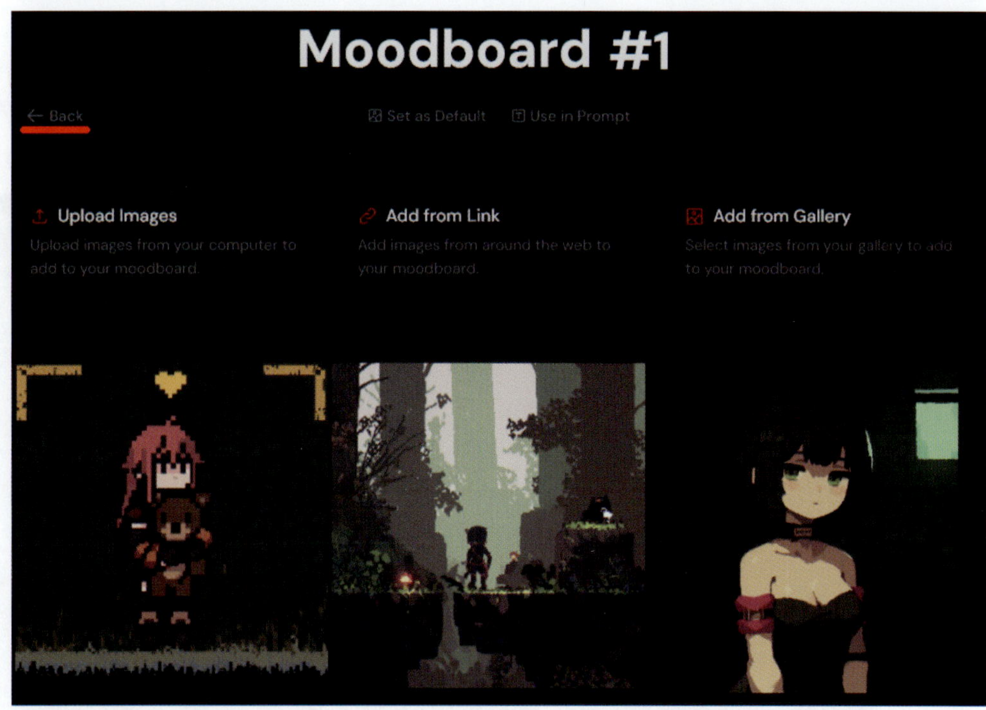

이런 무드보드 창이 생성되는 것을 확인할 수 있습니다.
Select 버튼을 눌러주고 Use in prompt를 눌러줍니다. 그러면 나만의 P코드가 완성되었습니다.
메모장이나 기록할 프로그램으로 [Ctrl+V] 키를 눌러 소중히 보관해줍니다.
제가 생성한 코드는 --p ocwpnl5 입니다.

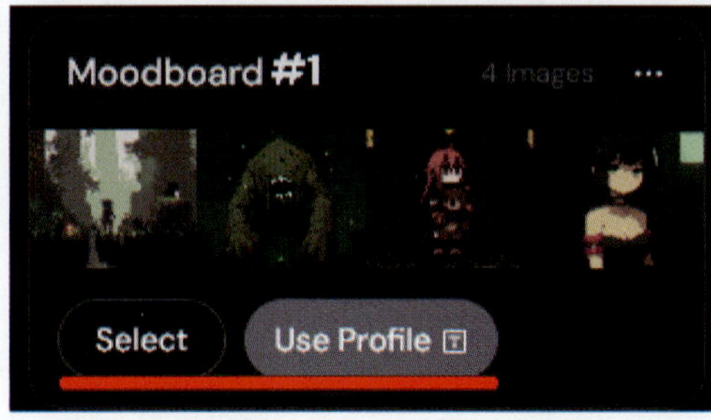

Monster --niji --p ocwpnl5로 프롬프트를 입력해서 P-code가 적용된 몬스터이미지를 만들어 봤습니다. 아까의 스타일을 가지고 오는 것을 볼 수 있습니다.

개인화 모델이 적용되는 정도를 Stylize(--s) 값으로 조정할 수 있습니다. --p 파라미터 뒤에 한 칸 띄우고 --s 숫자를 입력하면 됩니다. --s 0으로 입력하면 영향을 받지 않고 --s 50으로 입력하면 50% --s 100으로 입력하거나 --s를 입력하지 않으면 100%의 개인화 모델의 영향을 받습니다.

이번에는 캐릭터의 디자인만 가지고오고 스타일을 바꿔보겠습니다.

게임 제작 시 일러스트와 게임 내의 스타일이 다를 수 있으므로, 다양한 스타일의 변화가 필요할 수 있습니다. 디스코드에서 생성된 이미지에서 오른쪽 버튼을 눌러서 [링크 복사하기]를 눌러줍니다. 복사한 링크 주소를 IMG2_URL이라고 하겠습니다. 이후 다른 스타일 P-code로 바꿔주겠습니다.

이미지 복사
이미지 저장
링크 복사하기
링크 열기

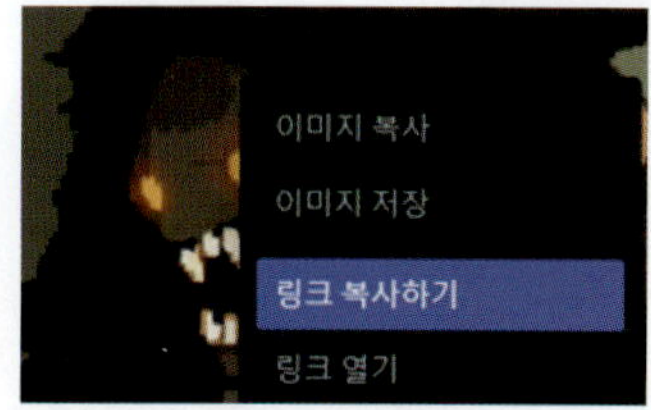

그러면 디자인 특징은 최대한 유지한채 스타일만 바뀌게 됩니다.

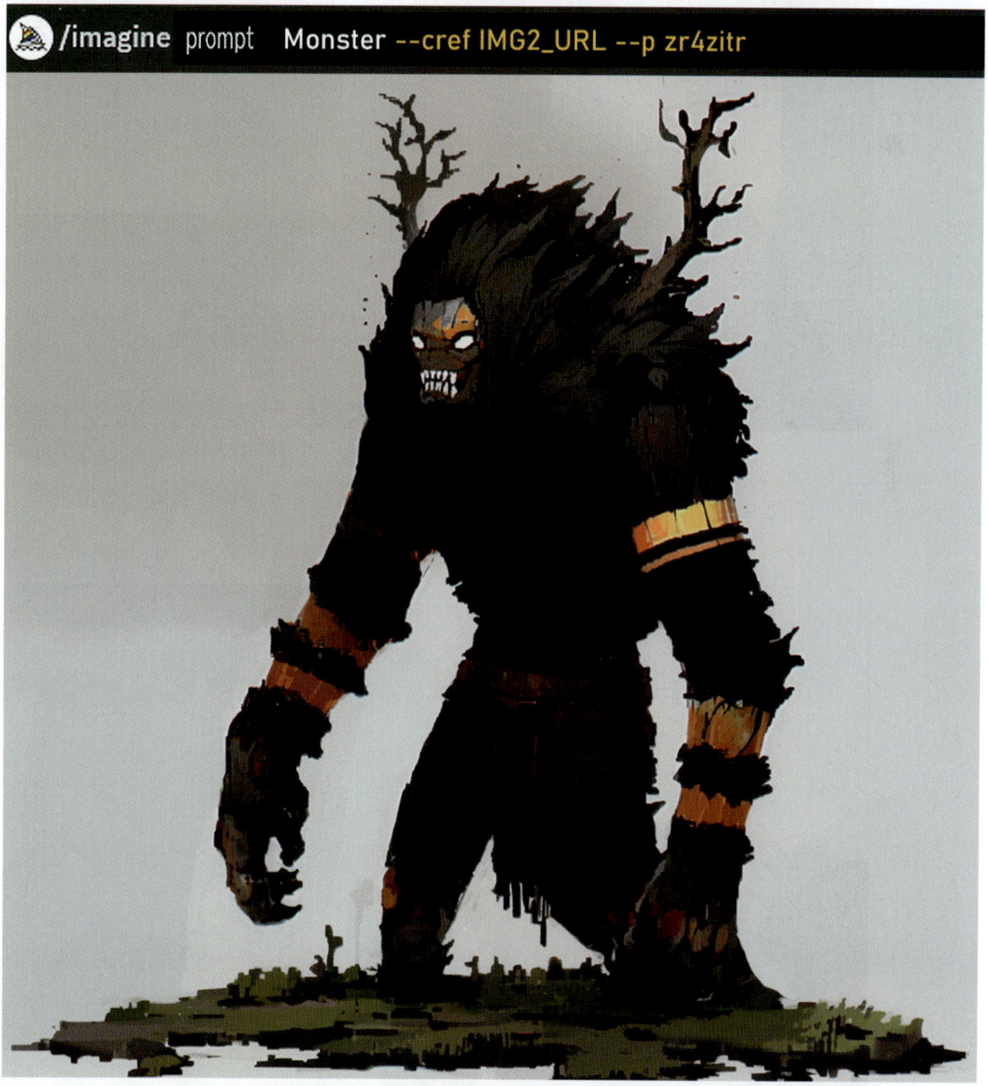

/imagine prompt Monster --cref IMG2_URL --p zr4zitr

아래 좌측은 P-code를 사용하지 않은 이미지이고, 우측이 사용한 이미지입니다.

미드저니의 P-code가 게임제작에 있어 제일 중요하다고 볼 수 있습니다. 해당 기능의 사용 여부에 따라서 아트 스타일의 일관성이나 퀄리티가 많이 차이나기 때문입니다.

같은 프롬프트와 버전을 사용하더라도 어떤 프로필 코드를 사용했냐에 따라서 느낌이 많이 다를 수 있습니다.

4. 일관성을 유지하며 이미지 생성하는 법

생성형 AI는 본질적으로 이미지에 무작위 노이즈를 더한 뒤 이를 복원하면서 새로운 이미지를 만들어내는 확률 기반 방식으로 작동합니다. 이 때문에 동일한 프롬프트를 여러 번 입력하더라도 디자인의 세부 요소나 인물의 외형이 매번 달라질 수밖에 없어서 반복성이 중요한 콘텐츠 제작에서는 일관성을 확보하기 어렵습니다. 이에 반해 미드저니는 이러한 한계를 보완하고자 일관성을 유지할 수 있는 다양한 파라미터 기반 제어 기능을 제공합니다.

여기서는 여러 파라미터를 이용해서 수정하는 방법에 대해 알아보겠습니다.

미드저니 스타일 유지 방법

미드저니에서 프롬프트를 **korean Joseon soldier --niji** 입력하고 이미지를 생성합니다.
한국어로 **한국 조선병사**라고 입력해도 됩니다. 이 아트 스타일을 유지하면서 다른 캐릭터를 생성하는 방법에 대해 알아보겠습니다.

디스코드에서 스타일 유지하는 법

방금 생성한 조선병사 이미지에 마우스 오른쪽 버튼을 클릭하여 링크 복사하기를 클릭해줍니다. 복사한 이미지 링크를 IMG_URL 라고 칭하겠습니다. 이 이미지의 스타일만 가져와 보겠습니다.

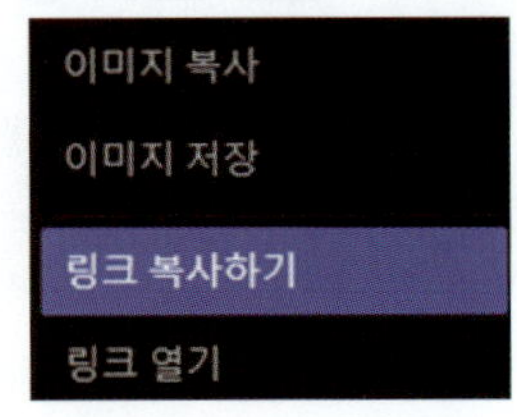

girl --ar 11:8 --sref IMG_URL(복사한 링크주소) --sw 100으로 프롬프트를 작성한 후, 이미지를 생성하면, [IMG_URL(복사한 링크주소)]의 스타일을 적절히 가져오는 것을 확인 할 수 있습니다

girl --ar 11:8 --sref IMG_URL(복사한 링크주소) --sw 1000으로 프롬프트를 작성한 후 이미지를 생성하면, 스타일의 변화를 과하게 가져오는 것을 확인 할 수 있습니다

girl --ar 11:8 --sref IMG_URL(**복사한 링크주소**) --sw 0으로 프롬프트를 작성한 후 이미지를 생성하면, 복사한 이미지의 스타일을 가져오지 못하는 것을 알 수 있습니다.

웹UI 버전에서 스타일 유지하는 법

웹UI 버전에서 사용할 경우 프롬프트 입력창 옆에 이미지창을 클릭한 후, Style-Reference를 클릭해서 참고할 이미지를 드래그해서 넣어주면 됩니다.

--oref (Object Reference) 기능의 이해와 응용

미드저니 7버전부터는 --cref 기능을 사용하지 않고, --oref 기능으로 대체합니다.
이전 버전에서는 --oref로 사용하지 않고 -cref를 사용합니다.

--oref

Omni Reference는 이미지의 캐릭터 외형, 복장, 포즈, 실루엣 등을 복사합니다.
이미지에서 형태(Object Structure)를 복제하면서도, 다른 스타일로 표현하고 싶을 때 사용합니다. 외형은 유지하되 질감, 분위기, 조명이 달라지는 느낌입니다. 만들기,캐릭터의 클래스별 의상 변형(같은 체형/자세 유지),아이템의 희귀도 단계별 변화 표현 등에도 유용합니다.

이미지 프롬프트처럼 이미지의 URL을 추가하여 사용하며, 하나 이상의 이미지를 참조할 수 있습니다. 이미지 URL이 포함된 프롬프트 뒤에 --oref URL을 입력합니다.

--ow

--ow를 사용하여 참조 '강도'를 100에서 1000 사이로 조절할 수 있습니다.
강도 100(--ow 100)이 기본값이며, 전체적인 외형을 균형 있게 반영합니다.
강도 25(--ow 25)는 스타일 중심으로 반영하며 외형 변화에 유리합니다.
강도 400(--ow 400) 이상은 외형 고정에 가깝게 작동하여 캐릭터 일관성을 극대화 할 수 있습니다.

웹UI 버전에서 사용할 경우 프롬프트 입력창 옆에 이미지창을 클릭한 후 Omni-Reference를 클릭해서 참고할 이미지를 드래그해서 넣어줍니다.

이미지 주소를 사용할 때 --oref 파라미터는 웹UI 버전에서도 활용할 수 있지만, 별도로 지정하지 않더라도 이미지를 직접 업로드하면 동일한 결과를 얻을 수 있습니다. 또한 우측의 원형 버튼을 클릭하면 객체 특성의 유사 강도를 세밀하게 조절할 수 있습니다.

해당 **검에 불꽃 마법 속성을 부여**하는 방식으로 프롬프트를 수정해 보겠습니다.

예를 들어, **white background, fire burning fantasy sword --oref 〈복사한 이미지 주소〉**와 같이 --oref 파라미터 뒤에 참조할 이미지 주소를 입력하면, 원본 디자인의 형상은 유지한채 불타는 검이 자연스럽게 구현됩니다. 〈 〉 괄호는 입력하지 않습니다.

이처럼 --oref 기능은 기존 오브젝트의 구조를 보존하면서도 스타일이나 속성 변화를 유연하게 적용할 수 있어서 게임 리소스 변형에 매우 유용합니다.

이번에는 Thunder Magic Sword, Fantasy Sword, 그리고 Magic Fantasy Ice Sword와 같은 프롬프트로 변형하여 이미지를 생성해보겠습니다.

각 프롬프트에 따라 번개 효과, 고전 판타지 스타일, 얼음 속성 마법 검 등 다양한 이미지 표현이 적용되어, 서로 다른 분위기의 결과물을 얻을 수 있습니다.

이처럼 단순한 키워드 조합만으로도 다양한 스타일의 무기 베리에이션을 손쉽게 제작할 수 있다는 점은 게임 레퍼런스, 리소스 제작에 큰 장점으로 작용합니다. --ow 파라미터를 통해 --ow 오브젝트 특징의 비슷한 강도를 조절할 수도 있습니다.

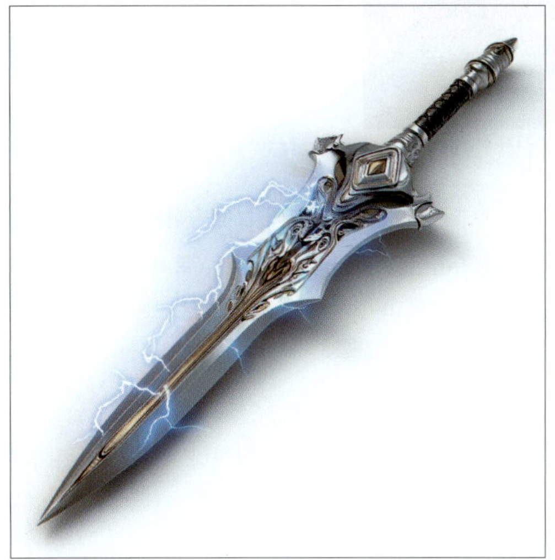

--ow 파라미터를 사용하지 않을 경우 기본값은 100이며, 설정 가능한 범위는 0에서 1000 사이입니다. 이번에는 Thunder Magic Sword라는 프롬프트에 --oref [복사한 이미지 주소]와 함께 --ow 20을 추가하여 이미지 생성 값을 조정해 보겠습니다.

이처럼 ow 값을 낮추면 원본 이미지에 대한 반영 비율이 줄어들기 때문에 기존 디자인은 유지하되 좀 더 과감한 번개 이펙트나 창의적인 변화가 적용된 결과물을 얻을 수 있습니다.

즉, 낮은 ow 수치는 원본의 형상을 일부 유지하면서도 스타일 변화폭을 더 크게 만들고자 할 때 효과적으로 활용됩니다.

sref, cref, profile 파라미터와 비교

1. --sref (Style Reference)

: 화풍, 채색, 브러시 질감 등 스타일을 참조합니다. 특정 작가풍이나 렌더링 분위기를 모방하고 싶을 때 유용합니다.
단, 스타일 가중치(--sw)를 너무 높이면 외형 정보(--oref, --cref)가 왜곡될 수 있습니다.

2. --oref (Omni Reference)

: 얼굴, 체형, 자세 등 캐릭터의 전체 외형을 참조합니다. 기존 캐릭터를 유지하거나 변형할 때 적합합니다.
--ow(omni-weight)로 반영 강도를 조절할 수 있으며, 기본값은 100입니다.

3. --p (Profile & Moodboard)

: 개인화된 스타일 코드나 무드보드 효과를 반영합니다. 전체적인 분위기, 감정, 톤에 영향을 줍니다.
무드가 너무 강하면 다른 외형 요소를 덮을 수 있으므로 주의가 필요합니다.

실무에 유용한 미드저니 이미지 분석과 프롬프트 최적화

/describe와 /shorten을 활용한 이미지 해석 및 스타일 반복 제작

미드저니에서 생성된 이미지의 스타일을 분석하거나, 외부 이미지를 기반으로 유사한 결과를 얻고 싶을 때 가장 효과적인 접근이 바로 /describe 명령어를 통한 이미지 기반 프롬프트 추출입니다. 이를 통해 우리는 이미지에 담긴 톤 앤 무드, 질감, 조명, 구성 요소 등을 텍스트로 구조화하여 재생성 및 변형 작업의 기반으로 활용할 수 있습니다.

/describe 기능을 게임제작에 사용하면 유용한 예시

- 레퍼런스를 빠르게 언어화해 기획자나 팀원과 공유 가능합니다.
- 기존 작업물의 톤이나 화풍을 유지한 유사 이미지 반복 생성 가능합니다.
- 프롬프트 구조를 익히며 프롬프트 이해 능력 자체를 향상시킵니다.

사용방법에 대해 알아보겠습니다.

디스코드 채팅창에서 '/describe'라고 입력하면 image 또는 link(이미지 주소)를 업로드 여부를 선택하라고 나옵니다. 원하는 방식으로 선택하면 됩니다.

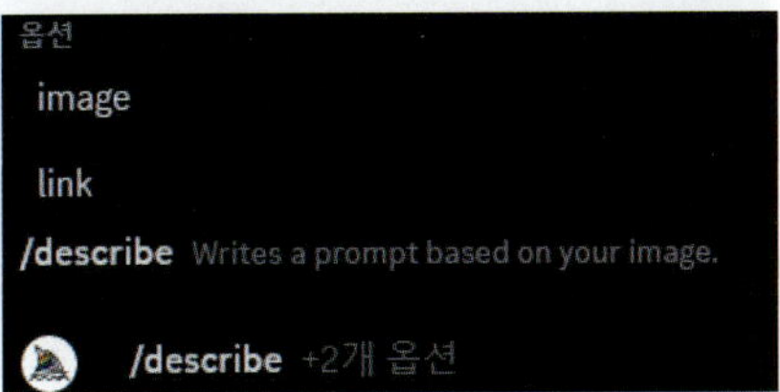

예를 들어 게임에 사용할 UI마법 아이콘 레퍼런스를 /describe로 분석해 보면,

> Blue glowing magical symbol in a fantasy style, a game icon with a simple and minimalistic background, a symmetrical central composition, high resolution, sharp focus, studio lighting, intricate details, digital art in a fantasy style. At its core, a snowflake-shaped glowing blue light is surrounded by smaller flames of energy

위와 같은 긴 프롬프트가 출력됩니다.
1번부터 4번까지 텍스트가 출력되며 1, 2, 3, 4 각각 숫자를 눌러서 이미지 생성도 가능하지만 Imagine all을 눌러서 한번에 생성도 가능합니다.

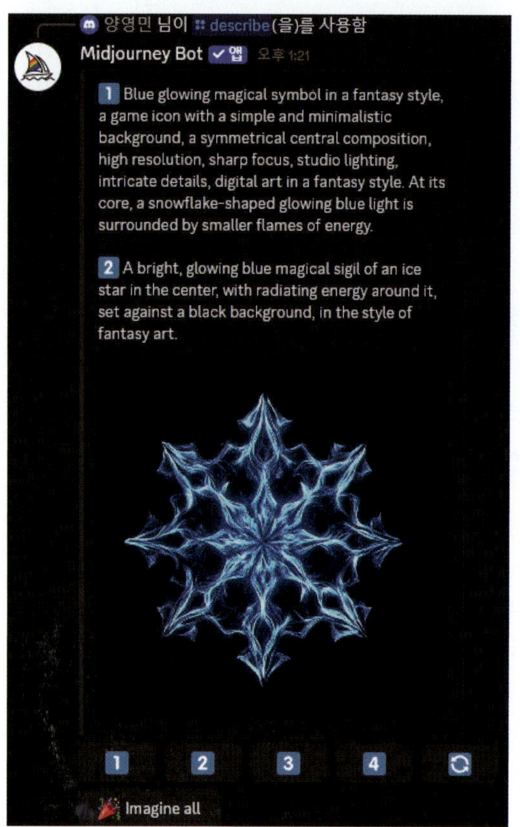

/shorten으로 프롬프트 최적화하기

분석된 프롬프트가 너무 길거나 혼란스러울 경우, /shorten 명령어를 활용하면 각 키워드의 영향력을 수치화해 보여줍니다. 이를 통해 어떤 단어가 스타일에 영향을 주는지 파악하고, 중복되거나 필요 없는 키워드를 줄여 프롬프트를 더 간결하고 효율적으로 다듬을 수 있습니다.

이제 /shorten 기능을 활용해보겠습니다.
먼저, 이전에 /describe로 추출한 긴 프롬프트를 복사해둡니다. 디스코드 채팅창에 /shorten을 입력한 뒤, 복사한 프롬프트를 붙여넣고 Enter 키를 눌러 실행합니다. 그러면 각 키워드가 이미지에 어떤 영향을 주는지 분석 결과가 출력되어, 프롬프트를 더 간결하고 효과적으로 다듬는 데 도움을 받을 수 있습니다.

1번부터 5번까지 텍스트가 출력되며 텍스트를 직접 복사하거나 숫자를 누르면 해당 번호에 있는 프롬프트의 이미지가 생성됩니다.

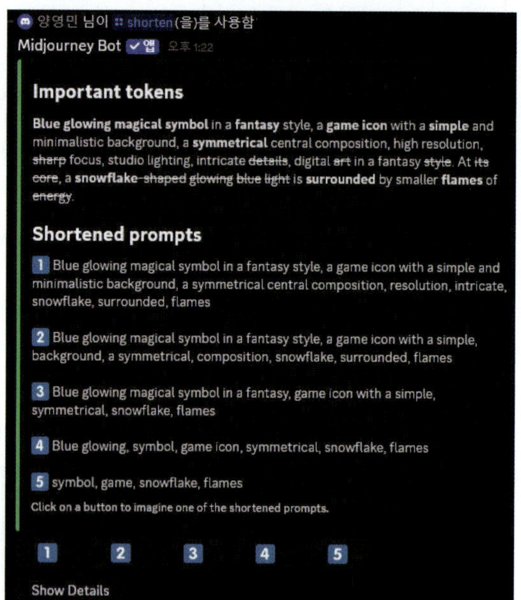

4번 프롬프트인 Blue glowing, symbol, game icon, symmetrical, snowflake, flames를 선택해서 이미지를 생성해보았습니다.

출력된 이미지는 원본 스타일을 유지하면서도 깔끔하게 구조화된 구성과 색조를 반영합니다.

이처럼 깔금히 프롬프트는 다양한 파라미터나 키워드 조합을 통해 손쉽게 변형이 가능합니다.

예를 들어, 색상과 일부 요소를 조정해 Red glowing, symbol, game icon, symmetrical, fire, flames 와 같이 변형하면 같은 구조 내에서 전혀 다른 분위기의 결과물을 얻을 수 있습니다.

이러한 방식으로 아이콘 세트나 컨셉 일러스트의 계열 작업, 또는 테마별 UI 구성 요소를 빠르게 베리에이션할 수 있어 디자인 시스템 구축과 반복 제작에 매우 효율적입니다.

튜토리얼을 요약하면 다음과 같습니다.

1. /describe 입력한후에 분석할 이미지 업로드합니다.
2. 생성된 프롬프트 중 원하는 프롬프트를 선택합니다.
3. 필요한 경우 /shorten으로 영향도 분석하고 키워드 정제 및 조합 → 최적화된 새 프롬프트 완성
4. 파라미터 추가 (--ar, --style, --sref 등) → 재생성

마무리 정리

- /describe는 이미지의 스타일을 해석해 방향성에 맞는 프롬프트를 생성해줍니다.
- /shorten은 그 방향성을 유지한 채 프롬프트를 정돈하는 기능입니다.

웹UI 버전에서 프롬프트 추출해 보기

웹UI 버전에서도 동일하게 프롬프트를 추출할 수 있습니다.
프롬프트를 추출할 이미지를 넣어줍니다.

미드저니 웹UI 버전에서 describe 기능을 쓰려면,
맨 위 입력창에 이미지를 드래그&드랍하면 자동으로 Drop image to describe 창이 열립니다. 그 상태에서 이미지를 놓으면, 미드저니가 이미지를 분석해서 프롬프트 후보를 생성해줍니다.

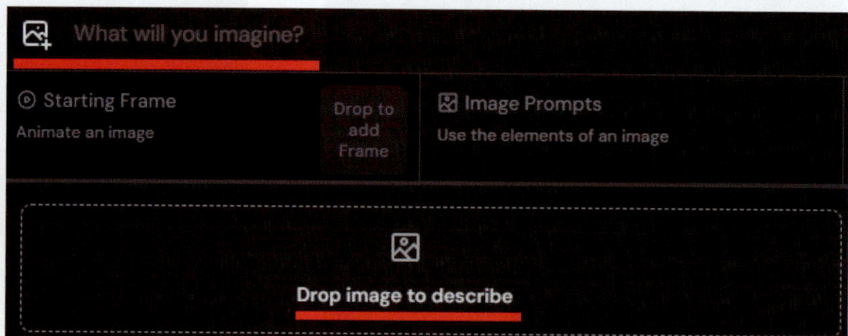

좌측의 Create창을 누르면 생성된 4개의 프롬프트가 보입니다.
그리고 run all prompts를 클릭하면 추출된 프롬프트 기반으로 이미지가 각각 생성됩니다.

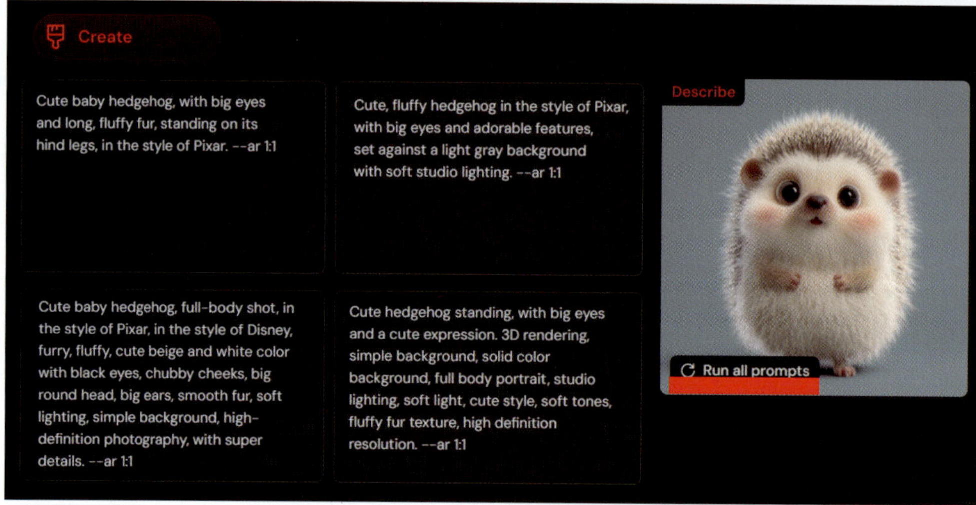

빠르게 스케치하듯, Draft 기능으로 빠르게 컨셉을 잡아보기

아이디어를 구상할 때는 디테일보다 속도가 중요한 경우가 많습니다. 특히 게임 리소스를 기획하거나 캐릭터 스타일, 배경 컨셉 등을 비교할 때는 다양한 시안을 빠르게 확인하고 결정하는 것이 훨씬 효율적입니다. 이때 유용한 것이 바로 Midjourney의 Draft 기능입니다.

Draft 기능은 이미지 품질을 약간 낮추는 대신 생성 속도를 2~3배 높여주는 기능으로, GPU 시간도 적게 소모되어 많은 시안을 테스트할 수 있다는 장점이 있습니다. 빠른 A/B 테스트나 아이디어 스케치, 컨셉 초안 구상 등에 매우 적합합니다.

예를 들어,
'중세 전사 여성 캐릭터'를 주제로 다양한 구도와 의상을 테스트하고 싶다면 다음과 같은 프롬프트를 사용할 수 있습니다.

```
female medieval warrior, armor, concept art --draft --ar 2:3
```

이 프롬프트로 여러 시안을 생성해 보면 포즈, 의상, 분위기, 카메라 구도 등이 서로 다른 결과물로 나오게 됩니다.

여기서 마음에 드는 시안을 선택한 뒤, 고화질 스타일로 다시 생성하면 빠르게 방향성을 잡을 수 있습니다.

배경 컨셉 아트에도 사용이 가능합니다.

적극적으로 활용하면 게임 씬 분위기 설정 시 빠른 후보군 확보가 가능합니다.

underground dungeon with glowing crystals, isometric **--draft**

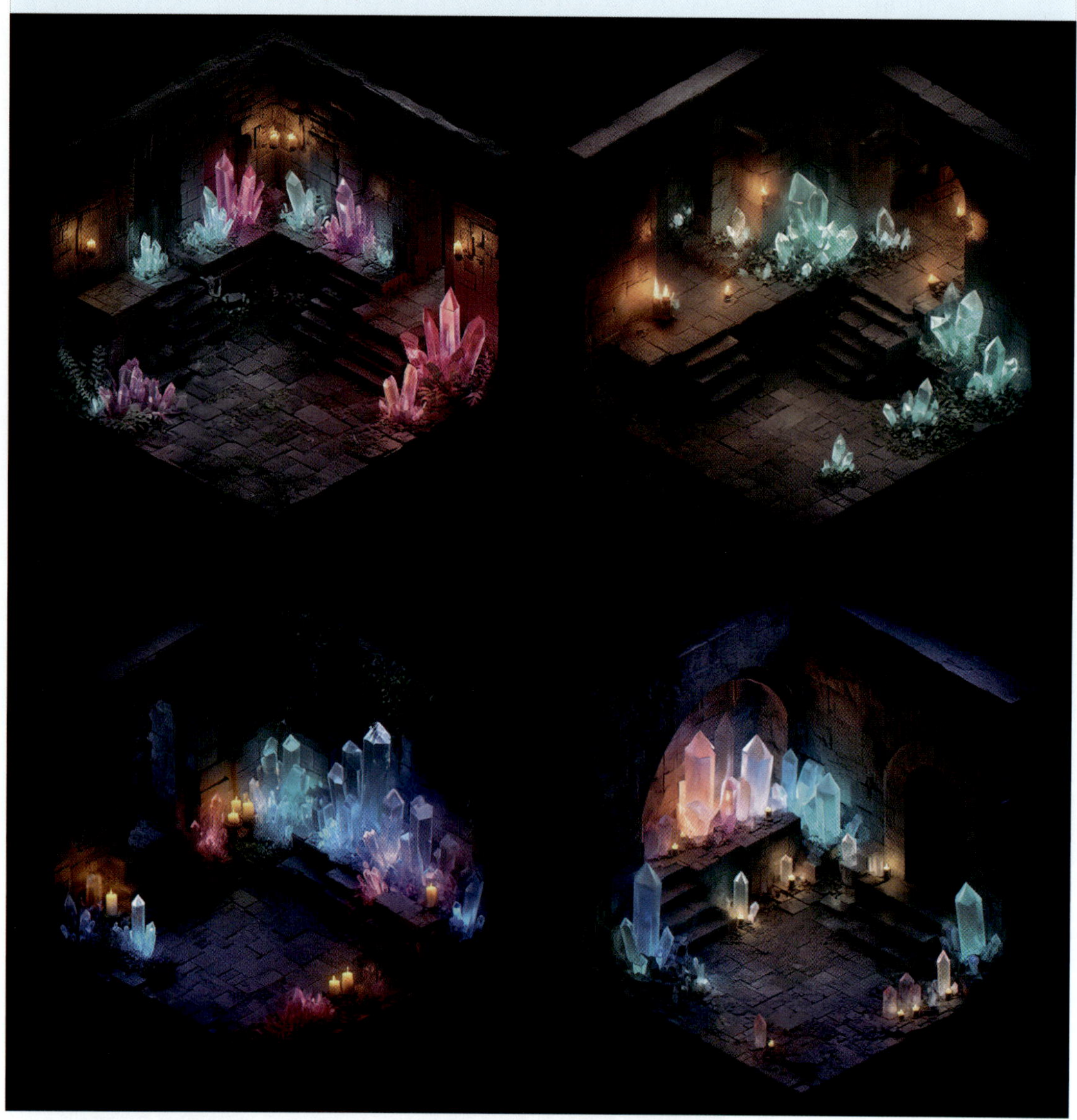

타이틀 로고 프레임 디자인에도 활용할 수 있으며, 게임 타이틀의 장식적 요소나 로고 테두리 스타일을 비교/기획하는 데 효과적입니다.

fantasy game logo frame, vines and stone, minimal **--draft**

이처럼 Draft 기능을 활용하면 속성을 바꾸는 데 따른 전체적인 스타일 차이를 빠르게 시각적으로 검토할 수 있어 기획과 결정 과정에서 큰 도움을 줄 수 있습니다.

다만, Draft는 속도에 초점을 맞춘 기능이기 때문에 최종 출력용 이미지로 사용하기보다는 컨셉를 잡는 데 사용하는 것이 좋습니다. 마음에 드는 시안이 정해졌다면 –cref나 –oref 파라미터를 활용해 고품질로 다시 생성하는 과정을 거치면 됩니다. Draft는 말 그대로 러프 구상단계와 기획 초기 단계에서 가장 유용한 도구라고 할 수 있습니다.

미드저니에서 한글 프롬프트 사용법과 다국어 사용해 보기

미드저니는 한글을 포함한 다양한 언어의 프롬프트를 인식합니다.

짧고 명확한 문장을 사용하면 한국어는 물론, 일본어와 중국어 등 다양한 언어도 충분히 활용할 수 있으며, 영어는 스타일과 디테일을 표현하는 데 가장 안정적인 결과를 보여줍니다. 게임 리소스를 기획할 때도 언어별 표현을 테스트하며 스타일의 차이를 확인해보는 것이 좋은 접근입니다.

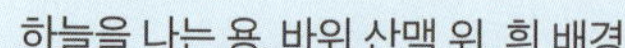

한국어 프롬프트

sky dragon, flying over rocky mountains, white background

영어 프롬프트

在岩山上 翔的 ，白色背景

중국어 프롬프트

空を飛ぶドラゴン、岩山の上、白背景

일본어 프롬프트

한글 프롬프트만으로도 이미지 생성은 가능하지만, 연출의 방향성이나 구체적인 스타일을 보다 정밀하게 전달하려면 영어 키워드를 병행하는 것이 효과적입니다. 아이디어를 구상하고 시안을 탐색하는 초기 단계에서는 모국어를 활용해 빠르게 개념을 정리하고, 실제 제작에 들어갈 때는 간결하고 명확한 영어 표현으로 프롬프트를 다듬는 방식을 추천합니다. 이러한 방식은 생성 결과의 일관성과 완성도를 높이는 데 실질적인 도움이 됩니다.

3.

미드저니로 캐릭터 원화 & 일러스트 제작해 보기

1. 게임 아이템/무기/방어구 제작

컨셉과 일러스트 제작의 출발점이자 가장 중요한 과정은 시안 구성과 레퍼런스 수집이라 할 수 있습니다. AI 이미지 생성의 가장 큰 장점은 텍스트 기반의 프롬프트만으로도 머릿속에 떠오른 이미지를 직관적으로 시각화할 수 있다는 점입니다. 이를 통해 아이디어를 보다 명확하게 정리하거나, 참고 가능한 이미지 자료를 빠르게 확보할 수 있습니다.

반복적으로 이미지를 생성하다보면 예상치 못한 결과물에서 새로운 영감을 얻는 경우도 많으며, 이는 시각적 상상력의 폭을 넓히는 데 큰 도움이 됩니다. 미드저니는 이러한 작업 흐름 속에서 강력한 도구로 기능합니다.

게임 제작에 있어 레퍼런스 이미지와 리소스의 중요성은 아무리 강조해도 지나치지 않습니다. 텍스트 프롬프트를 활용한 고품질 이미지 생성은 기획, 디자인, 연출 등 다양한 단계에서 즉각적으로 활용될 수 있으며, 특히 시각화 과정에서는 단순한 이미지 결과물에 그치지 않고 의도와 상상력을 실제로 구체화하기 위한 적극적인 시도가 중요합니다.

중세판타지 아이템 이미지 생성

생성을 시작할 때 가장 중요한 것은 핵심 키워드를 정확히 설정하는 일입니다.
특히 실사풍의 서양 중세 판타지 아이템을 다룰 경우, 효과적인 결과를 얻기 위해서는 전체 컨셉를 구성하는 주요 키워드를 명확히 구분하는 것이 필요합니다.

이를 기준으로 분류하면, 다음과 같은 범주로 나누어 접근할 수 있습니다.

- **/imainge prompt** : 스타일,"만들 텍스트 이미지 설명",추가 프롬프트, 파라미터,--raw
- **스타일** : 실사 만들 이미지: 판타지 아이템
- **추가 설명** : 배경 또는 만들 이미지 외의 부가 요소
- **--raw 파라미터** : 프롬프트에 더욱 충실하게 구현을 해달라는 명령

영어 프롬프트로 이미지를 생성해보겠습니다.

fantasy 3d render rogue's boots over a white background --v 6.0 --raw

Fantasy 3d render rogue's knife over a white background --raw

화면 비율은 1:1이지만 도끼나 검이라던지, 긴 물체의 경우 비율을 바꾸어 주면 좋습니다 비율을 담당하는 --ar 비율을 담당하는 파라미터를 추가로 넣어서 생성을 해 주겠습니다.

물체를 여러 방향으로 보고 싶을 경우 -ar 파라미터의 가로를 세로보다 더 길게 비율을 잡아서 **Turn front back side,reference sheet** 프롬프트를 추가하면 됩니다.

Fantasy 3d render sword over a white background --ar 1:2 --raw
Fantasy 3d render axe over a white background --ar 1:2 --raw

turn front back side,reference sheet,fantasy 3d render cuirass over a white background --ar 2:1

```
turn front back side,reference sheet,fantasy 3d render crusader helm over a white background --ar 2:1 --raw
```

한 번에 원하는 결과물이 나올 수도 있지만, 항상 그런 것은 아닙니다. 이럴 경우, 생성된 이미지 하단에 있는 Variations(V) 버튼을 활용하면 됩니다. 비슷한 스타일의 이미지를 다시 생성하고 싶다면, 그 중 원하는 이미지 위치에 해당하는 V 버튼을 클릭하여 새로운 시안을 요청할 수 있습니다.

디스코드에서 생성 할 때, V2 버튼을 클릭하면 선택한 이미지의 스타일을 기반으로 한 유사한 이미지들이 다시 생성됩니다. 이는 원본과 유사한 결을 유지하면서도 미묘하게 다른 시각적 변주를 얻을 수 있는 효과적인 방법입니다. 디자인 방향을 좁혀가는 과정에서 매우 유용한 기능입니다.

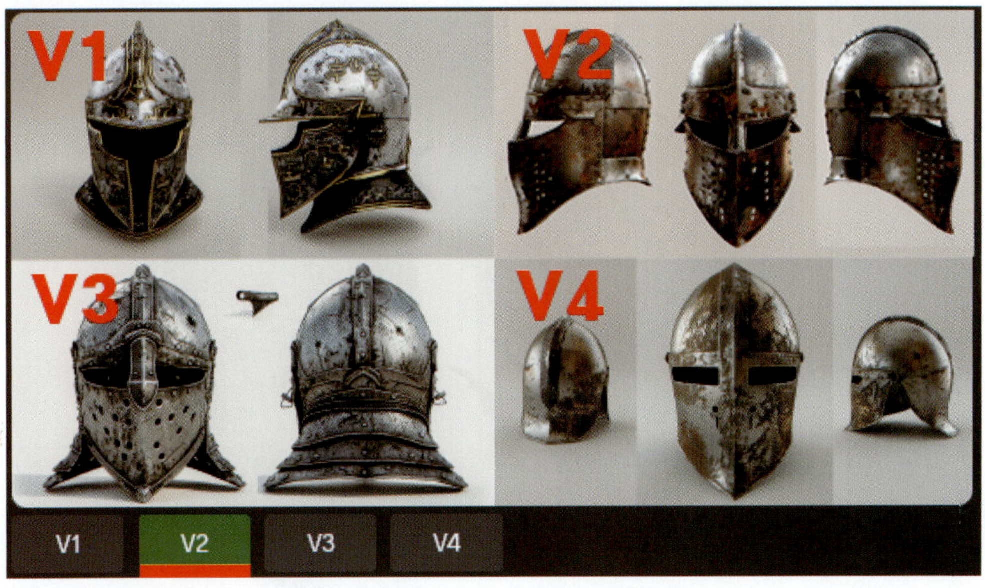

웹UI 버전에서도 디스코드와 동일하게 Variations 기능을 활용할 수 있습니다.
이미지를 생성한 웹 버전에서 Create를 클릭하면 내가 생성한 이미지들이 있습니다. 변형하고 싶은 이미지에 마우스를 가져가면 Vary Subtle Vary Strong Enhance가 나타납니다.
Vary Subtle는 아주 미세한 변화를 적용하고, Vary Strong는 더 과감하고 큰 변화를 적용합니다. 그리고 Enhance는 이미지의 해상도 및 선명도를 향상시킵니다. 기호에 맞게 클릭해 주면 됩니다.

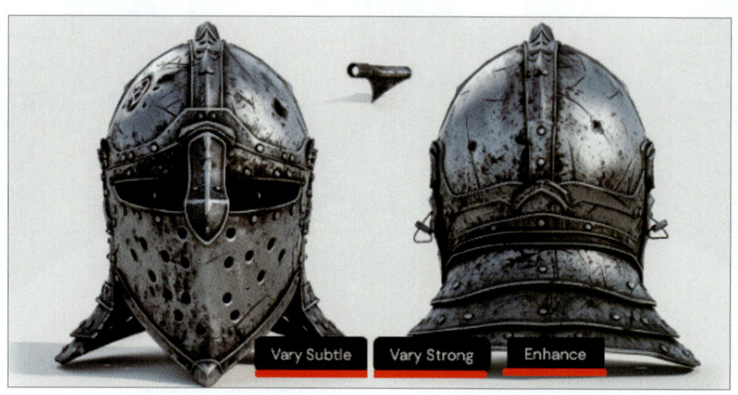

니지저니로 스타일 변경하는법

fantasy Tower Shield over a white background **--niji**
fantasy Tower Shield over a white background

--niji 니지저니 파라미터는 니지저니로 모델을 변경하여 애니메이션 스타일의 일러스트처럼 생성하는 기능입니다. 빨간색 글씨에 주목할 필요가 있습니다. 아래의 왼쪽 이미지는 --niji 우측 이미지는 기본 미드저니 버전을 사용했습니다.

2. 캐릭터 원화의 제작

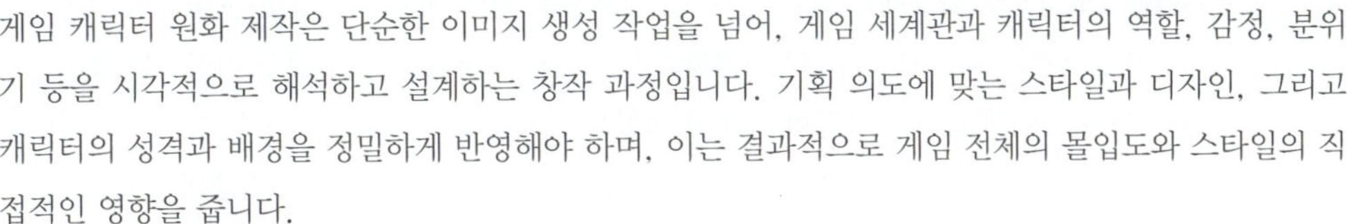

게임 캐릭터 원화 제작은 단순한 이미지 생성 작업을 넘어, 게임 세계관과 캐릭터의 역할, 감정, 분위기 등을 시각적으로 해석하고 설계하는 창작 과정입니다. 기획 의도에 맞는 스타일과 디자인, 그리고 캐릭터의 성격과 배경을 정밀하게 반영해야 하며, 이는 결과적으로 게임 전체의 몰입도와 스타일의 직접적인 영향을 줍니다.

AI 기반 이미지 생성 도구를 활용하면 이러한 복잡한 요소들을 빠르게 시각화하고 다양한 방향성을 테스트해 볼 수 있습니다. 특히 캐릭터 컨셉 초안을 다듬는 초기 단계에서 프롬프트와 스타일 키워드를 정교하게 설정하면, 실제 원화 작업을 위한 풍부한 레퍼런스를 빠르게 확보할 수 있다는 점에서 실무적으로 매우 유용합니다. 예를 들어, 캐릭터의 전신 실루엣이나 옷의 구조, 포즈 등을 확인하고 싶을 때는 full body 같은 키워드를 반드시 활용해야 합니다. 실제 게임 프로젝트에서는 '상체만 나온 그림'으로는 전체 복장 구조나 무기 장착 방식, 비율 등을 확인할 수 없어 수정 작업이 반복되는 일이 자주 발생합니다. 반면, 전신 구도의 원화는 컨셉 아티스트와 모델러 간의 커뮤니케이션을 원활하게 해주고, 이후의 3D 모델링 및 애니메이션 단계까지의 연계 작업을 크게 단축시켜 줍니다.

이처럼 단어 하나, 구도 하나도 실무에서는 결과물의 완성도와 작업 효율에 직결되며, 올바른 프롬프트 구조를 이해하고 활용하는 것이 AI 이미지 생성의 핵심 역량이 됩니다.

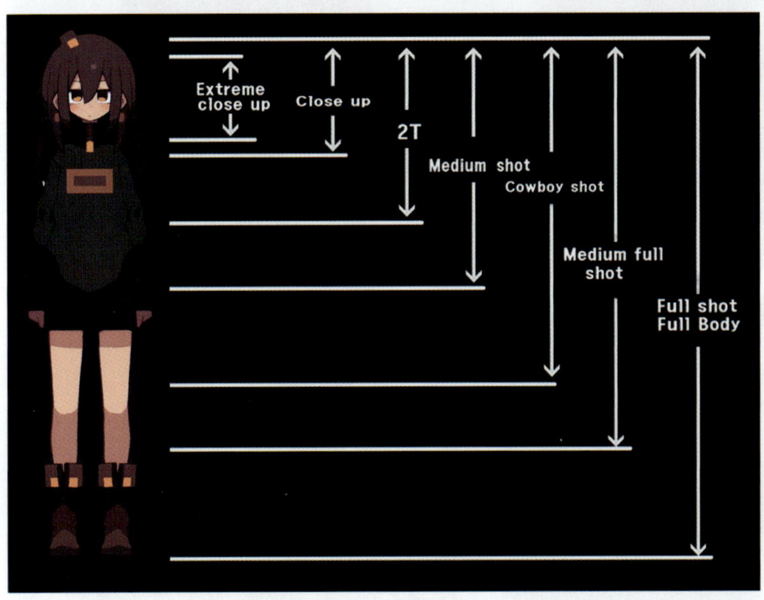

```
fullbody,Warrior--ar 9:16 --p zr4zitr
```

--profile 또는 --p 파라미터 뒤에는 내가 생성했거나 타인이 공유한 **알파벳과 숫자로 이루어진 코드**를 입력하면 됩니다. (※ 책에 수록된 코드는 실제 사용 가능한 예시 코드입니다.)

미드저니의 기본 출력 비율은 1:1이기 때문에, 전신이 온전히 보이도록 이미지를 생성하려면 세로 비율을 의도적으로 확장해야 합니다. 이를 위해서는 화면 비율을 지정하는 파라미터인 --ar을 사용하여, 예를 들어 --ar 1:3과 같이 입력함으로써 세로 구도를 강조한 전신 이미지를 유도할 수 있습니다. 여기에 본인이 학습한 스타일이 반영된 개인화 프로필 코드(--profile)를 함께 적용하면, 더욱 일관성 있는 스타일과 전문적인 결과물을 얻을 수 있습니다. 이는 특히 동일 컨셉의 시리즈 이미지나 캐릭터 상품화 작업 시 큰 강점을 발휘합니다.

또한, fullbody라는 키워드만으로 충분히 원하는 구도를 얻지 못하는 경우에는 "head to foot", "from head to toe" 처럼 좀 더 구체적인 문장을 사용하거나, ::fullbody처럼 강조 가중치(::)를 부여하는 방식으로 보다 정확한 이미지 생성이 가능합니다. 이러한 세부 프롬프트 설정은 작업 효율을 높이고 수정 피드백을 줄이는 데 매우 유용하므로, 실무에서는 반드시 활용하는 것이 좋습니다.

```
fullbody,1girl --ar 9:16 --niji --p 13p6y82
```

캐주얼한 일러스트 스타일을 원할 경우, 일반 미드저니모델보다는 니지(Niji) 전용 모델을 활용하는 것이 훨씬 효과적입니다.

이를 위해 프롬프트 끝에 --niji 파라미터를 추가하면 애니메이션 감성과 캐주얼 일러스트에 최적화된 결과물을 얻을 수 있습니다.

특히 여기에 캐주얼한 스타일로 학습된 개인화 코드(--p)를 함께 적용하면 전반적인 색감, 선 처리, 분위기 등에서 더욱 통일감 있고 전문적인 결과물을 도출할 수 있습니다.

이 조합은 특히 게임 UI, 모바일 아트, SNS 콘텐츠용 캐릭터 디자인에 매우 유용하며 가볍고 친숙한 인상을 전달해야 하는 프로젝트에서 높은 활용도를 보입니다.

작업 효율을 높이기 위해 한 번에 다수의 이미지를 생성하고자 할 때는 --repeat 파라미터를 활용할 수 있습니다. 이 옵션은 동일한 프롬프트를 반복 실행하여 설정한 횟수만큼 이미지를 자동으로 생성해 줍니다. 예를 들어, 프롬프트 끝에 --repeat 4를 입력하고 실행하면, 미드저니는 기본 출력(4장)을 4회 반복하여 총 16장의 이미지를 4×4 구성으로 일괄 생성하게 됩니다.

먼저 디스코드에서 생성하는 방법에 대해 알아보겠습니다.
프롬프트 창에서 --repeat 4를 입력하고 엔터한 후, 메시지 창에서 Yes를 누르면 여러 이미지가 생성됩니다.

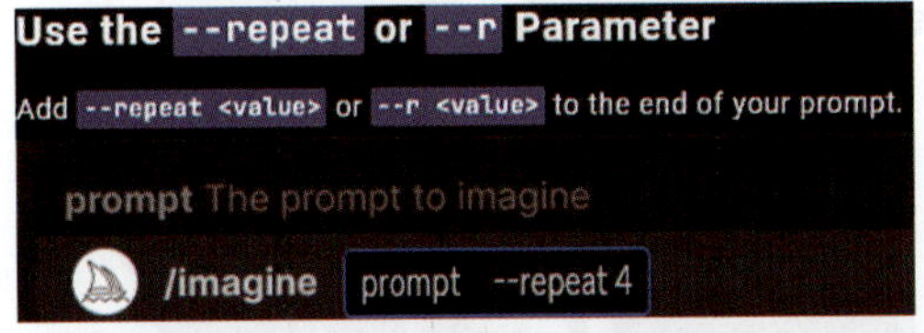

웹UI 버전은 프롬프트 창에 입력후 엔터를 누르거나 생성 아이콘을 클릭해줍니다.

fullbody,1girl --ar 9:16 --repeat 4

이는 다양한 결과물을 빠르게 비교하고자 할 때 매우 유용하며, 초안 제작, 스타일 테스트, 시안 제시 등에 효과적으로 활용됩니다.

여러 이미지를 한 번에 얻고 싶을 경우에는 순열 프롬프트를 입력하면 됩니다.
순열 프롬프트는 중괄호 { }를 사용하면, 기호로 프롬프트를 분리하고 다양한 이미지를 신속히 생성할 수 있는 고급 프롬프트 기능입니다. 생성할 때 메세지 창이 뜨는데 Yes를 눌러줍니다.

미드저니에서는 {전사, 궁수, 마법사, 바이킹}처럼 중괄호를 활용해 다양한 직업군을 한 번에 생성할 수 있습니다. 이는 직업뿐 아니라 스타일, 의상, 디자인 방향성에도 응용 가능하며, 컨셉 탐색과 비교 작업에 매우 유용합니다.

프롬프트 : {warrior, archer, wizard,viking}fullbody --nij --ar 9:16
해석 : {전사,궁수,마법사,바이킹}전신,니지저니,비율9:16

3. 캐릭터 삼면도 생성하기

게임 캐릭터 컨셉 제작에 있어 일러스트는 감성과 분위기를 전달하는 데 핵심적인 역할을 하지만, 삼면도는 실제 리소스 제작을 위한 구조적 해석에 필수적인 자료입니다. 삼면도란 정면, 측면, 후면의 세 가지 방향에서 캐릭터를 도식화한 도안으로, 3D 모델링, 애니메이션, 의상 구성 등 후속 작업 전반의 기준이 되는 기술 도면이라 할 수 있습니다.

[미드저니에서 캐릭터 삼면도 제작 시 사용하는 추천 프롬프트]
fullbody, turn front back side, reference sheet --raw

--raw는 프롬프트에 입력한 내용을 보다 충실히 반영하여 스타일링이 과도하게 적용되지 않은 상태로 이미지를 생성하는 매개변수입니다. 별도로 설정하지 않을 경우 기본값은 -s 750 기준으로 자동 적용되며, 삼면도처럼 정면, 측면, 후면 구도를 명확히 구분해야 하는 레퍼런스 작업에서는 --raw를 활용하여 이미지 왜곡을 최소화하는 것이 좋습니다.

정확성과 일관성이 중요한 실무용 캐릭터 시트 작업에 특히 적합한 설정입니다. 원하는 이미지 스타일이 제대로 구현되지 않을 경우, 사용자의 스타일 성향을 반영한 개인화 모델 코드(--p)를 함께 적용하는 것을 권장합니다. 이를 통해 이미지의 분위기, 채색, 구도 등이 더욱 일관되고 정교하게 표현됩니다. 또한 사실적인 묘사나 유화 스타일과 관련된 프롬프트를 추가하는 것도 좋은 방법입니다.

viking, fullbody ,turn front back side, reference sheet --raw--ar 10:7

fps character, fullbody ,turn front back side, reference sheet --ar 10:7 --raw

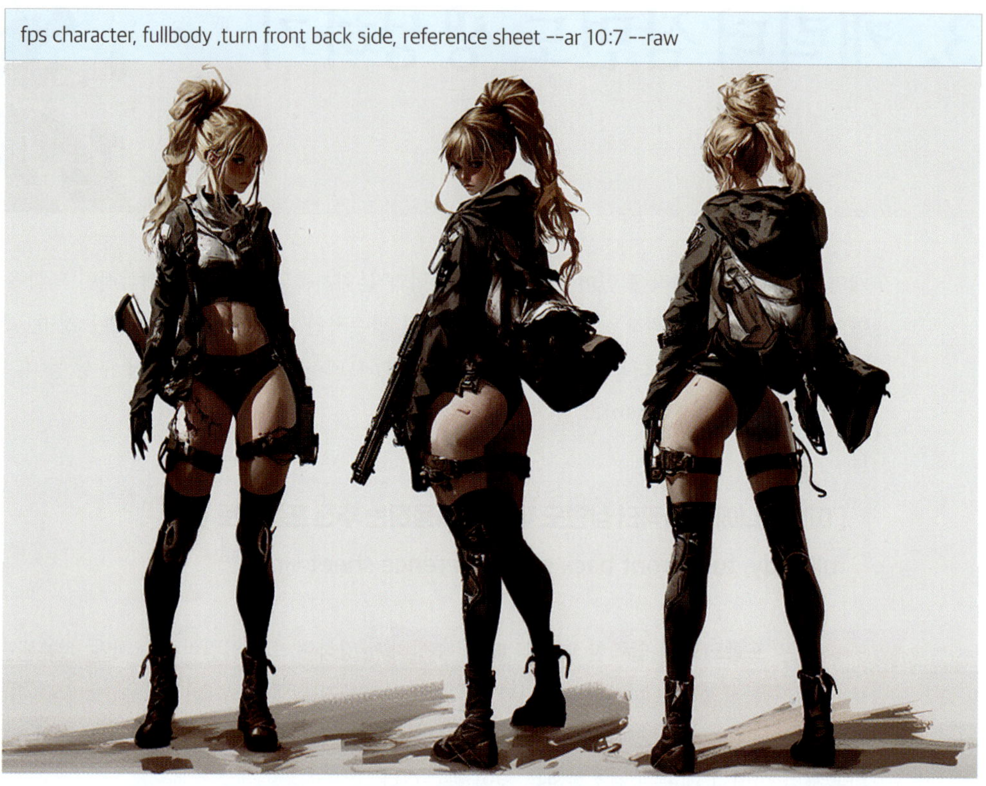

wolf monster,fullbody ,turn front back side, reference sheet --ar 94:49 --raw

잠깐! 생성된 이미지가 짤린다구요?

삼면도 이미지를 생성할 때, 간혹 머리나 팔 끝이 프레임 바깥으로 잘려 출력되는 경우가 있습니다.

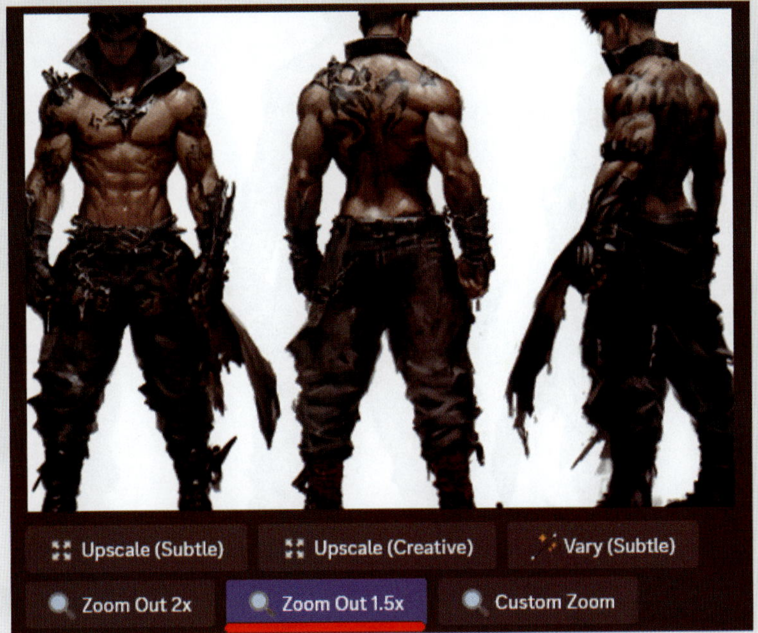

디스코드의 경우

Zoom Out 기능을 활용해 간편하게 해결할 수 있습니다.
이미지 생성 이후 나타나는 옵션 버튼 중에서 'Zoom Out 1.5x'를 클릭하면,
기존 이미지의 프레임이 1.5배 확장되면서 인물의 전신 구도나 삼면도의 구성이 보다 여유롭게 드러납니다.

웹 버전의 경우

Edit를 클릭해서 이미지를 업로드 후에 사이즈를 줄여서 여백을 만들어 줍니다. 그리고 프롬프트를 다시 입력후에 엔터키를 입력해줍니다.

특히, 정밀한 구조 파악이 중요한 레퍼런스 시트에서는 이 기능을 통해 시각 정보를 손실 없이 확보할 수 있으며, 의상, 팔 동작, 헤어라인 끝 처리 등 세부 표현을 보완하는 데 실무적으로 유용합니다.

Warrior fullbody ,turn front back side, reference sheet --ar 10:7 --styleraw

pixel art,school girl, three side view,white background,turn front back side, reference sheet --niji --ar10:7

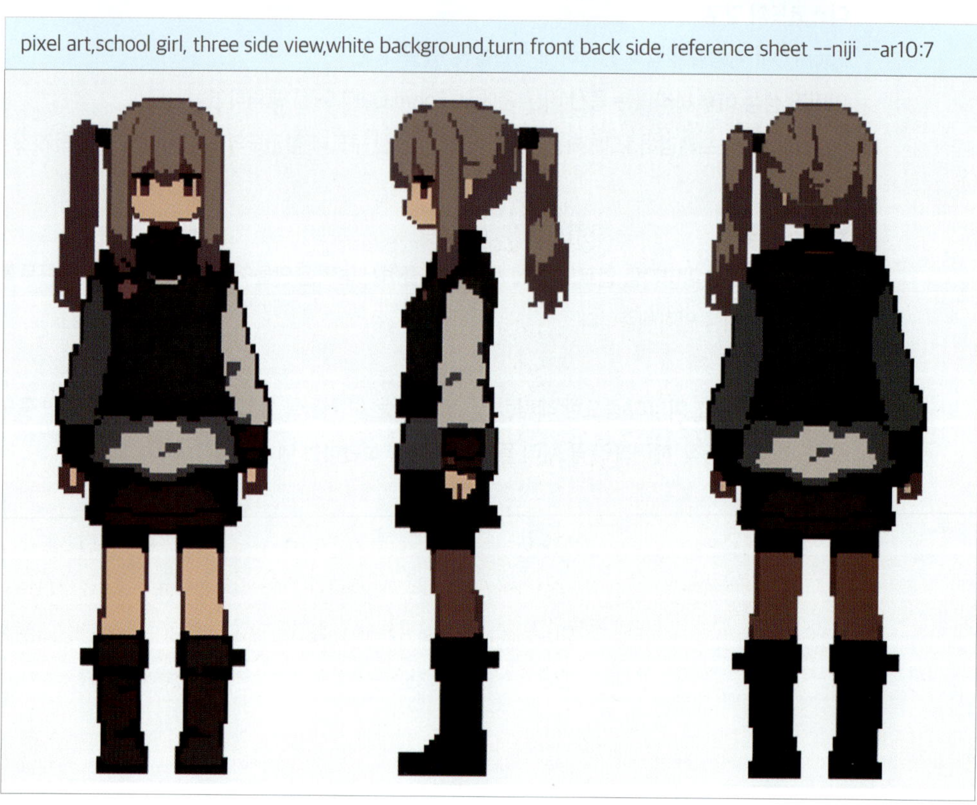

4. 캐릭터 얼굴 삼면도 제작

캐릭터의 얼굴 삼면도를 중점적으로 생성하고자 할 때는,
전신을 의미하는 body 키워드는 생략하고 faces와 같은 키워드를 활용하는 것이 효과적입니다.
이는 전신 프롬프트와 다르게 시선의 집중도가 얼굴에 맞춰지도록 유도하기 위함입니다.

전신 구도는 전체 비율과 포즈 중심의 이미지로 출력되기 때문에 얼굴 디테일이 상대적으로 축소되거나 단순화될 수 있습니다. 반면, faces 키워드를 사용하면 정면, 측면, 후면의 얼굴 구조와 표정 차이, 눈, 코, 입의 위치, 헤어라인 등을 보다 선명하게 표현할 수 있어서 캐릭터 표정 디자인, 얼굴 리깅용 삼면도, 모델링 기반 이미지 설계 등에 적합한 기준 자료로 활용할 수 있습니다.

[미드저니에서 캐릭터 얼굴 삼면도를 쓸 때의 프롬프트]

turn front back side,three types of faces for three different faces -raw

또는

four views (front, rear, side views) of the same person's head

처럼 개인의 기호에 맞게 수정하거나 추가할 수 있습니다.

30s boy,turn front back side,three types of faces for three different faces --raw

three types of faces for three different faces,Sculpture style,30s boy --niji --ar 57:22

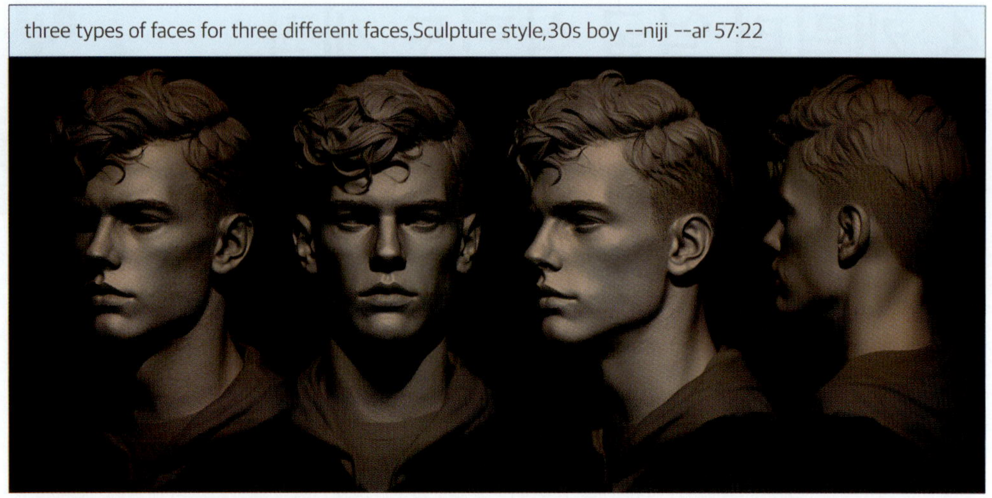

이미지에 부분 수정해야 할 경우,

디스코드에서는 Vary (Region) 기능을 통해 손쉽게 마스킹 기반의 편집이 가능합니다.

해당 기능을 활성화하면 수정이 필요한 영역을 직접 지정한 뒤, 해당 부위에 대해 새로운 프롬프트를 입력하여 세부 내용을 보완할 수 있습니다. 이는 특히 캐릭터의 일부 디테일을 조정하거나 삼면도 중 특정 방향만 수정할 때 유용하게 사용됩니다.

웹UI 버전에서는 동일한 목적을 위해 Edit 〉 Paint 기능을 사용합니다.

마찬가지로 원하는 영역을 마스킹한 후, 수정할 내용을 담은 프롬프트를 입력하고 Submit Edit 버튼을 눌러 변경 사항을 반영합니다. 이러한 기능은 전체 이미지를 재생성하지 않고 필요한 부분만 정밀하게 조정할 수 있어 컨셉의 반복 생성 시 효율성을 크게 높여줍니다.

캐릭터 바이킹 흉상 이미지 1장을 생성해보겠습니다.

male,viking ,3D model of the head and shoulders, ZBrush sculpting character

하나의 이미지를 생성한 후, 해당 캐릭터의 다른 앵글이나 삼면도 구도가 필요할 경우가 있습니다.

이럴 때 디스코드 환경에서는,
Pan 기능을 활용하여 손쉽게 시점을 확장할 수 있습니다. 이미지 생성 후 하단에 표시되는 옵션 버튼 중 방향 화살표가 있는 Pan 버튼을 클릭하면, 선택한 방향(좌/우/상/하)으로 이미지의 프레임이 확장되며, 기존 스타일과 연속성은 유지한 채 새로운 각도의 장면을 만들어낼 수 있습니다.

이 기능은 별도의 프롬프트 입력 없이도 측면, 후면 등 다양한 시점을 자연스럽게 파생시킬 수 있어서 캐릭터 삼면도 구성, 배경 확장, 또는 인물의 공간 배치 구도 구성 등에서 작업 효율을 극대화하는 실무 도구로 활용됩니다.

웹UI 버전의 Edit 기능을 사용할 때,
이미지의 구도나 시점을 조정하고 싶다면 Move/Resize 모드로 보다 정밀한 설정이 가능합니다.

가로로 넓은 구도를 원하는 경우, 가로 비율이 큰 Aspect Ratio (예: 16:9 또는 3:2 등)를 선택한 뒤, 프레임 안에서 원하는 피사체를 적절한 위치에 배치해줍니다. 이후 새로운 프롬프트나 기존 프롬프트를 재입력하고 Submit Edit 버튼을 누르면 사용자가 설정한 구도와 비율을 기반으로 이미지가 재생성됩니다.

5. 실사/반실사/캐주얼 화풍의 변경

작업 과정에서 생성된 이미지나 수집한 레퍼런스를 살펴보면, 간혹 디자인은 뛰어나지만 화풍이 부족하다거나 혹은 화풍은 마음에 들지만 새로운 컨셉로 변경하고 싶은 상황이 생기곤 합니다.

이럴 경우 디스코드에 이미지를 업로드하거나, 생성 후 오른쪽 클릭 후에 [링크 복사하기]를 누르거나, 원하는 이미지를 웹에 업로드 한 후에 해당 이미지 위에서 마우스 오른쪽 클릭 → '이미지 주소 복사'를 통해 URL을 추출합니다. 이 URL은 이후 프롬프트 입력 시 참조 이미지 링크로 활용할 수 있습니다. 이 책에서는 이를 〈**캐릭터 이미지 URL**〉로 표기하겠습니다.

해당 이미지는 반드시 미드저니에서 생성된 것이 아니어도 무방하며, 외부에서 수집한 다양한 레퍼런스 이미지도 동일한 방식으로 문제없이 사용할 수 있습니다.

--oref는 Omni Reference는 이미지의 캐릭터 외형, 복장, 포즈, 실루엣 등을 복사합니다. 이미지 프롬프트처럼 이미지의 URL을 추가하여 사용하며 하나 이상의 이미지를 참조할 수 있습니다. 기능을 적용하면 선택한 스타일 이미지의 화풍과 질감, 채색 방식 등은 반영되지만, 디자인 자체는 새로 생성되는 프롬프트에 맞추어 변경됩니다. 즉, 스타일과 컨셉의 분리를 통해 창작의 유연성과 일관성을 동시에 확보할 수 있습니다.

> 미드저니 버전5, 6과 일부 니지저니 버전은 --oref 사용이 불가능하며 --cref로 파라미터를 사용하면 됩니다.

카툰 스타일과 니지저니를 추가하여 캐주얼 느낌으로 변환을 시켜줬습니다.

```
girl, Cartoon style, --niji --ar 3:5 --cref<캐릭터 이미지 URL>
```

사실적인 느낌과 시네마틱 라이팅을 추가하여 사실적인 느낌으로 변환을 시켜줬습니다.

```
girl, realism, cinematic lighting --ar 3:5 --oref<캐릭터 이미지 URL>
```

```
girl, realism, cinematic lighting --ar 3:5 --cref<캐릭터 이미지 URL>
```

웹UI 버전에서 사용할 경우,
프롬프트 입력창 옆의 이미지 창을 클릭한 뒤 Omni-Reference를 선택하고 참고할 이미지를 드래그해 넣으면 됩니다. 이미지 주소를 활용할 때는 --oref 파라미터를 사용할 수 있지만, 이미지를 직접 업로드하면 별도의 설정 없이도 동일한 결과를 얻을 수 있습니다. 또한 우측의 둥근 버튼을 드래그해 오브젝트의 강도를 조절할 수 있으며, 마지막으로 엔터키를 누르거나 생성 버튼을 클릭하면 이미지가 생성됩니다.

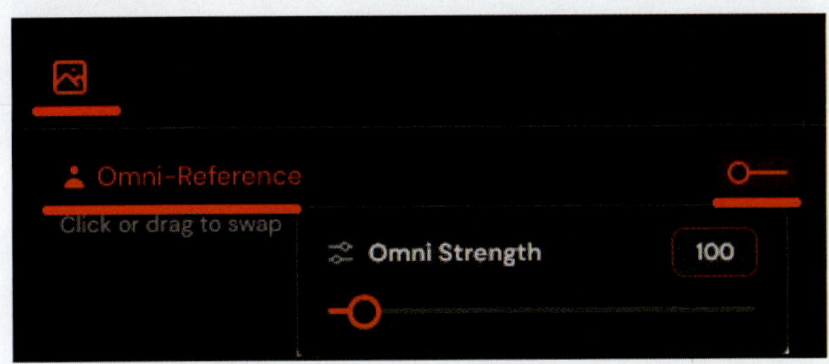

스타일을 변경하기 위해서는 캐릭터의 디자인이 유지되어야 하기 때문에 파라미터에 --sref 〈스타일 이미지 URL〉를 추가로 작성합니다. 레퍼런스는 스타일의 특징을 복사합니다.

디스코드로 사용할 때는,
동일하게 마우스 오른쪽 버튼을 이미지에 클릭해서 [링크 복사하기]를 하면 됩니다. 웹UI 버전에서는 프롬프트 입력창 옆에 이미지창을 클릭한 후 Style-Reference를 클릭해서 참고할 이미지를 드래그해서 넣어줍니다.

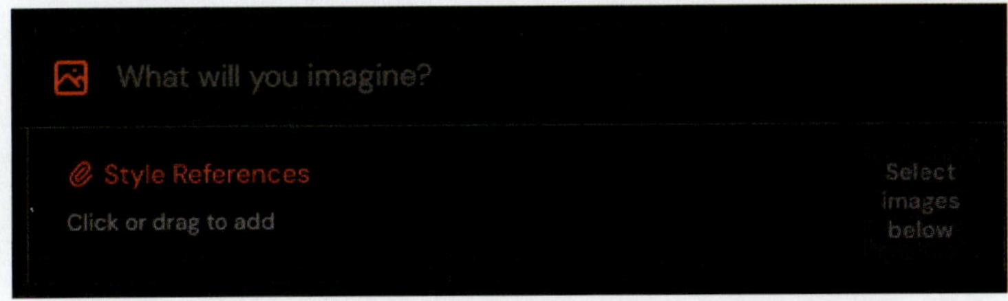

스타일을 유지하고 기존 캐릭터를 변경하고자 할 경우,
프롬프트에 --sref 〈스타일 이미지 URL〉 파라미터를 함께 사용하는 것이 효과적입니다. 화풍만 선택적으로 계승하면서 캐릭터와 캐릭터의 디자인 요소는 새롭게 구성된 결과물을 확인할 수 있습니다.

warrior --ar 2:3 --sref<스타일 이미지 URL>

6. 캐릭터 표정 변경하기

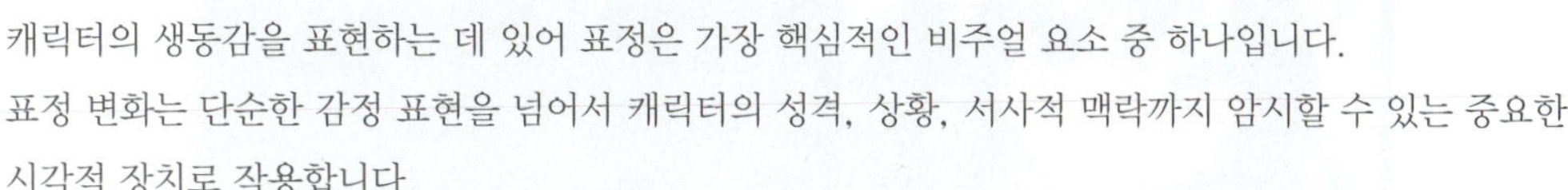

캐릭터의 생동감을 표현하는 데 있어 표정은 가장 핵심적인 비주얼 요소 중 하나입니다. 표정 변화는 단순한 감정 표현을 넘어서 캐릭터의 성격, 상황, 서사적 맥락까지 암시할 수 있는 중요한 시각적 장치로 작용합니다.

게임 대사 컷인, 일러스트 시나리오용 표정 세트, 캐릭터 리깅용 페이셜 참조 이미지 등을 제작할 때 실무적으로 매우 유용하게 활용됩니다. 이후 해당 이미지를 기반으로 표정만을 변경하는 과정을 통해, 동일한 디자인의 캐릭터가 다양한 감정을 표현하는 연속 이미지를 제작할 수 있습니다.

먼저 베이스가 될 얼굴 이미지를 하나 생성합니다.

pretty girl -niji

디스코드에서부터 설명하겠습니다.

생성된 이미지 하단에 Vary (Region) 기능을 활용하는 것입니다.

해당 아이콘이 보이지 않는 경우, 대화창에 /settings를 입력하여 Remix Mode를 활성화하면 됩니다.

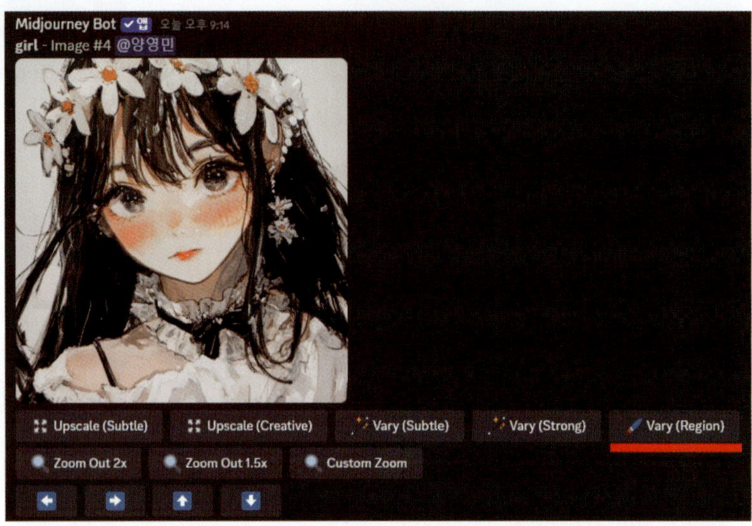

수정창이 보이면 아래 하단에 선택 영역을 박스 또는 올가미를 선택해 줍니다.

수정할 부분을 마우스 왼쪽 버튼을 누르고 선택을 해줍니다. 가운데 휠버튼을 누르면 선택한 영역이 이동이 가능하며 Alt 마우스 오른쪽 버튼을 누르면 제거됩니다.

웹 버전에서는 Edit 〉 Paint 기능을 활용하여, 표정이 포함된 얼굴 영역을 정교하게 마스킹해줍니다. 이후 새로 프롬프트를 입력함으로써 선택한 영역만 변경하고 나머지 요소는 그대로 유지한 채 이미지가 재구성됩니다.

마스킹이 완료되면, 화면 프롬프트 입력창에 변경하고 싶은 표정을 간단히 추가하거나 수정해줍니다. 예를 들어 "웃는 표정", "화난 얼굴", "미소 짓는 표정"처럼 표현을 넣어주면 해당 감정이 이미지에 반영됩니다. 입력이 끝나면 Enter 키를 눌러 이미지 생성을 시작하면, 기존 얼굴 디자인은 그대로 유지하면서 표정만 자연스럽게 바뀐 결과물을 확인할 수 있습니다.

Angry,pretty girl --niji 화난 표정

Happy,pretty girl --niji 행복한 표정

Scrared,pretty girl --niji 두려운 표정

Surprised,pretty girl --niji 놀란 표정

Tired,pretty girl --niji 피곤한 표정

Sad,pretty girl --niji 슬픈 표정

Wink,pretty girl --niji 윙크하는 표정

Shy,pretty girl --niji 부끄러운 표정

7. 캐릭터 헤어 스타일 변경

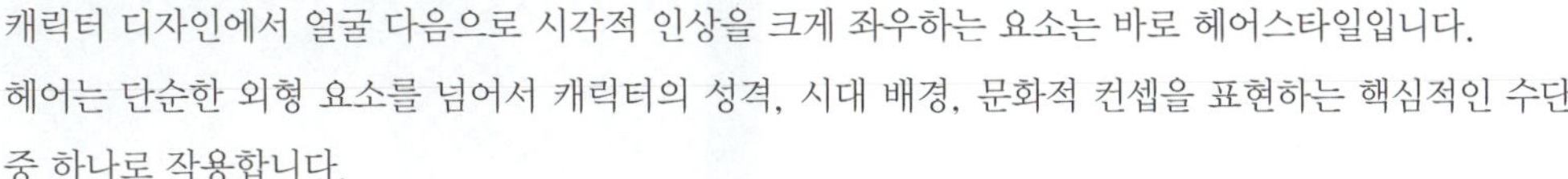

캐릭터 디자인에서 얼굴 다음으로 시각적 인상을 크게 좌우하는 요소는 바로 헤어스타일입니다. 헤어는 단순한 외형 요소를 넘어서 캐릭터의 성격, 시대 배경, 문화적 컨셉을 표현하는 핵심적인 수단 중 하나로 작용합니다.

이번에는 이러한 헤어스타일을 효과적으로 변경하는 방법에 대해 알아보겠습니다.
이는 단순한 외형 변화 이상의 의미를 가지며, 동일한 캐릭터의 다중 설정이나 직업 전환 혹은 시즌별 컨셉에 맞는 변형을 시도할 때 특히 유용하게 활용됩니다.

헤어스타일을 변경하는 방법을 살펴보겠습니다.
우선, 얼굴이 포함된 기본 이미지를 하나 생성해주겠습니다.

girl --niji

디스코드에서 작업할 경우,
이미지 하단의 Vary (Region) 버튼을 클릭합니다. 이후 수정할 헤어 영역을 마스킹해서 선택해줍니다. 선택이 완료되면 헤어 스타일이나 색상에 대한 키워드를 프롬프트에 추가하거나 기존 내용을 수정해주면 됩니다.

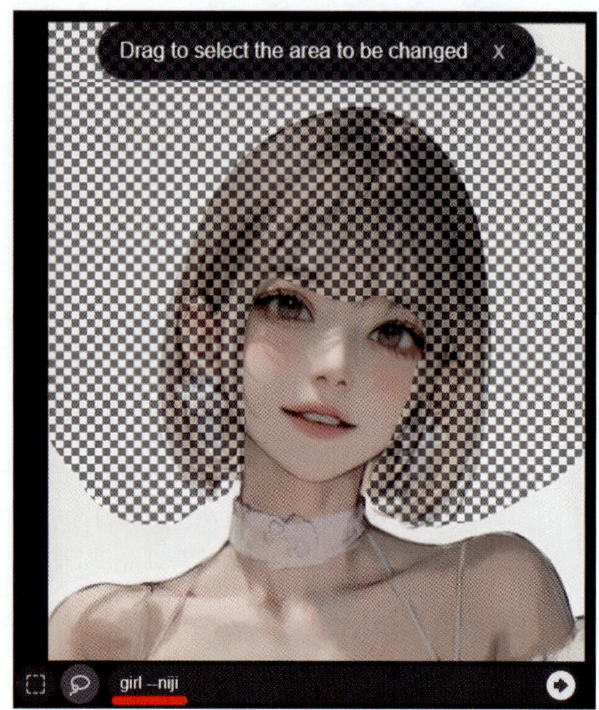

예를 들어 "short silver hair", "curly red hairstyle", "braided ponytail" 등의 표현을 사용할 수 있습니다. 프롬프트 입력을 마친 뒤 Enter 키를 누르면 변경된 스타일이 반영된 이미지가 새롭게 생성됩니다.

웹 UI 버전에서는,
Edit 〉 Paint 기능을 이용해 헤어 스타일을 변경할 수 있습니다.

먼저 이미지를 선택한 후, 수정하고자 하는 헤어 영역을 정밀하게 마스킹해줍니다.

이후 하단의 프롬프트 입력창에 원하는 스타일을 반영한 문장을 입력하거나 기존 문장을 수정합니다. 프롬프트를 입력한 후 Submit Edit 버튼을 클릭하면, 선택한 헤어 영역만 자연스럽게 변경된 이미지가 생성됩니다.

twintail,girl 트윈테일

curly,girl 곱슬머리

bun,girl 똥머리

bob cut,girl 단발

pony tail,girl 포니테일

pixie cuttail,girl 픽시컷,짧은 머리

Afro,girl 아프로

Long Straight hair,girl 긴 생머리

8. 캐릭터 의상 변경하기

게임 개발 과정에서는 캐릭터의 컨셉나 상황, 직업 변화 등에 따라 의상을 변경해야 하는 경우가 자주 발생합니다. 이때 캐릭터의 고유한 디자인이나 외형은 유지하면서 의상만을 효과적으로 교체하는 작업이 필요합니다.

이러한 목적에 맞게 미드저니에서 캐릭터 의상을 교체하는 방법에 대해 자세히 알아보겠습니다. 이는 코스튬 변경, 시즌 테마 반영, 클래스 전환 등 다양한 상황에서 실무적으로 활용도 높은 이미지 수정 기법입니다.

의상을 교체하려면 먼저 기준이 될 캐릭터 이미지를 생성해야 합니다.
예를 들어 다음과 같은 프롬프트를 사용할 수 있습니다.

```
fullbody, male, white background --ar 1:3
```

전신 구도와 배경 정리를 위해 **--ar 1:3**과 **white background**를 함께 사용합니다.

이미지가 생성되면,
디스코드에서는 하단의 Vary (Region)을 클릭하고,
웹 UI 버전에서는 Edit 〉 Paint 기능으로 마우스로 교체할 의상 부분을 마스킹해줍니다.

이후, 기존 프롬프트는 유지한채 앞부분에 새로운 의상 정보만 추가해 주면 됩니다.
예를 들어 갑옷을 입힌다면 다음과 같이 앞부분에 armor를 추가해줍니다.

```
armor, fullbody, male, white background --ar 1:3
```

드레스를 원한다면 dress, fullbody, ...로 바꾸면 됩니다.
더 고급스러운 의상을 만들고 싶다면,
프롬프트에 **"ornate armor with gold trim"**, **"elegant red silk dress with embroidery"**처럼 묘사와 질감을 구체적으로 추가해 주면 더욱 완성도 있는 결과를 얻을 수 있습니다.

이 과정을 통해 동일한 캐릭터 베이스에 다양한 의상 컨셉를 적용할 수 있어서 게임 스킨 기획, 시즌 의상 테스트, 클래스별 복장 분기 등 실무에 효과적으로 활용할 수 있습니다.

Vary (Region)
Paint
Erase
Restore
Brush Size
100px

9. 캐릭터 포즈 변경하기

캐릭터 포즈 변경은 게임 개발, 애니메이션, 일러스트 연출 작업 등에서 매우 중요한 과정입니다. 하나의 캐릭터를 다양한 동작이나 상황에 맞게 자연스럽게 표현할 수 있어야 하며, 특히 마케팅 아트, UI 일러스트, 프로모션 컷 등에서는 동일 인물을 다양한 구도와 감정, 움직임으로 변주하는 능력이 요구됩니다. 이러한 작업은 리소스의 재활용성과 표현력 향상에도 큰 이점을 가져옵니다.

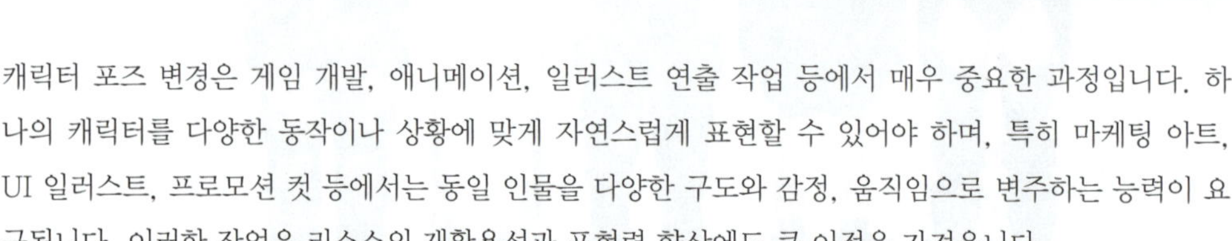

디스코드에서 캐릭터 포즈 변경하기

먼저 원하는 인물이 담긴 이미지를 생성한 후,
해당 이미지에서 마우스 오른쪽 클릭 → '이미지 주소 복사'를 선택해 이미지 URL을 확보합니다.

프롬프트 구성 포즈 변경을 원한다면 포즈를 묘사하는 프롬프트를 맨 앞에 배치합니다.
예: **jumping pose, turning back, crossed arms, sitting** 등
그리고 기존 캐릭터의 컨셉이나 복장 정보는 뒤에 유지해줍니다.

Omni Reference 파라미터 사용

이미지 외형(얼굴, 체형, 자세 등)을 유지한 채 포즈만 바꾸고 싶다면 --oref 파라미터를 사용합니다.

URL 뒤에 --ow 값을 조절하여 참조 강도를 설정하고, 생성 버튼을 클릭해서 이미지를 생성합니다.

Runing,girl,fullbody -niji -oref <캐릭터 이미지 URL> --ow

이미지 복사
이미지 저장
링크 복사하기
링크 열기

웹UI 버전에서 캐릭터 포즈 변경하기

웹UI 버전에서 사용할 경우 프롬프트 입력창 옆에 이미지창을 클릭한 후 Omni-Reference를 클릭해서 참고할 이미지를 드래그해서 넣어줍니다.

이미지 주소를 활용할 경우,
--oref 파라미터는 웹UI 버전에서도 사용할 수 있습니다. 다만 이미지를 직접 업로드하면 별도의 설정 없이도 동일한 결과를 얻을 수 있습니다. 또한 우측의 동그란 버튼을 클릭해 오브젝트 특징의 유사 강도를 조절할 수 있으며, 마지막으로 엔터키를 누르거나 생성 버튼을 클릭하면 이미지가 만들어집니다.

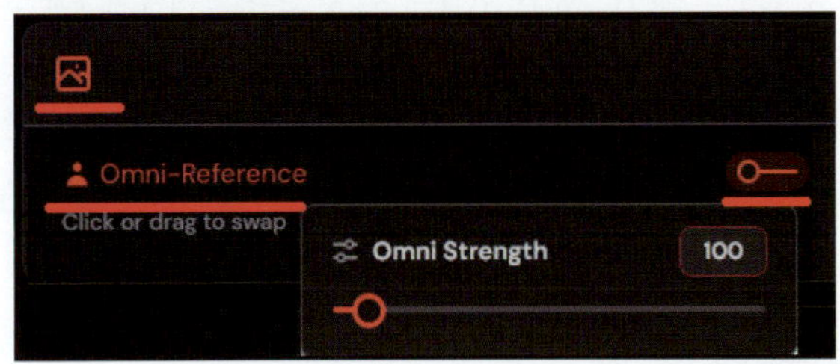

Runin,girl,fullbody 달리기

kneeling,girl,fullbody 무릎을 꿇다

Sit down,girl,fullbody 앉다

bnedgirl,fullbody 굽히다

armup 팔을 올리다.

Squatting 스쿼드 포즈

10. 캐릭터 연령대 바꾸어 보기

사람은 시간의 흐름에 따라 자연스럽게 외모와 분위기에 변화가 생깁니다. 이러한 노화 과정의 시각화는 실무에서도 매우 유용하게 활용됩니다.

예를 들어, 게임, 애니메이션, 영상 콘텐츠에서는 동일 인물의 연령 변화를 시각적으로 보여줘야 할 때가 자주 있습니다. 그리고, 한 인물이 소녀 시절부터 중년, 노년까지 서사를 이어갈 경우, 각 시점의 외형적 특징이 설득력 있게 표현되어야 몰입감 있는 연출이 가능합니다. 이런 흐름을 자연스럽게 풀어내기 위해 미드저니에서는 한 장의 이미지에 연령별 얼굴을 배열하는 방식을 사용할 수 있습니다.

```
same woman, left 20-year-old, and right 60-year-old
```

이 프롬프트는 하나의 이미지 프레임 안에서 좌우 배치에 따라 다른 연령대의 동일 인물을 표현하도록 지시합니다. **left 20-year-old**와 **right 60-year-old**처럼 방향을 명시해 주면, 미드저니가 이미지 좌측에는 젊은 모습, 우측에는 나이든 모습을 배치하도록 해 줍니다.

한국어로 프롬프트를 작성하면 한국인의 모습으로 이미지가 생성됩니다.

여자.좌측에는 젊은 모습, 우측에는 나이 든 모습

이제, 동일 인물의 연령을 네 시점으로 구분해 생성해 보겠습니다.
20대부터 80대까지의 변화 과정을 하나의 이미지 안에 배열함으로써, 시간의 흐름에 따른 외형 변화를 표현할 수 있습니다.

girl at different ages: 20-year-old at the upper left, 40-year-old at the upper right, 60-year-old at the lower left, 80-year-old at the lower right, photorealistic, soft lighting, cohesive style

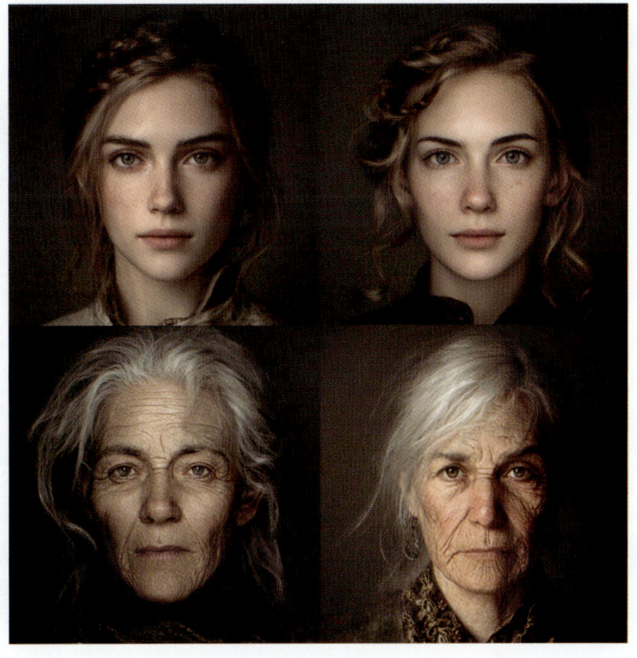

이제 기존에 생성된 이미지를 기반으로 일부 요소만 선택적으로 수정하는 방법을 살펴보겠습니다. 해당 기능은 현재 디스코드 환경에서만 제공됩니다.

프롬프트 female photo, Portrait를 입력해서, 실사 여성 이미지를 생성하겠습니다. 이미지가 생성되었으면 하단의 Vray(Subtle) 버튼을 눌러줍니다.

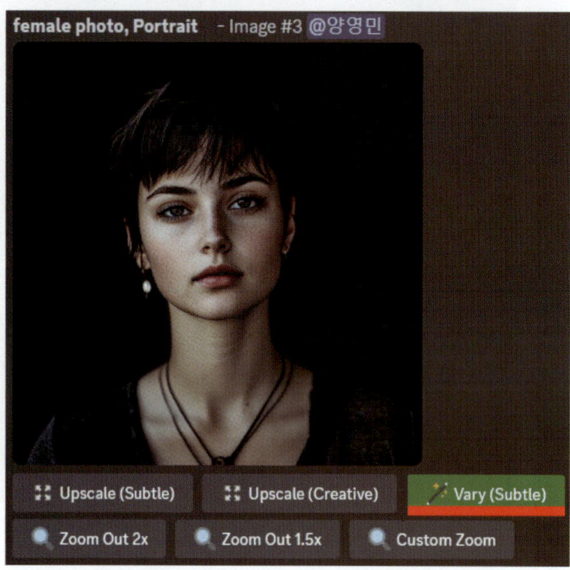

Remix Prompt 창이 나오면 중괄호{ }안에 쉼표로 연령대를 구별해서 입력해 주겠습니다.

```
{40,60,80} years old female photo, Portrait
```

이렇게 입력하면 여러 나이대를 한번에 생성이 가능합니다.

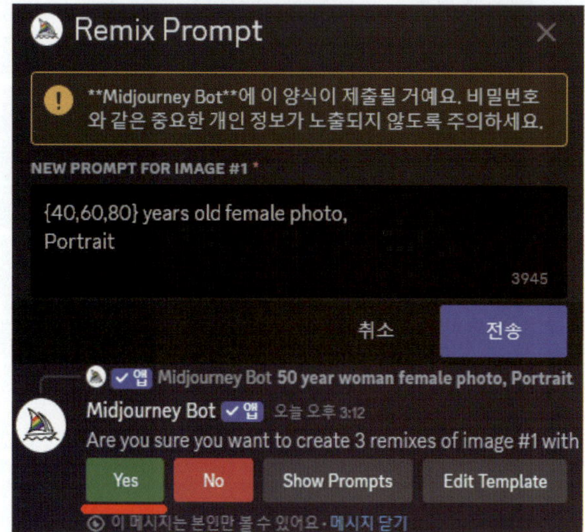

{40,60,80} years old female photo, Portrait

{20,40,60} years old male photo, Portrait,3D game style,zbrush style --niji

11. 캐릭터 몸무게 바꾸어 보기

캐릭터의 체형 변화는 컨셉의 다양화, 연령/직업 설정, 또는 감정 표현의 보조 요소로써 실무에서 자주 활용됩니다. 특히 동일 인물을 다양한 체형(마른 체형, 근육질, 비만 등)으로 설정하는 작업은 캐릭터 서사 설계나 사용자 커스터마이징 시스템을 구상할 때 매우 유용합니다.

이를 구현해 보기 위해 먼저 다음과 같이 프롬프트로 기본 이미지를 생성합니다.

```
male photo, Portrait
```

디스코드에서는 이미지 하단에 표시되는 Vary (Subtle) 버튼을 클릭합니다.
이 기능은 전체 구조를 크게 바꾸지 않고, 미묘한 수준에서 외형 변화를 시도할 수 있도록 도와줍니다.

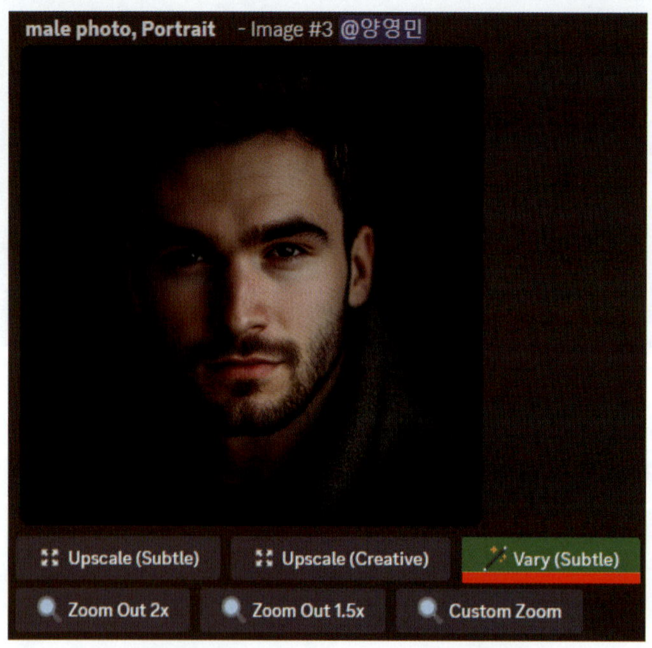

{thin,fat} male photo,Portait 프롬프트를 입력하고 전송을 눌러줍니다 여기서 thin는 마른 체형을 의미하고 fat은 뚱뚱함을 의미합니다. 그리고 메세지 창이 뜨면 Yes를 눌러줍니다.

이미지가 잘나오지 않을 경우 very를 추가해서 {very thin,very fat} male photo,Portait 프롬프트를 입력합니다.

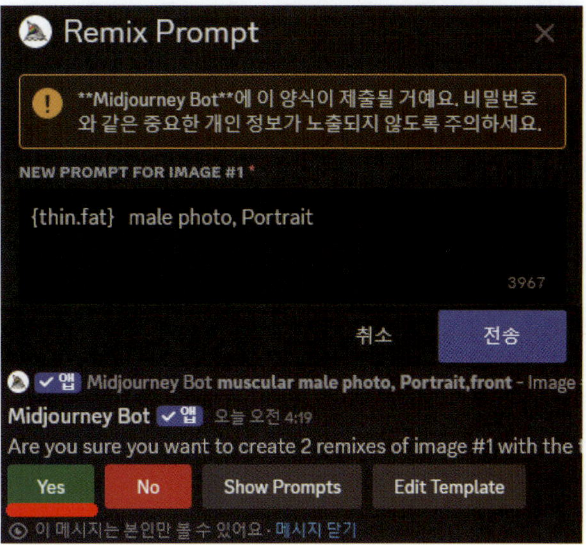

{thin,normal,fat} male photo,Portait

{thin,normal,fat} female photo,Portait,3D game style,zbrush style --niji

12. 게임 캐릭터 일러스트 제작하기

게임 캐릭터 일러스트를 제작할 때 단순히 인물 하나만 생성하는데 그치지 않고, 그 캐릭터가 속한 공간과 서사를 함께 구성하는 접근이 점점 중요해지고 있습니다. 미드저니를 활용하면 이러한 인물 + 배경이 결합된 컨셉 아트를 빠르고 유연하게 제작할 수 있으며, 이는 단순한 그림을 넘어 캐릭터의 세계관과 감정선까지 시각적으로 구현하는 데 매우 효과적입니다.

실무에서는 이러한 복합 일러스트가 마케팅용 키비주얼, 시나리오 컷씬, 세계관 소개 페이지, 캠페인 등에 다양하게 활용됩니다. 특히 초기 기획 단계에서 비주얼 방향성을 빠르게 시각화하거나, 팀 간 아이디어를 공유할 때도 유용하며 최종 산출물에 가까운 퀄리티로 외주 아트 방향 제시용 시안을 제작하는 데도 적극 활용됩니다.

여기서는 디스코드 기반의 미드저니 환경에서 캐릭터와 배경이 유기적으로 연결된 게임 일러스트를 제작하는 흐름을 실무 관점에서 단계 별로 소개합니다. 게임에서 직업 캐릭터를 표현할 때, 인물의 외형뿐만 아니라 그가 일하고 살아가는 공간, 동작, 분위기까지 함께 연출하는 것이 몰입감 있는 캐릭터 구축의 핵심입니다.

이번에는 대장장이(Blacksmith) 캐릭터가 자신의 대장간에서 작업하는 모습을 일러스트로 제작하는 전 과정을 단계별로 소개합니다.

캐릭터 설정 : 대장장이의 외형 정하기

먼저 캐릭터의 직업과 분위기에 맞는 기본 외형을 설정합니다.
프롬프트에는 성별, 나이, 분위기, 복장 등을 구체적으로 적어줍니다.

portrait of a middle-aged male blacksmith, muscular build, tanned skin, short messy hair, leather apron, holding a hammer, soot on face, photorealistic --ar 2:3

중년 남성 대장장이의 초상화, 근육질 체격, 검게 그을린 피부, 짧고 헝클어진 머리, 가죽 앞치마, 망치를 든 모습, 얼굴에는 그을음이 묻어 있음, 사실적 묘사 --ar 2:3

공간 설정

대장간 배경 만들기 캐릭터가 서 있는 작업 환경을 시각화합니다.
배경 역시 중요한 연출 요소입니다. 그러나 포즈 중심의 캐릭터 생성에 집중하면 배경이 단순하거나 잘리거나, 조명의 방향, 공간 구성 등이 일관되지 않게 표현될 수 있습니다. 따라서 배경은 별도로 다음과 같은 방식으로 먼저 구성해 두는 것이 좋습니다.

이 장면에서는 불이 타오르는 용광로, 망치 소리, 불꽃 튀는 모루, 금속 도구 등이 핵심 요소입니다.

```
medieval blacksmith forge interior, glowing furnace, anvil, tools on the wall, sparks in the air, warm lighting, cinematic --ar 16:9

중세 대장간 내부,빛나는 용광로,모루,벽에 걸린 도구들,공기 중의 불꽃,따뜻한 조명, 시네마틱 --ar 16:9
```

캐릭터가 정지된 상태로만 표현되면 다소 생명력이 부족해 보일 수 있습니다. 그래서 실무에서는 동작 중인 순간을 포착한 장면, 예를 들어 망치를 내려치거나, 뜨거운 금속을 집어드는 장면 등을 연출함으로써 역동성과 몰입감을 부여합니다.

이때 중요한 점은 포즈를 바꾸더라도 캐릭터의 외형과 정체성은 유지되어야 한다는 것입니다.
--oref(Omni Reference) 파라미터를 사용합니다. 그래서 생성한 배경 이미지를 맨 앞에 이미지 프롬프트로 사용하고, 텍스트 프롬프트에는 캐릭터 묘사 포즈와 그리고 장소 및 라이팅 등 세부 디테일을 적고, 추가적인 파라미터는 개인적인 기호에 따라 --p(개인화 프로필), --sref(스타일 참조), --oref(얼굴, 체형, 복장 등 전체 외형)을 넣어주면 됩니다.

디스코드에서 표현하는 방법

생성한 대장장이의 이미지를 디스코드에 업로드한 후 우클릭을 해서 링크 복사 저장,기록하기를 합니다. 이 주소를 〈캐릭터 URL 주소〉 라고 칭하겠습니다. 배경 역시 같은 방법으로 업로드를 해 복사를 해 따로 저장,기록을 해 줍니다. 그리고 링크 복사하기 버튼을 누릅니다. 이것을 〈배경 URL 주소〉라 하겠습니다.

<배경 URL주소> muscular blacksmith hammering hot metal on anvil, sparks flying, intense expression, strong pose, leather apron, cinematic lighting --oref <캐릭터 URL 주소> --ar 16:9

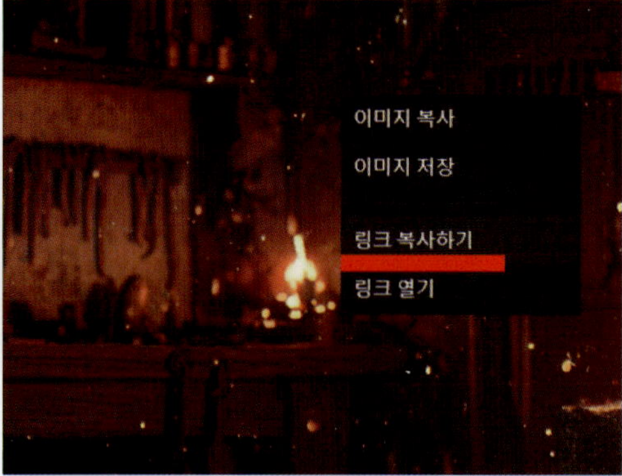

웹UI 버전에서 표현하는 방법

미드저니 웹 버전에서도 동일하게 생성할 수 있으며, 보다 시각적으로 직관적인 방식으로 설정할 수 있습니다.

프롬프트 입력창 왼쪽에 위치한 창문 아이콘을 클릭하면, **Image Prompts, Omni-Reference**를 업로드 할 수 있는 영역이 열립니다. 이곳에서 배경 이미지는 Image Prompts 영역에, 캐릭터 외형을 고정할 이미지는 Omni-Reference 영역에 각각 업로드하면 됩니다.

설정이 완료되면, 원하는 텍스트 프롬프트를 입력한 뒤 엔터키 또는 'Submit' 버튼을 눌러 이미지 생성을 합니다. 이 방식은 URL을 따로 입력하지 않아도 되며, 직관적으로 이미지 간 역할 분리를 설정할 수 있어 실무에서도 빠르고 효율적으로 적용할 수 있습니다.

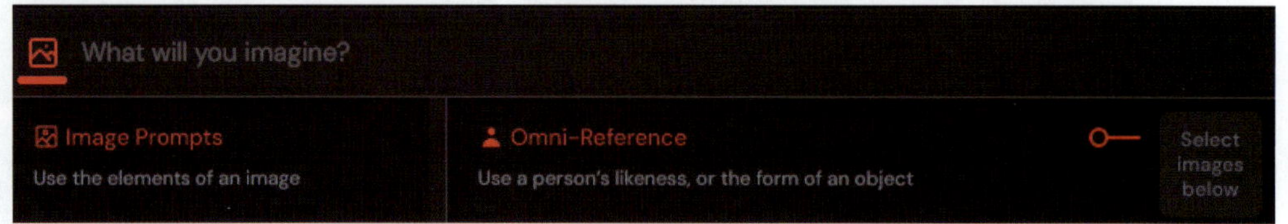

13. SD 스타일 /도트 캐릭터 만들기

SD 스타일 캐릭터 만들기

SD는 Super Deformer의 약자로, 캐릭터의 비율을 과장되게 변형한 스타일을 의미합니다. 주로 SD, chibi-style character와 같은 프롬프트를 활용하며 필요에 따라 이를 변형해 사용합니다. 실무에서는 SD 스타일이 UI 아이콘, 수집형 미니 캐릭터, 튜토리얼 삽화, 프로모션 굿즈 등 다양한 영역에서 활용됩니다.

캐릭터의 매력을 친근하고 간결하게 전달할 수 있어서 세계관을 유지하면서도 라이트한 접근이 필요한 게임이나 장면에 효과적입니다. --sref 파라미터를 활용하면, 참조 이미지의 화풍이나 렌더링 감성을 기반으로 일관된 스타일을 유지한 채 새로운 캐릭터를 생성할 수 있습니다.

SD,chibi-style character,game asset,white background --sref <스타일 이미지 URL>

만들어두었던 기존의 캐릭터의 링크를 복사하거나, 웹UI 버전에서는 이미지를 업로드해서 버전 7이하의 경우 --cref 〈캐릭터 이미지 URL〉프롬프트를 사용하거나 --oref 〈캐릭터 이미지 URL〉을 사용하면 기존 캐릭터의 SD버전도 제작이 가능합니다.

SD,chibi-style character,game asset,white background --cref <캐릭터 이미지 URL>

SD,chibi-style character,game asset,white background --oref <캐릭터 이미지 URL>

도트 캐릭터 만들기

도트 캐릭터는 pixel art에 관련된 프롬프트를 입력해 주면 잘나옵니다.

pixel art아트에서도 8-bit,16-bit,32-bit 등 비트 숫자에 따라 그 묘사정도와 픽셀 크기가 달라집니다. 추가적으로 도트를 학습시킨 프로필 기능 즉 개인화 모델을 사용하면 더욱 도움됩니다.

8-bit pixel art,16-bit pixel art, 32-bit pixel art}, fullbody, white background, 8 bit pixel art --ar 1:2 --niji

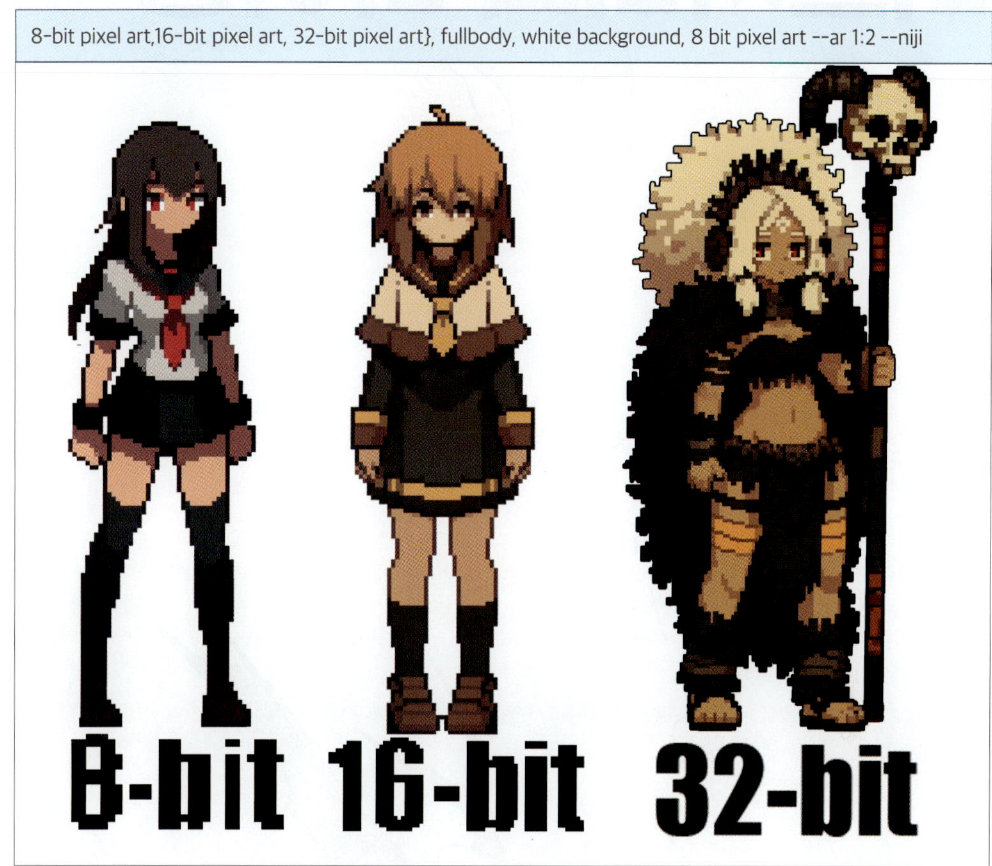

비트 숫자가 작아질수록 픽셀의 크기가 크고 단조로움을 확인할 수가 있습니다.

4.
미드저니의 라이팅

1. 라이팅의 종류와 프롬프트

AI 이미지 생성에 있어서 카메라와 조명에 대한 이해는 매우 중요합니다.
여기서는 라이팅에 관련된 유용한 프롬프트들을 알아보겠습니다.

빛에는 **'빛의 방향 / 빛의 양 / 빛의 질 / 빛의 색'** 이렇게 4가지 특성이 있습니다.
이런 특징을 조절해서 다양한 분위기를 연출할 수 있습니다.

Key light(키 라이트)

키라이트는 가장 밝은 광원입니다.
피사체의 45도 정도 위치에 두는 메인 조명인데 다양한 광원에 쓰입니다. 자연광, 촬영장의 촬영조명, 소품 조명 등의 키라이트로 사용할 수 있습니다. 루프 라이팅, 렘브란트 라이팅, 스플릿 라이팅 등 여러가지 포지션을 응용한 다양한 표현이 가능합니다.

Rembrandt lighting 렘브란트 라이팅

렘브란트가 사용한 라이팅입니다. 눈밑에 삼각형이 생기는 특징이 있습니다.

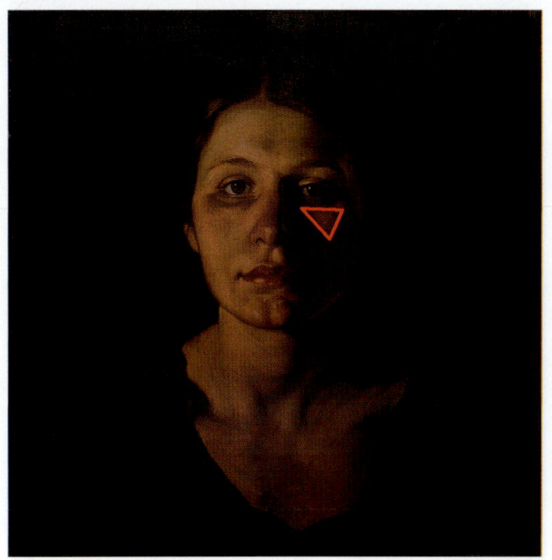

Loop lighting 루프 라이팅

Loop lighting은 코 아래 둥근 고리의 그림자 모양을 나타내고 인물 사진 촬영에 일반적으로 사용되는 조명 패턴입니다.

Split lighting 스플릿 라이팅

Split Lighting은 피사체로부터 90도 오프셋된 위치에 하나의 광원이 있고 눈높이보다 약간 높고 얼굴 반쪽을 비추고 다른 하나를 그림자로 남겨서 구성됩니다. 극적인 라이팅 기법입니다.

Back light

백라이트는 피사체의 뒤쪽에 위치한 라이트입니다. 배경과 분리되는 효과를 줄수 있어 강렬한 깊이감을 만들어 낼 수 있습니다.

Fill light

필라이트는 대비를 조절하는 라이트입니다. 키라이트의 반대편에서 빛을 쏴 줍니다. 대비가 너무 강하다고 생각할 때 필라이트를 사용하면 좋습니다.

High key light

조명을 다양한 각도에서 사용해서 그림자가 거의 없고 노출이 전체적으로 골고루 분포되어 화사한 이미지를 줍니다.

Soft light

소프트라이트는 빛이랑 그림자가 그라데이션으로 부드럽게 표현되는 것을 의미합니다. 다양한 중간톤의 이미지를 얻을 수 있으며 화사하게 사용할 때 메이크업이나 디테일한 표현을 감출 때 많이 사용합니다.

Hard light

하드 라이트는 그림자의 경계가 확실히 보여지고 대비를 강하게 줘서 피사체를 강조하거나 장면을 강조할 수 있습니다. 강렬한 이미지를 주고 싶을 때 사용하면 좋습니다.

Color

색을 어떻게 쓰냐에 따라 여러 느낌을 낼 수 있습니다.
붉은색 계통의 광원일수록 색온도가 낮고, 푸른색 계통의 광원일수록 색온도가 높습니다.

Red lighting

붉은색은 긍정적이면서도 동시에 부정적인 연상을 불러일으키는 매우 강렬한 색입니다. 힘, 열정, 자신감을 상징하는 한편, 공격성이나 분노, 위험을 나타내기도 합니다.

Yellow lighting

노란색은 행복, 생동감, 명랑함, 자유로움을 표현하는 색이지만, 때로는 불안한 심리를 드러내기도 합니다. 이러한 양면성을 잘 활용하면 색채를 통해 다양한 분위기와 감각을 연출할 수 있습니다.

Purple lighting

색을 활용하면 시간대의 분위기를 표현할 수 있습니다. 예를 들어, 아침의 밝은 느낌에는 보라색을 은은하게 더해 주면 아침 특유의 감각을 한층 더 쉽게 전달할 수 있습니다.

Redlighting,Bluelighting / Vivid colors

위에 생성한 이미지처럼 여러 색감을 통하여 단계를 분리가 가능합니다.

Redlighting,Greenlightinglight beige and blue

색의 보색, 명암의 차이, 빛의 대비를 활용하면 단계적인 표현도 효과적으로 구현할 수 있습니다.

2. 라이팅을 이용한 시선의 처리

라이팅을 어떻게 활용하느냐에 따라 보는 사람의 시점이 달라집니다. 아래 이미지에서도 강한 빛이 있는 위쪽에서 시작해 점차 아래로 시선이 이동하는 흐름을 확인할 수 있습니다. 따라서 이미지를 생성할 때는 라이팅과 관련된 프롬프트를 적절히 활용하는 것이 효과적입니다.

A single canoe on a lake, glowing paper lanterns falling all around, cinematic, light leaks, ultra realistic, high resolution, 8k, --ar 5:7

'어두운 집안 침대가 있고 오른쪽 서랍위에 노란색 불빛이 있는 무드등' 프롬프트를 입력하였습니다. 오른쪽에 라이팅을 배치함으로써 자연스럽게 시점이 오른쪽으로 이동하는 것을 볼 수가 있습니다.

There is a bed in a dark house and a yellow mood light on the drawer on the right --ar 103:45

색의 보색이나 다른 색을 사용해서 단계를 분리하여 영역을 나눌 수도 있습니다.

Lighting from red to blue, club interior --ar 103:45

조명의 방향을 또 배치함으로써 어디로 이동을 해야할 지 알려주는 지표가 되기도 합니다.

Top light,particles, mysterious feeling, calm lake in the cave --ar 103:45

3. 피사계 심도 DOF 조절하기

피사체가 이미지에서 선명하게 보이는 범위를 설명하는 데 사용되는 용어가 피사계 심도입니다. 이 영역의 크기를 심도라고 하며, 광선이 렌즈에 들어오는 각도에 따라 결정됩니다. 또한 카메라 센서가 클수록 피사계 심도는 얕아집니다.

얇은 심도

TELEPHOTO LENS, Shallow DOF

중간 심도

Medium DOF

깊은 심도

Wide Angle Lens,All Elements in sharp focus

보케(Bokeh)

보케는 주변의 배경이나 전경을 흐리게 만들 때 사용합니다. 추상적이고 몽환적인 느낌을 줄 때 사용합니다.

Bokeh,Shallow

다중 노출 (Double exposure)

다중 노출은 같은 필름 프레임에서 여러 영상을 겹치게 하는 기법입니다.

Double exposure of girl and winter --ar 16:9

4. 분위기 시간과 계절의 변경

시간대와 계절의 프롬프트를 사용함으로써 다양한 색감과 느낌을 낼 수 있습니다.

unset ambiance 일몰의 분위기를 냅니다.

spring rain 봄비로 인해 화사한 느낌이 납니다.

Winterscene 겨울의 차갑고 아름다운 느낌을 표현합니다.

spring bloom 봄의 꽃을 표현합니다. 봄의 생동감을 나타냅니다.

morning fog 이른 아침의 안개 느낌을 나타냅니다.

Rainy 비오는 날 느낌을 표현해줍니다.

stome rain --ar 16:9 --v 6.0 --raw 폭풍우가 치는 시간을 표현합니다.

golden hour : 해가 질 무렵의 황금빛 시간을 표현해줍니다.

5.
미드저니에서 배경 원화 / 일러스트 / 리소스 제작

1. 세계관별 프랍 컨셉의 제작

배경 제작에 필요한 요소는 크게 세 가지로 나눌 수 있습니다.
배경 레벨 / 오브젝트 프랍 / 라이팅 및 환경 설정입니다.

배경 레벨 디자인은 플레이어의 동선을 고려해서 건물이나 지형 등의 공간을 설계하는 과정입니다.
오브젝트 프랍은 배경 안에 배치되는 다양한 유기체 및 무기체 오브젝트를 제작하는 작업을 말합니다.
라이팅 및 환경 세팅은 레벨과 프랍이 완성된 후, 조명과 후처리 효과를 통해 전체 그래픽 품질을 향상시키는 단계입니다.

실무에서는 배경 제작이 단순한 이미지 생성 이상의 역할을 합니다. 게임의 몰입도와 서사를 강화하며, 캐릭터와 세계관의 정체성을 시각적으로 뒷받침하는 핵심 요소이기 때문입니다. 프리프로덕션 단계에서는 배경의 분위기나 공간감을 빠르게 시각화해서 아트 디렉션을 정립하는데 사용됩니다. 컨셉 아트로 활용될 경우, 캐릭터와 배경의 조화를 사전에 테스트하거나 마케팅용 시각 자료로도 활용됩니다. 리소스 가이드로는 3D 모델링, 환경 디자인 팀과의 커뮤니케이션에서 시각 기준점을 제공하는 자료가 됩니다.

미드저니는 이처럼 빠르게 고해상도의 배경 이미지를 확보해 실무 전반에 걸쳐 의사소통과 제작 효율을 높이는 데 유용한 도구입니다.

포스트 아포칼립스 풍 프랍컨셉의 제작

포스트 아포칼립스는 세계 멸망 이후의 시대를 배경으로 하는 장르로, 오랜 시간이 흐르며 현대 문명이 붕괴되고 풍화된 흔적이 이미지 속에 강하게 드러나는 것이 중요합니다.

이러한 장르에서는 단순한 사물 묘사보다는 디테일하고 시각적인 스토리텔링이 담긴 프롬프트가 필요합니다. 예를 들어, '부서진 파란색 SUV 차량'을 단순히 broken blue car라고 표현하는 것은 정보가 부족합니다. 이보다는 상태, 질감, 배치, 주변 환경을 함께 묘사해 주는 방식이 훨씬 효과적입니다.

> broken, blue, rusty and dirty car, laying on the ground with scattered metal pieces, photorealistic, white background --ar 16:9

- broken, blue, rusty and dirty car : 차량의 색상과 손상 상태를 시각적으로 상세히 묘사
- laying on the ground with scattered metal pieces : 차량이 단순히 존재하는 것이 아닌, 파괴된 상황 속에 놓인 연출을 표현
- photorealistic : 사실적인 표현 방식 강조
- white background : 배경을 단색으로 처리함으로써 차후 배경을 분리할 때 유리합니다.
- --ar 16:9: 시네마틱한 와이드 프레임으로 이미지가 잘리지않게 구성을 합니다.

낡은 드럼통

낡은 드럼통 이미지를 제작하기 위해, 해당 오브젝트의 형태적 특징과 노후된 질감을 반영한 프롬프트를 구성하고 출력해보겠습니다.

단순한 오브젝트 생성이 아닌, 배경 프랍 제작의 개념을 이해하는 데 매우 유용한 사례입니다. 낡은 드럼통은 포스트 아포칼립스, 산업 지대, 버려진 창고 등의 배경에 자주 등장하는 상징적 환경 요소로 시간의 흐름과 장소의 분위기를 암시하는 시각적 장치로 활용됩니다. 따라서 이처럼 구체적인 스토리와 상태를 반영한 단일 프랍 생성은 배경의 디테일을 구성하는 실무형 아트워크 작업의 기초 연습이자, 리소스 기획에서 중요한 출발점이 됩니다.

Full shot, old and worn oil drum barrel with overgrown grass around it, white background, 3d game render

old and worn drum과 같은 짧은 프롬프트는 단일 이미지로는 충분히 인상적일 수 있으나, 프랍 시트나 실무용 레퍼런스로 활용하기에는 표현의 밀도가 다소 부족합니다. 보다 효과적인 결과물을 얻기 위해서는 드럼통의 상태, 재질, 사용 흔적, 배치 환경 등을 서사적으로 기술한 후 구글 번역기와 같은 무료 도구를 활용해 자연스럽게 영어로 변환하는 것이 좋습니다. 이와 함께 이미지가 잘리지 않도록 'Full shot', 'white background', '3D game render'와 같은 프롬프트 구성 요소를 추가하면, 실제 게임 개발에서 활용할 수 있는 리소스 수준의 결과물을 안정적으로 생성할 수 있습니다.

전체가 보이도록 구성된 낡고 오래된 오일 드럼통 그리고 그 주변에 자연스럽게 자라난 풀들이 어우러진 장면을 흰색 배경과 3D 게임 렌더링 스타일로 표현하면 프랍 단독 이미지임에도 불구하고 실감나는 분위기와 맥락을 전달할 수 있습니다.

이처럼 프롬프트에 세심한 디테일과 정돈된 키워드 구성을 반영하면, 실제 실무에서도 충분히 참고 가능한 수준의 퀄리티를 확보할 수 있으며, 프랍 디자인 기획이나 컨셉 정리 단계에서도 유의미한 시각 자료로 활용할 수 있습니다.

오래되고 부서진 건물 표현

노후되고 무너져가는 건물은 포스트 아포칼립스나 폐허 컨셉 배경에서 자주 등장하는 핵심 요소입니다. 붕괴된 벽면, 노출된 철근, 떨어진 파편 등은 시간의 흐름과 공간의 서사를 시각적으로 전달하는 데 효과적입니다. 특히 흰색 배경과 3D 렌더링 스타일은 오브젝트 단독 확인이나 리소스화에 적합하며, 프랍 디자인이나 레벨 구성 전 단계에서 정확한 형태와 분위기를 파악하는 참고 이미지로 활용됩니다.

A building that is falling apart, photorealistic, white background, 3D render
무너지고 있는 건물, 사실적인 표현, 흰색 배경, 3D 렌더링 스타일

프랍 제작을 위한 디테일 프롬프트 이해

프랍을 제작할 때는 단순 키워드 외에도 디테일한 표현을 추가하면 이미지의 퀄리티에 큰 차이를 만들 수 있습니다. **3D render, photorealism**은 사실적인 질감과 입체감을 강조해 주며, 시각적으로 명확하게 보여줍니다. 이처럼 디테일한 용어를 함께 사용하면 고품질 이미지를 얻을 수 있습니다.

3D render,photorealism, white cube / 3D렌더링, 사실적인 표현, 화이트큐브 배경

마나 포션

마나 포션과 같은 아이템 프랍은 단순한 이미지보다 게임 엔진에서 구현된 듯한 사실감과 조명 효과를 담는 것이 중요합니다. 이를 위해 **unreal engine, 3D render, photorealism** 등의 키워드를 함께 사용하면, 실제 게임 스크린샷처럼 표현된 이미지를 생성할 수 있어 실무에서 리소스 검토나 기획 공유용으로도 활용도가 높습니다.

mana life glass potion, unreal engine,white background --ar 5:8

마나 생명 유리 포션, 언리얼 엔진, 흰색 배경, --ar 5:8

동굴 안의 크리스탈 제작

신비롭고 분위기 있는 크리스탈을 제작하기 위해, 빛의 연출과 렌더링 스타일을 중시한 프롬프트 구성이 필요합니다. **the crystal of the void**는 몽환적인 주제를 전달하며, **dramatic light**는 강한 명암과 조명을 활용해 몰입감 있는 연출을 제공합니다. **octane render**와 **photorealism**은 고급 렌더링과 사실적인 질감 표현을 강조합니다.

> the crystal of the void, dramatic light, octane render, photorealism --ar 9:16

> 크리스탈, 극적인 조명, 옥탄 렌더, 사실적인 표현, --ar 9:16

지브러쉬 스컬핑 느낌의 바위 표현

지브러쉬 스컬핑 느낌을 재현하려면, 조각적 질감과 형태를 강조하는 프롬프트 구성이 중요합니다. **in the style of zbrush, Sculpture style**은 디지털 조각 특유의 표면과 구조감을 표현하는데 효과적이며, **Zbrush sculpting screenshot**은 실제 스컬핑 소프트웨어 환경에서 작업하고 캡처한 듯한 디테일을 연출합니다.

Three views of rocks, in the style of zbrush, Sculpture style,gril,Black and white,Zbrush sculpting screenshot,--ar 4:3

세 방향의 바위, zbrush 스타일, 조각 스타일, 그릴, 흑백, 지브러쉬 스컬핑 스크린샷, --ar 4:3

마도서의 제작

마도서를 보다 사실적으로 표현하기 위해서는 세부 묘사에 집중한 프롬프트 구성이 중요합니다. **finely detailed, small details, extra detail**과 같은 키워드는 텍스처, 장식, 마법 문양 등 미세한 요소까지 묘사하는데 효과적이며, **photorealistic, high resolution**은 고품질의 사실적인 이미지를 구현하는데 도움을 줍니다.

magic spell book, finely detailed, small details, extra detail, photorealistic, high resolution --ar 16:9

마법서, 미세한 디테일, 작은 디테일, 추가 디테일, 사실적인 표현, 고해상도, --ar 16:9

공성무기의 제작

공성 무기나 판타지 타워처럼 구조적 요소가 중요한 프랍은, 디테일과 연출 효과에 중점을 둔 프롬프트 설계가 필요합니다.

concept art in game, cinematic lighting, Unreal Engine과 같은 키워드는 게임 개발 환경을 고려한 연출과 질감을 표현하는 데 효과적이며, **very detailed artwork**는 복잡한 구조와 디테일한 표현을 유도합니다. 회색 배경은 형태 파악과 리소스 분리 편집에 유리해 실무에서도 자주 사용됩니다. 프롬프트를 잘 구성해 두면 소재나 구도만 살짝 바꿔도 동일한 퀄리티의 이미지 생성이 가능합니다.

siege weapon, concept art in game, cinematic lighting, grey background, Unreal Engine, very detailed artwork, cinematic lighting

공성 무기, 게임 컨셉 아트, 시네마틱 조명, 회색 배경, 언리얼 엔진, 매우 디테일한 아트워크, 시네마틱 조명

2. 부서진 프랍 만들기

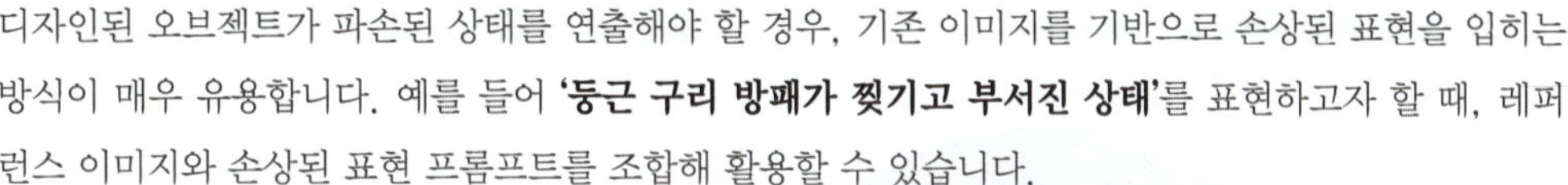

디자인된 오브젝트가 파손된 상태를 연출해야 할 경우, 기존 이미지를 기반으로 손상된 표현을 입히는 방식이 매우 유용합니다. 예를 들어 **'둥근 구리 방패가 찢기고 부서진 상태'**를 표현하고자 할 때, 레퍼런스 이미지와 손상된 표현 프롬프트를 조합해 활용할 수 있습니다.

이런 방식은 실무에서 파괴 전/후 상태, 변형 리소스 제작, 애니메이션 준비용 컨셉 구성 등 다양한 용도로 매우 실용적입니다.

이미지 참조 방식에 따른 버전별 가이드

- 미드저니 버전 7 미만에서는 --cref를 사용해 기존 이미지의 캐릭터나 오브젝트 디자인 특성을 참조합니다.
- 미드저니 버전 7 이상에서는 --oref를 사용하여 이미지의 전체 스타일 및 구조까지 광범위하게 반영할 수 있습니다.
- 이전 기능인 --cref는 얼굴, 옷, 머리카락 등 디자인 중심의 참조에 적합했으며, --oref는 파손 형태, 조명, 스타일 등을 보다 정교하게 반영할 수 있다는 점에서 업그레이드 된 기능입니다.

디스코드에서 사용하는 방법

기존 방패 이미지를 디스코드 서버에 업로드하거나 이미지를 생성해봅니다.

이미지를 우클릭 → '링크 복사를 눌러 이미지의 URL을 복사합니다. 이 주소를 예시로 **〈A주소〉**라 정하겠습니다. 새 프롬프트를 구성할 때, 아래처럼 작성합니다.

A The round copper shield	둥근 구리 방패

이미지 복사
이미지 저장
링크 복사하기
링크 열기

이 구성은 파손된 방패의 형태는 현재 프롬프트에서 지시하고, 디자인과 질감은 원본 A주소 이미지에서 참조하는 방식입니다.

부서진 방패 이미지를 제작하기 위해 파손 정도와 재질의 특성을 직접적으로 묘사하는 프롬프트를 작성해보겠습니다.

The round copper shield was greatly broken and torn	둥근 구리 방패가 심하게 부서지고 찢어진 상태

이미지 복사
이미지 저장
링크 복사하기
링크 열기

생성한 이미지를 우클릭 → '링크 복사'를 눌러 이미지의 URL을 복사합니다. 이 주소를 〈B주소〉라 정하겠습니다. 새 프롬프트를 구성할 때, 아래처럼 작성합니다.

```
<B주소> The round copper shield was greatly broken and torn --cref <A주소>
<B주소> The round copper shield was greatly broken and torn --oref <A주소>
```

위의 프롬프트를 사용하여, 찢어진 방패 이미지를 기반으로 하되 〈A주소〉의 디자인 요소를 참조하도록 구성했습니다.

이렇게 프롬프트를 작성하면, 파손된 상태는 유지하면서도 기존 방패 디자인의 재질과 형태를 자연스럽게 반영한 이미지가 생성됩니다.

웹UI 버전에서 사용하는 방법

방법은 동일합니다.
먼저, 기준이 되는 이미지를 왼쪽의 Image Prompts에 넣어줍니다.
이 이미지는 최종 이미지의 전체적인 구도나 연출을 결정하는 베이스 이미지 역할을 합니다. 예를 들어, 찢어진 방패 이미지를 생성하고자 한다면 그 이미지가 여기에 들어갑니다.

그 다음, 오른쪽의 Omni-Reference 또는 Character References에는 스타일이나 형태를 참조할 이미지를 넣습니다. 버전에 따라 사용하는 참조 파라미터가 달라지는데, 미드저니 버전7 이상에서는 Omni-Reference 버전7 미만에서는 Character References 파라미터를 사용합니다.

Omni-Reference는 오브젝트 형태나 구조를 중심으로 반영하고(버전7 이상),
Character References는 인물의 외형이나 얼굴 같은 캐릭터 중심 정보(버전7 미만)를 활용합니다.

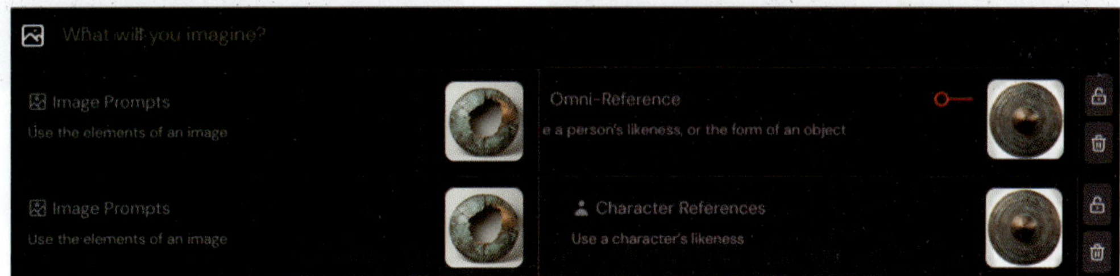

3. 배경 카메라 앵글 조절하기

배경 일러스트 제작에 있어 카메라 앵글의 선택은 장면의 분위기와 몰입감을 좌우하는 핵심 요소입니다. 어떤 시점에서 바라보느냐에 따라 같은 공간이라도 전혀 다른 인상을 줄 수 있기 때문입니다.

이번에는 카메라 구도에 맞춘 프롬프트 구성법을 통해, 보다 극적인 장면 연출과 깊이 있는 배경 일러스트를 제작하는 방법을 살펴보겠습니다. 적절한 앵글 프롬프트를 활용하면 시네마틱한 연출은 물론, 플레이어의 시선을 유도하는 실용적인 구성도 가능해집니다.

눈높이 (Eve Level)

카메라와 사람의 눈높이와 거의 같은 위치에서 보여지며 중립적인 효과를 주는 앵글입니다. 우리가 일상생활에서 보는 것과 화면에서 보는 것과 친숙한 구도를 가져옵니다.

로우앵글 (Low Angle)

낮은 각도로 피사체의 주요 피사체나 주요 대상을 위쪽으로 기울여 실제보다 크게 보이는 앵글입니다. 이 각도에서는 피사체가 더 커보이고 움직임이 강렬하고 강해 보여서 웅장함, 긴장감, 위력감을 줍니다.

하이 앵글 (High Angle)

하이 앵글은 카메라를 눈높이보다 높게 잡아 아래에 있는 피사체, 대상을 향해 비슷한 각도로 촬영합니다. 이 각도는 피사체를 작게 보이게 할 수 있으며, 순수하거나 우월감을 느끼게 해 줍니다.

광각 (Wide Angle)

광각 촬영은 다양한 관점에서 물리적으로 왜곡하여 독특한 느낌을 줄 수 있습니다. 이 광각 프롬프트에 카메라 렌즈 프롬프트를 추가로 입력하면 다양한 느낌을 낼 수 있습니다.

더치 앵글 (Dutch Angle)

더치 앵글은 이미지에 독창적이거나 독특한 느낌을 줍니다. 무언가 잘못되었거나 불안한 심리 방향감각이 없는 느낌을 줘서 호러 공포에 자주 사용됩니다. 날카로운 느낌을 줄 수 있기 때문에 패션 사진에서도 사용되고는 합니다.

조감도(Bird's eye View)

바로 머리 위에서 멀리서 찍은 하이앵글 샷입니다. 넓은 시야를 제공하고 피사체가 움직이는 것을 보여주며 특별한 느낌이 나게 도와줍니다.

4. 게임 스크린샷 스타일 생성하기

게임 제작에서 '무드', 즉 분위기 설정은 세계관의 감정선과 연출 방향을 결정짓는 중요한 출발점입니다. 무드를 명확히 정의한 뒤, 이를 기반으로 프롬프트를 구성하면 단순한 컨셉 이미지를 넘어 실제 게임 화면처럼 몰입감 있는 장면을 연출할 수 있습니다.

예를 들어 다음과 같이 프롬프트를 구성할 수 있습니다.

```
Screenshot of the game "표현할 장면의 설명", 추가 프롬프트, 파라미터
```

게임 시점은 플레이어의 몰입감과 조작감을 결정짓는 핵심 요소입니다.
아래는 게임제작에서 자주 활용되는 대표적인 시점 유형입니다.

First Person View(1인칭 시점)

플레이어가 캐릭터의 눈을 통해 세상을 직접 바라보는 시점입니다. 몰입감이 뛰어나며 주로 FPS(1인칭 슈팅) 장르에서 사용됩니다.

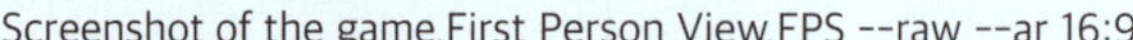

```
Screenshot of the game,First Person View,FPS --raw --ar 16:9
```

Side view(사이드뷰)

측면에서 보는 시점입니다. 횡스크롤이라고도 합니다.

Screenshot of the game,Side view,pixel game --raw --ar 16:9

Isometric view(쿼터뷰)

탑뷰의 공간감과 사이드뷰의 그래픽적 매력을 절충하여 액션,실시간 전략 게임(RTS),시뮬레이션 RPG(SRPG) MMORPG 장르에서 많이 사용됩니다.

Screenshot of the game,Isometric view,rpg --raw --ar 16:9

Back view(백 뷰)

캐릭터의 등 뒤에서 보는 시점을 뜻합니다. 3인칭 슈팅게임과 MMORPG 장르에서 많이 사용됩니다.

Screenshot of the game,Back view,mmorpg --raw --ar 16:9

Top view, Top-down(탑 뷰)

위에서 본 시점입니다. 슈팅게임,실시간 전략게임(RTS)등에 사용합니다.

Screenshot of the game,Top view,pixel rpg --raw --ar 16:9

5. 2D게임 타일맵 소스 만들기

2D 게임 제작에서 배경 타일맵 소스는 실무적으로 참고 자료로도 사용하며 실제 리소스로 사용도 가능합니다. 이번에는 미드저니를 활용해서 타일맵 이미지를 효율적으로 제작하는 방법을 살펴보겠습니다. 타일맵 생성을 위해서는 기본적으로 **tiles, grid**와 같은 키워드를 프롬프트에 포함시키는 것이 중요하며, 여기에 각 타일의 재질(예: stone, grass, wood 등)과 관련된 디테일한 설명을 덧붙이면 보다 정교한 결과물을 얻을 수 있습니다.

예를 들어, 픽셀 아트 스타일의 2D 게임을 제작 중이라면, 타일맵 역시 동일한 아트 방향성을 유지해야 하기 때문에 --sref 파라미터를 활용하여 기존 스타일을 참조하거나, --profile을 통해 개인화된 스타일 코드를 적용하는 것이 매우 효과적입니다.

8-bit pixel art,A large set of pixel art texture tiles ,pixelated textures, with various materials, a square grid

8비트 픽셀 아트, 다양한 재료, 정사각형 격자를 사용한 대규모 픽셀 아트 텍스처 타일 세트,

texture set, various textures and materials for the game in a pixel art style, pixelart, 8-bit, low resolution, 32x32 pixels

텍스처 세트, 픽셀 아트 스타일의 다양한 텍스처와 재질, 픽셀아트, 8비트, 저해상도, 32x32 픽셀

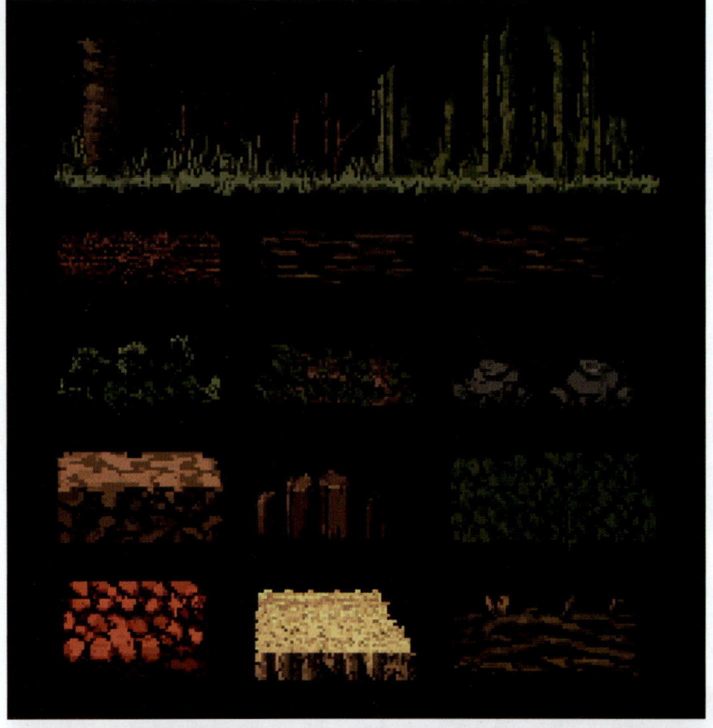

6. 타일링 텍스처의 제작

작업 중 배경이나 바닥, 벽면 등에 반복적으로 사용될 타일링 텍스처가 필요한 경우가 많습니다. 그러나 원하는 스타일이나 재질의 이미지를 인터넷에서 찾는 일은 번거롭고 일관성 있는 리소스를 확보하기도 어렵습니다.

이럴 때 미드저니의 tile 파라미터 기능을 활용하면, 반복 가능한 패턴의 텍스처를 손쉽게 생성할 수 있습니다. tile은 이미지의 가장자리 연결을 자동으로 고려하여 제작되기 때문에 심리스(Seamless)하게 타일링이 가능한 결과물을 생성해줍 니다.

심리스(Seamless)란 이미지의 가장자리가 자연스럽게 이어져 반복해 배치했을 때 이음새가 보이지 않는 상태를 말합니다. 실무에서는 이 기능을 통해 2D 타일맵, UI 배경, 오브젝트 표면 질감 등 다양한 용도에 맞는 텍스처를 신속하게 제작할 수 있으며, 아트 방향에 맞춰 원하는 스타일로 바로 변환할수 있다는 큰 장점이 있습니다.

flower pattern --tile

wood grain texture --tile

같은 프롬프트에 --niji 파라미터를 추가하면 애니메이션 스타일로 변환이 가능합니다. 프롬프트에 넣는 텍스트가 단순하면 단순할수록 랜덤하게 생성하게 되는 영향력이 강해집니다. 자세한 설명을 써넣으면 보다 내가 의도한 이미지랑 근접하게 생성이 가능합니다.

rock texture --tile --niji

rock texture --tile

용 모양의 절묘하고 정밀한 중국 의상 자수

exquisite and preclse embroidery of dragons on chinese clothing--tile

실버 중세 금속 패턴, 절묘하고 우아한 색상

silver medieval metal pattern,exquisite and elegant in color--tile

흰색 배경,파란색 나비의 불규칙적인 패턴

white background,blue random butterfly patterns --tile

일본 의류에 기모노의 절묘하고 정밀한 자수

exquisite and preclse embroidery of kimono on japan clothing --tile

7. 알파 텍스처 만들기

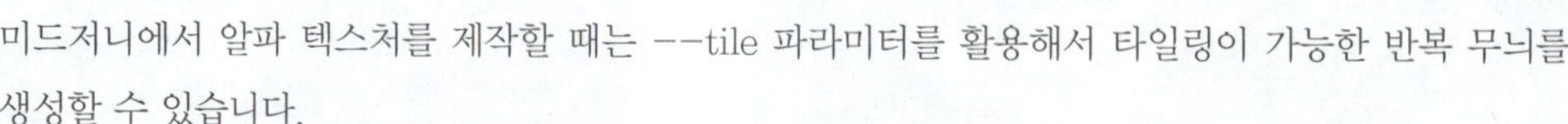

미드저니에서 알파 텍스처를 제작할 때는 --tile 파라미터를 활용해서 타일링이 가능한 반복 무늬를 생성할 수 있습니다.

이 기능은 실무에서 흔히 말하는 심리스(Seamless) 텍스처를 만들 때 유용하며, 3D 모델에 자연스럽게 연결되는 영역을 표현할 수 있게 해 줍니다. 예를 들어, 금속 위에 긁힘이나 먼지 표현을 추가할 때, 텍스처의 경계가 티나지 않도록 자연스럽게 반복되는 이미지가 필요합니다. 이럴 때 --tile 파라미터를 사용하면 반복 적용해도 이질감 없는 결과를 얻을 수 있어서 디테일 작업용 브러시나 마스크로 바로 활용됩니다.

Black background, white "상황설명" texture --tile

날카로운 긁힘이나 스크래치 표현에 활용합니다.

Black background, white scratch texture --tile

먼지나 입자 등 노이즈 계열의 질감 표현에 적합합니다.

Black background, white dusty texture --tile

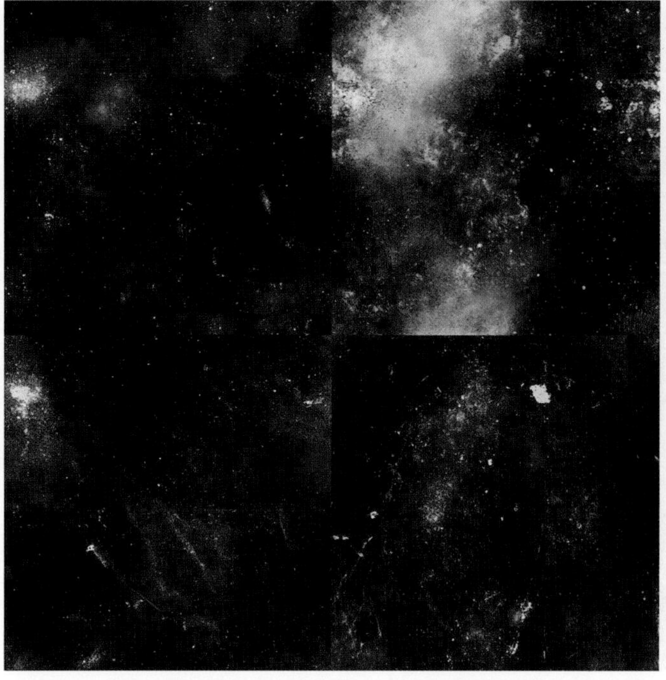

유리나 메탈 표면에 묻은 지문 표현을 할 때 유용합니다.

Black background, white fingerprint smudge texture --tile

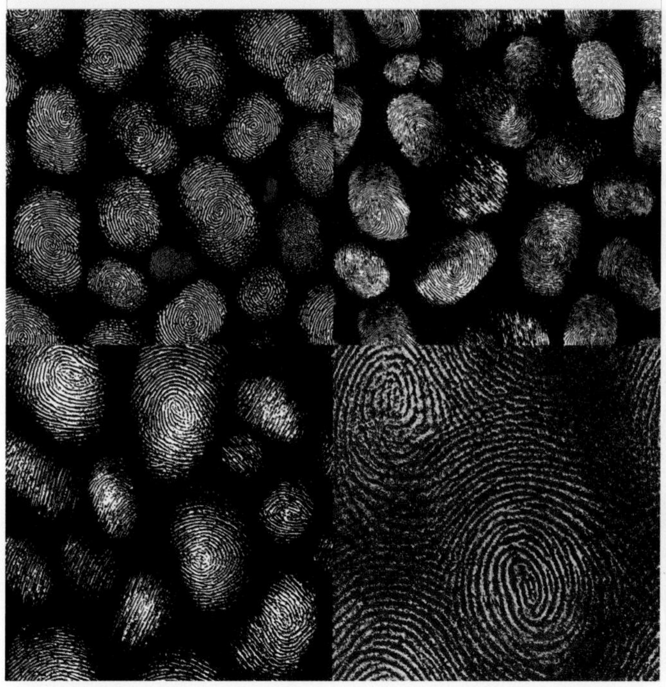

균열이나 금이 간 표면 디테일을 만들 때 사용할 수 있습니다.

Black background, white cracks texture --tile

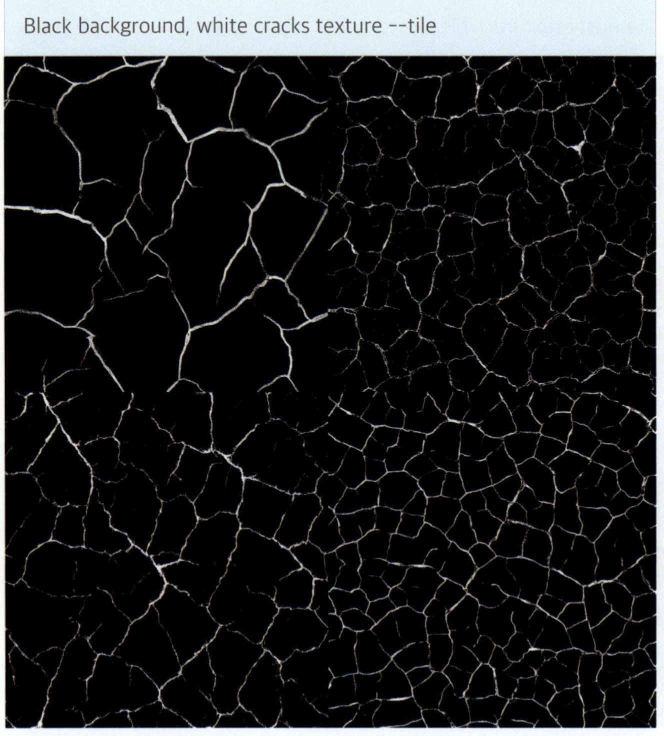

흘러내린 물감, 페인트 자국, 녹물 표현 등에 활용합니다.

Black background, white paint drip texture --tile

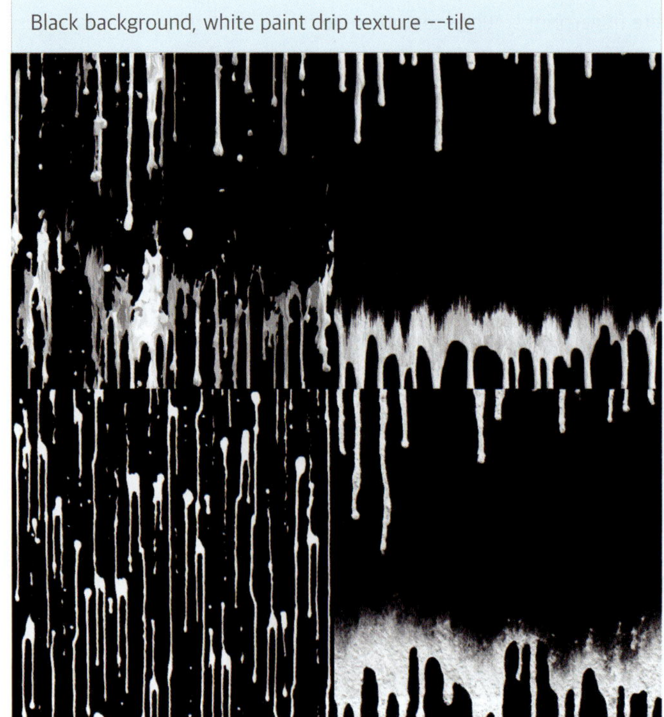

마모되거나 닳은 가장자리, 바닥 긁힘 표현에 효과적입니다.

Black background, white scuff marks texture --tile

기름 얼룩이나 오염 자국 등 현실적인 표면 표현에 적합합니다.

Black background, white oil stain texture --tile

6.

미드저니에서 UI 리소스 만들기

1. 일관성 있는 게임 티어 이미지 제작

게임 개발에서 티어 아이콘은 플레이어의 실력, 순위 또는 업적을 시각적으로 표현하는 중요한 UI 요소입니다. 랭킹 시스템이나 경쟁 요소가 포함된 게임에서는 시각적 계급 표현이 몰입감과 동기 부여에 큰 영향을 미치며 브랜딩 요소로도 활용됩니다.

이를 미드저니를 활용하여 효율적으로 제작할 수 있습니다.
핵심은 프롬프트의 앞부분에 **game icon**이라는 명령어를 넣어 게임 UI 스타일의 작은 아이콘임을 AI가 인식하게 만드는 것입니다. 기준이 이미지를 생성해 보겠습니다.

디스코드에서 작업하기

이미지에 대칭 구도를 표현할 경우 균형과 안정감을 전달할 수 있습니다. 대칭 구도의 이미지를 생성하려면, **'symmetry'** 또는 **'symmetrical'** 키워드를 프롬프트에 사용합니다. 생성한 이미지에서 마음에 드는 이미지를 선택합니다.

game icon, blue and silver, wing, black background,symmetry

이미지 중에서 u1~u4 중 하나를 선택하여 업스케일링을 해줍니다.

이미지를 클릭 마우스 오른쪽 버튼으로 링크 복사하기를 하여 이미지 주소를 복사해줍니다.

이미지 복사
이미지 저장
링크 복사하기
링크 열기

티어 이미지를 베리에이션 해보겠습니다.

프롬프트에서 색을 변경한 후에 스타일 레퍼런스 파라미터인 sref를 추가해서 이미지의 스타일을 유지한 채 베리에이션 작업을 해봤습니다. 여기서 낮은 등급과 높은 등급을 만들어 보겠습니다.

```
game icon, red and gold, wing,black
background,symmetry --sref <이미지 주소>
```

프롬프트에서 색상과 디자인을 단순화한 뒤, 이미지 스타일 수치인 --sw 값을 기존 100에서 30으로 낮춰 보다 간결한 디자인을 생성해 보았습니다.

```
game icon, simple design,bronze small wing, black
background,symmetry --sref <이미지 주소> --sw 30
```

프롬프트에서 색을 초록색에서 파란색으로 그라데이션 효과를 주면서 패턴과 화려한 색감의 날개 프롬프트에 ::의 강조치를 주어 프롬프트의 영향력을 더욱 주었습니다. sw 수치를 50으로 줄여서 보다 원본 스타일을 조금 줄여서 생성해 보았습니다. 조금 더 업그레이드 한 느낌의 이미지를 얻을 수가 있습니다.

```
game icon, green and blue emerald
wing::,Lots of pattern and cloloful wing, black
background,symmetry --sref <이미지 주소> --sw 50
```

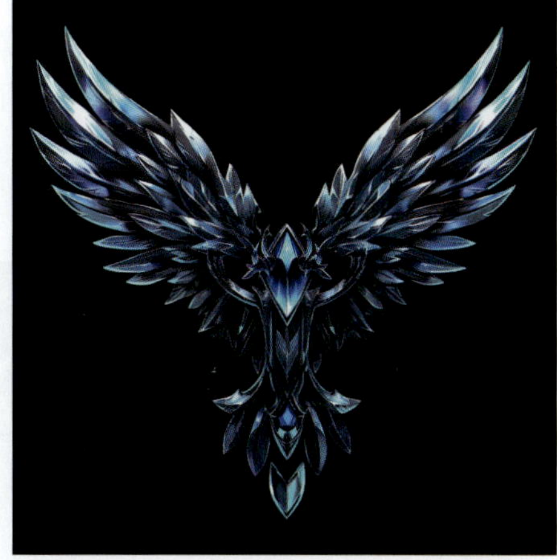

방금 전 프롬프트에서 드래곤을 의미하는 dragon 키워드에 강조치를 추가하고, --sw 수치만 조절해도 다양한 디자인을 만들어낼 수 있습니다.

```
game icon,dragon::,green and blue emerald
wing::,Lots of pattern and cloloful wing
,black  background,symmetry --sref <이미지 주소>.
--sw 50
```

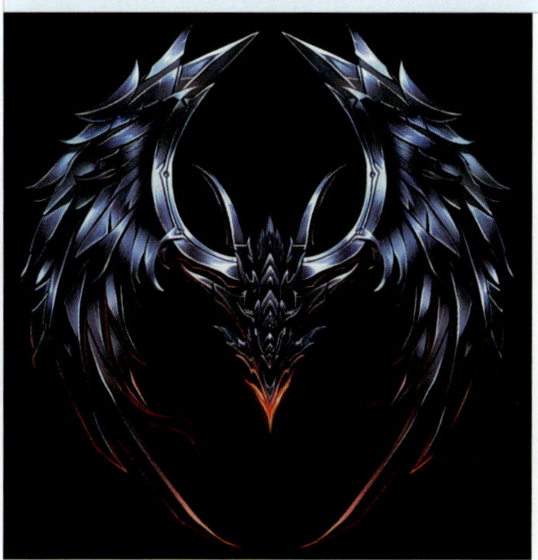

이렇게 이미지를 하나하나 프롬프트를 다르게 구성하면 의도한 이미지를 손쉽게 생성이 가능합니다. 하나하나 하지 않더라도 한번에 생성하는 프롬프트도 소개해보겠습니다.

다양한 색과 모양으로 표현되는 게임의 새로운 스킬 아이콘 스크린샷, 판타지, 날개, 배경 검정색 가로X세로 비율을 조절하는 파라미터인 ar를 조절하여 프롬프트를 쓰면 다양한 이미지를 한 번에 얻을 수 있습니다. 하지만 디자인이 제각각 생성될 수 있습니다.

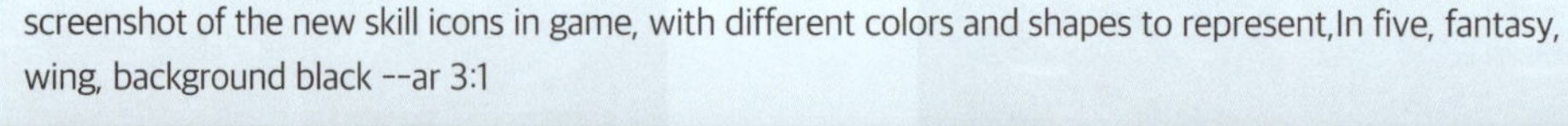

screenshot of the new skill icons in game, with different colors and shapes to represent,In five, fantasy, wing, background black --ar 3:1

웹UI 버전에서 작업하기

--sref 파라미터를 사용하지 않고 프롬프트 입력창 옆에 있는 창문 아이콘을 클릭합니다. 메뉴에서 Image Prompts 항목을 선택하고, 프롬프트에 사용할 이미지를 드래그&드롭하거나 직접 업로드하면 됩니다.

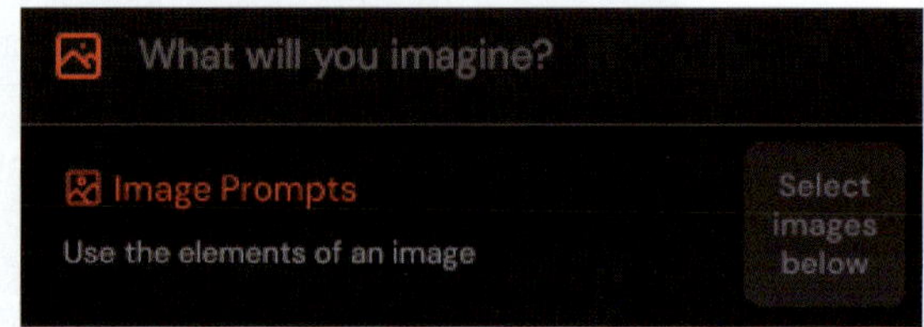

2. 등급 알파벳 평가표 만들기

게임에서는 퀘스트 달성이나 특정 조건 충족 시 등급이나 티어(Tier)를 시각적으로 나타내는 평가 아이콘이나 배지를 자주 사용합니다. 이러한 요소들은 플레이어의 성과를 한눈에 보여주며, 게임의 몰입감과 동기부여를 높이는 데 중요한 역할을 합니다. 이때 미드저니를 활용하면 일관성 있는 디자인의 등급별 아이콘을 손쉽게 제작할 수 있습니다.

예를 들어, 다음과 같은 프롬프트로 기준 이미지를 먼저 생성해볼 수 있습니다.

logo consists of a geometric style, diamond with the letters "SS", white background, vector

미드저니 V7 이상 사용 시
logo consists of a geometric style, word "C", white background, vector --sref 이미지URL --oref 이미지URL

미드저니 V7 미만 사용 시
logo consists of a geometric style, word "C", white background, vector --sref 이미지URL --cref 이미지URL

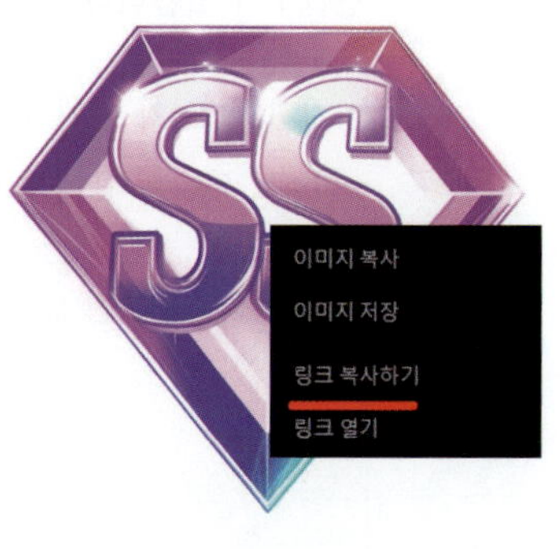

"SS" 자리에 {C,B,A,S}와 같이 원하는 등급 이니셜을 설정해 여러 등급 아이콘을 만들 수 있습니다.

웹UI 버전 미드저니에서는 프롬프트 입력창 옆의 창문 아이콘을 눌러 이미지 프롬프트를 넣을 수 있습니다. 스타일을 유지하고 싶을 땐 Style Reference에 이미지를, 디자인 구조를 유지하고 싶을 땐 Omni-Reference에 이미지를 넣어줍니다. 미드저니 7버전 이상에서는 Omni-Reference가 활성화되며, 이때 사용되는 파라미터는 --oref 입니다. 반면, 7버전 미만에서는 Character Reference로 활성화가 되며 --cref를 사용해 디자인의 구조적 특징을 참조합니다.

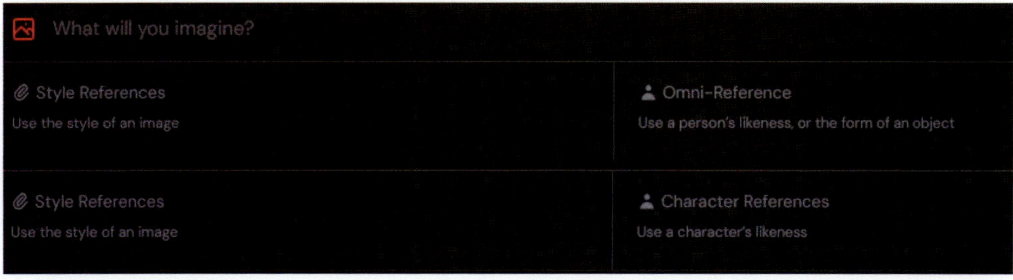

3. 미니멀 플랫 아이콘 세트 제작

미니멀 아이콘은 일상에 쓰이는 단순한 디자인의 아이콘을 뜻합니다.

광고, PPT, 방송, 웹사이트, 영상 등에서 화려하지는 않지만 명확하게 나타내고자하는 의도와 이미지를 잘 표현해줍니다. 이것을 미드저니에서도 손쉽게 생성/제작이 가능합니다.

기본틀이 되는 프롬프트는 맨 앞에 **icons,minimal** 프롬프트를 넣으면 미니멀 아이콘 생성이 손쉽게 가능합니다. 베이스가 되는 프롬프트에 내가 원하는 키워드를 추가하거나 수정하여 미니멀 아이콘을 만들수가 있습니다.

여기서 icons가 아닌 icon을 넣으면 1개의 이미지가 생성됩니다.

icons로 복수의 단어를 만들면 여러 개의 아이콘 세트를 한번에 만들 수 있다는 장점이 있습니다.

음식 관련 디자인은 food, 집이면 house와 같이 필요한 키워드를 영어로 입력하면 보다 다채로운 아이콘 제작이 가능합니다.

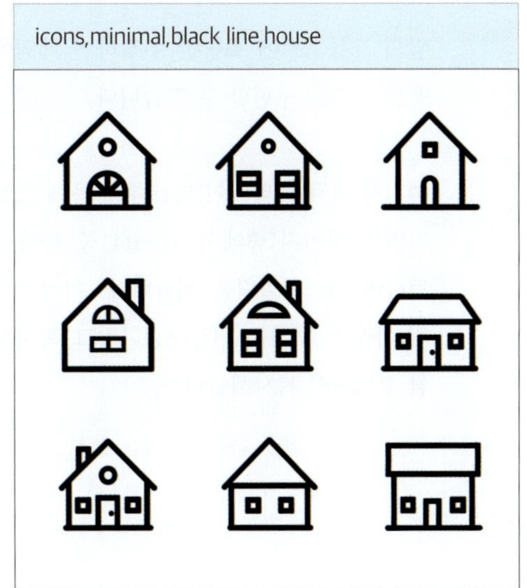

배경색을 바꾸거나 라인 색깔을 다르게 입력해서 다른 느낌의 아이콘도 제작이 가능합니다.

응용해서 게임 스킬 UI 구성해 보기

앞의 프롬프트에 조금만 수정하면 게임에 사용할 소스를 구현할 수 있습니다.

여기서 각각 스타일이 다른데 마음에 드는 스타일의 이미지 중에서 u1~u4 중 하나를 선택하여 업스케일링을 해줍니다. 이미지를 클릭 마우스 오른쪽 버튼으로 [링크 복사하기]를 선택해서 복사해줍니다.

icon,minimal,black line,white line,game art,shield

이미지 복사
이미지 저장
링크 복사하기
링크 열기

중괄호를 사용하면, 괄호 안에 있는 텍스트를 쉼표로 구분하면 한 번에 여러 이미지가 생성이 가능합니다.

--sref 프롬프트를 사용해서 디자인과 아트 스타일을 통일해서 생성할 수 있습니다. 해당 이미지는 보기 좋게 하나의 이미지로 편집하였습니다.

icon,minimal,black line,white line,game art,{mana potion,attack,attack,magic} --sref <이미지 주소> {}

4. 텍스트 이미지, 로고 만드는 법

타이틀 로고와 폰트기반 로고는 단순한 텍스트를 넘어서 게임의 세계관과 브랜드 정체성을 시각적으로 전달하는 핵심 자산입니다. 플레이어가 가장 먼저 접하게 되는 비주얼 요소인 만큼, 콘텐츠의 방향성, 컨셉의 감성, 브랜드 가치를 직관적으로 표현해야 하며, 마케팅과 인지도 형성에도 큰 영향을 미칩니다. 이러한 중요도를 가진 로고 디자인을 미드저니를 통해 효과적으로 제작할 수 있습니다.

텍스트가 포함된 로고를 만드는 법

기본적인 순서입니다.

The Word "만들 텍스트",이미지 설명,추가 프롬프트, 파라미터

2D 벡터 (2D Vector)

벡터 로고 이미지와 텍스트 이미지가 적절히 나와있음을 볼 수 있습니다.

The word "Midjourney",black background,2D Vector LOGO --ar 3:2

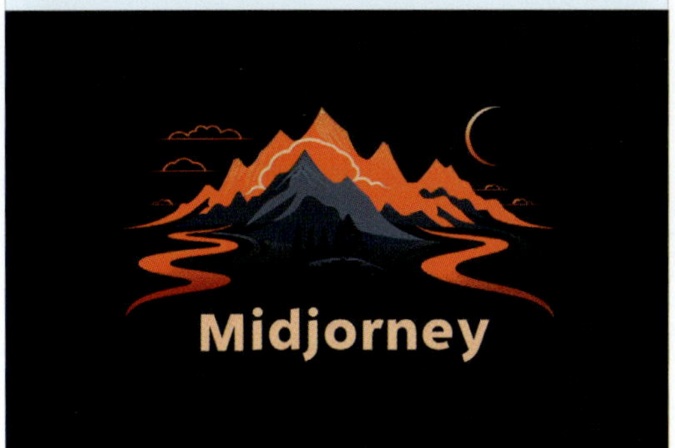

추가로 알아두면 좋은 프롬프트

Sflat : 이미지를 면으로 구성해줍니다.

line : 선으로도 표현해줍니다.

Red to green The Word : 글씨를 빨간색에서 초록으로 그라데이션으로 표현해줍니다.

여기서 글자만 나오게 하려면 프롬프트 뒤에 --no 파라미터를 입력하고, **picture, image, background** 같은 이미지 관련 프롬프트를 넣어주면 됩니다.

The word "Midjourney",black background,2D Vector LOGO **--no picture** --ar 3:2

이미지가 제거가 된 상태로 출력하기

--no letter font : 문자나 문구를 제외시켜줍니다.

--no detail : 디테일적인 묘사를 줄여줍니다.

--no shading : 조명이나 음영 효과를 제외시켜줍니다.

--no picture,image : 이미지와 그림이 나오지 않습니다.

--no backround : 배경이 나오지 않게 도와줍니다.

3D Render 마치 3D로 만든 듯한 느낌을 줍니다.

The word "Midjourney",Metal,black background,3D Render LOGO --no picture --ar 3:2

네온(Neon) 네온 로고는 화려한 형광색을 사용해서 주목을 받을수 있습니다.

The word "Midjourney",Metal,black background,3D Render LOGO --no picture --ar 3:2

빈티지(Vintage)/레트로(Retro) 빈티지 로고는 사람들에게 향수감과 스타일에 영감을 주게 합니다.

The word "Midjourney",black background,Retro LOGO --ar 3:2

미드저니로 게임 타이틀 만드는 법

이제 기본 개념을 익혔다면, 직접 가상의 게임 타이틀 로고를 만들어보는 실습으로 넘어가겠습니다. 게임 로고는 단순한 글자가 아닌, 세계관의 분위기와 장르, 톤 앤 무드까지 시각적으로 압축해 보여주는 시그니처 이미지입니다.

미드저니에서 게임 로고를 만들 때 사용하는 기본 프롬프트 형식은 다음과 같습니다.

The word "만들 텍스트", silver text, black background,스타일 style font --ar 5:3

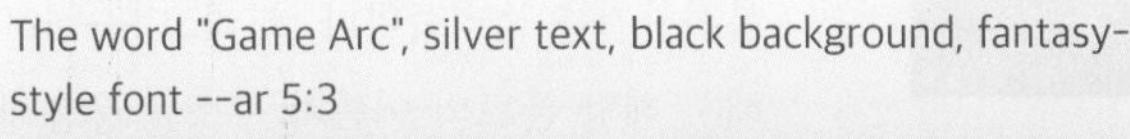
The word "Game Arc", silver text, black background, fantasy-style font --ar 5:3

기본적인 구성 안에서 내가 표현할 텍스트 문장과 폰트 스타일 그리고 배경 등 원하는 이미지를 만들기 위해 수정과 이미지를 반복적으로 생성해 봅시다.

미니얼(Minimal) 최소한의 요소만을 사용하는, 심플하면서도 세련된 느낌을 줄 때 사용합니다.

The word "Destiny ", simple game logo, black background, Minimal-style font --ar 5:3

유기체(Organic) 유기적인 로고는 생물학적인 느낌을 줘서 딱딱하기보다는 부드러운 느낌을 줍니다.

The word "Frie shot", game logo, black background, Organic-style font --ar 5:3

뉴포미즘(Neumorphism) 뉴모피즘은 볼륨감 있고 생생함이 있는 디자인을 주는 프롬프트입니다.

The word "Hot dog", game logo, black background, Neumorphism-style font --ar 5:3

폰트 스타일 가져오기

미드저니에서 상용 폰트를 완벽히 구현하는 것은 힘들 수 있지만 유사하게 만드는 방법이 있습니다.

Old English Text MT를 예제로 들어보겠습니다. 디스플레이 폰트의 한 종류로써 굵고 주목을 끄는 특징을 가지며 주로 헤드라인이나 로고에 사용됩니다. 먼저, 디스코드에 사용할 폰트 이미지를 가져와서 이미지를 클릭 후 마우스 오른쪽 버튼을 눌러서 링크 복사하기를 눌러줍니다. 그리고 --sref 기능을 사용해서 해당 폰트의 이름과 주소를 응용해서 함께 적어주면 폰트와 유사한 이미지가 생성됩니다.

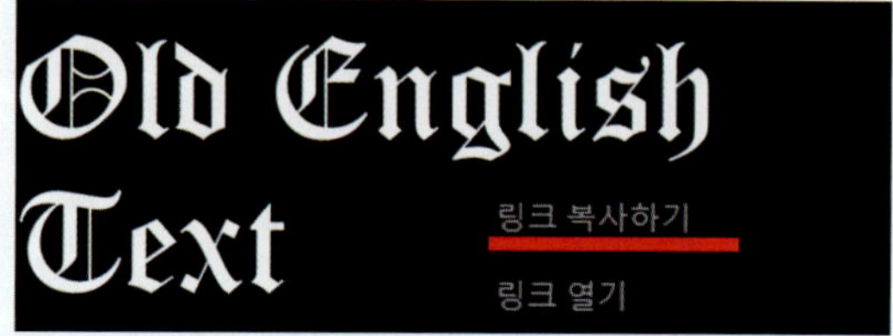

The word "Kingdom",Game, white text, black background, Old English Text MT font --ar 5:3 --sref <이미지 주소>

이미지만 있는 로고 만들기

이미지 기반 로고를 제작할 때도 아래와 같은 프롬프트 구성 형식을 참고하면 효율적으로 원하는 결과를 얻을 수 있습니다.

텍스트 스타일,"만들 텍스트 이미지 설명", 추가 프롬프트, 파라미터

예를 들어, 타이틀 로고를 평면적인 그래픽으로 만들고 싶다면 flat이라는 단어만 추가해도 빛 표현이나 입체 효과 없이 면 기반으로 구성된 로고가 생성됩니다. 이러한 방식은 앱 아이콘, 2D UI, 캐주얼 게임 로고처럼 깔끔하고 시각적으로 직관적인 스타일이 필요한 경우에 적합합니다.

여기에 line이라는 프롬프트를 추가하여 선으로도 표현할 수 있습니다.

Simple logo:cat line, flat, vector --raw

디테일 포토(Detail photo)

디테일 포토는 내가 뒤에 묘사한 추가 프롬프트에 영향을 받아 더욱 더 세밀하게 묘사를 해줍니다. 디테일 포토만 사용했을 경우 큰 효과를 얻지 못하지만 세부적인 추가 프롬프트을 입력하면 강력한 프롬프트입니다. 추가적으로 --raw를 사용하면 더욱 더 충실하게 이미지를 생성해줍니다.

```
Detail photo: The word "Midjourney" --raw
```

혼자 사용하면 이상한 느낌이 나지만 응용하면 독특한 느낌을 내는데 도움을 많이 줍니다.

디테일 포토에 추가 프롬프트를 입력해서 수묵화 느낌의 텍스트 로고를 만들어보겠습니다. 추가적으로 수묵화의 날카로운 느낌과 잉크, 동양화, 흰색에 연관된 프롬프트를 넣어보겠습니다.

```
sleek, blocky, sharp curved angles, Watercolor, ink painting, oriental painting , isolated on white
```

추가 프롬프트를 구성하여 내가 입력한 텍스트 느낌에 가깝게 생성할 수 있습니다.

```
Detail photo: The word "Sword" , sleek, blocky, sharp curved angles, Watercolor, ink painting, oriental painting , isolated on white --ar 3:2 0 --raw
```

문단을 구분해서 프롬프트를 작성할 수도 있습니다. 예를 들어 **"Mid" and "journey"**처럼 and를 사용해 단어를 분리할 수 있습니다. 또, **behind the word**를 활용하면 특정 단어 뒤에 추가 설명을 덧붙일 수 있고, **after the word**를 사용하면 문장 앞에 이미지나 단어를 배치하는 방식으로 표현할 수도 있습니다.

5. 로고 이미지에 이펙트 효과 넣기

로고 이미지에 이펙트 효과를 적용하려면,
먼저 불필요한 배경을 제거하고 투명한 상태로 저장하는 작업을 먼저 진행해야 합니다.
시각 효과와의 자연스러운 결합을 위한 필수적인 과정입니다. 배경이 없는 png나 알파채널이 있는 확장자로 저장해줍니다.

미드저니 웹사이트에 접속한 뒤 Edit 메뉴에서 Edit New Image를 선택해서 수정할 이미지를 업로드 합니다.

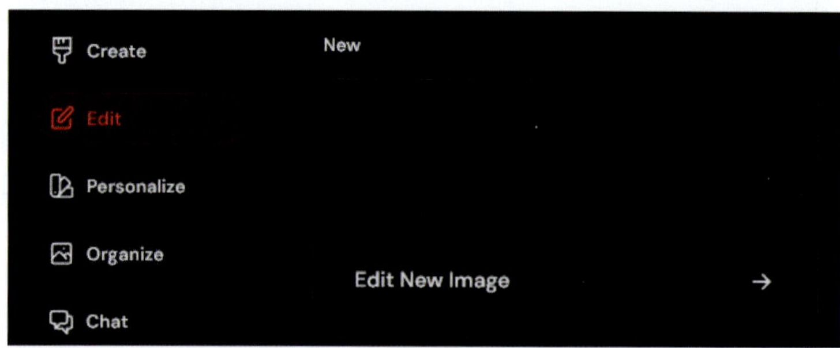

이후 제공되는 기능 중 'Retexture' 옵션을 선택하고, 원하는 스타일이나 효과를 프롬프트로 입력합니다. 예를 들어, 번개의 느낌을 적용하고 싶다면 **Thunder**라는 키워드를 입력하고, 엔터키 또는 Submit edit을 클릭해줍니다.

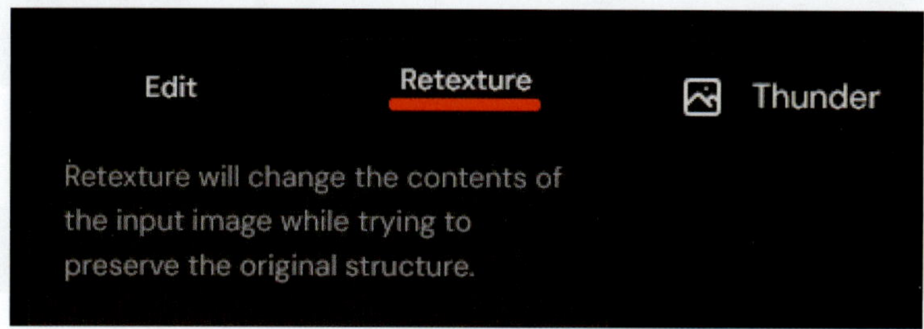

간혹 생성이 바로 이루어지지 않는 경우가 있는데, 이럴 땐 캔버스의 빈 공간을 마우스 왼쪽 버튼으로 클릭한 뒤 다시 시도하면 정상적으로 작동하는 경우가 많습니다.

생성이 완료되면, 업로드한 이미지에 입력한 프롬프트 기반의 질감이나 효과가 반영된 것을 확인할 수 있습니다.

6. 게임 버튼 UI 만들기

텍스트가 있는 버튼만들기

기본 프롬프트는 이미지의 스타일이나 형태, 질감을 결정하는 시작점입니다.
여기서 원하는 방향에 맞게 키워드를 추가하거나 빼면서 이미지를 조절하면 더 적합한 결과를 얻을 수 있습니다. 또한, 같은 느낌의 이미지를 계속 만들고 싶다면 --sref 파라미터(웹버전의 Style Reference)나 이미지 프롬프트를 함께 사용하면 좋습니다.

이렇게 하면 기존에 만든 이미지의 스타일을 참고해서 비슷한 분위기의 아이콘이나 로고를 자연스럽게 이어서 만들 수 있습니다.

logo "입력할 텍스트",Game flax icon,ui,Box frame,simple game icon button,portrait

원하는 스타일이 나왔는데 비슷한 느낌의 다른 버튼을 만들고 싶으면 Vray(Strong) 버튼을 눌러서 프롬프트를 수정해줍니다.

logo "Gift",Game flax icon,ui,Box frame,game,simple icon button,portrait

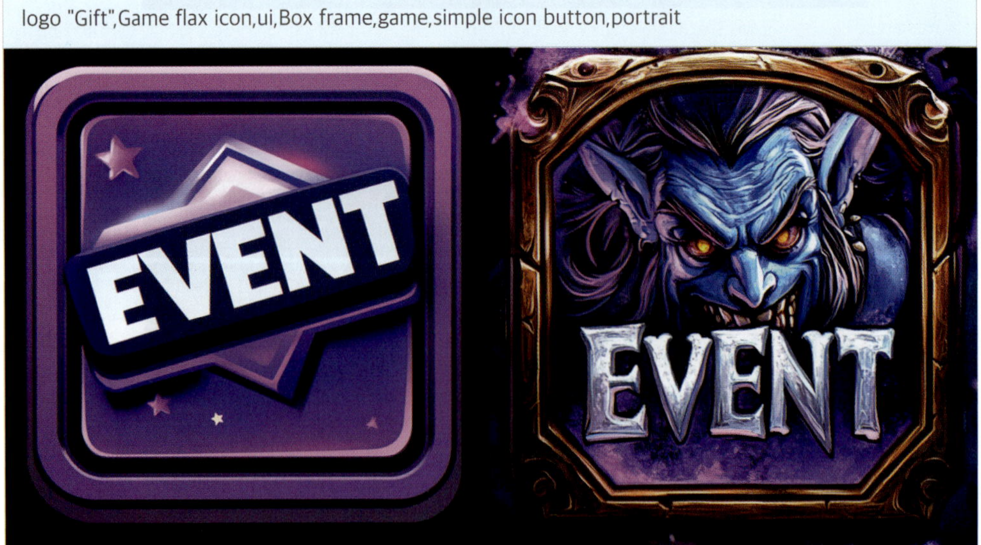

이런 방식으로 기존에 생성한 프롬프트를 바탕으로 텍스트를 수정하거나 추가/제거해서 여러 이미지를 생성하면 좋습니다. 그 결과 비슷하지만 다양한 텍스트의 버튼이 생성됩니다.

```
logo "GIFT",Game flax icon,ui,Box frame,game ,simple icon button,portrait
```

pixel와 같이 스타일에 대한 프롬프트 또는 파라미터 --profile 기능을 사용하면 독특한 분위기의 아이콘 버튼을 생성할 수 있습니다.

```
logo "GIFT",Game flax icon,ui,Box frame,game ,simple icon button,portrait
```

```
logo "Gift",Game flax icon,ui,Box frame,game ,pixel art icon button,portrait
```

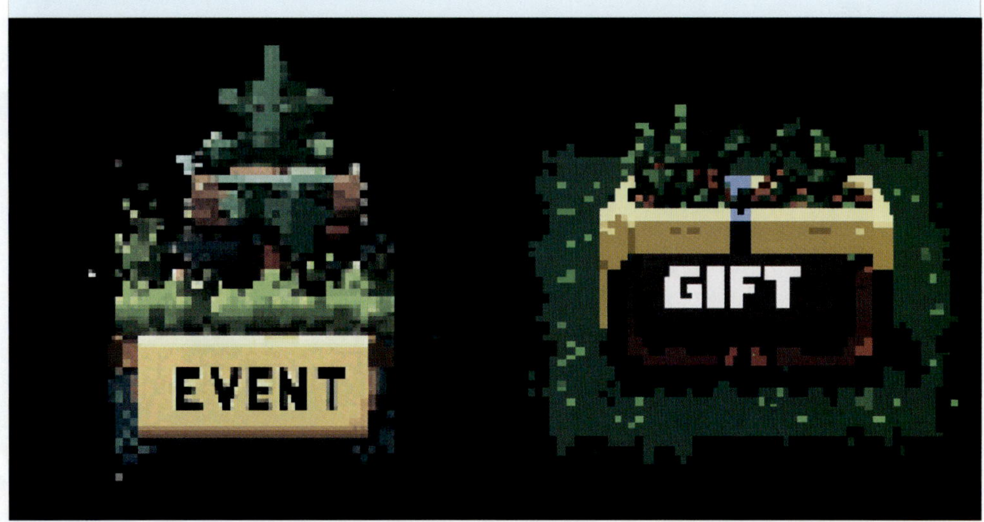

7. 게임 아이콘 한 번에 생성해 보기

grid of number는 원하는 수 만큼 그리드를 생성해서 여러 베리에이션을 한장의 이미지에 표현해 주는 프롬프트입니다.

grid of 9이면 한 장의 이미지에 9개의 베리에이션 이미지를 생성합니다. 화면 비율에 따라 원하는 수만큼 안 나올 수도 있습니다. 예를 들어 1:1 비율의 화면 사이즈에서는 2×2, 3×3, 4×4 같이 가로와 세로의 숫자가 같아야 원하는 수만큼 나올 확률이 높습니다. **Color variations**은 여러 색깔을 랜덤하게 해주는 프롬프트입니다.

디스코드에서 이미지를 생성할 때는 --sref 파라미터와 함께 --sw(Style Weight) 파라미터를 사용할 수 있습니다. 예를 들어 --sw 50처럼 수치를 낮추면 스타일을 참고하되 디자인에 더 많은 변화를 줄 수 있습니다. 반대로 --sw 값을 입력하지 않으면 기존 스타일에 너무 밀접한 거의 유사한 결과만 생성될 수 있습니다.

한편, 미드저니 웹UI 버전에서도 Style Reference로 이미지를 지정할 수 있지만, --sw처럼 스타일 반영 강도를 수치로 조절하는 기능은 제공되지 않기 때문에 결과물의 다양성이나 컨트롤 면에서는 디스코드 쪽이 더 유연한 작업 환경을 제공합니다.

grid of 9,Color variations, A mobile game icon,black background --sref <이미지 주소> --sw 50

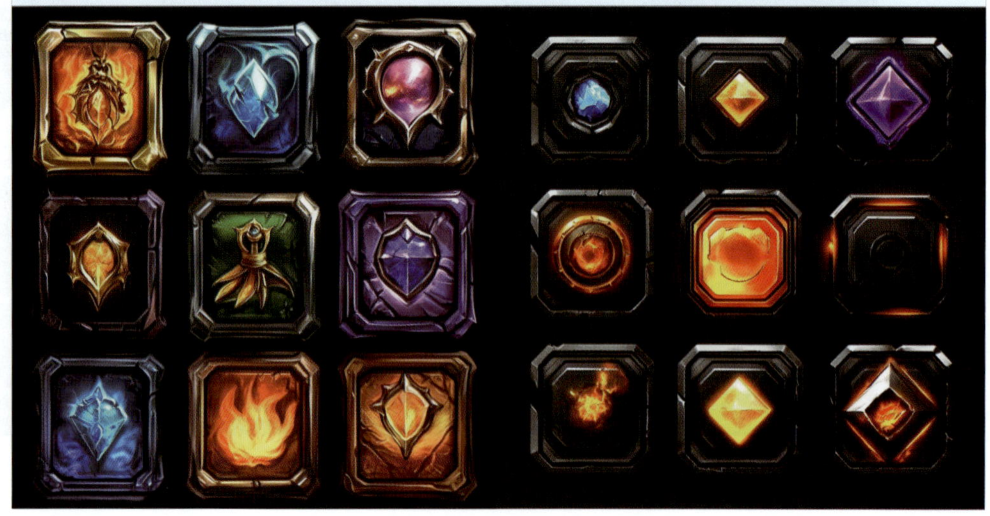

어느정도 생성에 익숙해졌다면 앞선 규칙에 너무 제약을 받지 말고 자기만의 프롬프트 구성을 만들어서 작성해 보는 것도 좋습니다.

grid of 9,Color variations, icon,black background ,8-bit, low resolution, 32x32

8. blend로 스킬 이미지 구현하기

미드저니 디스코드에서는 기본 기능 중 하나로 /blend 명령어를 제공하는데, 이 기능을 사용하면 미드저니에서 생성한 이미지뿐만 아니라 외부 이미지도 함께 섞어서 새로운 이미지를 만들어낼 수 있습니다.

예를 들어, UI에서 사용할 스킬 아이콘을 만들고 싶을 때, 각기 다른 속성이나 컨셉를 가진 두 개의 이미지를 준비해 /blend로 결합하면 두 이미지의 스타일과 형태가 자연스럽게 조합된 새로운 아이콘 형태를 얻을 수 있습니다.

섞을 이미지 두 개를 준비합니다.

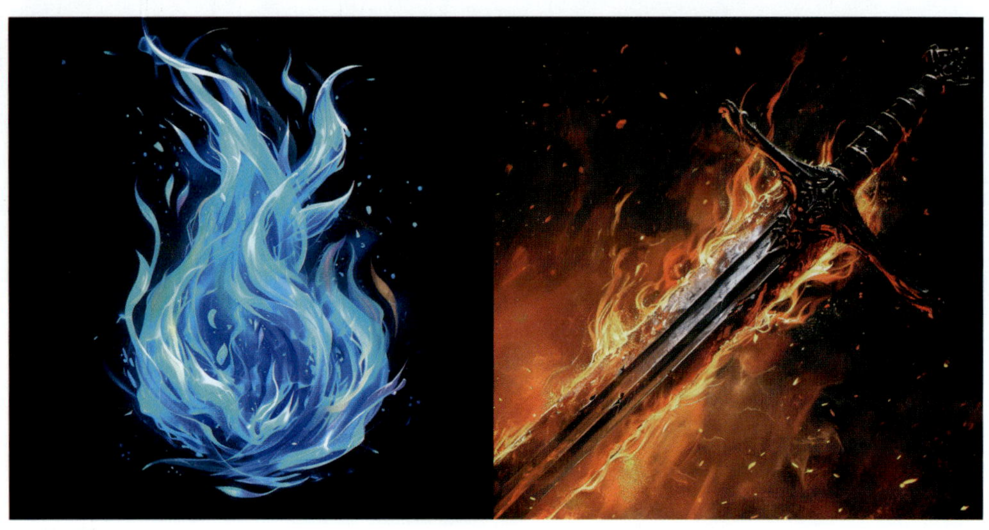

디스코드 채팅창에 /blend를 입력한 뒤, 섞고 싶은 두 이미지를 업로드하고 Enter를 눌러봅니다.

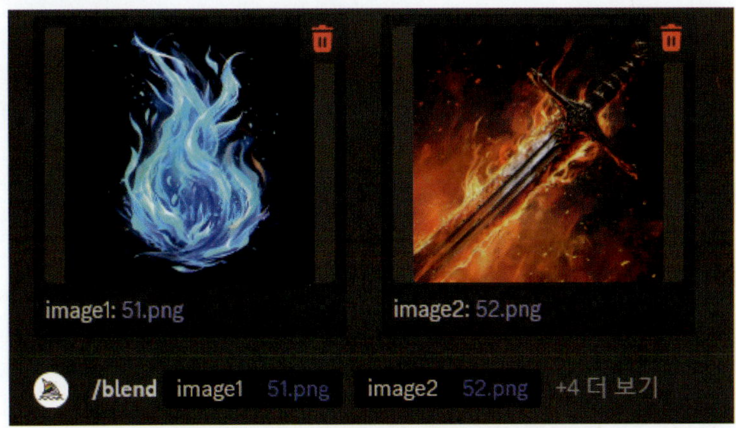

UI 디자인에도 바로 활용할 수 있을 정도로 그럴듯한 결과물이 생성됩니다.

이처럼 /blend는 간단하면서도 다양한 UI 자산의 초기 콘셉트를 잡는 데 유용한 도구입니다.

7.
미드저니의 비디오 기능 활용하기

1. Midjourney Animate란?

Midjourney의 Animate 기능은 이미지에 간단한 모션을 부여해 짧은 영상 클립을 생성합니다. 클릭 몇 번으로 단순한 정지 이미지가 아니라 정적인 이미지에 움직임을 더해, 더욱 생동감 있는 아트워크를 만들 수 있게 해줍니다. 기본 사용법과 응용 방법을 알아봅시다.

프롬프트 입력 창 동영상 제작하기

Midjourney 웹사이트에 접속합니다.

Create를 클릭해서 내가 생성하거나 마음에 드는 이미지를 왼쪽 마우스 버튼을 꾹 누른 상태로 Starting Farme 탭으로 이동해주면 이미지가 등록됩니다. 외부 이미지의 경우 프롬프트 창의 Add Images Choose a file or drop it here 이미지를 이동하거나 업로드하면 영상의 이미지로 사용이 가능합니다.

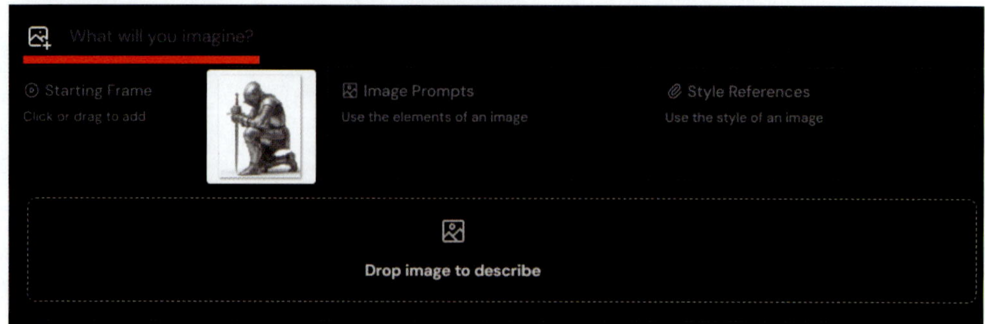

또는 Upload a file or drop it here을 클릭하여 업로드 할 수 있습니다.

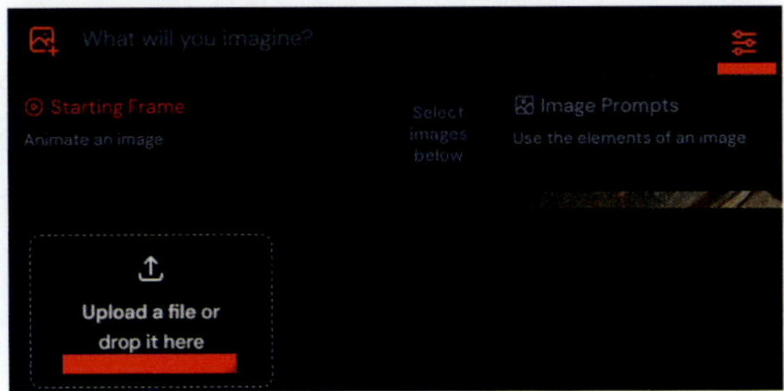

시작될 이미지를 업로드 하였으면 Ending Frame에 드래그 앤 드랍으로 끝나는 이미지를 넣으면 동영상의 마지막 프레임 이미지 지정이 가능합니다. Loop를 클릭하면 첫 프레임 이미지와 끝나는 이미지의 프레임이 반복됩니다.

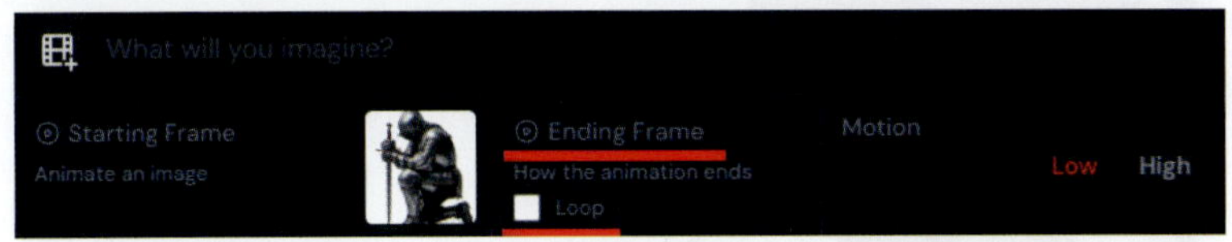

프레임 탭에 사진을 이동했거나 업로드가 되었으면 Settings을 클릭해서 모션과 제작 속도를 설정할 수 있습니다.

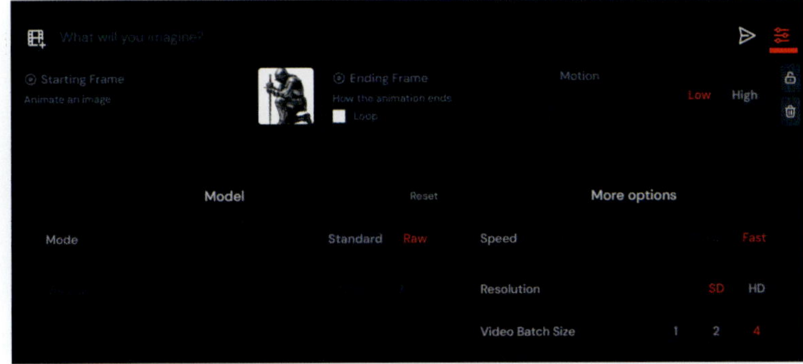

Mode에서 Standard를 선택하면 가장 안정적인 스타일로 출력해줍니다.

Raw를 선택하면 미드저니의 창의적인 개성이 개입되지 않도록 제어할 수 있어서 프롬프트에 좀 더 충실한 이미지 생성에 도움을 줍니다.

Motion 탭의 Low는 피사체와 카메라가 고정되고 움직임이 거의 없는 영상이 제작됩니다. High는 피사체랑 카메라가 모두 움직이며 역동적인 영상이 제작됩니다.

More Options에서 Speed를 클릭하면 생성 속도를 조절할수 있으며 Resolution에서는 해상도의 차이를 결정합니다. SD는 720×480의 해상도 HD는 1280×720의 픽셀로 구성되어 있습니다. 가로세로 비율에 따라 픽셀의 분배는 다르게 될 수 있습니다. Video Batch Size에서는 이미지의 생성 개수를 정할 수 있습니다.

미드저니에서 생성된 이미지를 기반으로 영상을 만드는 방법도 있습니다.
먼저 제작한 이미지에 마우스를 올리고 Animate 버튼을 누르면 자동으로 영상을 제작해줍니다.
여러 장의 이미지를 업로드도 가능합니다. 조금 더 자세한 설정을 원하는 분들은 생성한 이미지를 클릭하면 우측 하단에 Animate image 옵션을 보면 역동적인 카메라와 피사체 움직임을 표현하는 High Motion과 정적이고 카메라와 피사체가 움직임이 느린 Low Motion으로 선택할 수 있습니다.

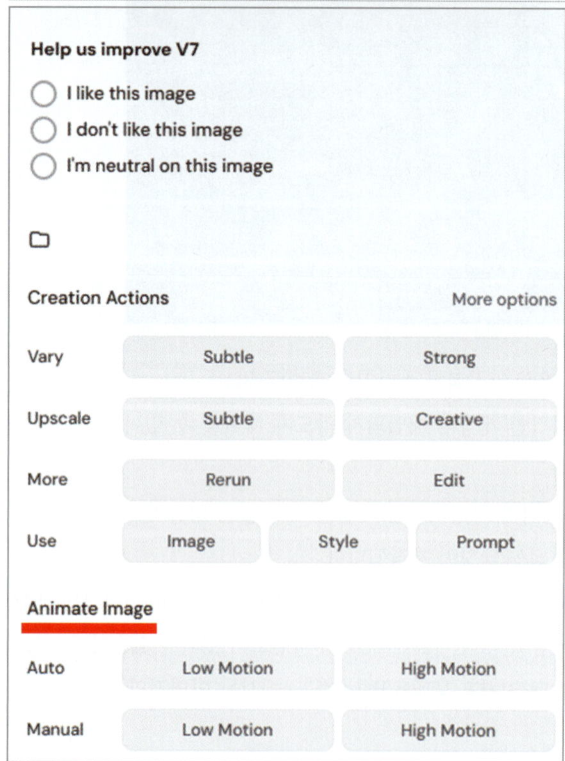

비디오 생성 시에는 Extend Auto와 Extend Manual 기능을 사용할 수 있습니다.

Extend Auto를 클릭하면 한 번의 조작으로 영상이 자동으로 4초 연장됩니다. 반면 Extend Manual은 사용자가 직접 프롬프트를 수정하여 원하는 방식으로 영상을 확장할 수 있는 기능입니다.

이 기능은 단순한 효과가 아닌, Midjourney 내에서의 이미지 → 영상화 워크플로우의 시작점이라 볼 수 있습니다. 예를 들어 캐릭터 삼면도 제작이라던지 특수 효과 등의 게임 그래픽 파이프라인에 적용할수있는 러퍼런스와 소스로 사용할 수 있습니다.

동영상을 저장할려면 생성된 동영상을 클릭하여 Video라는 글씨 옆에 있는 다운로드 버튼을 클릭하면 mp4 확장자로 저장됩니다.

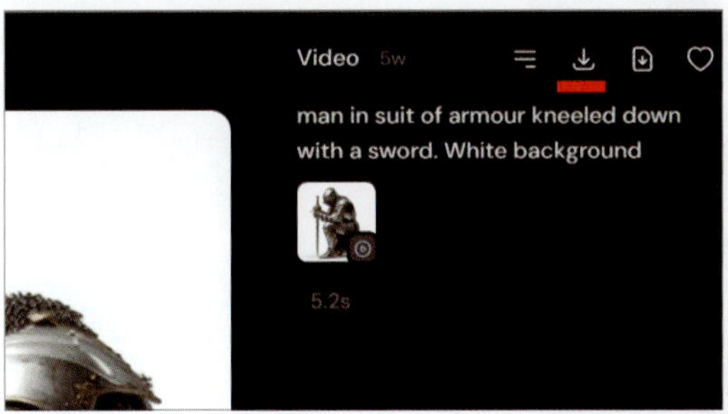

2. 미드저니 비디오에서 캐릭터 삼면도 / 표정 애니 만들기

텍스트 프롬프트를 활용해 캐릭터 삼면도를 제작할 수도 있지만, Animate 기능을 이용하면 훨씬 더 간편하게 캐릭터 턴테이블을 만들 수 있습니다. 이를 통해 캐릭터의 전체적인 입체감과 형태를 쉽게 파악할 수 있습니다.

원본이 되는 이미지를 생성해두면 활용이 가능하며, 직접 제작하지 않은 이미지나 본인이 그린 그림을 사용해도 무방합니다. 이 경우 정면 이미지 한 장만 있어도 다양한 각도의 턴테이블 이미지를 얻을 수 있습니다.

사용 프롬프트 : vikingfullbody, game illustration --ar 9:16

생성한 이미지나 기존에 보유한 이미지를 미드저니 웹UI 프롬프트 창의 Add Images 영역("Choose a file or drop it here")에 드래그하거나 업로드합니다. 캐릭터 턴테이블을 한 바퀴 완전히 회전시키고 싶다면 Loop 옵션에 체크하면 됩니다.

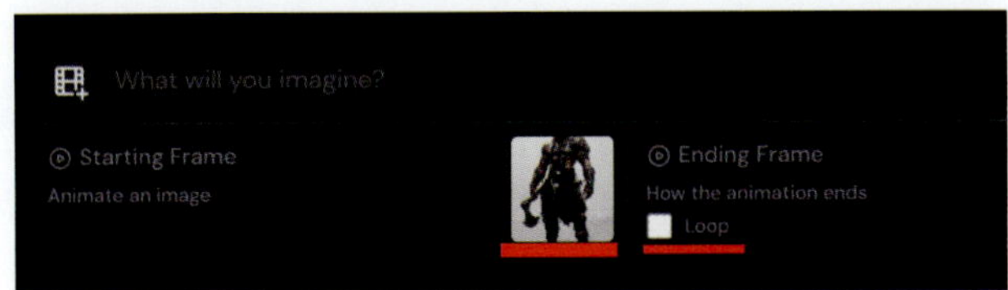

프롬프트 창에 **Turntable**이라고 입력하고 실행합니다.

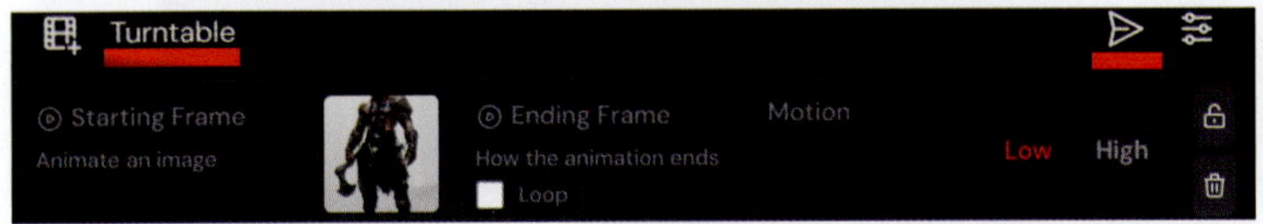

캐릭터의 다각도 이미지를 얻을 수 있습니다. 이는 삼면도 뿐만 아니라 캐릭터의 소개 영상이나 3D 프리뷰 이미지로도 사용할 수 있습니다.

이번에는 캐릭터에 표정을 넣어보겠습니다. 캐릭터의 생동감과 활력을 주는 것은 표정이라고 할 수 있습니다. 표정을 적용함으로써 얻는 캐릭터의 인상 성격을 활발하게 보여줄 수 있습니다.
이번에는 캐릭터의 정면 이미지를 생성해 보겠습니다.

male photo,Portait male,3D model of the head and shoulders, game character, front view portrait, game art style, portrait

생성하거나 기존에 가지고 있던 이미지를 미드저니 웹UI 버전 프롬프트 창의 Add Images Choose a file or drop it here 이미지를 이동하거나 업로드를 해줍니다. 그리고 프롬프트 창에 **Smile**이라고 입력해줍니다. 카메라가 과하게 움직이면 안되기 때문에 Motion을 Low로 입력하겠습니다. 그리고 Enter 키를 눌러 비디오를 생성해줍니다.

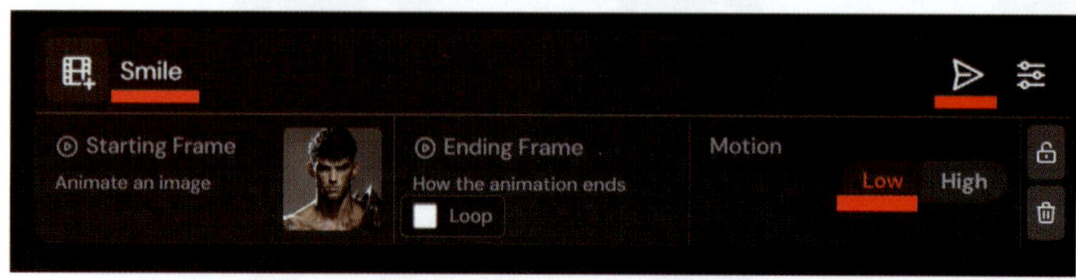

잠시 후 생성된 영상을 보면 좀 다 다양하고 풍부한 감정표현을 볼 수 있을 것입니다. 이것을 통해 NPC 표정 변화 이미지, PC 캐릭터의 표정을 추가하여 게임 스토리텔링에 힘을 더 해줄 수 있게 됩니다.

3. 미드저니 비디오에서 움직이는 게임 일러스트 만들기

게임 일러스트, 특히 TCG(Trading Card Game)나 수집형 RPG에서 활용되는 캐릭터 일러스트는 단순한 정적인 아름다움뿐만 아니라 강한 연출력까지 요구됩니다.

미드저니의 Animate 기능을 활용하면 정적인 카드 일러스트에 움직임을 부여해, 마치 생명을 불어넣은 듯한 효과를 낼 수 있습니다. 이 장에서는 움직이는 카드 일러스트나 시네마틱 아트워크를 생성하는 튜토리얼을 소개하겠습니다.

우선 캐릭터를 생성할 이미지를 준비해야 합니다. 프롬프트는 디테일할수록 원하는 결과물에 더 가까워질 수 있으므로, 가능한 한 구체적이고 세밀하게 작성하는 것이 좋습니다.

[매직 : 더 게더링] 카드 아트 스타일의 아름다운 여성 마법사가 에너지 주문을 시전하고 있습니다. 그녀는 은색 포인트가 들어간 짙은 파란색과 검은색의 로브를 입고 있으며, 길고 곧은 갈색 머리카락이 머리카락 사이로 흘러내리고 있습니다. 판타지 배경은 소용돌이치는 안개와 마법의 상징으로 가득합니다. 조명은 그녀가 주문을 시전하는 동안 손을 더욱 돋보이게 하여 드라마틱하게 연출합니다.

A beautiful female sorceress in the style of Magic: The Gathering card art, casting an energy spell. She is wearing flowing dark blue and black robes with silver accents. Her hair has long, straight brown streaks running through it. The fantasy background features swirling mist and magical symbols. The lighting should be dramatic, highlighting her hands as they cast the spell.

사용했던 프롬프트를 복사해서 붙여넣습니다. 기호와 상황에 맞춰서 프롬프트를 새로 작성하거나 수정을 해줍니다. 생성하거나 기존에 가지고 있던 이미지를 미드저니 웹UI 버전 프롬프트 창의 Add Images Choose a file or drop it here로 이동하거나 업로드를 해 줍니다. 극적인 포즈와 카메라 전환 연출을 위해 Motion > High를 선택하고 생성해 주겠습니다.

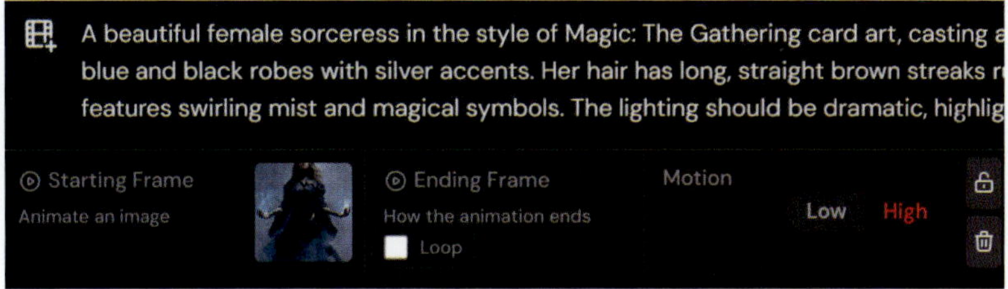

보다 극적이고 연출력이 뛰어난 비디오가 생성이 되었습니다. 엔진에 넣어 적용을 하거나 게임 홍보 영상등에 사용이 가능합니다.

일본 애니메이션 풍 캐릭터 전신에도 사용이 가능합니다.

이미지를 생성할 때 프롬프트 맨 끝에다 **--niji**를 입력하면 캐주얼한 이미지 생성이 가능합니다.

```
fullbody,girl,white background --niji --ar 9:16
```

비디오 생성은 위의 과정과 동일하게 생성해 주겠습니다.

화면을 고정시켜야 함으로 Motion을 Low로 설정하겠습니다. 그리고 제자리에서 움직이라는 뜻의 프롬프트인 **Idel animation, standing pose** 입력하고 비디오를 생성해 보겠습니다.

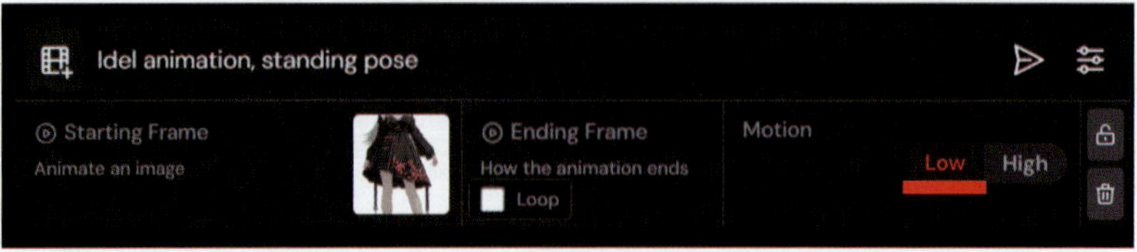

생동감있는 영상이 생 되었습니다.

버츄어 유튜버나 게임캐릭터 데모 같은 느낌의 영상을 생성할 수 있습니다.

홍보 영상용 프로모션 아트워크나 SNS 공개용 캐릭터 티저 콘텐츠용으로 사용이 가능합니다.

붉은 옷을 입은 노랑색 엘프, 클로즈업이라는 프롬프트를 사용해서 게임 홍보에 사용할 엘프 캐릭터를 생성해 보겠습니다.

Close up of a yellow elf wearing a red clothes

캐릭터의 생동감을 주기 위해서 **blink, wind, idel animation** 프롬프트를 입력해서 '**눈이 깜박이고 바람이 불고 대기 애니메이션**'이라는 프롬프트를 입력하고 이미지를 생성해 보겠습니다.

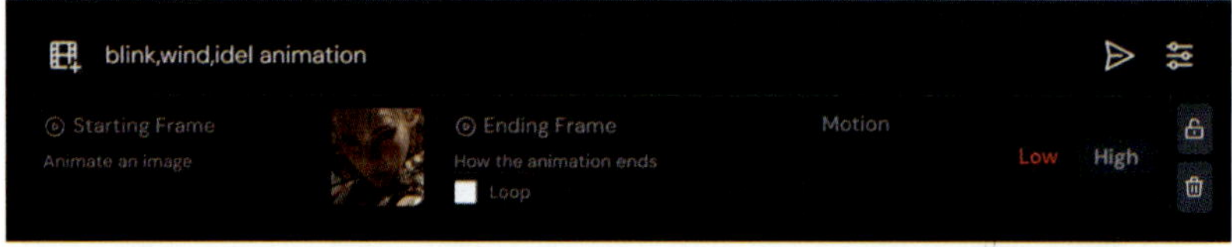

보다 생동적이고 광고, 홍보 영상에 사용하는 시네마틱 느낌이 물씬 나는 영상이 만들어졌습니다.

4. 미드저니 비디오에서 게임 시네마틱 영상 만들기

게임의 몰입감을 결정짓는 가장 중요한 요소 중 하나는 오프닝 시네마틱입니다. 플레이어가 처음 마주하는 장면은 게임의 세계관과 분위기를 전달하는 핵심 도입부로, 강렬한 인상을 남기는 것이 중요합니다. Midjourney의 Animate 기능과 이미지 기반 워크플로우를 활용하면 복잡한 3D 작업 없이도 시네마틱 컷을 제작하고 프레임보드 형식으로 구성할 수 있습니다. 이는 연출 방향을 빠르게 시각화하고, 기획과 아트 간의 커뮤니케이션 도구로도 효과적입니다. 특히 개발 초기 단계에서 연출 흐름을 정리하거나 트레일러용 컨셉를 구상할 때 유용하게 활용하실 수 있습니다.

중세풍 액션 게임의 시네마틱 영상을 제작해 보겠습니다.
무거운 분위기와 강렬한 연출이 어우러지는 중세 세계관을 배경으로, AI 영상 워크플로우를 활용한 시네마틱 컷을 구현해봅니다.

제일 먼저 키아트가 되는 이미지를 생성해보겠습니다.
전투 중 검이 맞부딪히는 순간, 모션 블러 효과, 역동적인 카메라 앵글, 공중에 흩날리는 불꽃, 전장의 먼지라는 프롬프트를 사용해서 중세풍 또는 전투 중심의 시네마틱 영상에서 클라이맥스를 표현하기 위해 사용했습니다.

mid-battle clash of blades, motion blur, dynamic camera angle, glowing embers in the air, battlefield dust

생성한 이미지를 드래그 앤 드랍으로 프롬프트 창에 업로드를 합니다.

이번에는 같은 캐릭터의 추가적인 씬 이미지 생성을 위해 Omni Reference로 이미지를 클릭한 채로 이동해줍니다. Omni Reference는 Midjourney 하나의 프롬프트 안에서 여러 개의 레퍼런스 이미지를 동시에 반영할 수 있도록 해 주는 기능입니다.

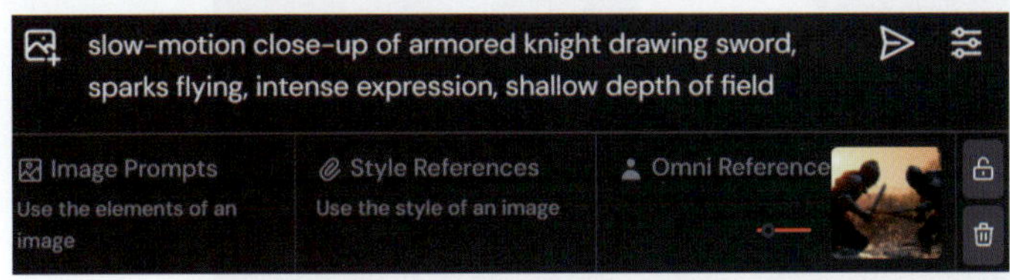

프롬프트를 **슬로우 모션으로 촬영된, 갑옷을 입은 기사가 검을 뽑는 클로즈업 장면, 튀는 불꽃, 강렬한 표정, 얕은 피사계 심도**를 입력해서 시네마틱 인트로나 감정 강조를 하여 인물 중심의 극적인 순간을 표현하기 위한 연출을 하기 위합니다. 두 캐릭터가 필요함으로 두 개의 이미지를 정해주겠습니다.

생성한 이미지에 Animate 버튼을 눌러 동영상을 생성해 주겠습니다.

5초 분량의 애니메이션이 생성되었습니다.

더 긴 영상과 연출을 위해서 Extend Auto 버튼을 눌러주면 지금 사용한 프롬프트 그대로 영상 시간이 증가되고, Extend Manual 버튼을 눌러주면 프롬프트를 수정할 수 있습니다.

검의 충돌 프롬프트인 **clash of swords**와 화면을 빠르게 회전하기 위한 **spin cut** 프롬프트를 사용하여 영상을 추가 생성해보겠습니다. 또 프롬프트를 더욱 잘 수행하기 위해서 Mode를 Raw로 변경하고 다이나믹한 연출을 위해 Motion을 입력해서 생성해주겠습니다.

프롬프트를 추가하거나 세부적으로 조정함으로써 연출의 폭을 더욱 확장할 수 있습니다.

이는 다양한 상황과 감정 표현을 유연하게 구현할 수 있어, 게임 시네마틱 제작에 매우 효과적인 도구로 활용됩니다. 특히, 동일한 장면을 다양한 앵글이나 조명 조건으로 반복 생성할 수 있어 연출 변경이 용이하며, 전통적인 제작 방식에 비해 시간과 리소스를 획기적으로 절감할 수 있습니다.

5. 게임 퀘스트/에피소드용 배경 만들기

게임의 메인 퀘스트나 주요 에피소드는 장소의 변화와 함께 진행되는 서사 흐름을 갖고 있습니다. 미드저니의 이미지 생성과 Animate 기능을 활용하면 동일한 장소를 시간 순서에 따라 시각화하여 플레이어의 몰입감을 높이는 타임라인 영상을 구성할 수 있습니다. 핵심 장소와 장면 분할 및 연출로 보다 몰입감 있는 아트웍을 보여줄 수 있습니다.

이번 예제는 프롬프트를 입력하고 이미지 생성 후에 Animate를 바로 클릭해서 생성해보겠습니다.

전쟁 직후의 도시 폐허 → 클로즈 업

확대를 위한 프롬프트 **close-up**와 **shallow depth of field**로 얕은 피사계 심도 프롬프트를 사용해서 배경을 흐릿하게 표현해서 시각적인 포커스를 강조하였습니다.

사용 프롬프트 : burned statue fragment among rubble, close-up, shallow depth of field, broken textures, soft ash particles floating, cinematic lighting

북부 설산 요새 → 로우앵글 + 카메라 팬

low angle과 **dramatic perspective**로 로우 앵글과 다이나믹한 원근법으로 위압감 연출을 하였고 **snowstorm blowing past**로 눈보라 모션을 추가했습니다.

northern ice fortress, **low angle view, dramatic perspective, snowstorm blowing past** the camera, cinematic scale, epic mountain backdrop

버섯숲 → 카메라 회전

orbiting camera로 배경을 천천히 회전하며 보여주는 연출을 추가하고 **glowing spores** 빛나는 포자로 파티클의 움직임 있는 시각 포인트 확보를 해 더욱 생동감을 줍니다.

magical mushroom forest, **orbiting camera view, glowing spores,** whimsical ambiance, fantasy lighting, circular movement, cinematic shot --v 6

6. 미드저니 비디오에서 아이콘 승급 애니메이션 효과주기

게임의 경쟁 콘텐츠(예: 랭크 매치, PvP, 시즌 보상)에서 티어 아이콘의 승급 연출은 사용자 몰입과 성취감을 강화하는 핵심 시각 요소입니다. 미드저니의 Animate 기능을 활용하면 고퀄리티의 승급 애니메이션 빠르게 제작하고 다양한 연출 스타일로 확장할 수 있습니다.

아이콘 디자인 이미지 생성과 비디오 생성을 알아보겠습니다.
제일 먼저 낮은 등급인 브론즈 등급을 만들어 보겠습니다.
아이콘 좌우 대칭을 위해 **symmetry** 프롬프트를 추가하겠습니다.

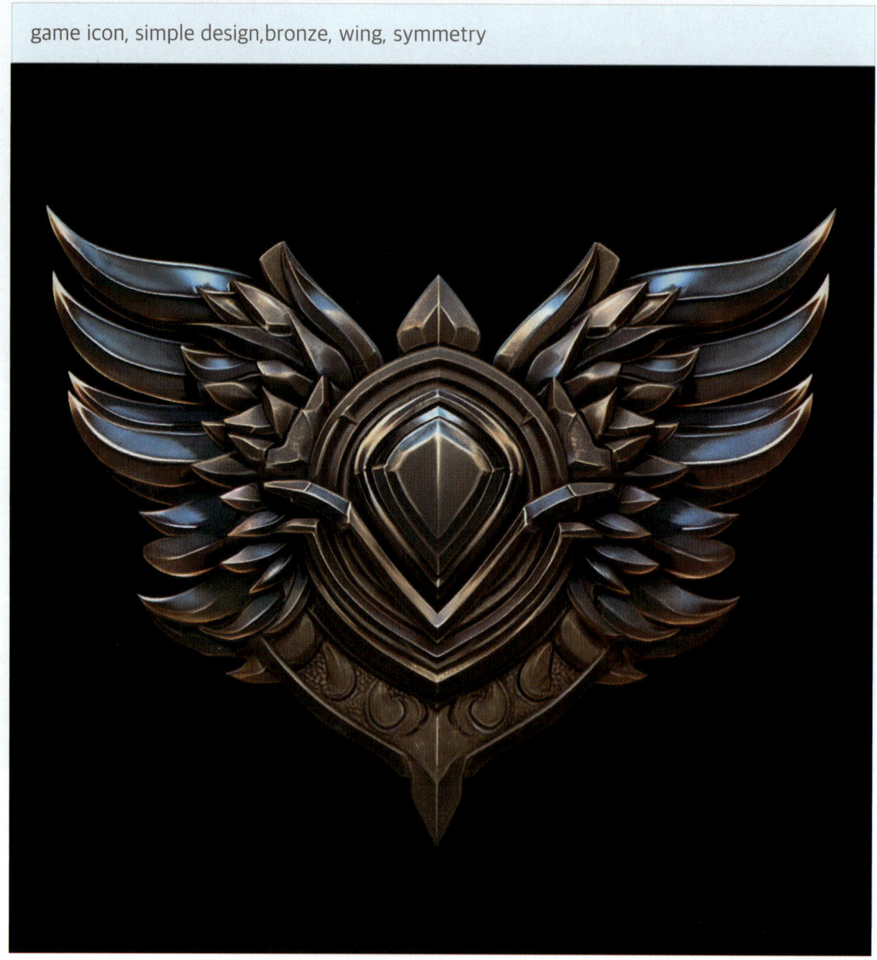

여기에 각각 Animate 프롬프트를 달리해서 다양한 연출 효과를 넣어보겠습니다.

생성하거나 기존에 가지고 있던 이미지를 미드저니 웹UI 버전 프롬프트 창의 Add Images Choose a file or drop it here 이미지를 이동하거나 업로드를 해줍니다.

최하위 계급은 화려한 연출보다 단순한 연출을 위해 회전하는 **TurnTable**이라는 프롬프트를 넣겠습니다. Motion도 low로 설정하여 Enter를 눌러줍니다.

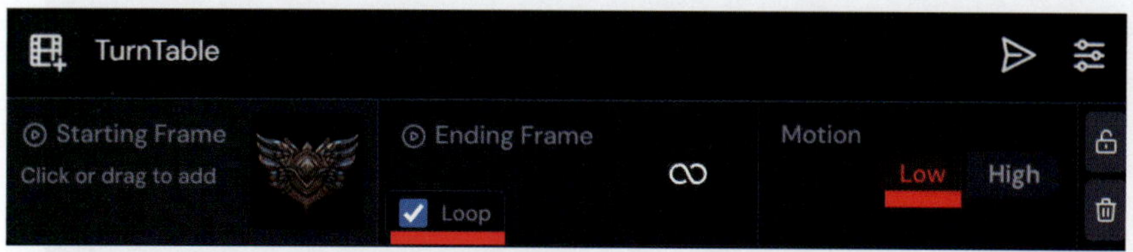

하위 등급에 맞는 모션이지만 가볍지 않은 연출이 완성되었습니다.

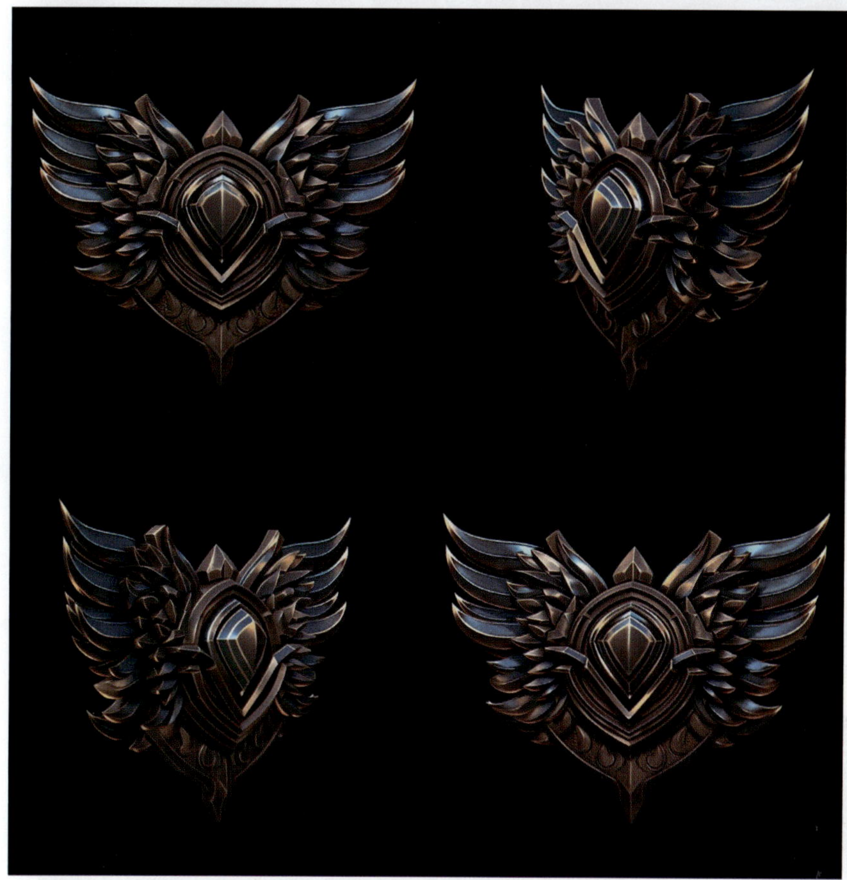

다음은 실버 등급을 만들어보겠습니다.

```
game icon, simple design, silver wing, symmetry
```

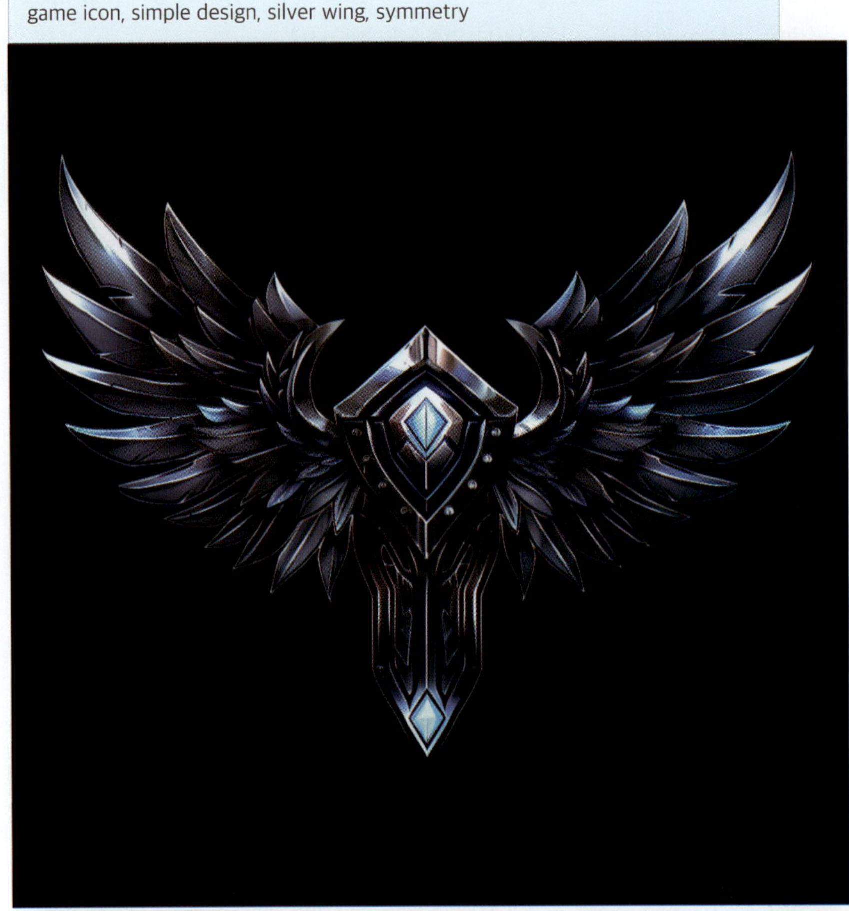

비디오 프롬프트에 **wing animation**이라고 프롬프트를 입력해보겠습니다.

Motion은 정적인 느낌의 날개짓을 원하면 Low 보다 큰 날개짓을 원하면, High에 개인의 취향에 따라 선택을 해줍니다. 그리고 Enter키를 눌러서 비디오를 생성해주겠습니다.

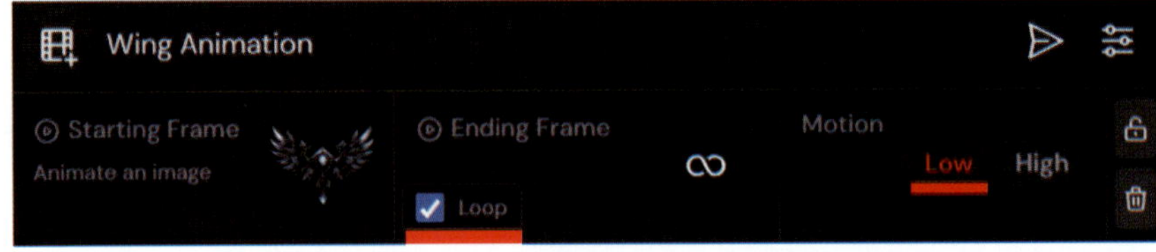

날개짓이 펄럭이는 실버 등급의 연출 이미지가 완성이 되었습니다.

상위 등급표를 만들어 보겠습니다.

상위 등급표에 가까울수록 다양하고 화려한 프롬프트를 추가해줍니다.

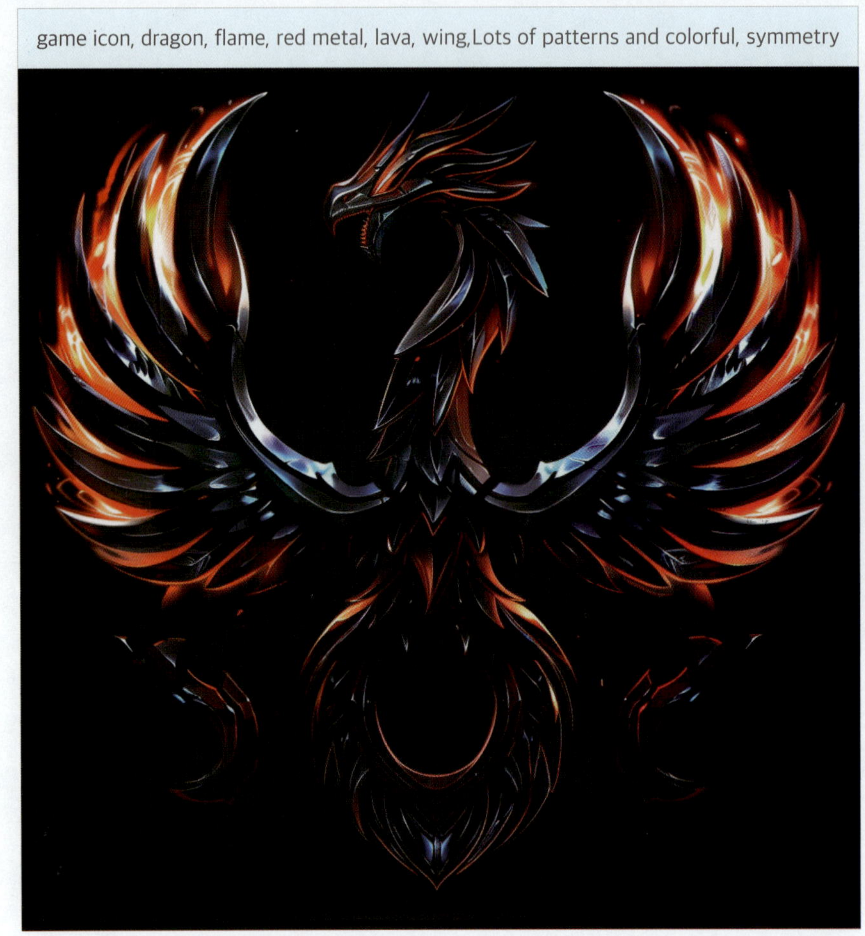

이번에는 동영상 프롬프트에 **wing animation,action,fire,flame** 라고 이펙트와 애니메이션 프롬프트를 다양하게 넣어주겠습니다. 그리고 Enter키를 눌러줍니다.

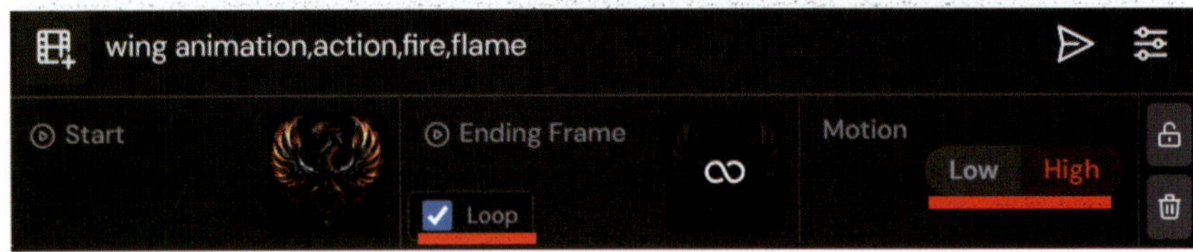

보다 화려한 연출을 가진 티어 이미지가 생성이 되었습니다.

해당 티어 이미지뿐만 아니라 아이콘 연출 등 다양한 면에서 응용이 가능합니다.

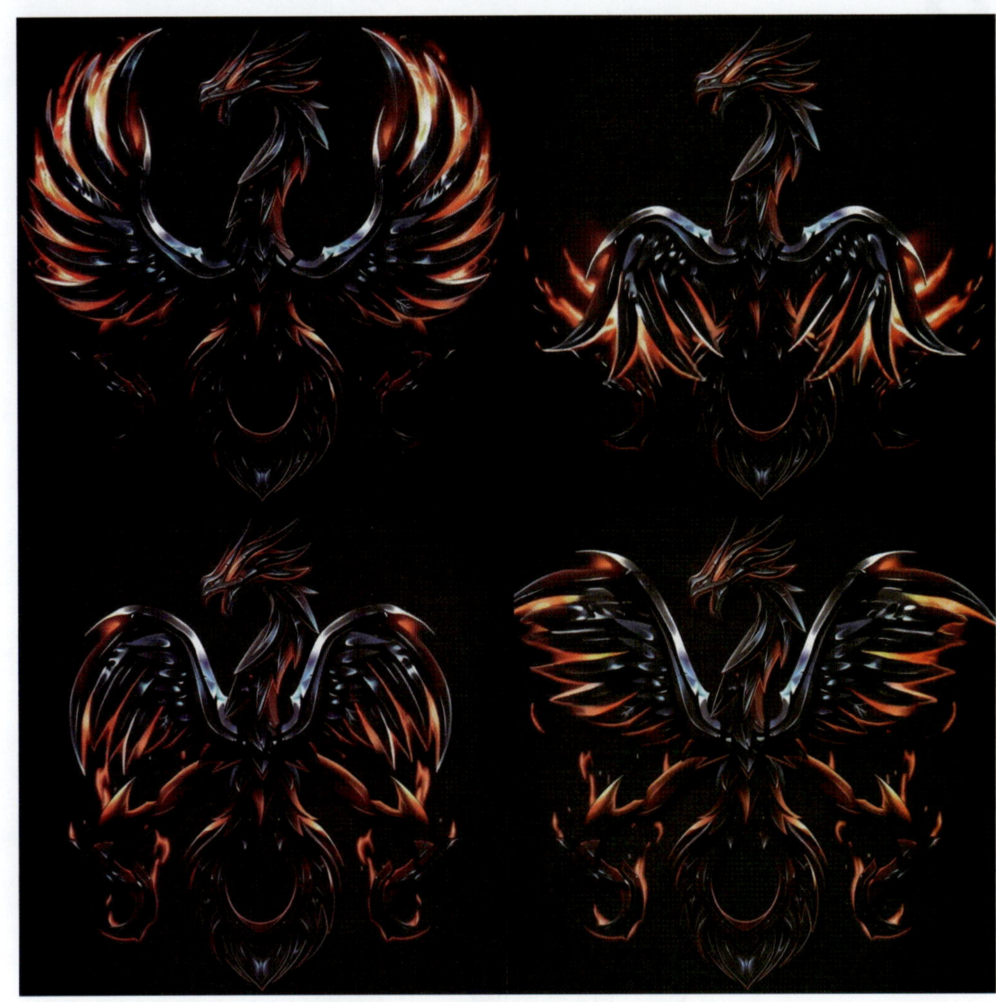

8.
ChatGPT로 게임 리소스 제작하기

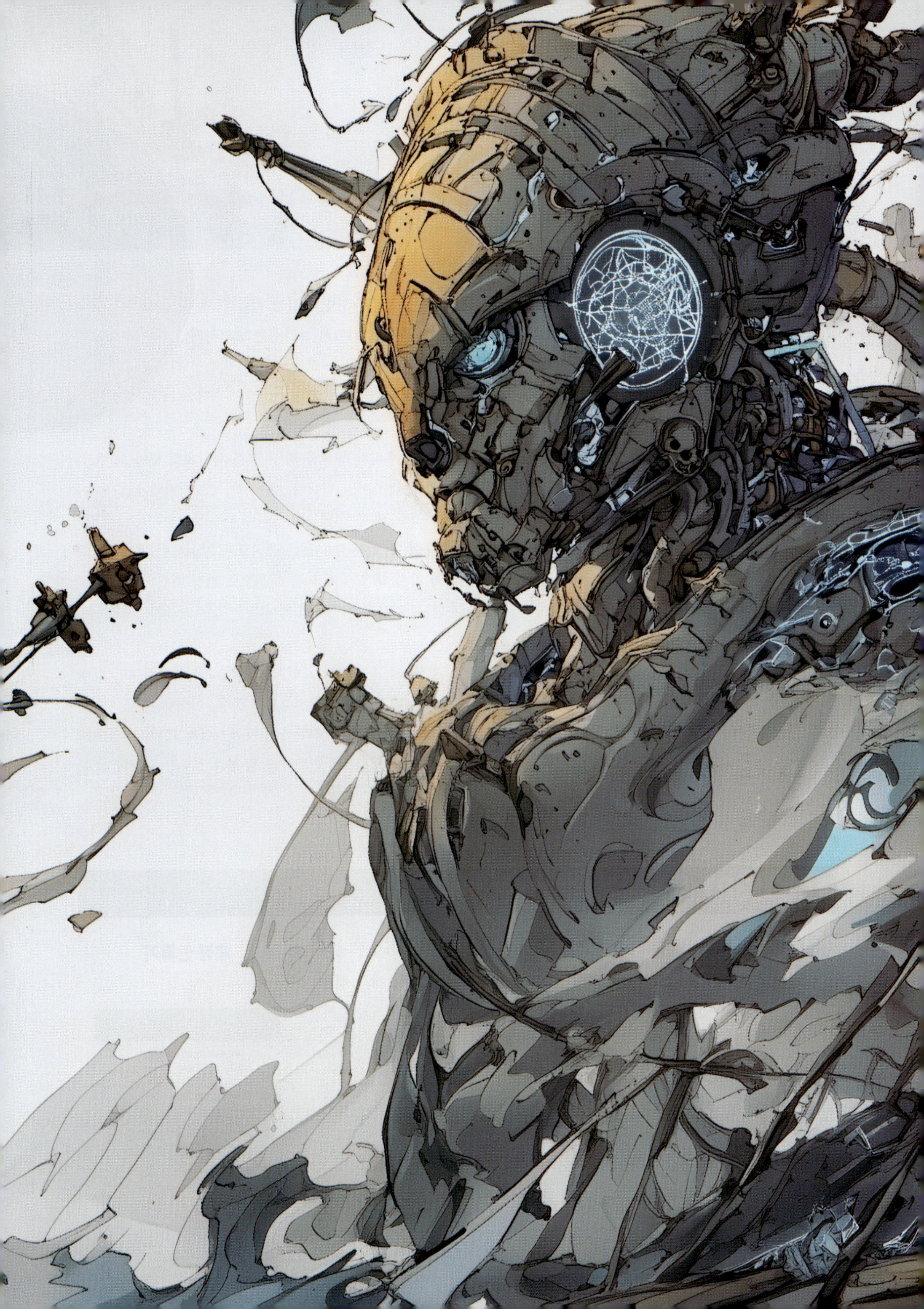

1. ChatGPT 입문

이번 파트에서는 ChatGPT를 활용하여 게임 그래픽 제작의 다양한 과정을 체험해봅니다. AI와 함께 게임 기획을 구상하고, 리소스 컨셉를 설정하며, 이미지 스타일을 변환하거나 캐릭터 이모티콘을 제작하는 등 실제 게임 제작에서 필요한 기본적인 그래픽 리소스를 만드는 방법을 다뤄봅니다.

ChatGPT란 무엇인가요?
ChatGPT는 OpenAI에서 만든 인공지능 챗봇입니다. 우리가 질문을 하면 마치 사람처럼 답을 해주고, 필요한 작업도 도와주는 아주 똑똑한 AI 비서라고 생각하시면 됩니다. 특히 텍스트 기반의 대화뿐 아니라, 이미지 만들기, 문서 작성, 아이디어 정리, 코드 짜기 등도 가능합니다. 이 책에서는 ChatGPT의 다양한 기능 중에서도 게임 리소스 제작에 활용할 수 있는 부분을 집중적으로 알려드릴 예정입니다 ChatGPT에는 다양한 버전이 있지만, 출판 시기와 각자 책을 읽게 되는 기준으로 가장 최신버전인 유료 버전(Plus)을 사용하면 가장 강력한 기능을 이용할 수 있다고 기억하면 됩니다.

캐릭터 삼면도 제작, 의상 입히기, 텍스처 소스 제작, 로고 재질감 표현처럼 아이디어를 실질적인 형태로 발전시키는 과정을 직접 경험할 수 있습니다.또한, 배경 제거, 패턴 추출과 응용, 아이템 배치, UI 제작에 이르기까지 게임 그래픽에 필요한 실질적인 스킬을 ChatGPT와 함께 자연스럽게 익힐 수 있습니다. 코드를 몰라도, 디자인 툴에 익숙하지 않아도 괜찮습니다. ChatGPT를 활용해서 누구나 쉽게 게임 리소스를 구상하고 시각화하는 방법을 알아보겠습니다.

ChatGPT 시작하기

ChatGPT를 사용하려면 먼저 https://chat.openai.com에 접속하셔서 회원가입을 진행하면 됩니다. 이메일이나 구글, 애플 계정으로 간단히 가입할 수 있으며, 무료 사용자도 기본적인 기능은 사용할 수 있습니다.

더 많은 기능, 특히 이미지 생성을 원한다면 ChatGPT의 안내에 따라 Plus 유료 구독을 추천합니다.

계정 만들기
이메일 주소*
계속
이미 계정이 있으신가요? 로그인
또는
Google로 계속하기
Microsoft 계정으로 계속하기
Apple로 계속하기

ChatGPT는 사용 방식에 따라 두 가지로 나누어집니다.
무료로 이용할 수 있는 기본 모델과 더 강력한 기능과 성능을 제공하는 유료 모델(Plus 버전)이 있습니다. (이 책에서는 유료 모델을 기준으로 설명합니다)

좀 더 정확한 결과를 원하신다면 유료 모델 사용을 추천드립니다. 예를 들어 무료 모델은 빠르지만 정확도나 기능이 제한적이고, 유료 모델은 답변의 품질이 훨씬 더 뛰어나고 이미지 생성도 원활히 가능합니다.

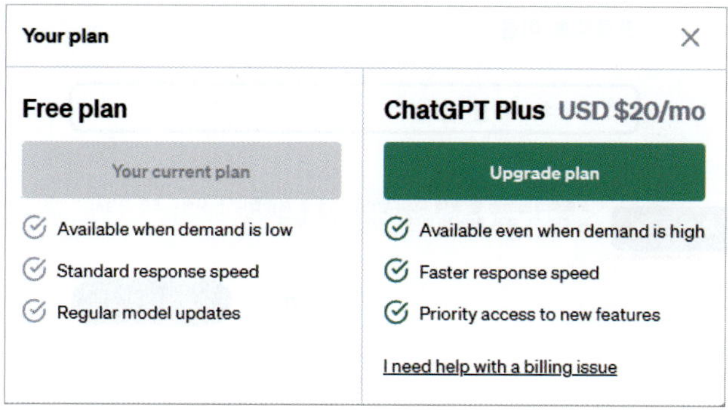

무료 버전

무료로 사용할 수 있으며 일상적인 질문이나 간단한 문장 생성에 적합합니다.
다만, 다음과 같은 제한이 있습니다:

- 최신 기능(이미지 생성, 코드 실행, 파일 분석 등)은 제공되지 않습니다
- 긴 글쓰기나 복잡한 작업은 정확도가 떨어질 수 있습니다
- 실시간 웹 검색이나 파일 첨부 기능은 사용할 수 없습니다
- 이미지나 도표를 보고 설명하거나 수정하는 기능은 제한됩니다
- 요약: 가볍게 사용하기에는 충분하지만, 전문적인 창작이나 작업에는 다소 제약이 있습니다.

유료 버전(월 이용료 부과)

월 요금을 지불하면 더 강력한 인공지능 기능을 사용할 수 있습니다. 주요 특징은 다음과 같습니다:

- 긴 글쓰기, 고급 요약, 창작/기획에 더 뛰어난 성능
- 이미지 생성 기능 사용 가능 (예: 그림이나 디자인 컨셉 요청)
- 업로드한 파일(PDF, 이미지 등)을 분석하거나 요약 가능
- 코드 실행, 데이터 분석, 표 변환 등의 고급 도구 포함
- 작가의 글 스타일을 기억하고 점점 개선하는 기능도 지원합니다.

프로젝트 창 생성과 관리

ChatGPT로 작업을 하다 보면 다양한 이미지, 텍스트, 아이디어 파일이 쌓이게 됩니다. 이럴 때는 미리 '프로젝트용 폴더'를 만들어 정리해두는 것이 좋습니다. 예를 들어 게임이름/캐릭터, 게임이름/배경, 게임이름/아이템 식으로 폴더를 나누면 작업 흐름이 훨씬 깔끔해집니다.

왼쪽에 있는 프로젝트를 클릭한 후 새 프로젝트를 클릭하고 프로젝트 이름을 정하면 준비가 끝납니다.

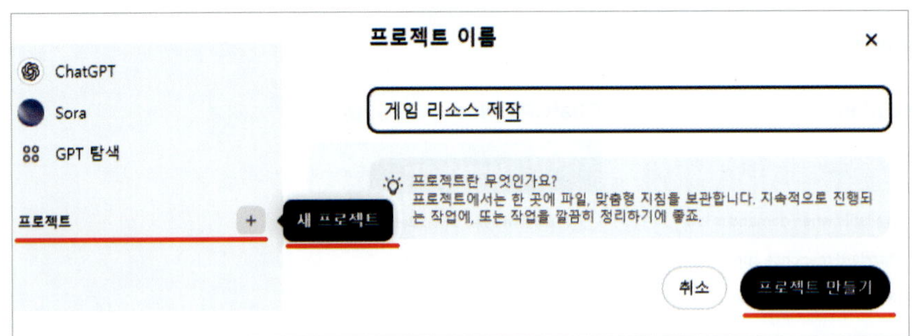

이 프로젝트 내의 새 채팅에 미리 암시를 주는 주문처럼 '**너는 게임리소스를 만드는 유능한 파트너이자 개발자야!**'라고 입력하고 검은색 화살표 버튼을 눌러 실행합니다. 그러면 ChatGPT가 그에 맞춰 응답과 준비를 미리 해주며, 이로써 사전 준비가 완료됩니다.

문서 정리를 위해서는 구글 드라이브, 노션, 에버노트와 같은 툴을 활용하는 것이 좋습니다. ChatGPT와 주고받은 대화 중 중요한 내용은 복사해 따로 보관해 두면, 추후 반복 작업을 크게 줄일 수 있습니다. 또한 프로젝트 단위로 관리하면 작업이 뒤섞이지 않고 종류별로 체계적으로 정리되며, 이전 작업을 손쉽게 찾아볼 수 있어 효율성이 높아집니다. 다른 사람과 협업할 때도 공유가 간편해집니다.

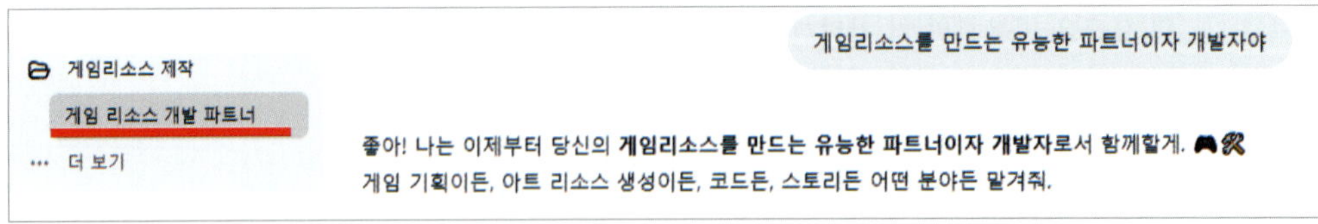

이미지 생성 기능 소개

ChatGPT에는 이미지 생성 기능이 포함되어 있어, 글로 설명만 해도 자동으로 그림을 만들어낼 수 있습니다. 예를 들어 **"용사 캐릭터 16×16 크기의 픽셀 아이콘을 만들어줘"**라고 요청하면 실제로 해당 조건에 맞는 이미지를 생성해 줍니다.

용사 캐릭터 16x16 크기의 픽셀 아이콘을 만들어줘

이를 활용하면 캐릭터, 아이템, 배경, UI 등 게임 제작에서 자주 쓰이는 시각 자료를 손쉽게 만들 수 있어 편리합니다. 다만 해상도 제한이 있으니 고화질 작업이 필요할 경우는 외부 프로그램과 연동하는 것이 좋습니다.

프롬프트 작성 기본기

AI에게 작업을 시킬 때는 무엇을 원하는지를 글로 알려줘야 합니다. 이것을 '프롬프트'라고 부릅니다. 예를 들어 **'32×32 크기의 픽셀 아트 스타일로 기사를 그려줘, 옆모습으로'** 같은 문장을 작성하면 됩니다. 또는 'pixel art, Knight, 32x32, side view'처럼 짧은 키워드를 나열해도 인식됩니다. 문장형이든 키워드형이든 중요한 건 구체적으로 요청하는 것입니다. ChatGPT는 단순한 대화용 도구가 아니라 게임 제작에 실제로 활용할 수 있는 강력한 도구입니다. 이미지 생성, 아이디어 정리, 반복 작업 자동화까지 다양하게 활용할 수 있습니다.

대화 창에서 십자가 버튼을 누른 뒤 파일 업로드 및 기타를 클릭하면, ChatGPT가 참고할 이미지나 문서 자료 등을 업로드할 수 있습니다. 또한 라이브러리에 들어가면 내가 생성한 이미지를 확인할 수 있습니다.

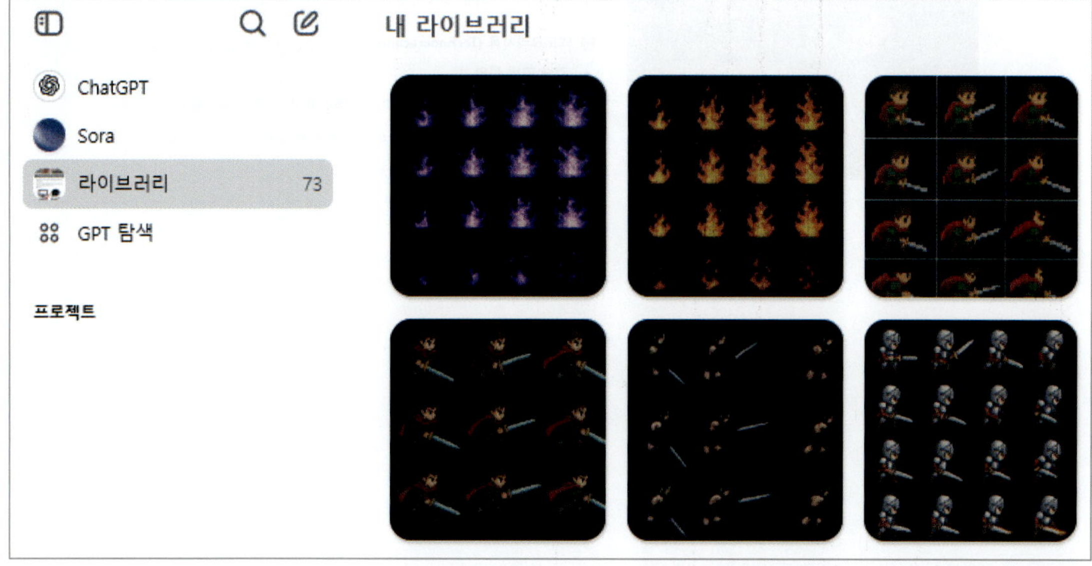

2. 게임 기획과 리소스 설정하기

ChatGPT는 게임 기획을 도와주는 훌륭한 조력자이자 파트너입니다.

아이디어만 말해도 세계관, 캐릭터, 아이템, 몬스터 같은 자료를 빠르게 정리해주고, 기획서 형태로 정돈까지 해줍니다. 복잡한 설정도 친구에게 이야기하듯 설명하면 쉽게 풀어줍니다.

세계관 만들기

"마법과 기술이 공존하는 세계를 만들고 싶어요"처럼 말하면,

대륙, 나라, 세력 등을 구성해 주고 이미지 생성도 함께 요청할 수 있습니다.

이미지 생성됨

🌍 **세계관 이름: 아르카이오스(Archaïos)**

장르: 하이 판타지 + 디젤펑크 + 미스터리

톤 & 무드: 중세풍 사회 + 테크노-매직 기술력 + 철학적 갈등

🧙 **세계관 기본 설정**

과거 이 세계는 **마법**만으로 돌아가던 고대의 세계였지만,

천 년 전 **"에테르 엔진"**이라는 기술이 개발되며 문명이 급격히 발전했다.

이 엔진은 마력을 연료로 삼아, 마법사 없이도 마법적 현상을 기술처럼 구현할 수 있게 했다.

⚙️ **두 문명의 대립**

🔮 마기아 (Magia):

- **전통 마법 문명**
- 자연과 정령, 신성한 의식 등을 통해 마나를 다루며 고귀한 예술로 여김.
- "마법은 신이 준 언어"라 믿으며, 기술을 **신성모독**으로 여김.
- 마법사, 드루이드, 성직자 중심 사회

⚙️ 텍노크라시움 (Technocracium):

- **기술 기반 문명**
- 마력을 기계화, 산업화하여 마법의 효율을 수백 배로 끌어올림.
- 사이보그 기사, 마력 기관차, 에테르 전투병기 등 하이테크 무장
- 과학, 효율, 확장 중심 사고방식

캐릭터와 직업 만들기

"게임에 쓸 캐릭터 4명 만들어줘"라고 입력하면 이름, 성격, 능력까지 갖춘 캐릭터가 자동으로 생성됩니다. 전사나 마법사 같은 직업도 자유롭게 설정할 수 있습니다. 또한 ChatGPT와 논의하면서 캐릭터의 상세 설명과 배경 설정까지 구체화할 수 있습니다. 여기에 더해, **"스타일을 바꿔줘"**라고 입력하면 화풍 변경도 가능합니다.

아이템·스킬·몬스터 구성

"회복 아이템 5개 알려줘", **"던전 몬스터 설정해줘"**와 같이 요청하면 이름, 설명, 능력치까지 정리된 정보가 나옵니다. 또 거기에 맞춘 이미지 생성까지 요청이 가능합니다.

회복 아이템 5개

1. **파란 물약** – HP 50 회복
2. **허브차** – MP 30 회복
3. **결정수** – HP+MP 30 회복
4. **응급 키트** – HP 70% 회복
5. **정령의 축복** – 5턴간 HP 자동회복

던전 몬스터 3종

1. **구울** – 근접, 중독
2. **암석 거미** – 단단함, 거미줄 기절
3. **어둠 정령** – 마법 내성, MP 흡수

기획 문서 정리하기

"지금까지 내용을 토대로 지금까지 대화 내용을 정리해줘"라고 요청하면, ChatGPT가 지금까지 만든 내용을 보기 좋게 정리해 줍니다. 이를 복사해 문서로 저장하면 바로 기획서로 활용할 수 있습니다. 또는 **"이건 프로젝트 A1이야"**와 같이 지정해 저장해 두면, 프로젝트 단위로 관리할 수 있어 유용합니다.

3. 이미지 스타일 변경과 이모티콘 제작

ChatGPT의 이미지 생성 기능을 활용하면 캐릭터나 아이템을 원하는 스타일로 변환할 수 있으며, 다양한 감정을 표현하는 이모티콘도 제작할 수 있습니다. 하나의 이미지를 여러 방식으로 재활용할 수 있어 매우 유용합니다.

이미지 스타일 바꾸기

"이 캐릭터를 XX 스타일로 바꿔줘"라고 입력하면 기존 디자인을 원하는 느낌으로 다시 제작할 수 있습니다. 특정 애니메이션 풍이나 실사 풍 등 다양한 스타일이 가능합니다. 다만 스타일에 한계가 있거나 결과물이 아쉬울 수 있는데, 이럴 경우 참고 이미지를 업로드해서 스타일을 인식시켜 주면 더욱 효과적입니다. 주의할 점은 여러 스타일을 한 번에 생성하는 것보다 하나씩 따로 생성하는 편이 더 만족스러운 이미지를 얻을 수 있다는 것입니다.

감정 이모티콘 만들기

예를 들어 **"이 캐릭터를 도트 스타일로 기쁨, 분노, 슬픔, 놀람 이모티콘 4종 만들어줘"**라고 입력하면, 지정한 감정과 스타일에 맞춰 다양한 표정의 이미지를 생성할 수 있습니다. 이렇게 만든 결과물은 채팅용 아이콘이나 게임 UI에 유용하게 활용할 수 있습니다.

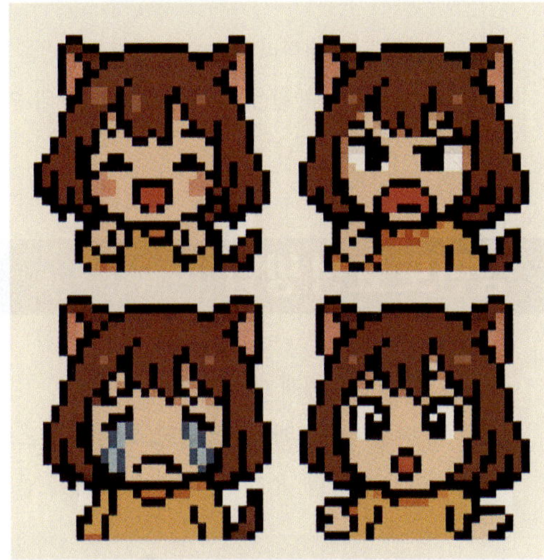

실제 사진이나 낙서를 이모티콘으로 만들기

이미지를 업로드한 뒤 **"간단히 이모티콘 10종으로 만들어줘"**라고 입력하면, 그에 맞춰 다양한 이모티콘을 훌륭하게 생성해 줍니다.

이모티콘으로 만들어줘

4. 게임 캐릭터 삼면도 만들기

삼면도는 캐릭터의 정면 · 측면 · 후면을 한눈에 보여주는 그림으로, 게임 애니메이션이나 3D 모델링 작업에서 자주 활용됩니다. ChatGPT의 이미지 생성 기능을 이용하면 이러한 삼면도 레퍼런스를 손쉽게 제작할 수 있습니다.

삼면도 요청 방법

ChatGPT에게 이렇게 요청해보세요.

"여성 마법사 캐릭터를 정면, 측면, 후면으로 보여주는 아트 스타일로 그려줘"

이처럼 방향, 스타일, 해상도를 함께 넣으면 원하는 형태로 생성됩니다.

캐릭터 스타일을 유지하는 팁

"같은 캐릭터로 스타일은 같게 의상만 다르게 해줘" 같이 유지해달라는 문장을 추가하면 복장만 다른 캐릭터가 완성이 됩니다. 만약 결과가 조금씩 다를 경우, 한 장씩 따로 요청해 보면서 조합하는 방식도 좋습니다.

"아까 생성한 캐릭터에서 레벨이 낮은 평민 복장과 무기를 바꿔서 이미지를 그려줘"라고 요청하면, 해당 캐릭터의 복장과 무기가 초보 레벨에 맞는 평민 스타일로 변경된 이미지가 생성됩니다.

"아까 생성한 캐릭터에서 마법사가 아닌 전사의 복장과 무기를 바꿔서 이미지를 그려줘"라고 요청하면, 캐릭터의 복장과 무기가 전사의 갑옷과 무기로 변경됩니다.

이렇게 하면 동일한 스타일과 동일한 캐릭터로 다양한 의상 변화를 줄 수 있습니다.

5. 캐릭터에 의상 입혀보기

필요한 캐릭터과 입힐 의상이미지를 ChatGPT 빈 화면에 드래그 앤 드랍으로 불러옵니다.

그 이후에 **"업로드 이미지의 캐릭터에 업로드 한 갑옷 이미지를 입혀줘"** 이런 식으로 텍스트를 이미지와 같이 입력해 주면 의상을 손쉽게 입혀줍니다.

6. 게임 텍스처 소스 만들기

텍스처는 게임의 분위기를 형성하는 배경 요소로, 벽돌/돌바닥/나무판자/금속/잔디/구름 등 다양한 재질이 활용됩니다. 이러한 텍스처는 반복적으로 이어질 수 있도록 타일 이미지 형태로 제작됩니다.

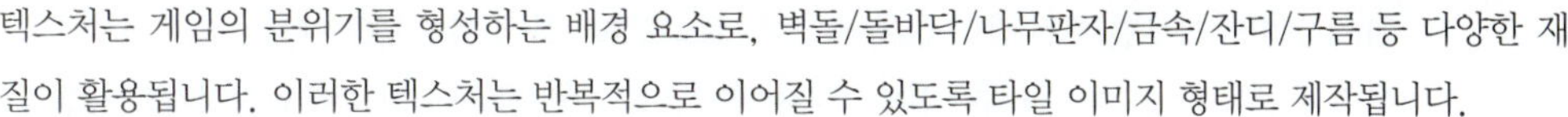

"캐주얼 게임 느낌의 중세 돌 바닥 텍스처를 만들어줘". "타일링이 가능하게 일대일 비율로 만들어줘"라고 요청하면, 실제 이어 붙였을 때 어색하지 않은 반복형 타일 텍스처가 생성됩니다. 여기서 캐주얼을 실사로 바꾸거나, 중세 돌바닥 대신 다른 재질을 지정하면 원하는 텍스처를 다양하게 만들 수 있습니다.

7. 로고에 재질감 넣기

ChatGPT로 아무런 재질 감이 없는 로고에 텍스트 효과를 넣어보겠습니다.
여기서 팁을 말하자면, 글씨나 문양 부분이 흰색이고 이것을 마스킹으로 인식시키고 재질감을 바꾸면 큰 디자인 변형 없이 재질감을 입힐 수 있습니다.

검은색 배경에 흰색 로고를 업로드 해 보겠습니다.
그 이후에 명령어를 입력합니다.

"이 문양을 흰색 부분을 금속 질감으로 바꿔줘"

또 마스킹과 참고할 재질을 같이 ChatGPT에게 보여주고 업로드 한 사진재질을 참고해서 **"위의 재질을 참고해서 흰색 부분의 문양을 같게 바꿔줘"**라고 입력하면 업로드한 사진 질감을 참고해서 바꿔줍니다.

8. 이미지 배경 제거(알파 텍스처 만들기)

알파(Alpha)는 이미지의 투명도 정보를 의미합니다.

ChatGPT에 이미지를 업로드한 뒤 **"이 이미지의 배경을 투명하게 만들어줘"**라고 요청하면, 배경이 제거된 PNG 이미지가 생성됩니다. 배경색이 흰색이나 회색처럼 다양하더라도 **"배경을 없애고 캐릭터만 남겨줘"** 라고 자연어로 설명하면 캐릭터만 남긴 이미지를 얻을 수 있습니다.

9. 사진, 이미지에서 패턴 추출하기

사진 자료나 원화를 참고해 사용된 패턴을 리소스로 활용하려면 도면으로 변환하는 과정이 필요합니다. 이때 참고할 이미지를 업로드한 뒤, 특정 부위의 문양을 도면 이미지로 바꿔 달라고 요청하면 됩니다. 예를 들어 **"이 여성의 하트 문양을 2D 도면 이미지로 바꿔줘"**라고 입력하면, 해당 문양을 도면 형태로 훌륭히 변환해 줍니다.

10. 패턴을 아이템에 적용해보기

적용해야 하는 문장 시안을 적용하는 방법도 있습니다.

"이 방패에 이 문양을 적용한 문양을 만들어줘"라고 입력하면 훌륭한 품질의 이미지를 생성해줍니다.

11. 게임 에셋을 배경에 배치해보기

내가 생성한 게임 에셋의 이미지를 한 번에 ChatGPT 빈 화면에 드래그해서 업로드를 해줍니다.

"이 이미지들을 자연스럽게 배치를 해주고 배경 이미지를 만들어줘"라고 하면 훌륭하게 배치해 줍니다.

12. 게임 UI 만들어 보기

게임 UI는 사용자가 게임을 할 때 보는 디자인, 레이아웃, 기술적인 구현의 형태를 말합니다. 폰트, 색상, 배치, 애니메이션 효과 등 시각적인 요소와 기술적인 부분이 포함됩니다.

ChatGPT에 "게임 UI 세트를 만들어줘" 혹은 **"게임용 체력바, 스킬 버튼, 미니맵이 포함된 UI를 만들어줘"**처럼 구체적으로 요청하면, 스타일과 배치가 반영된 UI 이미지를 생성할 수 있습니다. 여기에 참고할 자료나 원하는 스타일, 게임 장르 등을 함께 지정해 주면 더욱 효율적이고 목적에 맞는 UI 이미지를 얻을 수 있습니다.

9.

Nano Banana(나노 바나나)를 이용하여 게임 리소스 편집하기

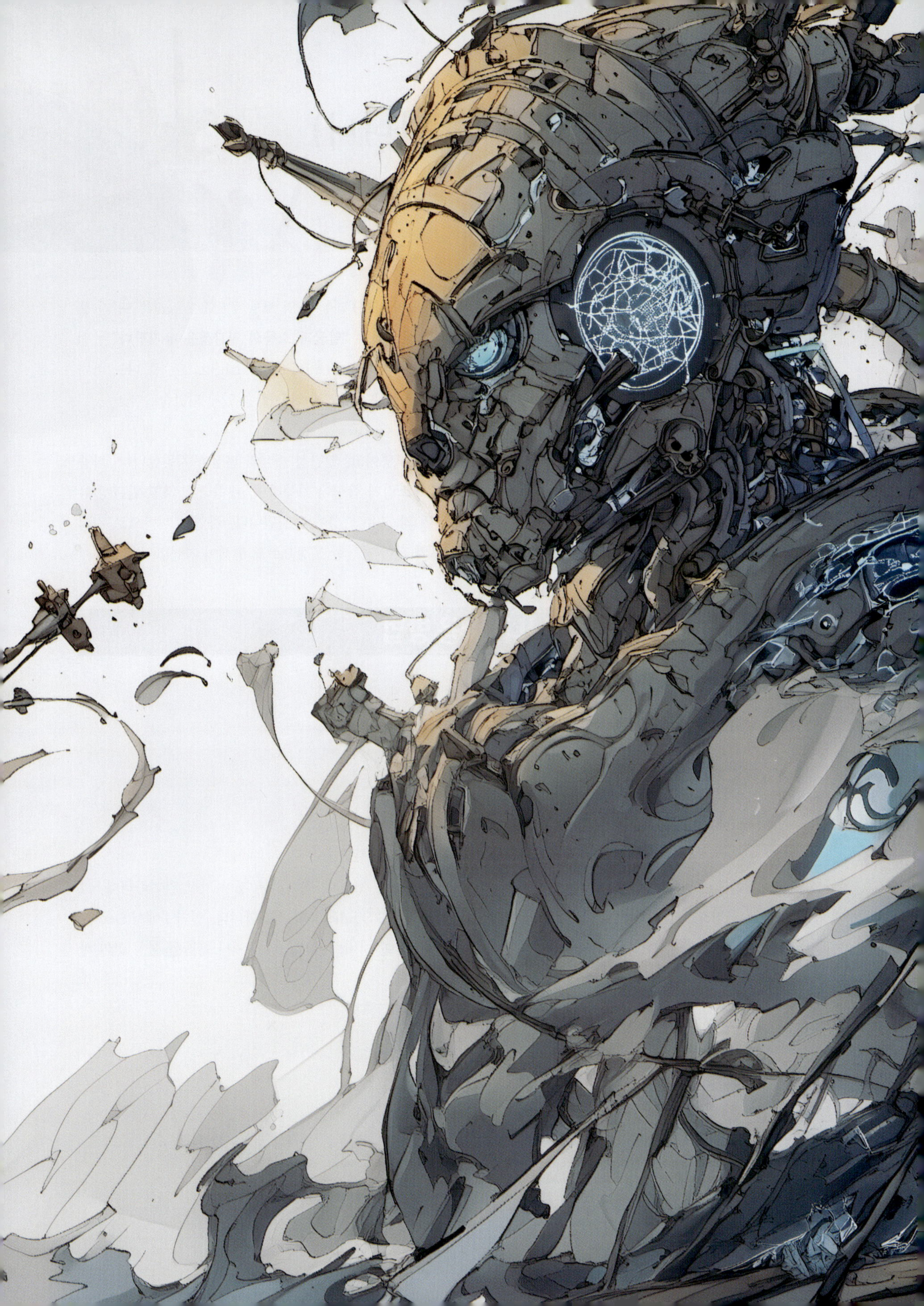

Gemini 2.5 Flash Image

1. Nano Banana(나노 바나나) 알아보기

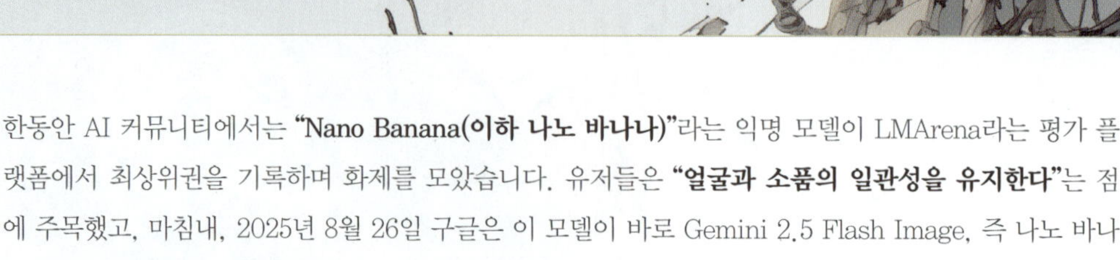

한동안 AI 커뮤니티에서는 **"Nano Banana(이하 나노 바나나)"**라는 익명 모델이 LMArena라는 평가 플랫폼에서 최상위권을 기록하며 화제를 모았습니다. 유저들은 **"얼굴과 소품의 일관성을 유지한다"**는 점에 주목했고, 마침내, 2025년 8월 26일 구글은 이 모델이 바로 Gemini 2.5 Flash Image, 즉 나노 바나나임을 공식 발표했습니다. 전 세계 Gemini 사용자들이 해당 기능에 접근할 수 있게 되었습니다.

Nano Banana는 Gemini 2.5 Flash Image모델의 코드명이고, 일관성 중심의 편집을 지원합니다. 다중 이미지 융합으로 서로 다른 사진들을 한 장으로 자연스럽게 합성이 가능하며, 캐릭터/스타일 일관성 유지가 뛰어납니다. 여러 편집에도 인물이나 오브젝트의 고유 특성이 유지됩니다. 자연어 기반으로 지시가 용이하며 **"배경 흐림"**, **"배경 제거"**, **"포즈 변경"**와 같이 간단한 문장으로도 편집이 가능합니다.

Nano Banana(나노 바나나) 사용 방법

Nano Banana(나노 바나나)의 사용 방법과 첫 걸음을 해보겠습니다.
접근 방법으로는 여러 플랫폼에서 사용이 가능합니다.

- **Gemini 앱 :** gemini.google.com에서 직접 사용
- **개발자용 :** Gemini API, Google AI Studio, Vertex AI
- **Adobe 통합 :** Adobe Firefly, Adobe Express에서도 사용 가능

일반 사용자의 경우에는 Gemini 웹사이트(gemini.google.com)에 접속하는 것이 가장 간편합니다. 그러나 리소스 관리와 게임 개발 리소스 제작에는 Google AI Studio가 더 적합합니다. 인터넷에서 Google AI Studio를 검색해 해당 사이트에 접속해 보겠습니다. 이 서비스는 별도의 설치나 복잡한 설정 없이 바로 사용할 수 있다는 장점이 있습니다.

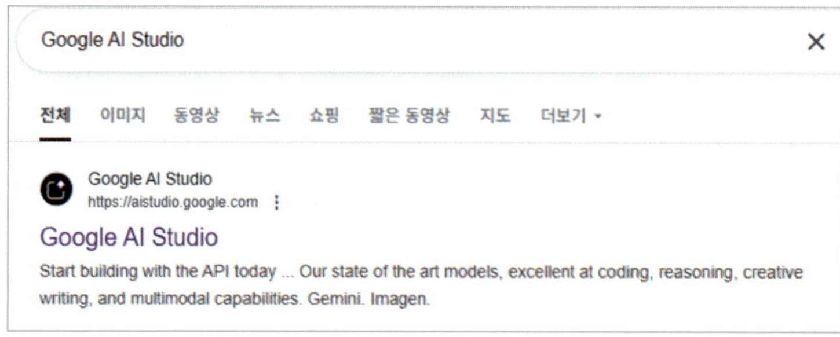

사이트에 접속하면 해당 페이지를 바로 확인할 수 있습니다.

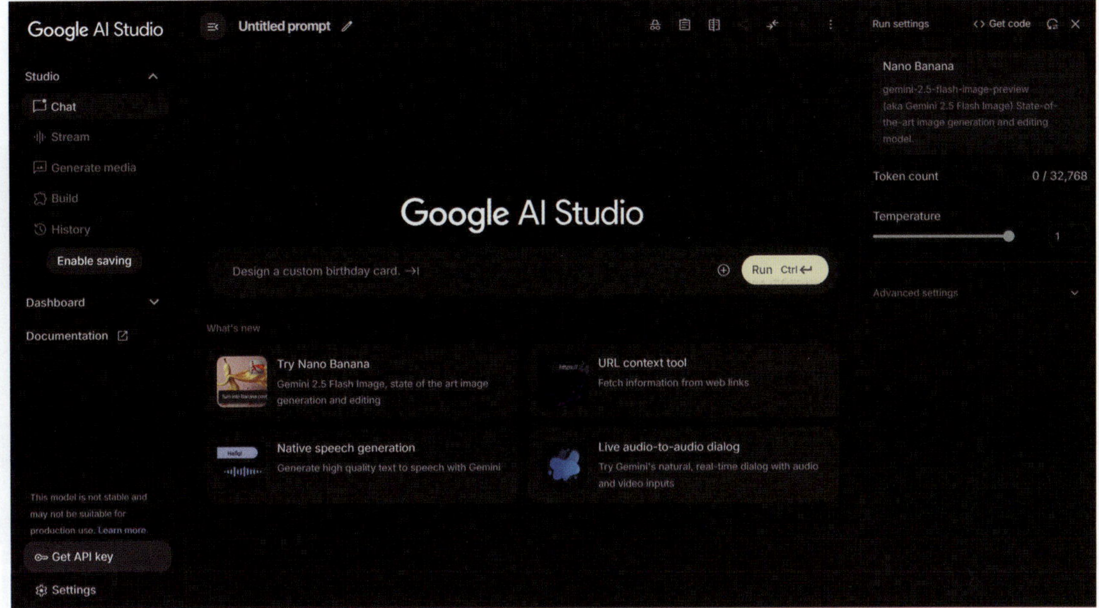

우측 상단에 선택한 모델이 Nano Banana 이미지 모델이 맞는지 확인을 합니다.

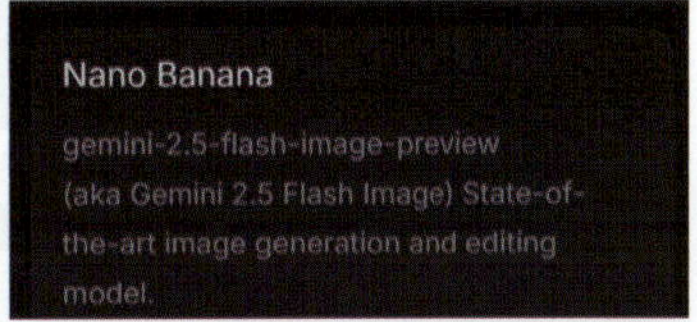

우측 상단에 선택한 모델이 Nano Banana 이미지 모델이 맞는지 확인을 합니다.

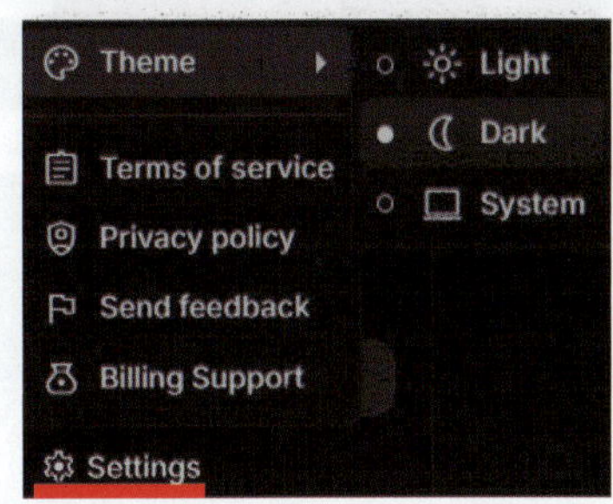

Google AI Studio 레이아웃

주요 레이아웃은 다음과 같습니다.

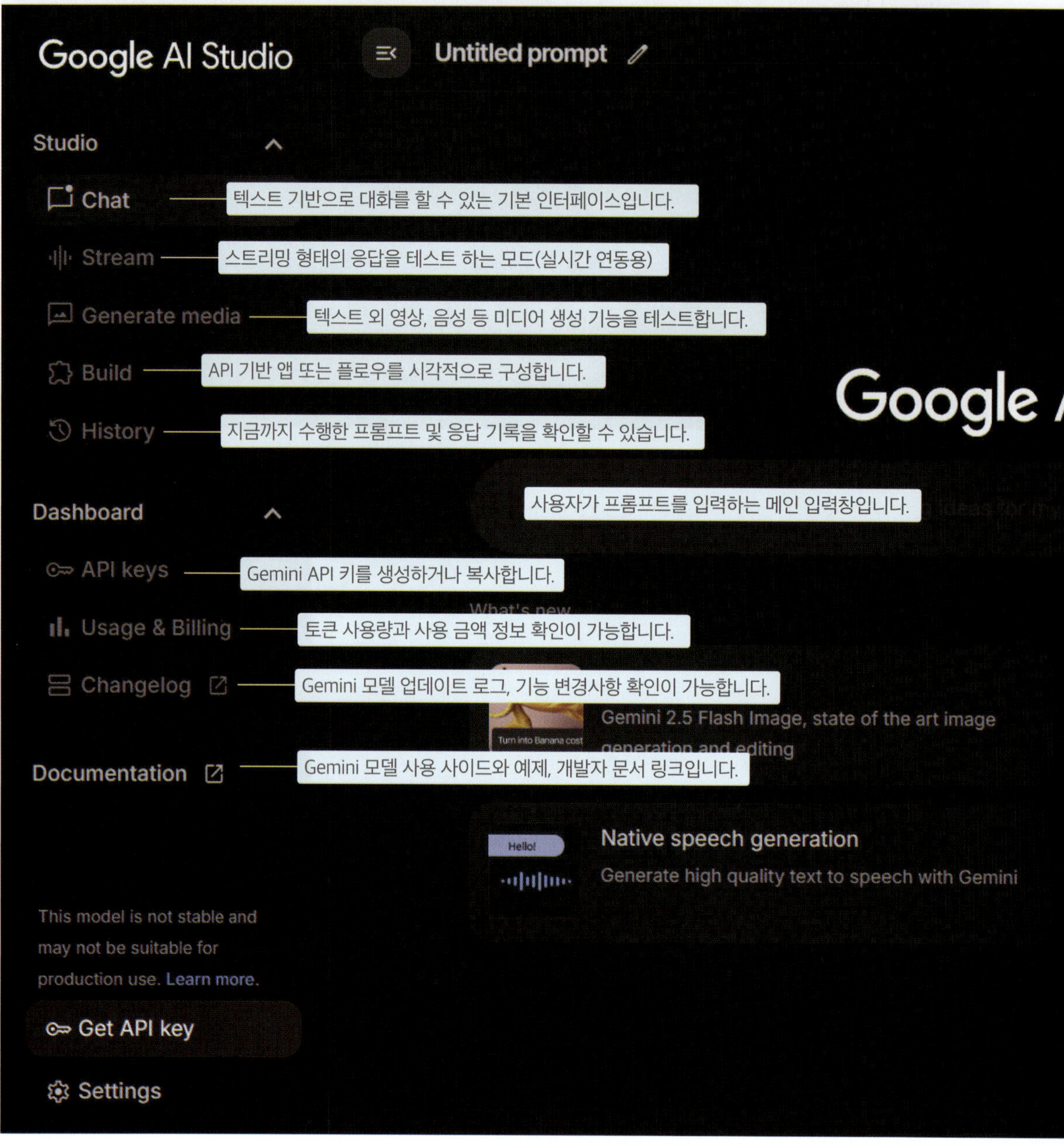

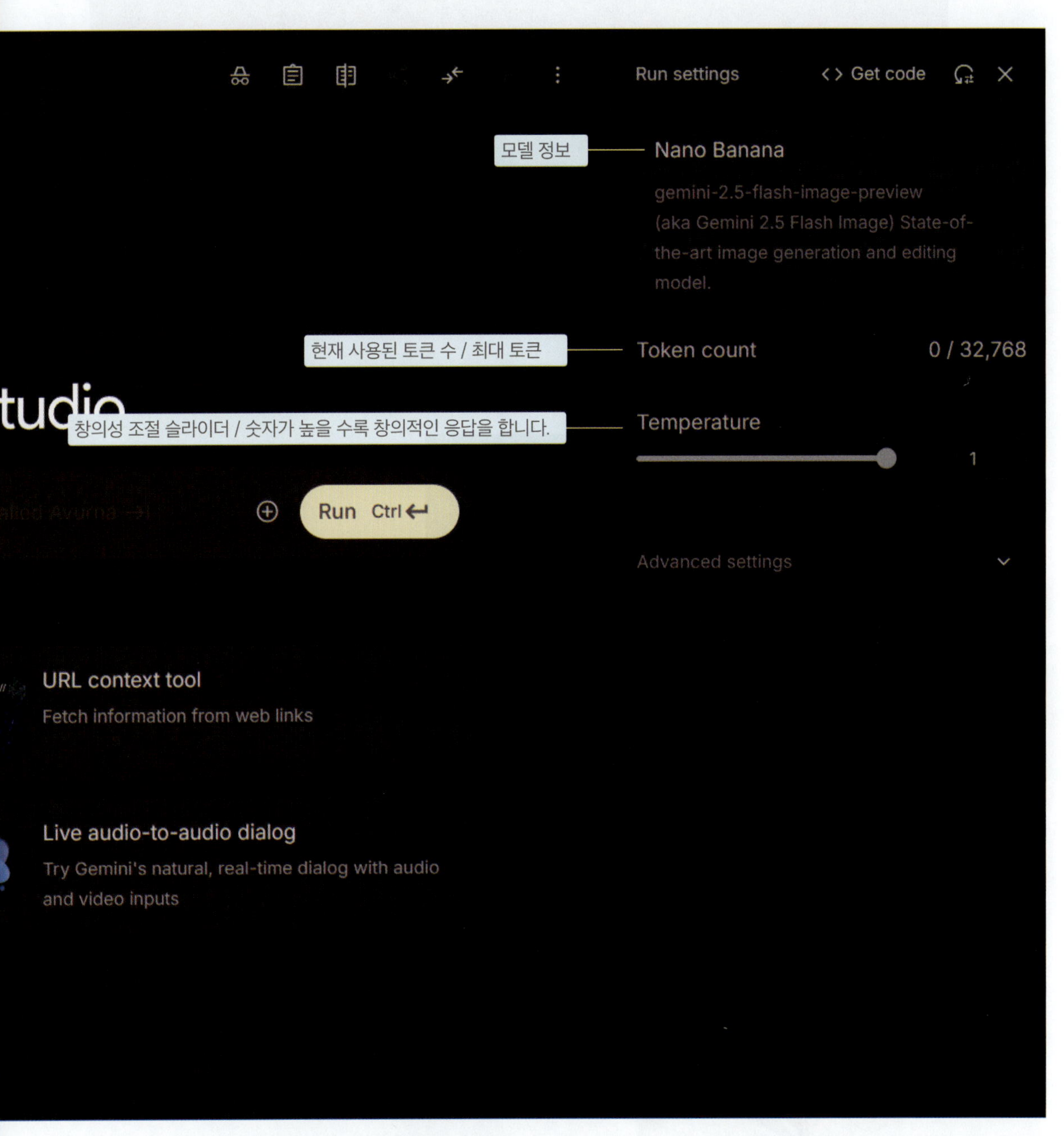
Run settings
<> Get code
모델 정보
Nano Banana
gemini-2.5-flash-image-preview
(aka Gemini 2.5 Flash Image) State-of-the-art image generation and editing model.
현재 사용된 토큰 수 / 최대 토큰
Token count
0 / 32,768
창의성 조절 슬라이더 / 숫자가 높을 수록 창의적인 응답을 합니다.
Temperature
1
Run Ctrl
Advanced settings
URL context tool
Fetch information from web links
Live audio-to-audio dialog
Try Gemini's natural, real-time dialog with audio and video inputs

본격적으로 이미지를 생성해보겠습니다.

Chat이나 Genearte media에서 Try Nano Banana를 클릭해줍니다.

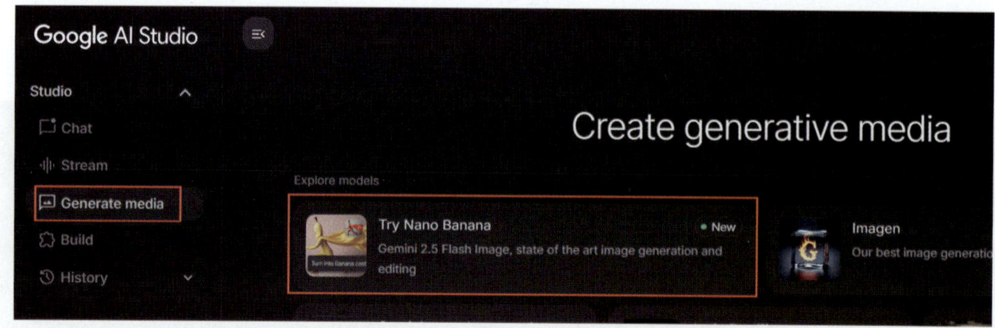

참고할 사진이미지를 채팅창에 마우스로 드래그앤드랍으로 넣거나, 키보드 [Ctrl+C]로 복사한 뒤에 [Ctrl+V]로 붙여넣기를 하면 이미지를 불러올 수 있습니다.

"해당 캐릭터를 피규어 이미지로 바꿔줘"라고 입력하고, Run Ctrl을 클릭하거나 [Ctrl+Enter]를 누릅니다.

이미지가 훌륭하게 피규어 사진으로 변환되는 모습을 확인할 수 있습니다. 다만 가끔 원하는 결과가 제대로 생성되지 않을 때가 있는데, 이런 경우 재시도를 해 보면 만족스러운 결과물을 얻을 것입니다.

그동안 진행한 채팅과 작업했던 내용은 My history에서 확인이 가능합니다.

My history
History
캐릭터 정면 만들기
캐릭터 뒷모습 묘사 또는 검색
캐릭터 정면 만들기
캐릭터 뒷모습 묘사 또는 검색

2. 나노 바나나로 이미지 합성/편집하기

나노 바나나는 디자인의 일관성과 합성 작업에서 매우 뛰어난 성능을 발휘합니다. 이번에는 간단히 이미지를 합성하고 편집하는 과정을 살펴보겠습니다. 예를 들어, 아래 2개의 장비를 서로 겹쳐서 생성해 달라고 요청하면 원하는 결과를 손쉽게 얻을 수 있습니다.

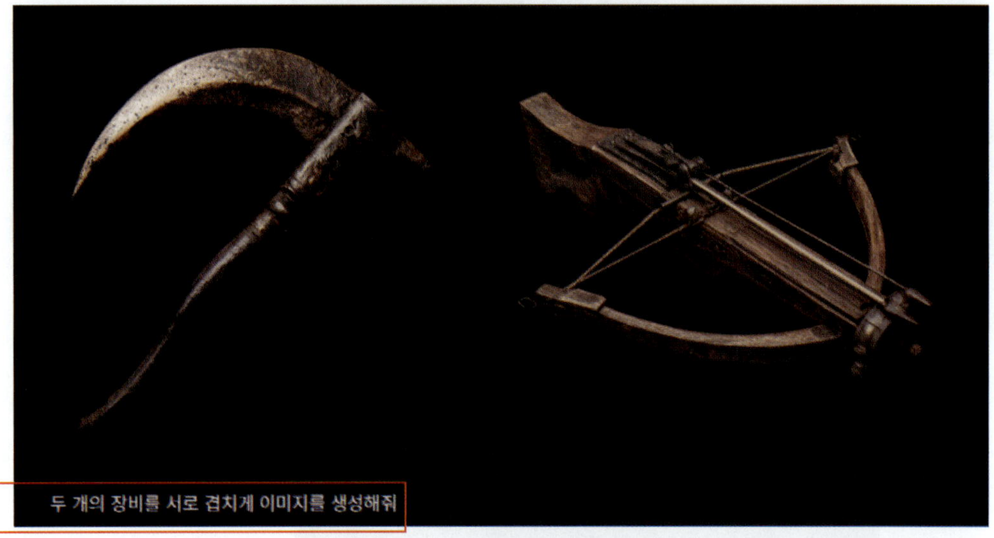

서로 겹치는 부분에서 발생하는 그림자 표현까지 구현되어 한층 더 자연스럽게 생성되는 결과를 확인할 수 있습니다.

이번에는 스타일과 디자인의 일관성을 유지하면서 오브젝트를 변형해 보겠습니다.

예를 들어, 특정 이미지를 변형하여 도끼로 바꿔 달라고 요청하면, 기존의 스타일을 유지한채 형태만 도끼로 자연스럽게 변환됩니다. 이처럼 Gemini 2.5 Flash를 활용하면 실무에서 무기, 의상, 몬스터 등 다양한 리소스의 베리에이션 작업을 효율적으로 진행할 수 있습니다.

이번에는 무기 이미지를 스케치 스타일로 변환해달라고 요청해보겠습니다.

디자인의 왜곡 없이 충실하게 스케치화된 결과를 얻을 수 있습니다. 이를 통해 원본의 특징은 유지하면서도 새로운 표현 방식을 손쉽게 적용할 수 있습니다.

3. 캐릭터 표정/포즈/파츠 변경 등 다양하게 응용해보기

제한된 개발 환경에서는 마감 시간을 단축하는 것이 무엇보다 중요합니다. 특히 캐릭터 작업의 경우, 일관성과 디자인을 유지하면서도 다양한 베리에이션, 포즈, 표정 작업에 많은 시간이 소모되는 경우가 많습니다. 이번 장에서는 이러한 상황에서 유용하게 활용할 수 있는 캐릭터의 표정/포즈/파츠 변경 방법을 살펴보겠습니다.

단일 이미지 한 장만으로도 위치 이동이나 회전이 자유롭게 이루어집니다. 캐릭터나 아이템의 위치 또는 회전해 달라고 요청하면 원래의 퀄리티와 스타일을 유지한채 원하는 방향으로 변환이 가능합니다.

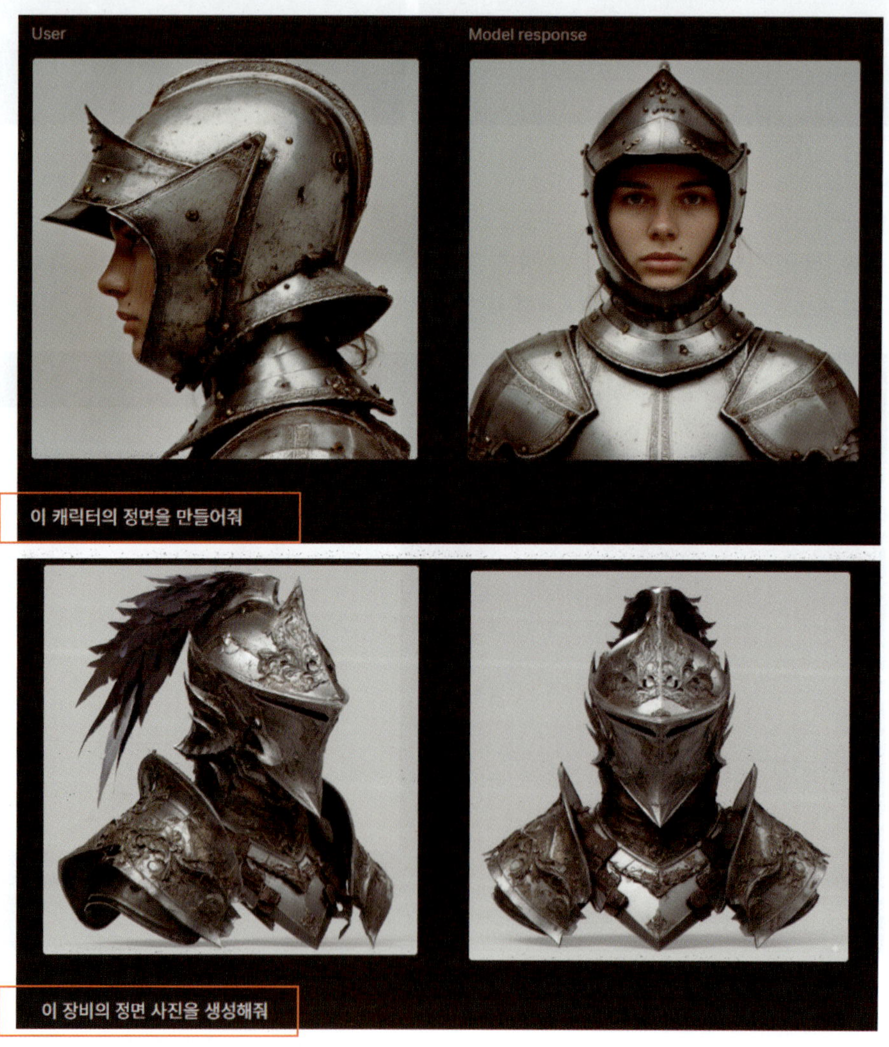

캐릭터의 표정을 변경해 보겠습니다.

해당 캐릭터가 웃고 있는 걸로 바꾸고 손가락 동작을 바꿔달라고 요청을 했습니다. 자연스럽게 포즈와 표정이 변경되는 것을 볼 수 있습니다.

이번에는 헤어스타일을 변경해 보겠습니다.

캐릭터의 머리카락을 길게 자라게 해 달라고 요청하자, 자연스럽게 긴 머리카락이 생성되어 적용되는 것을 확인할 수 있었습니다. 기존에 없던 머리카락이 생겼습니다.

이번에는 캐릭터의 헤어스타일을 다른 레퍼런스 이미지를 참고하여 합성해 보겠습니다.

첫 번째 이미지를 기준으로, 두 번째 레퍼런스에 있는 헤어스타일을 적용해 달라고 요청하면 원하는 형태로 변환된 결과를 얻을 수 있습니다.

자연스럽게 합성된 결과물을 확인할 수 있습니다.

이제 캐릭터의 삼면도를 생성해 보겠습니다.

"이 캐릭터의 삼면도를 생성해 달라"라고 요청하자, 디자인의 변경 없이 원형을 충실히 반영한 삼면도가 생성되는 것을 확인할 수 있습니다.

이번에는 장비를 변형해 보겠습니다.

캐릭터에 망토를 입히고 해골 투구로 교체한 뒤 배경을 추가하도록 요청하자, 즉시 반영된 결과를 얻을 수 있었습니다. 이처럼 캐릭터의 수정, 합성, 디자인 변경 및 요소 추가가 간단히 이루어지며, 실무에서는 한정된 시간 안에서 작업 일정을 단축하고 효율성을 크게 향상시킬 수 있습니다.

4. 배경 위치 변화와 아이템의 생성과 적용

배경 컨셉 작업에서도 이러한 기능은 매우 유용하게 활용할 수 있습니다. 특히 배경의 경우 전체적인 레벨 구성이나 구조적 설명이 중요하기 때문에 보이지 않는 영역의 형태나 디자인을 참고할 수 있는 이미지를 생성하는 것이 큰 도움이 됩니다. 예를 들어, 특정 대표 이미지의 정면과 후면 뷰를 요청하여 다양한 각도에서 디자인을 확인할 수 있습니다.

배경 프랍 또한 이미지의 왜곡이나 변형이 최소화되며, 자연스럽게 구도를 변경할 수 있습니다.

배경 일러스트는 단일 앵글만으로는 활용에 제약이 생길 수 있습니다.
이때 탑뷰나 다른 시점을 요청하면, 원래의 디자인을 유지한 채로 새로운 각도로 변환된 결과를 얻을 수 있습니다.

스케치 도면으로 변환해 달라고 요청하면 복잡한 형태도 한 눈에 파악하기 쉽게 단순화된 도면으로 변환할 수 있습니다.

이미지 안에 포함된 모루를 흰색 배경으로 추출하도록 요청하면 이를 별도의 프랍으로 분리하여 생성할 수도 있습니다.

이러한 방식으로 배경 이미지에서도 단일 컷을 활용해 필요한 프랍이나 도면을 손쉽게 얻을 수 있습니다.

계절 변화나 기상이변과 같은 환경적 요소도 손쉽게 수정할 수 있습니다.

짧은 프롬프트만 입력해도 의도한 분위기와 효과가 자연스럽게 반영되어 완성도 높은 결과물이 생성됩니다.

5. 불필요한 텍스처와 워터 마크 및 리소스 삭제하기

작업 과정에서 불필요한 텍스처나 워터마크, 혹은 레이어가 분리되지 않은 레퍼런스 이미지와 결과물을 수정해야 하는 상황이 자주 발생합니다. 이러한 요소들을 효과적으로 제거하는 방법을 살펴보겠습니다.

준비된 일러스트 이미지에서 특정 오브젝트나 텍스트 영역을 지정해 제거를 요청하면, 주변의 질감과 디자인과 자연스럽게 어우러지도록 해당 부분이 복원됩니다.

워터마크나 텍스트 제거를 요청하면, 누락된 영역을 주변의 질감과 디자인 요소에 자연스럽게 조화되도록 재생성하여 매끄럽게 복원할 수 있습니다.

나노 바나나는 빠른 속도와 높은 일관성을 갖춘 이미지 생성 AI 도구로 여러 이미지를 자연스럽게 합성하거나 캐릭터/스타일을 유지한 채 편집할 수 있어 실무 활용도가 높습니다. 일부 한계는 존재하지만, 미드저니 / 스테이블 디퓨전 / ChatGPT 등 다른 AI 도구와의 상호 활용을 통해 보완할 수 있으며, 이를 통해 게임 개발 및 실무 환경에서 효율성을 크게 향상시킬 수 있습니다.

10.

ComfyUI 활용하기

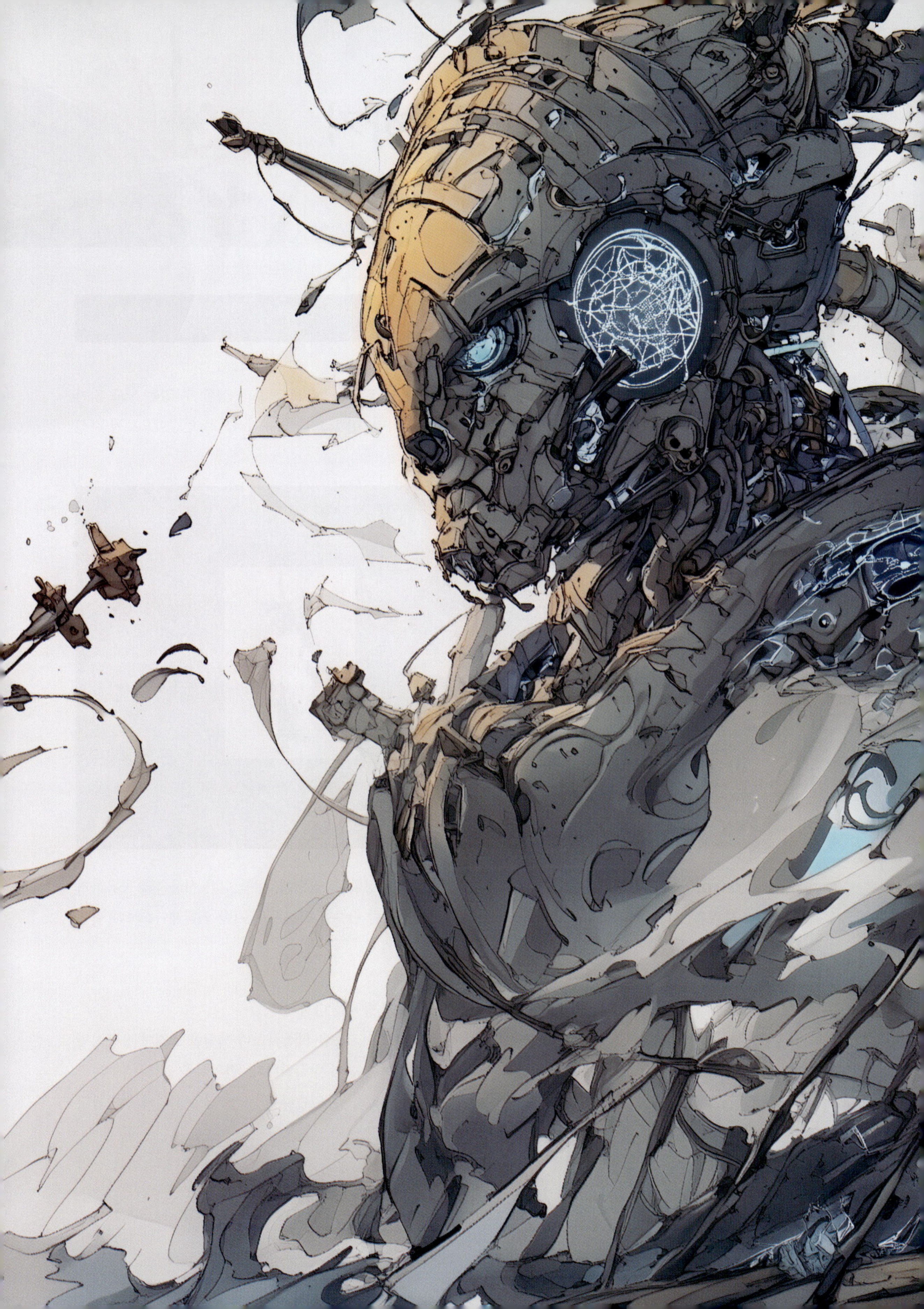

1. ComfyUI 실행 준비하기

ComfyUI는?

ComfyUI는 Stable Diffusion 기반의 이미지 생성 파이프라인을 시각적으로 구성할 수 있는 노드 기반 GUI 툴입니다. 각 기능은 '노드'라는 박스 형태로 제공되며, 이 노드들을 유기적으로 연결함으로써 자신만의 이미지 생성 워크플로우를 설계 할 수 있습니다.

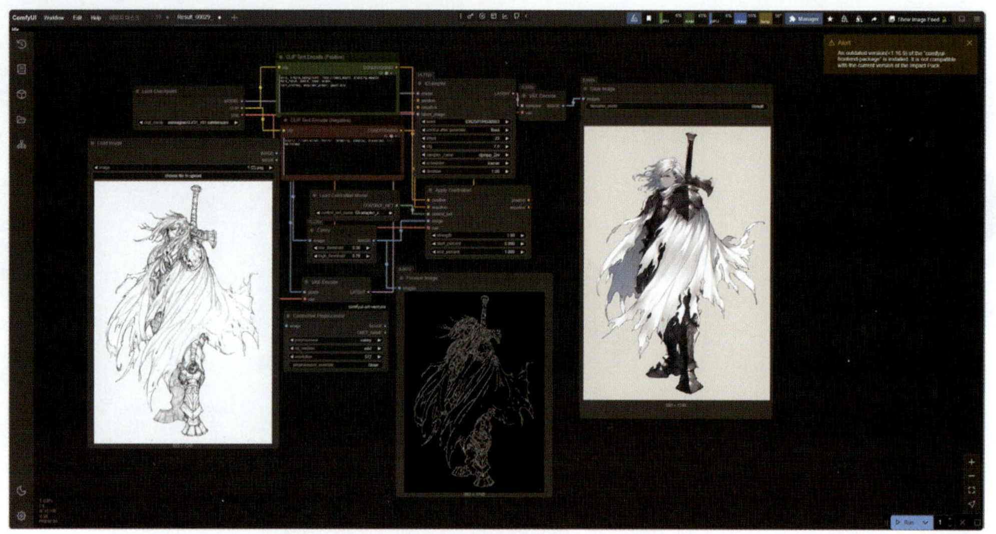

ComfyUI의 가장 큰 특징은 워크플로우를 직접 만들고 수정할 수 있으며, 이를 다른 사용자와 공유하거나 불러오는 것이 자유롭다는 점입니다. 이는 미드저니처럼 단순한 프롬프트 기반 인터페이스보다 훨씬 더 유연하고 확장성이 높은 방식입니다.

이 책에서는 ComfyUI를 설치하고 활용하는 두 가지 주요 방식을 다룹니다.
하나는 포터블(로컬) 환경에 직접 구성하여 원하는 방식으로 기능을 확장하거나 세팅을 조정하는 방식입니다. 다른 하나는 데스크탑 PC에 바로 실행 가능한 간편한 설치 방식입니다. 편의성을 원하는 경우 포터블 환경에서의 설치를 추천하나 호완성에 일부 문제가 있을 수 있습니다. 이럴 경우 설치가 번거롭더라도 포터블(로컬) 환경에 설치를 권장합니다.
여기서는 실무에서도 바로 적용 가능한 구성법과 예제를 중심으로 효율적인 커스터마이징과 반복 작업에 유리한 활용법을 함께 소개합니다.

ComfyUI 데스크탑으로 설치, 실행해 보기

ComfyUI 데스크탑은 공식에서 배포한 GUI 기반 통합 애플리케이션으로, 복잡한 환경 설정 없이 즉시 ComfyUI를 실행할 수 있는 데스크탑용 솔루션입니다.

지원 운영체제:

· NVIDIA GPU를 탑재한 Windows 시스템

· macOS (Apple Silicon 기반 시스템)

데스크탑 버전은 일부 기능적 불안정이나 호환성 이슈가 발생할 수 있습니다.
따라서 반복적인 테스트나 노드 커스터마이징에 익숙하지 않은 사용자라면, 보다 안정적이고 유연한 설정이 가능한 공식 포터블(로컬 설치형) 버전 사용을 권장합니다.

https://www.comfy.org/
ComfyUI 공식홈페이지 사이트에 접속을 합니다. Download 버튼을 클릭합니다.

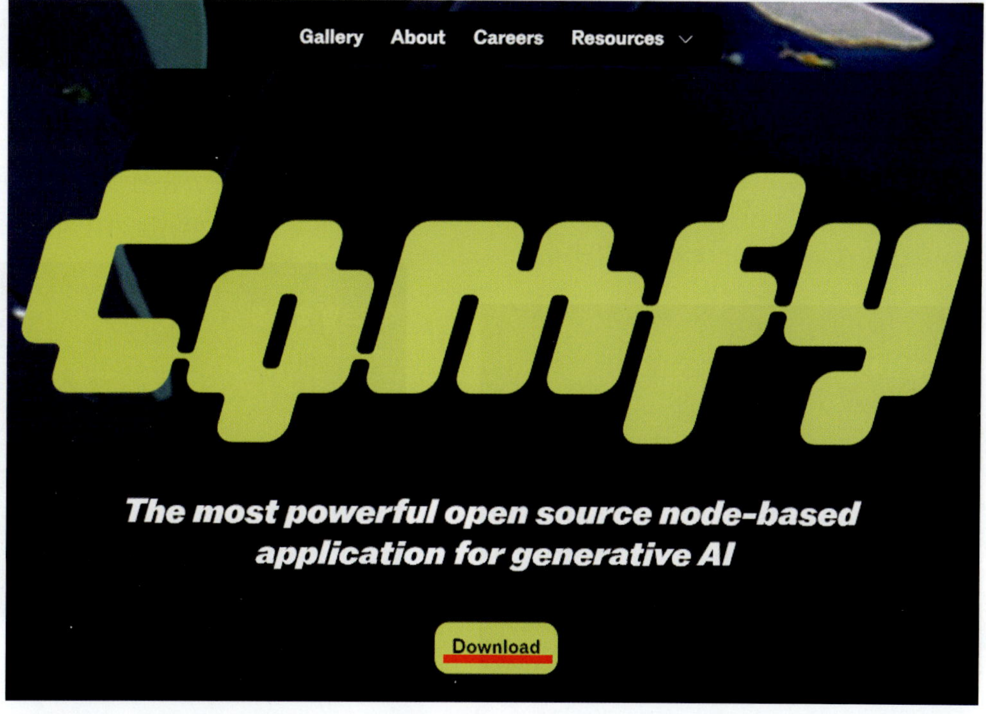

개인 운영체제에 맞게 Windows와 Download for mac를 선택해서 다운로드를 하고 실행해줍니다. EXE 파일을 더블 클릭하면 설치가 시작됩니다.

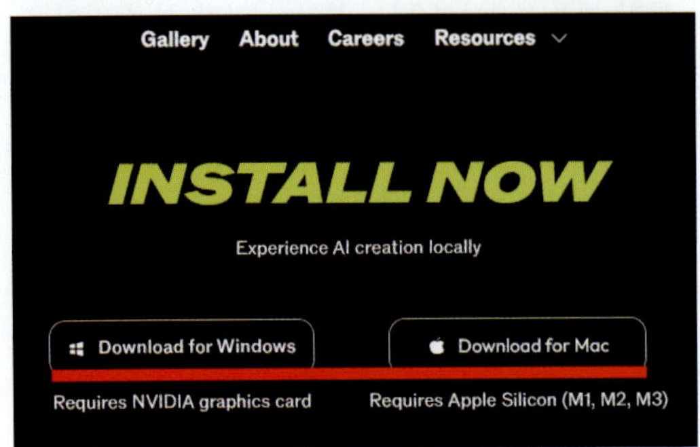

시작하기 버튼을 누르면 됩니다.

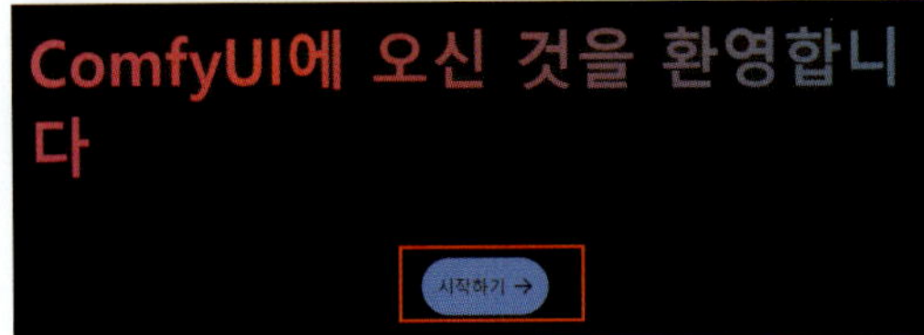

다음으로 GPU를 선택하는 화면이 나옵니다.
직접 구성(maunal configuration)하는 방법도 있고, 아랫쪽에는 GPU없이 CPU만으로 구동시키는 방법도 있습니다. 가급적 GPU 사용을 권장합니다.

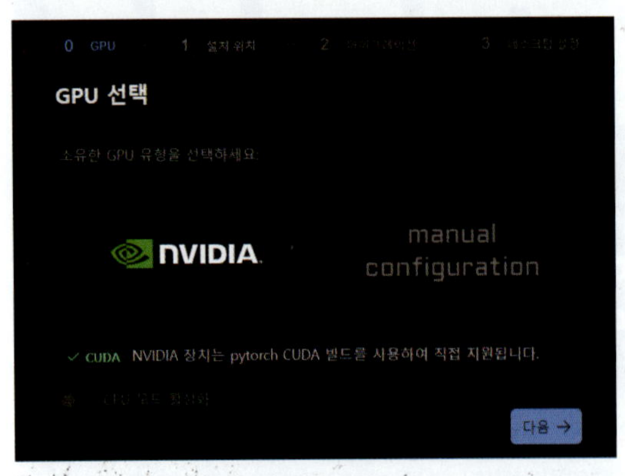

설치 위치를 지정해줍니다.

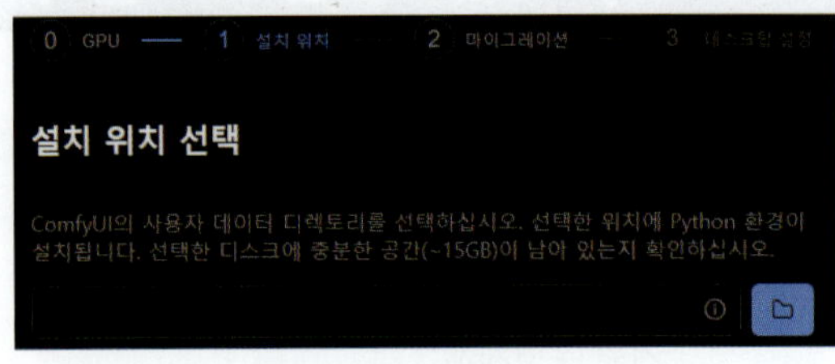

기존에 설치하였을 경우, 그 설치에 설정한 환경을 가져오는 옵션입니다. 웹UI 버전의 ComfyUI가 설치된 위치를 지정하면 됩니다.

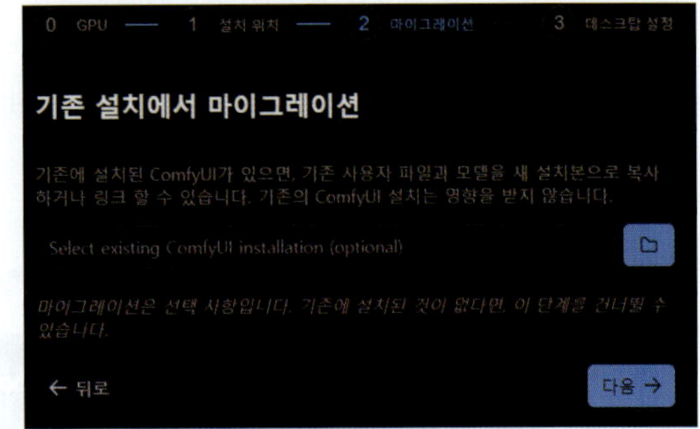

자동 업데이트를 켜두는 것을 권장합니다. 사용 통계는 사용하지 않으면 끄면 됩니다. 설치 버튼을 누르고 설치가 완료되길 기다렸다가 설치를 완료합니다.

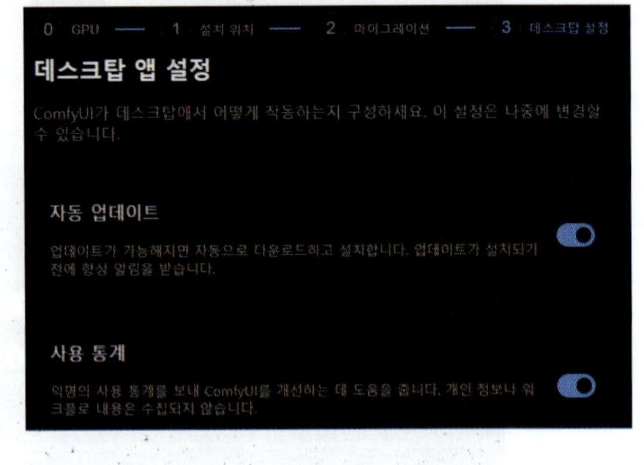

시간이 지나면 자동실행이 되며 저장된 경로에 실행 아이콘이 만들어집니다.

ComfyUi 포터블(로컬) 설치, 실행해 보기

https://www.comfy.org/
comfyui 공식홈페이지 사이트에 접속한 후 이전과 동일하게 Download 버튼을 클릭합니다.
하단의 InstallGithub를 클릭합니다.

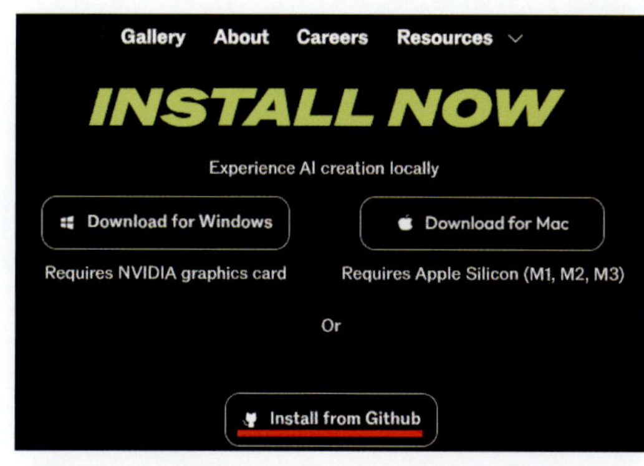

ComfyUI 깃허브 창이 나오는 것을 볼수 있습니다.

Direct link to download 문구를 찾아줍니다. 찾기 어려운 경우 키보드로 Ctrl+F를 눌러서 해당 문구를 찾아서 해당 글씨를 클릭을 해주면 다운로드가 진행이 됩니다.

Direct link to download

Simply download, extract with 7-Zip and run. Make sure
ckpt/safetensors files) in: ComfyUI\models\checkpoints

다운로드가 완료된 ComfyUi파일을 마우스 오른쪽 버튼을 눌러서 압축을 풀어줍니다. 압축을 풀 때 용량이 넉넉한 SSD, 하드디스크에 압축을 풀어줍니다.

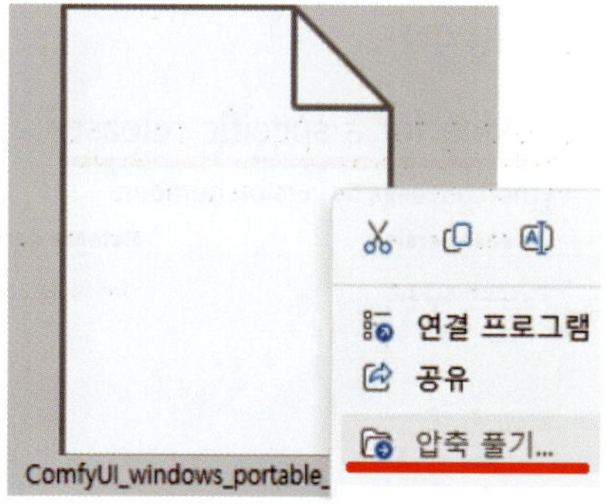

Python 설치

ComfyUI를 사용하려면 기본적으로 PC에 Python(파이썬)과 Git(깃)이 설치되어 있어야 합니다. 포터블 버전의 ComfyUI에서는 필수는 아니지만, 추후 커스텀 노드를 다운로드하거나 오류를 수정할 때 필요할 수 있으므로 미리 설치해 두는 것을 권장합니다.

ComfyUI의 깃허브 페이지에 접속해 Manual Install 항목을 확인한 뒤, 어떤 Python 버전을 요구하는지 살펴보세요. 권장 버전은 설치 시점에 따라 달라질 수 있으므로, 반드시 공식 사이트에서 최신 권장 버전을 확인한 후 설치하는 것이 좋습니다.

Manual Install (Windows, Linux)

Note that some dependencies do not yet support python 3.13 so using 3.12 is recommended.

Git clone this repo.

Python의 경우 인터넷 검색창에 **python download**을 검색하여 공식사이트가 맞는지 확인 후 Download Python | Python.org에 접속합니다.

Looking for a specific release? 있는 곳에서 내가 찾는 Python 버전이 있는지 확인하고 Downolad를 눌러줍니다.

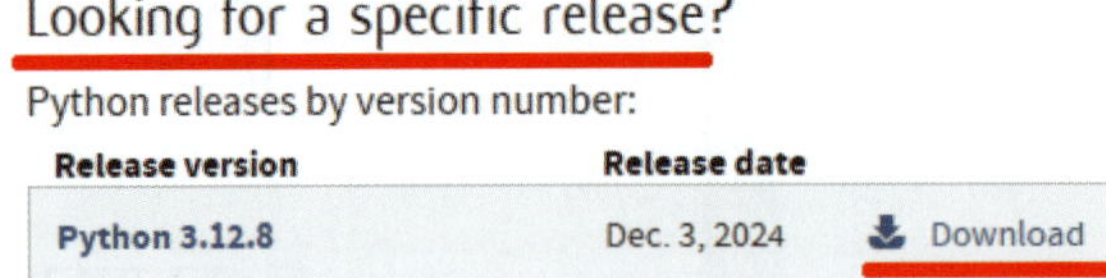

사용 중인 컴퓨터 운영체제 버전에 맞춰서 파란색 글씨를 클릭하면 다운로드가 됩니다.
다운받은 Python 프로그램을 마우스 왼쪽 더블클릭으로 실행합니다.

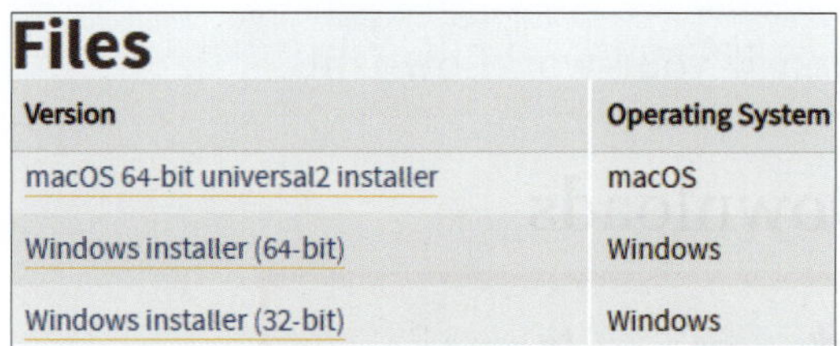

Version	Operating System
macOS 64-bit universal2 installer	macOS
Windows installer (64-bit)	Windows
Windows installer (32-bit)	Windows

설치할 때 반드시 **Add Pyhon exe to path**를 체크해야 합니다. 그 이후 Install Now를 눌러서 기다리면 설치가 마무리됩니다.

인터넷에서 Git을 검색하여 GIT 페이지를 접속합니다.

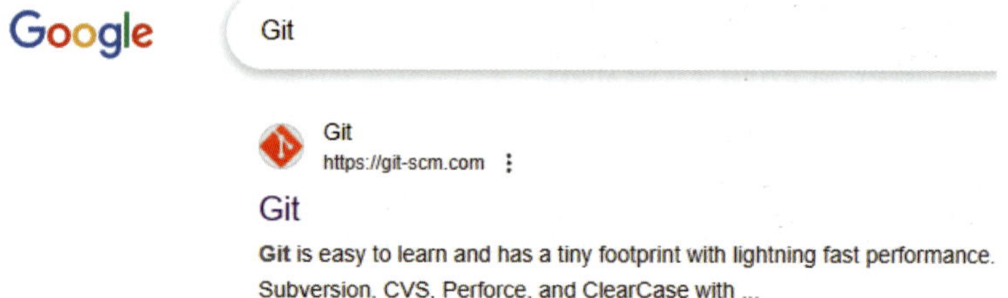

홈페이지에 접속 후 Downloads를 클릭하여 자기 환경에 맞는 운영체제와 버전을 선택하여 다운로드를 해줍니다.

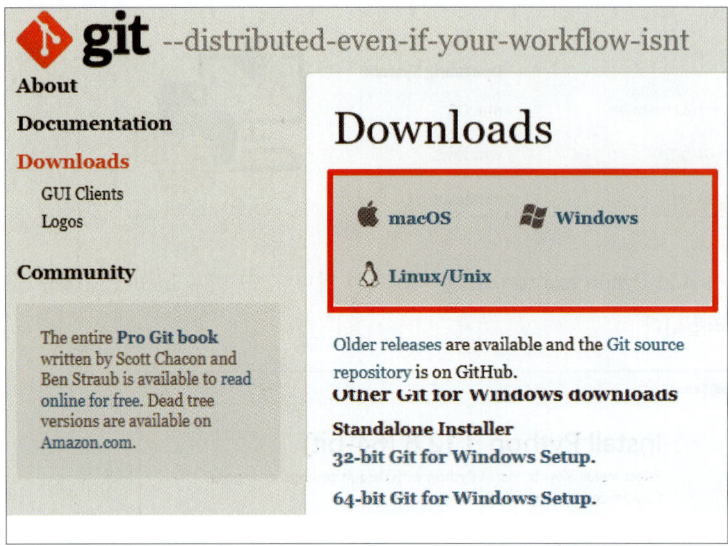

다운로드가 된 파일을 마우스 왼쪽 버튼으로 더블클릭하여 설치를 진행하고 마무리해 줍니다.

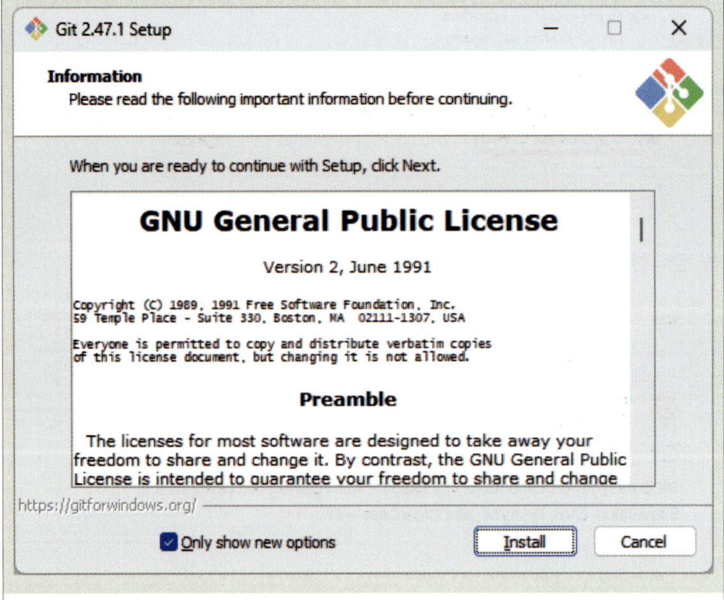

2. ComfyUI의 시작

사용가능한 OS: Window /Linux /MacOs

ComfyUI를 시작하기에 앞서 지금까지 과정은 기본틀을 만들었으면 내용물을 채워볼 차례입니다. ComfyUI에서만 사용하는 여러 모델들은 ComfyUI_windows_portable₩ComfyUI₩models 경로에 파일을 넣어주면 됩니다. 다음 페이지에 자세히 설명을 드리겠습니다만, 기본적인 Stable Diffusion 모델인 sdxl 베이스 모델을 다운받아 보겠습니다.

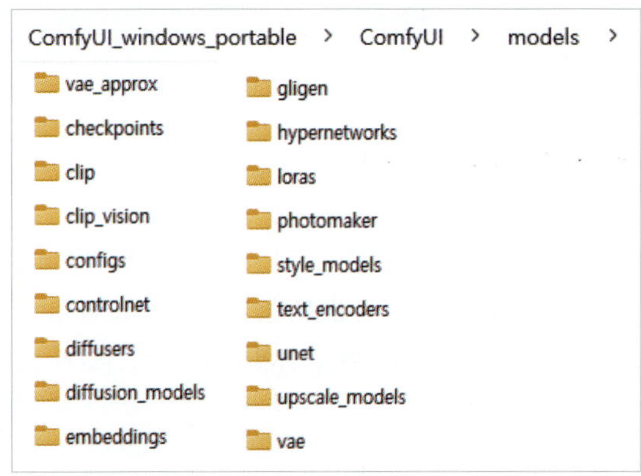

인터넷에서 SDXL1.0을 검색하여 개발자의 huggingface 사이트에 접속하여 Files and versions에서 sd_xls_base_1.0.saftetensors를 다운받아 ComfyUI_windows_portable₩ComfyUI₩models₩checkpoints경로에 파일을 넣어줍니다. 해당 파일을 찾지 못 했을 경우 https://civitai.com/api/download/models/128078 링크를 인터넷 창에 적어서 엔터키를 누르고 다운로드를 진행해 줍니다.

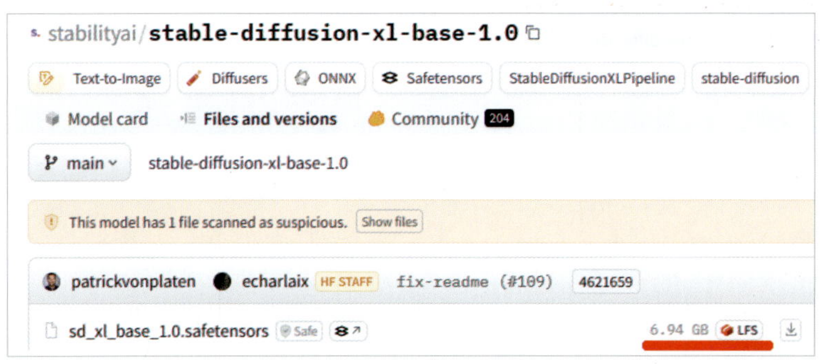

기존 Stable diffusion Webui와 연동하는 방법

Stable Diffusion의 다른 인터페이스인 Webui 즉 AUTOMATIC111를 이미 사용 중이거나 연동을 원하시면 경로를 같이 공유해서 사용할 수 있습니다.

ComfyUI_windows_portable₩ComfyUI 파일 경로에 extra_model_paths.yaml.example 파일이 있습니다. 이 파일을 편집하여 AUTOMATIC1111 의 모델 위치를 지정한 후, extra_model_paths.yaml로 변환해 주면 됩니다.

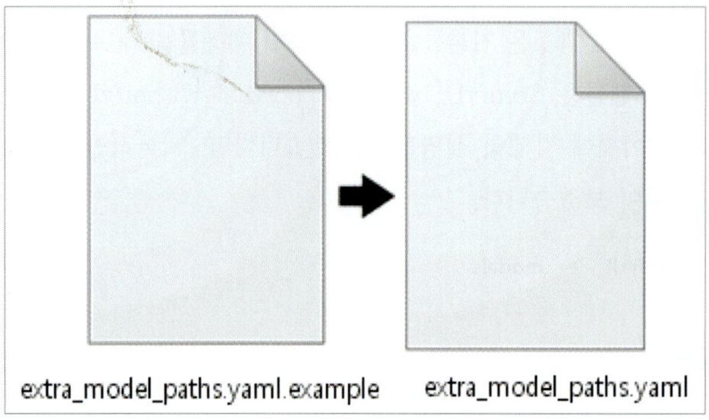

이 파일을 메모장으로 열면 base_path 항목을 A1111이 설치된 폴더 경로에 맞게 수정해야 합니다. 이때 체크포인트(Check Point), VAE, 로라(LoRa), 업스케일링 모델, 임베딩(Embedding), 컨트롤넷(ControlNet), 하이퍼 네트워크(Hyper Network) 등의 경로명을 변경하거나, 인식되지 않는 경우라면 경로를 다시 확인하는 것이 좋습니다.

특히 ControlNet은 models/ControlNet 경로뿐만 아니라 sd-webui-controlnet/models 경로도 함께 확인해 보는 것을 권장합니다.

```
#config for a1111 ui
#all you have to do is change the base_path to where yours is installed
a111:
    base_path: E:₩WEBUI0.55.2₩stable-diffusion-webui

    checkpoints: models/Stable-diffusion
```

ComfyUI 설치 후 실행 방법

ComfyUI Desktop 데스크탑 버전

ComfyUI Desktop 데스크탑 버전을 사용하는 경우, 바탕 화면의 ComfyUI 아이콘을 더블 클릭하여 ComfyUI를 실행할 수 있습니다.

공식 포터블 버전으로 ComfyUI 실행하기

ComfyUI 포터블 패키지를 사용 중이라면, 설치한 폴더에서 다음 파일들을 찾을 수 있을 것입니다. Run_cpu가 있고 run_nvida_gpu가 있습니다. cpu는 말 그대로 cpu를 사용해 작동을하고 gpu는 그래픽카드를 사용해 이미지생성을 합니다.

run_nvida_gpu을 권장합니다. 실행을 해보겠습니다.

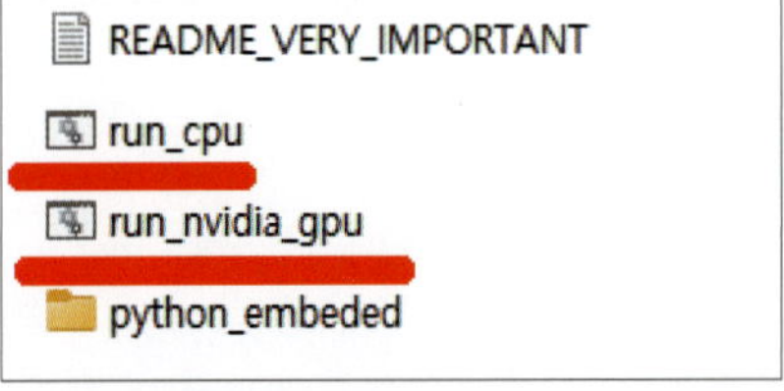

ComfyUI의 구성 및 인터페이스의 이해

조금 기다리면 웹 브라우저 창에 ComfyUI 메인 인터페이스화면이 나타납니다.

아래와 같은 화면이 나오면 정상적으로 실행된 것입니다.

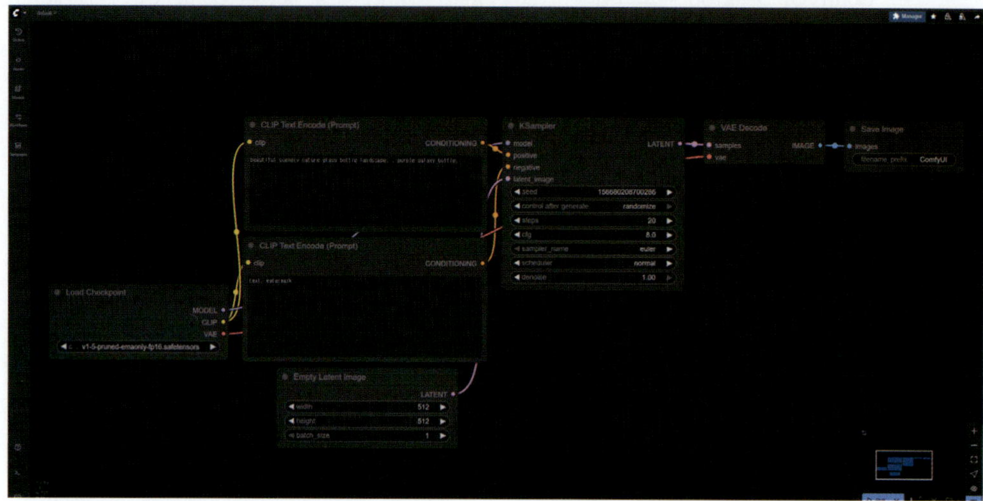

직관적인 노드 이해를 위해서 좌측상단의 로고 이미지 클릭하여 Settings – LiteGraph – Graph 경로로 이동후에 Straight로 변경을 해줍니다.

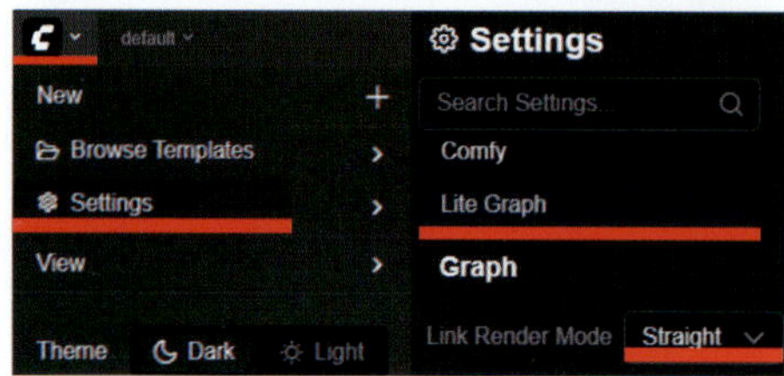

Straight로 변경하면 노드가 곡선에서 직선으로 바뀝니다.

Locale 언어설정에서 한국어도 지원이 되지만 단순한 번역으로 되어있기에 호완성과 여러 노드들의 이해성을 위해 세팅은 기본적으로 영어 기준으로 설명을 하겠습니다.

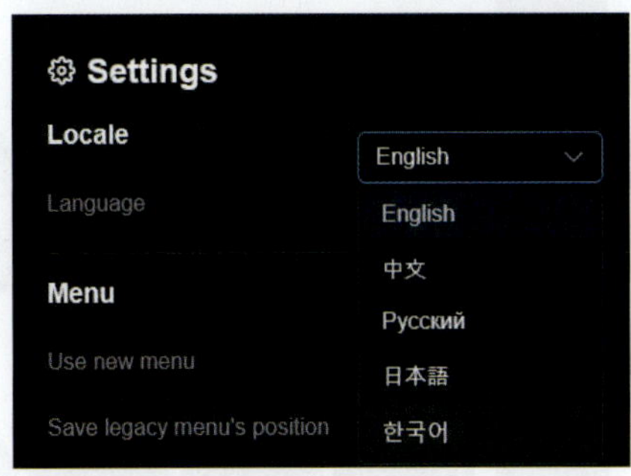

Workflow/Edit

먼저 좌측 상단의 구성부터 살펴 보겠습니다.

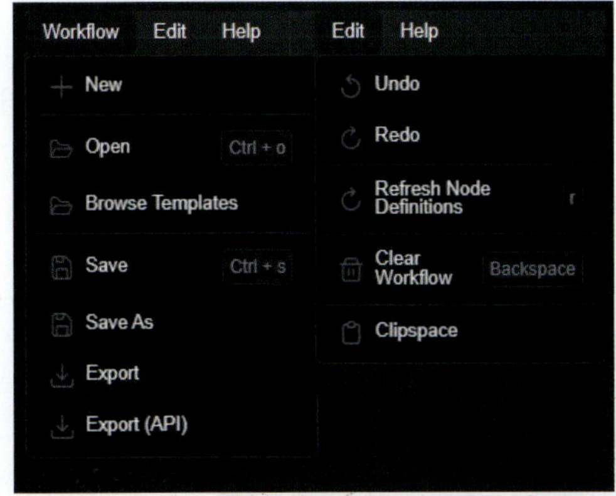

New 워크플로우를 새로 구성합니다.

Open 생성한 이미지나 워크플로우를 다시 불러서 다시 사용이 가능합니다.

Browse Templates 기본적인 Text to Image, Image 2 Image, 이미지 업스케일링 등 기본적인 워크플로우를 선택할 수 있습니다.

Save,Save As 워크플로우를 저장하거나 다른 이름으로 저장합니다.

Export,Export (API) 인터페이스를 외부 경로로 저장할 수 있습니다.

Edit Undo,Redo 내가 했던 작업의 이전, 다음 단계를 다시 불러오는 게 가능합니다.

Refresh Node Definitions,Clear Workflow 노드의 새로 고침, 워크플로를 정리해 줍니다.

Help ComfyUI의 가이드 문서와 업데이트 뉴스, 디스코드 서버를 연결시켜 제공해줍니다. 가이드 문서는 한 번 읽어보시는 것을 추천합니다.

QUEUE 좌측 상단에 있으며 내가 해당 창에서 작업한 이미지의 결과물들과 생성에 걸린 시간이 확인이 가능합니다.

NODE LIBRARY 여러 노드를 검색하거나 마우스 왼쪽버튼을 더블클릭하여 노드를 뷰포트에 가지고 오는 게 가능합니다.

MODEL LIBRARY ComfyUI_windows_portable₩ComfyUI₩models 경로에 저장한 여러 모델들을 확인할 수 있습니다.

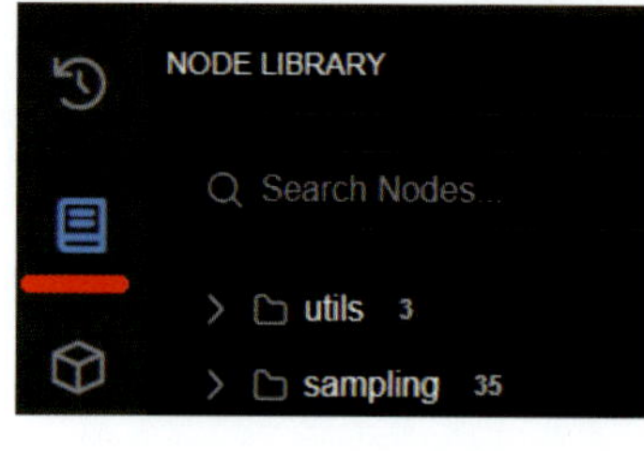

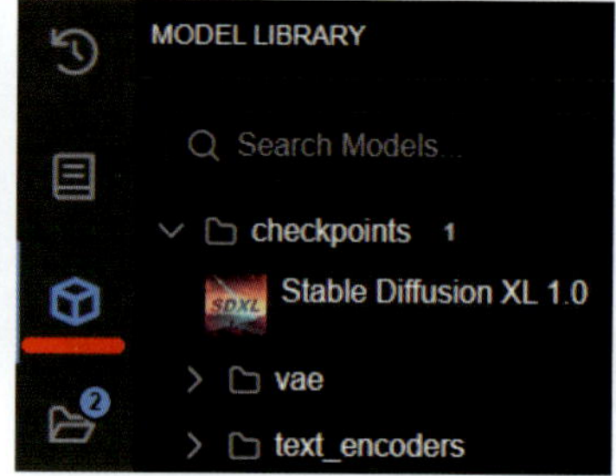

WORKFLOWS 현재 해당 창에서 작업한 워크플로우리스트 등을 확인할 수 있으며 마우스 왼쪽버튼 더블 클릭하여 다시 워크플로우를 불러오는 게 가능합니다.

Zoom In/Out 화면의 줌 인/아웃 해 줍니다.

Select Mode 마우스를 왼쪽클릭한 상태로 화면 이동이 가능합니다.

Toggle Link Visibility 클릭하면 노드끼리 연결한 선들을 임시적으로 보이지 않게 해 줍니다.

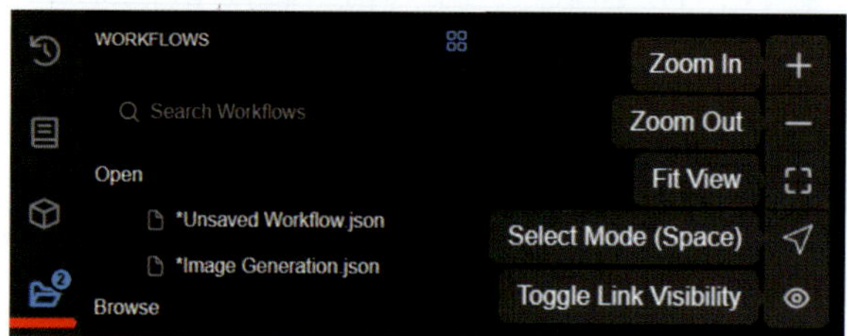

NODES MAP은 지금 창에 있는 노드들을 보여줍니다.
글자를 더블클릭하면 해당 노드로 이동됩니다.

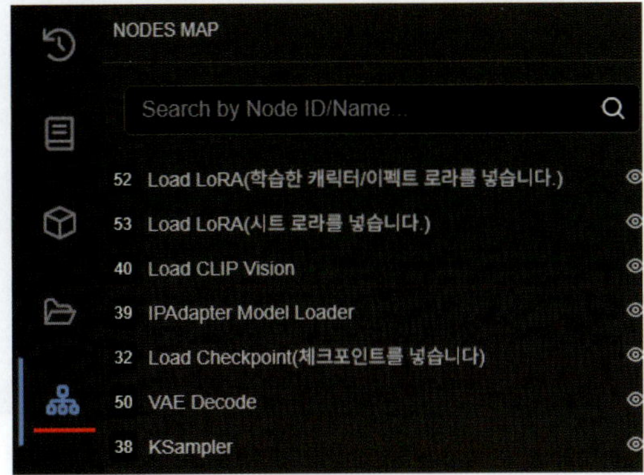

구성된 사각 박스를 노드라고 부릅니다. 이 노드들을 제대로 이해하고 연결시켜야 정상적인 이미지가 출력됩니다.

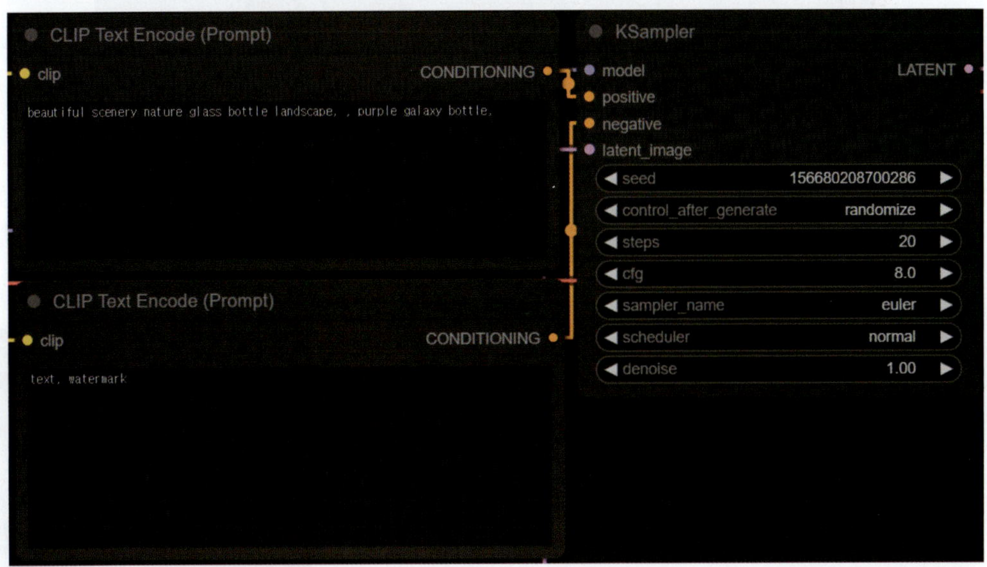

ComfyUI 빈 창에 오른쪽 버튼을 클릭하면 여러 노드가 많이 있습니다.

기본적인 구성에서 누락되어 있는 부가적인 기능들을 추가할 수 있습니다.

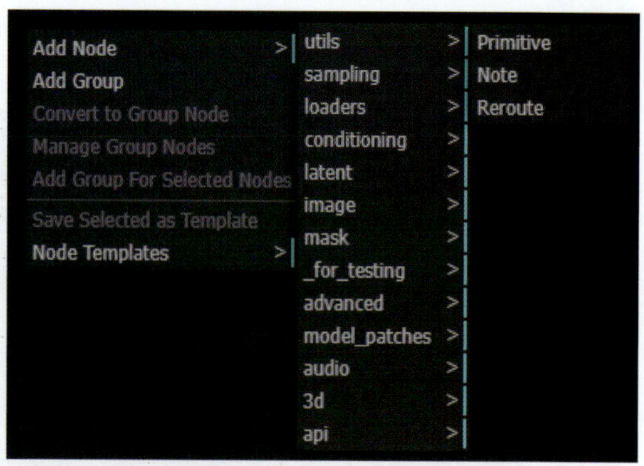

빈 화면에 마우스 왼쪽 버튼, 더블 클릭하면 창이 나오는데 검색을 하여 나온 노드에 마우스를 가져다 되면 해당 노드의 설명을 보여주며 클릭하면 노드를 추가를 할 수 있습니다.

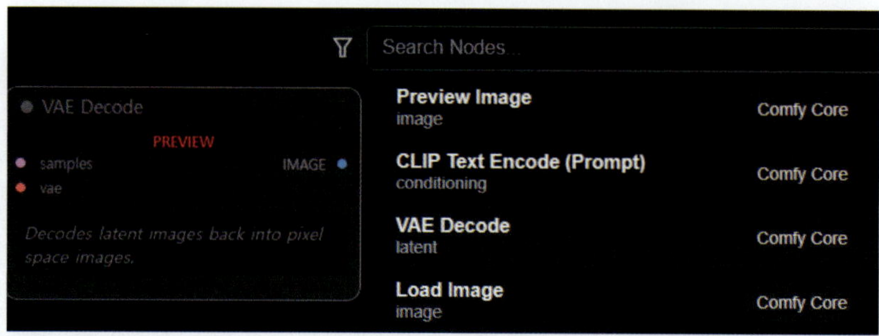

추가된 노드를 마우스 왼쪽 버튼으로 눌러서 이동을 하거나 노드박스의 우측 하단 모서리를 클릭해서 크기 조절이 가능합니다.

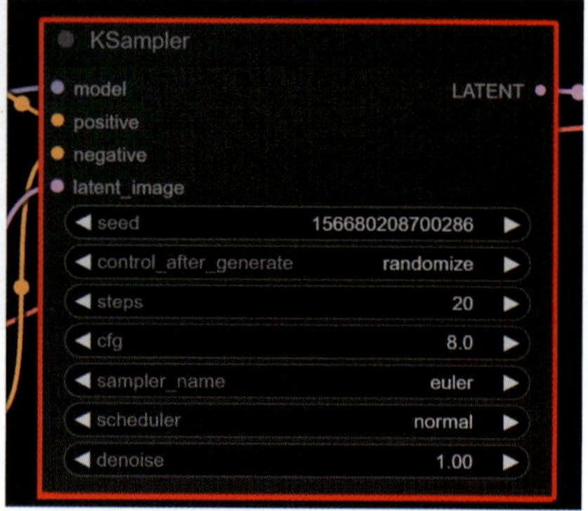

아래 그림처럼 노드의 V자 표시의 동그라미 버튼을 더블 클릭하면 노드를 단순화 시킬 수도 있습니다.

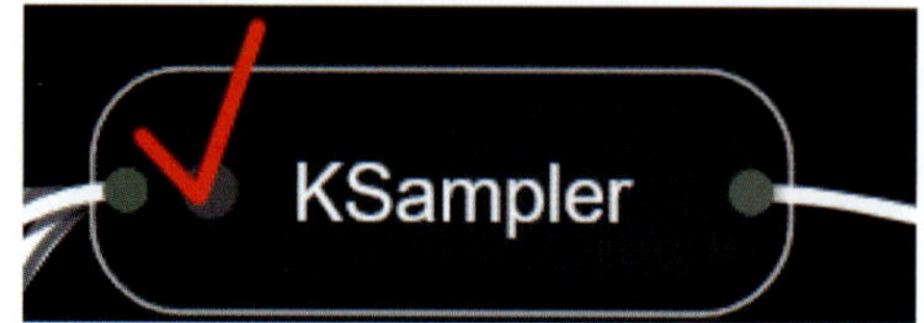

체크포인트(Load Checkpoint)

Load Checkpoint에서는 내가 사용할 모델을 선택할 수 있습니다. 체크포인트 모델을 선택하고 불러올 때 사용합니다. ckpt_name을 클릭하면 내가 설치한 모델들을 확인할 수 있습니다. 여기서 Stable Diffusion 모델에 따라서 SDXL이면 XL버전에 해당하는 Lora, Vae, 컨트롤넷을 연결해야 정상적으로 출력됩니다.

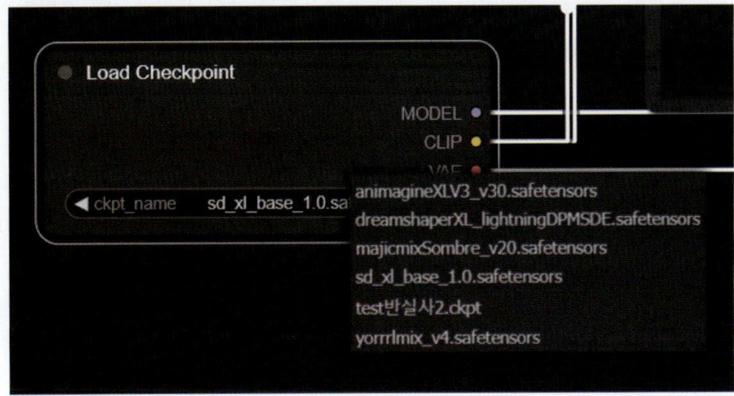

프롬프트(CLIP Text Encode)

체크포인트는 2개의 CLIP에 연결됩니다. 프롬프트를 입력 받고, 이를 CLIP 모델에 제공합니다. 위는 긍정 프롬프트(prompt)를 입력하는 곳이고, 아래는 부정 프롬프트(negative prompt)를 입력하는 곳입니다. 이처럼 체크포인트 파일과 프롬프트가 직접 연결되어야 작동된다는 것을 알 수 있습니다.

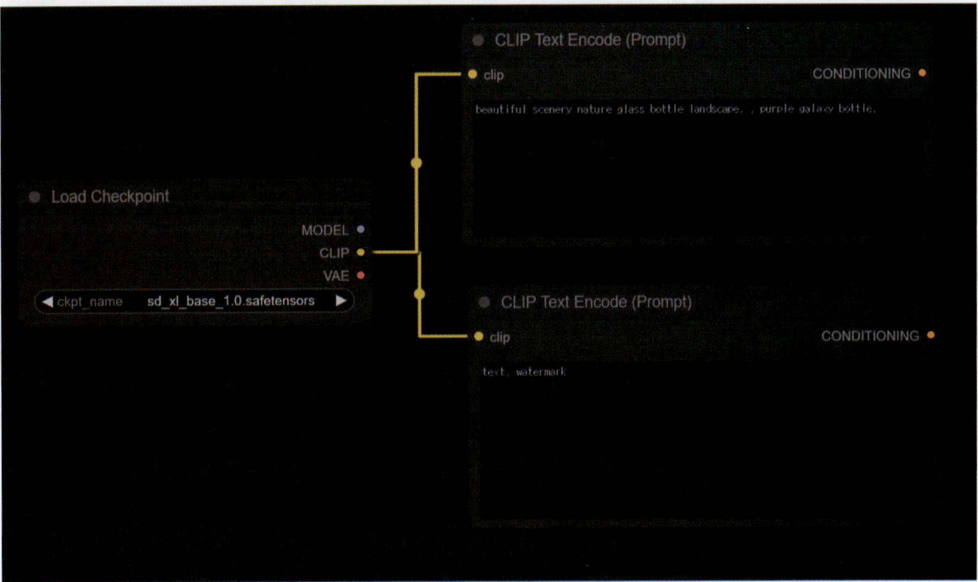

[긍정 프롬프트]

이미지에 직접 반영되었으면 하는 내용이 들어갑니다. 환경, 등장인물, 배경, 라이팅 등 화면 구성에 대한 전반적인 구성을 프롬프트로 써주면 됩니다.

[부정 프롬프트]

긍정 프롬프트가 상황적인 묘사를 설명한다면, 부정 프롬프트는 긍정 프롬프트에 입력된 이미지에서 낮은 퀄리티 또는 부적절한 이미지를 걸러주는 역할이라 생각하면 됩니다.

프롬프트는 Stable Diffusion에서 뿐만 아니라 AI 이미지 생성에 있어서 기본 영역입니다. 텍스트 문장으로 어떤 그림을 생성하라고 명령하면 생성해 주는 원리입니다. 기본적으로 순서, 괄호, 조합으로 되어 있으며 앞에 키워드를 우선 시하고 뒤에 위치할 어휘를 고려해서 이미지를 생성합니다. 하지만 괄호가 있을 경우 그 문장을 우선시하여 생성합니다. 개별 환경에 따라 같은 프롬프트라도 다르게 나올 수 있으니 개인적으로 잘 나오는 프롬프트를 저장하고 라이브러리화하면 좋은 퀄리티와 편의성을 늘릴 수 있습니다.

Empty Latent Image (생성될 이미지의 사이즈)

[Width/Height] 넓이/높이 사이즈 입니다.

[Batch Size] 한 번에 작업할 이미지의 개수를 선택합니다. 숫자가 많을수록 VRAM에 영향을 줍니다.

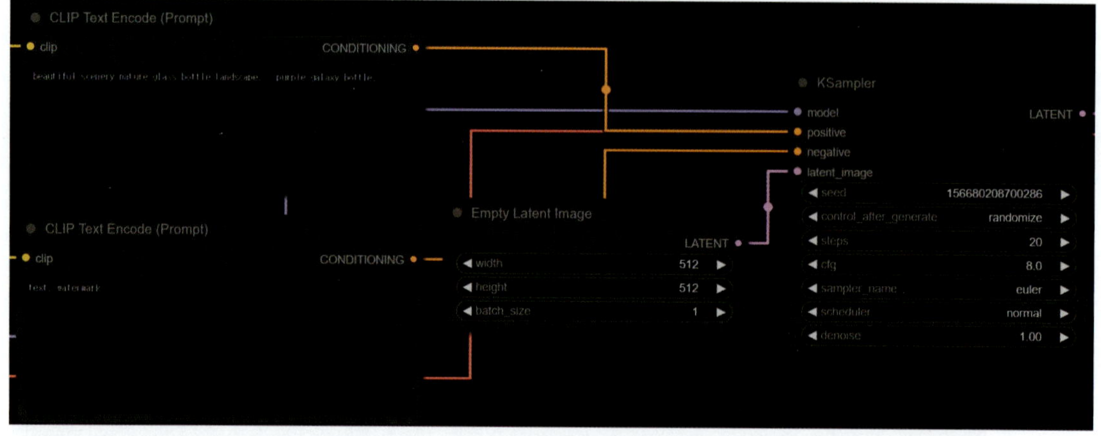

KSampler

샘플러에서는 Seed, Steps, CFG, Sampler 등 다양한 설정을 할 수 있습니다.

[Seed]

이미지 고유의 바코드 번호라고 생각하면 됩니다. 같은 프롬프트, 환경, Seed를 사용하면 동일한 이미지가 나옵니다. 주사위 버튼을 누르면 -1로 매번 다른 설정값을 도출하며, 초록색 화살표 버튼을 누르면 방금 생성한 이미지의 고유의 seed가 생성됩니다.

[Control after generate]

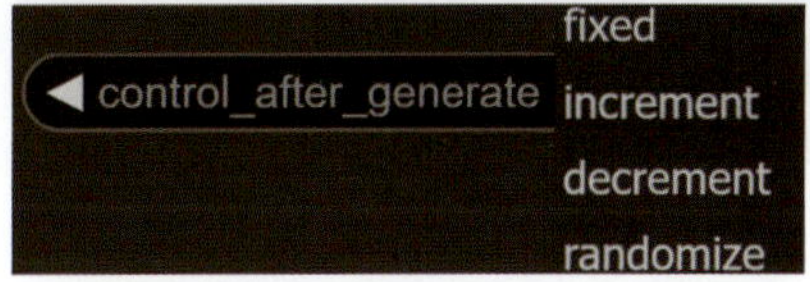

fixed 시드(seed)를 고정합니다. 다른 모든 조건이 같다면 항상 같은 이미지가 출력됩니다.

Increment/decrement 시드를 +1 또는 -1로 한단계씩 변화시킬 수 있습니다.

randomize 시드 번호를 무작위로 설정합니다.

steps 샘플링 단계를 입력합니다. 너무 적은 값을 입력하면 퀄리티가 떨어지지만 너무 많이 입력해도 생성 시간과 과도한 정보량에 퀄리티에 악영향을 줄 수 있습니다.

Cfg scale 프롬프트를 따를지 결정하는 이미지의 자유도를 정해줍니다. 4이하로 내려가면 원하지 않는 그림이 생성되고, 11이상으로 올려주면 생성되는 그림이 깨지고 채도가 올라가기 때문입니다. 7 또는 7.5를 많이 사용하고 있습니다. SDXL 이후 버전에서는 CFG을 많이 낮춰서 생성하는 모델도 있습니다.

[sampler name]

여러 샘플러 중 하나를 선택합니다.

A1111에서는 DPM++ 3M Karras가 붙어 있고 ComfyUI에서는 Sampler/ScheDuler에 각각 DPM++ 3M / Karras로 선택되어있는 것을 볼 수 있습니다. 샘플러는 개인의 기호와 생성 퀄리티에 맞춰서 선택하면 좋습니다. 연산력을 낮추고 빠른 속도로 뽑을 때는 Euler / Euler a, 퀄리티가 무난한 건 DPM++, 스타일을 바꾸고 싶을 때는 a 표기된 것을 사용하면 됩니다.

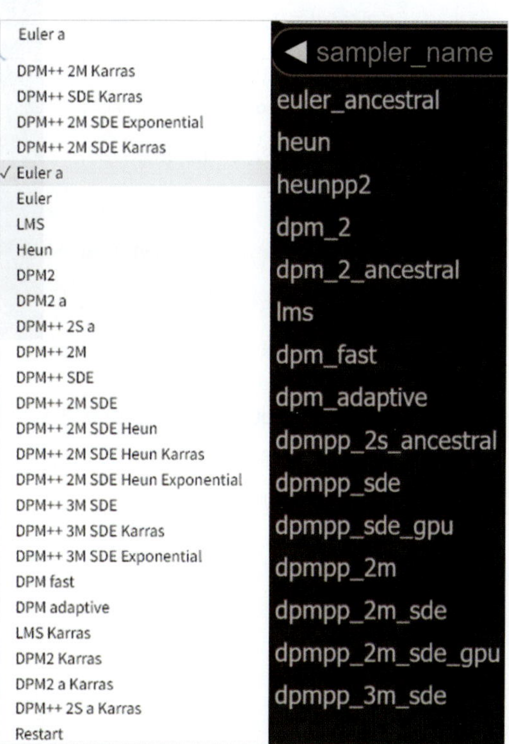

DPM++ SDE Karras : DPM++ SDE 샘플러의 변형으로 Karras의 논문에서 제안된 노이즈 스케줄러를 사용합니다. 이 샘플러는 높은 해상도의 이미지에 적합하며, 세부적인 텍스처를 잘 보존합니다.

DPM++ 2M SDE Karras : DPM++ 2M SDE 샘플러의 변형으로, Karras의 논문에서 제안된 노이즈 스케줄러를 사용합니다. 이 샘플러는 DPM++ SDE Karras보다 조금 더 부드럽고 자연스러운 이미지를 생성합니다.

Euler a 오일러 방법의 샘플러로, 가장 간단하고 기본적인 알고리즘입니다. 이 샘플러는 많은 수의 단계가 필요하며 정확도가 낮습니다.

Scheduler 각 단계별로 노이즈를 얼마나 제거할 지를 정합니다.

Euler 오일러 방법의 샘플러로, Euler a와 비슷하지만, 약간 다른 업데이트 규칙을 사용합니다. 이 샘플러는 Euler a 보다 조금 더 정확하지만, 여전히 많은 수의 단계가 필요합니다.

DPM++ 2M SDE DPM++ SDE 샘플러의 변형으로 2개의 모드를 사용합니다. 이 샘플러는 다양한 스타일의 이미지를 생성할 수 있습니다.

DPM++ 3M SDE Exponential DPM++ 3M SDE 샘플러의 변형으로, 지수적인 노이즈 스케줄러를 사용합니다. 이 샘플러는 초기에 많은 양의 노이즈를 제거하고, 후반부에는 점진적으로 노이즈를 줄여줍니다.

Denoise 잡음제거 강도(denoising strength)의 역할로써 수치에 따라서 처음에 제거할지를 결정합니다. 1은 100%의 수치를 의미합니다. ComfyUI에서는 1.0이 기본값을 가집니다.

VAE Decode KSampler에서는 결과 이미지(Lanten image)를 만들어주지만, 컴퓨터 화면에 출력하려면 픽셀 이미지로 변환해야 하는데 이 역할이 Vae Decode의 역할입니다.

Save Image 출력된 이미지를 저장을 해줍니다. 생성된 마우스 오른쪽 버튼을 눌러서 저장하거나,

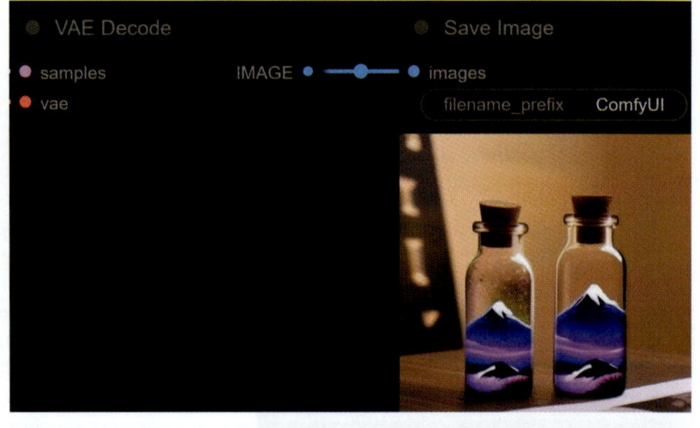

Queue Prompt 해당 버튼을 누르면 1번의 이미지 생성을 합니다. 클릭을 여러 번 하거나 위에 숫자를 적은 숫자대로 이미지를 생성해줍니다.

VAE VAE는 기본적으로 체크포인트에 연결되어 있습니다. Load VAE 노드를 사용해 별도로 연결할 수도 있지만, 처음 사용하는 경우에는 체크포인트에 포함된 VAE를 그대로 연결해 활용하는 것을 권합니다.

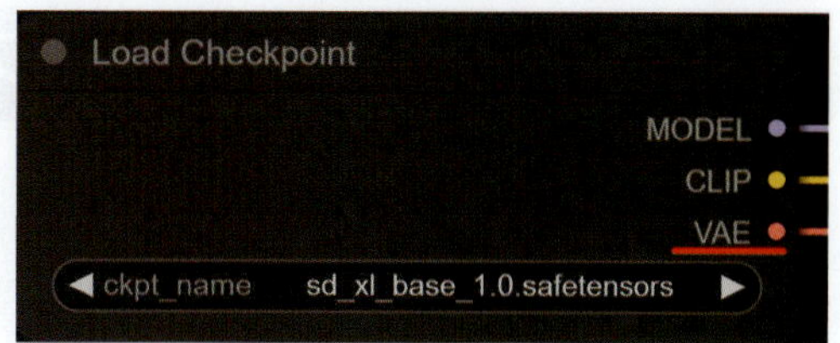

로라(LoRA) 로라를 적용하는 법은 다음 챕터에서 자세히 설명하겠습니다. 체크포인트-로라-프롬프트 순으로 구성하며 로라의 개수에는 제한이 없습니다.

Properties Panel 노드 하나를 클릭 후 오른쪽을 클릭하면 여러 부가 기능이 있습니다. 이중에서 Properties Panel를 자주 사용합니다.

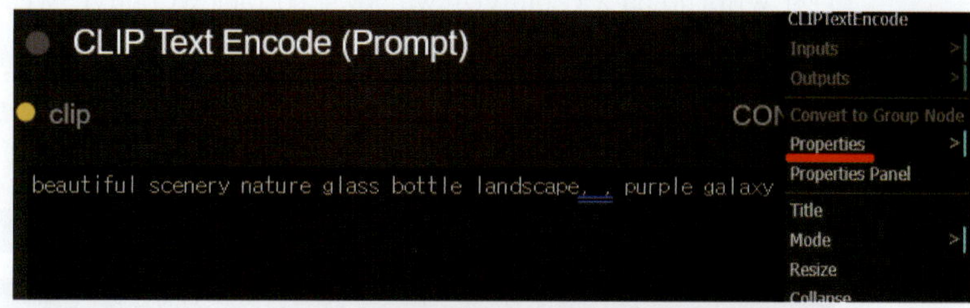

Title 이름을 정해줍니다.

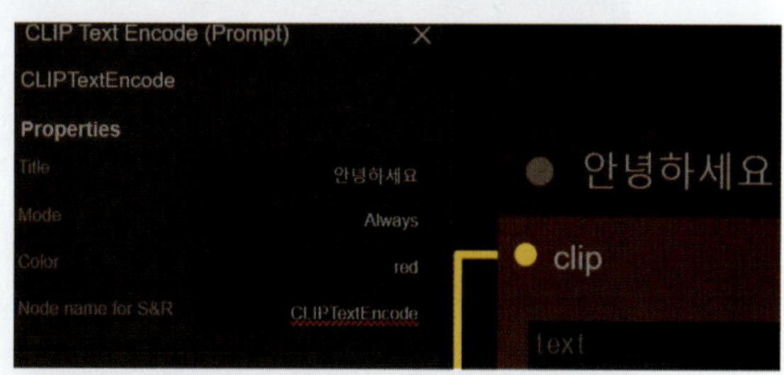

Mode 해당 글씨의 검은 창을 마우스로 클릭해줍니다.
Always 항상 노드에 영향을 미칩니다.
On Event 특정 상호작용시 영향을 미칩니다.
Never 이 노드를 사용하지 않습니다.
On Trigger 특정 프롬프트를 입력할시에 영향을 미칩니다

Color 노드 박스의 색상 변경을 가능하게 해줍니다.

Group 마우스 오른쪽 버튼을 눌러 그룹을 생성할 수 있습니다. 생성된 그룹은 가장자리를 드래그해 크기를 조절할 수 있으며, 그룹 안에 노드를 정리해 관리할 수 있습니다. 또한 그룹 내부에서 마우스 오른쪽 버튼을 누르면 그룹의 이름, 색상, 폰트 크기를 변경하거나 그룹 자체를 삭제할 수도 있습니다.

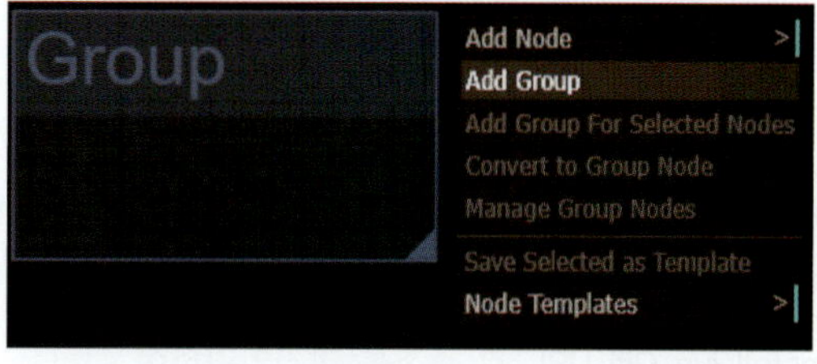

ComfyUI Manager 설치하기

다른 사용자가 업로드한 기능이나 노드를 활용하려면 ComfyUI Manager를 추가로 설치하는 것이 좋습니다. 이 도구는 모델과 커스텀 노드를 손쉽게 관리할 수 있는 편리한 커스텀 노드입니다. 일부 버전에는 기본적으로 포함되어 있을 수도 있지만, 없는 경우에는 직접 설치해야 합니다. 설치를 위해서는 ComfyUI가 설치된 경로로 이동한 뒤, 해당 위치에서 ComfyUI Manager를 추가해 주면 됩니다.

다시 WEBUI0.55.2₩ComfyUI_windows_portable₩ComfyUI₩custom_nodes 경로에 접속하여 파일탐색기의 주소표시줄 창에서 git clone https://github.com/ltdrdata/ComfyUI-Manager 명령어를 Enter 키를 눌러서 실행시킵니다. 원활한 설치를 위해서 git이 반드시 설치되어 있어야 합니다.

ComfyUI를 재실행합니다. 정상 설치됐다면 화면 상단에 Manager Manager 버튼이 추가됩니다.

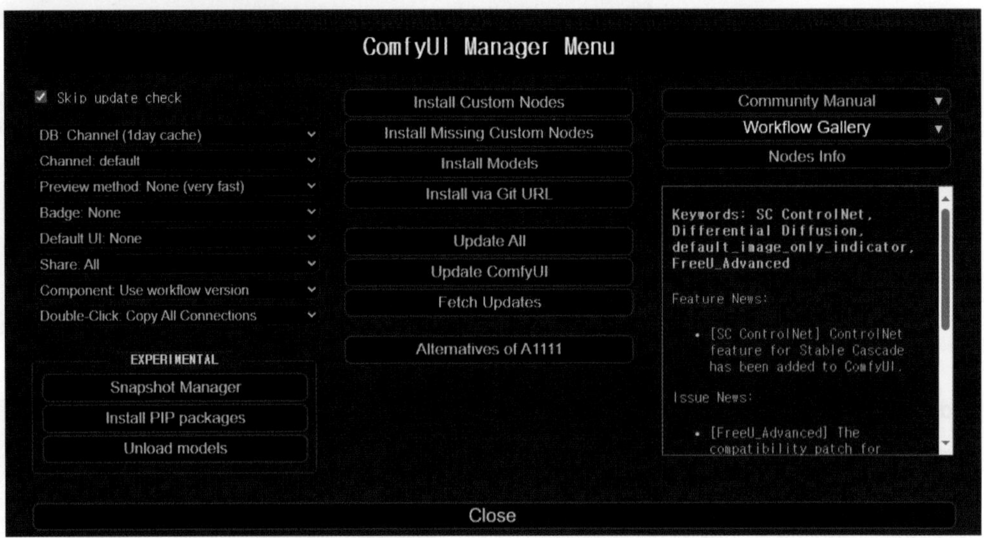

Install Custom Nodes 커스텀 노드를 설치/제거할 수 있습니다.

Install Missing Custom Nodes 지금 열려있는 워크 플로우에 누락된 노드를 설치 해줍니다. 다른 사람이 제작한 워크 플로우를 제작할 경우 사용자에겐 있지만 나에게는 없는 커스텀 노드를 자동으로 설치해주는 기능을 합니다.

Install Models 체크포인트, VAE, LoRA, ControlNet 등을 설치합니다.

Install iva Gitl URL 깃 주소를 직접입력하여 설치를 합니다.

Update All 전반적인 모든 것을 업데이트 합니다.

Update ComfyUI ComfyUI를 업데이트합니다.

Fetch Updates **Custom Node**의 업데이트를 확인합니다. 업데이트의 경우 주기적으로 확인하고 업데이트를 하는 것이 좋습니다.

Alternatives of A1111 AUTOMATIC1111의 확장 기능중에서 ComfyUI에서 적용이 가능한 기능을 설치합니다.

Community Manual ComfyUI의 매뉴얼을 볼 수가 있습니다

유용한 조작/단축키 모음

단축키	설명
마우스 휠	확대/축소
마우스 휠 클릭/좌클릭 + 드래그	화면 이동
마우스 우클릭	메뉴
노드 마우스 좌클릭	노드 이동
노드 선택 중 Backspace/delete	노드 삭제
Ctrl+좌클릭 드래그	노드 여러 개 선택
노드 복수 선택 Shift +	
좌클릭 드래그	노드 복수 이동
우클릭 Add Node	추가할 노드를 선택합니다.
우클릭 Add Group	노드를 묶을 박스를 추가합니다.
우클릭 Add Group For Selected Nodes	현재 선택된 노드들에 그룹을 씌웁니다.
Ctrl + Enter	현재 그래프를 대기열에 넣습니다.
Ctrl + Shift + Enter	현재 그래프를 첫째로 대기열에 넣습니다.
Ctrl + Z/Ctrl + Y	실행 취소/다시 실행
Ctrl + S	워크플로우 저장
Ctrl + O	워크플로우 로드
Ctrl + A	모든 노드 선택
Alt + C	선택한 노드 축소/축소 해제
Ctrl + M	선택한 노드 음소거/음소거 해제
Ctrl + B	선택한 노드를 우회(노드가 그래프에서 제거되고 와이어가 다시 연결되는 것처럼 작동)
Delete/Backspace	선택한 노드를 삭제
Ctrl + Delete/Backspace	현재 그래프 삭제
Space	누른 상태에서 캔버스를 커서를 움직이면 화면 전환이 가능
Ctrl/Shift + Click	클릭한 노드를 선택 항목에 추가
Ctrl + C/Ctrl + V	선택한 노드를 복사하여 붙여넣기(선택하지 않은 노드의 출력에 대한 연결을 유지하지 않음)
Ctrl + C/Ctrl + Shift + V	선택한 노드를 복사하여 붙여넣습니다(선택하지 않은 노드의 출력에서 붙여넣은 노드의 입력까지 연결 유지)
Shift + Drag	선택한 여러 노드를 동시에 이동
Ctrl + D	기본 그래프 로드
Q	대기열 가시성 전환
H	히스토리 전환
R	그래프 새로고침
Double-Click LMB	노드 빠른 검색 팔레트 열기

ComfyUI 관리하기

ComfyUI를 효율적으로 관리하고 다른사람의 워크플로우를 사용할 때는 다음과 같은 3가지의 관리가 필요합니다.

ComfyUI 업데이트

새로 나온 기능이나 업데이트가 되었을 겨우 ComfyUI 버전과 맞지 않으면 제대로 작동되지 않을 수 있습니다. 설치된 파일 경로 ComfyUI_windows_portable/update에 있는 update_comfyui.bat 파일을 수시로 실행 전에 실행해서 최신 업데이트를 유지하는 것이 좋은 습관입니다.

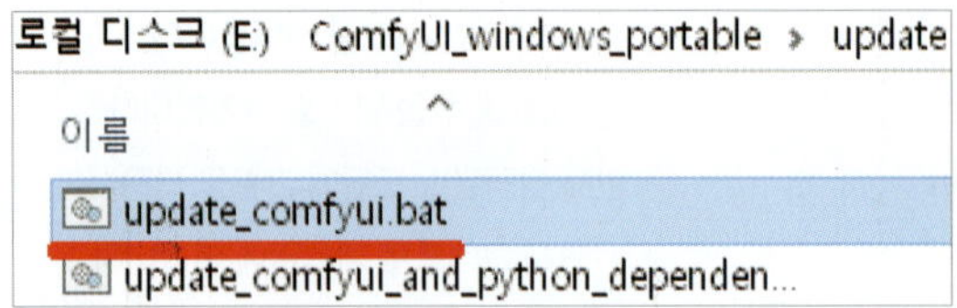

누락된 노드 설치하기

다른 사람의 노드를 빈 창에 가져와 불러오면 이렇게 빨간색 테두리와 일부 노드가 설치되어 있지 않다며 경고창이 나오는 경우가 있습니다. 어떻게 해결 할 수 있는 지 알아보겠습니다.

Comfyui manager를 실행해서 Install Missing Custom Nodes를 실행해줍니다.

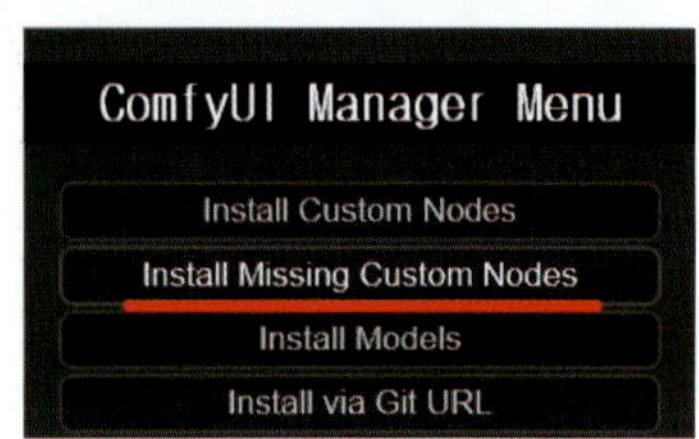

해당 노드가 설치되어 있지 않은 경우, Install 버튼으로 설치를 진행하면 됩니다.

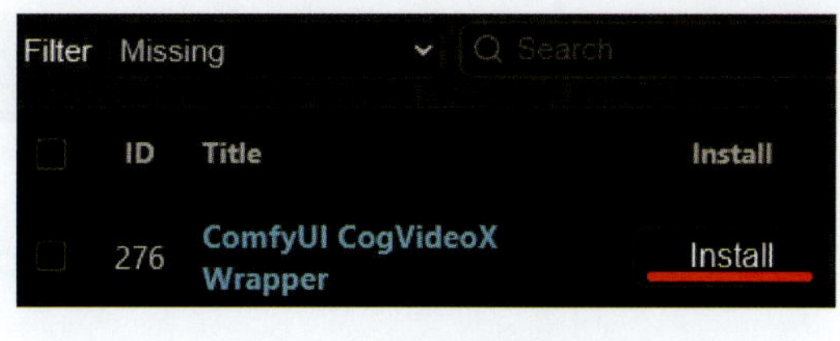

업데이트와 설치가 완료되었으면, RESTART 메시지 창이 보입니다.
클릭해서 재실행해줍니다. 화면도 F5번을 누르거나 창을 닫고 새 창을 열어서 실행해줍니다.

설치가 완료되었더라도 오랜 기간 업데이트하지 않으면 정상적으로 작동하지 않는 문제가 발생할 수 있습니다. 따라서 ComfyUI Manager 메뉴에서 주기적으로 Update All과 Update ComfyUI 버튼을 눌러 최신 상태를 유지하는 것이 좋습니다.

커스텀 노드 업데이트

수시로 ComfyUI Manager를 실행해 Update All을 실행하면 모든 커스텀 노드가 한 번에 업데이트됩니다. 특정 항목만 부분적으로 업데이트하고 싶을 때는 Update ComfyUI를 눌러 개별적으로 업데이트할 수 있습니다.

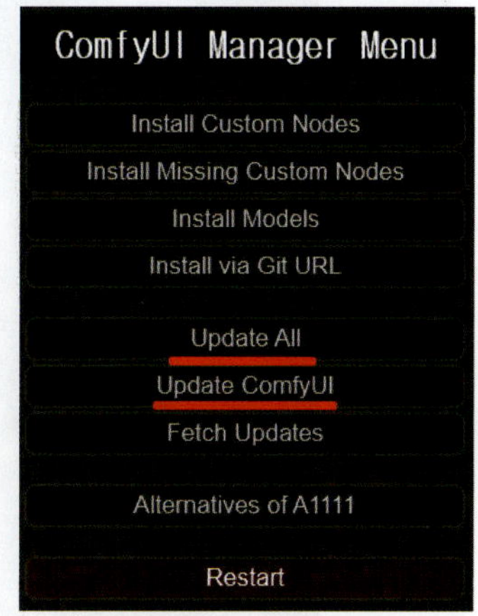

모델과 로라 이해하기

체크포인트 모델(Checkpoint Model)의 이해

ComfyUI를 제대로 사용하기 위해서는 체크포인트(Checkpoint), 로라(LoRA)의 개념을 알아두면 좋습니다. 체크포인트 모델은 일반적인 이미지 혹은 특정한 장르의 이미지를 생성하기 위한 목적으로 미리 학습된 스테이블 디퓨전 가중치입니다.

아래 좌측의 이미지는 반실사, 실사 모델을 사용하였으며, 우측의 이미지는 캐주얼의 모델을 사용하였습니다. 같은 프롬프트여도 학습한 이미지에 따라서 실사/반실사/캐주얼 등 화풍과 표현의 방식에 크게 차이가 납니다. 어떤 모델이 생성할 수 있는 이미지는 결국 모델이 얼마나 학습이 되어 있는지 사용된 이미지에 의해 결정됩니다. 그래서 결국 기본 모델이 뛰어나도 내가 원하는 이미지가 학습되어 있지 않는 경우가 있습니다.

로라(LoRA)의 이해

로라는 체크포인트 모델이 특정 피사체를 학습하지 못했을 때 제대로 된 생성을 위해서 추가적인 학습으로 보충하는 기능을 한다고 생각하시면 됩니다.

모델은 여러 나라의 음식을 만들 수 있게 도와주는 요리사입니다.
한식을 학습했으면 한식을, 중식을 학습했으면 중식을 만들어주는 역할을 합니다. 한식 메뉴 안에 갈비탕으로 학습된 데이터가 없으면 음식을 디테일하게 만들지는 못할 겁니다. 이때 부가적으로 갈비탕을 학습해서 그 음식을 만들어주는 역할을 하는 것이 로라의 역할입니다.

Stable Diffusion 모델과 로라의 적용과 사용

Stable Diffusion을 사용하기 위해서 체크아웃 모델과 로라의 사용은 필수적입니다. 이를 사용하기 위해서는 로라와 모델을 직접 만들어 적용하거나 다른 사람이 학습한 모델을 사용해야 하는 경우가 많습니다.

타인이 만든 모델과 로라를 사용하는 주요 사이트는 허깅페이스와 civitai가 있습니다.

허깅 페이스 > https://huggingface.co

허깅 페이스의 경우, 업로더 개인이 자기의 Git 기반 소규모 웹앱, 데이터셋 등을 업로드하여 공유하면 유저들도 다운을 받을 수 있습니다. 처음에 찾기가 어렵지만 각각 개인의 만든 모델과 로라의 정보와 업데이트를 실시간으로 확인할 수 있다는 장점이 있습니다.

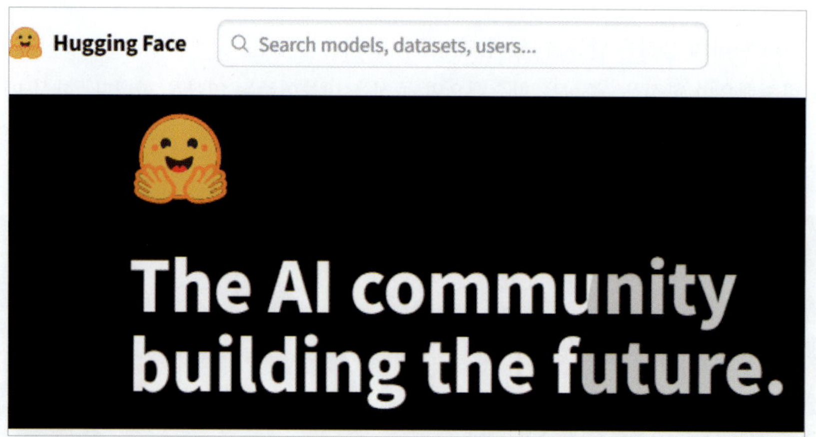

Civitai > https://civitai.com/

Civitai는 Stable Diffusion 학습 모델을 공유하는 오픈 소스 웹사이트입니다. 허깅 페이스보다 직관적이고 훨씬 편리하게 모델과 로라 등 다양한 소스를 검색 및 다운로드가 가능합니다. 회원가입을 해야 원할한 커뮤니티 활동과 다운로드, 업로드 활동이 가능합니다.

Civitai 홈페이지에 접속을 해서 우측상단 Sign in을 눌러서 회원가입을 진행하고 로그인을 합니다.

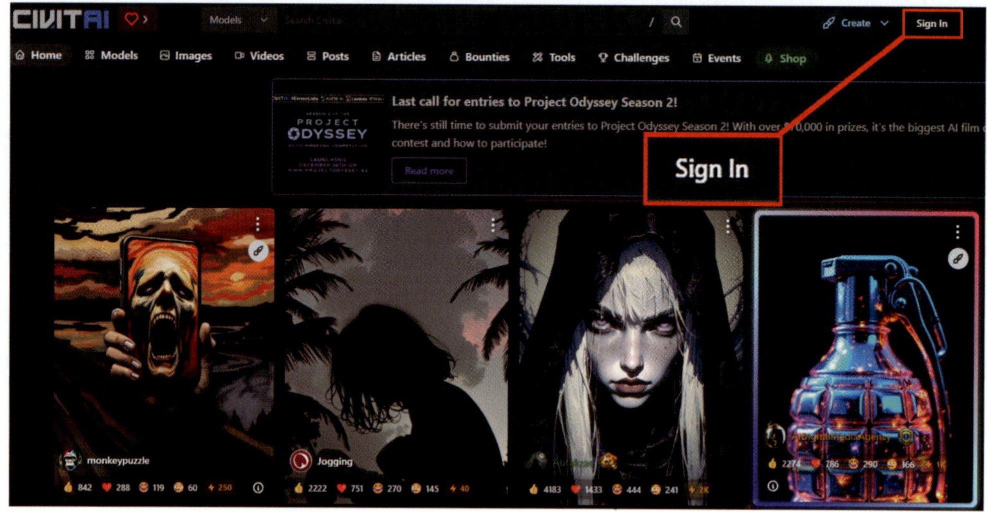

우측 상단의 필터에서 내가 원하는 필터를 선택할 수 있습니다.

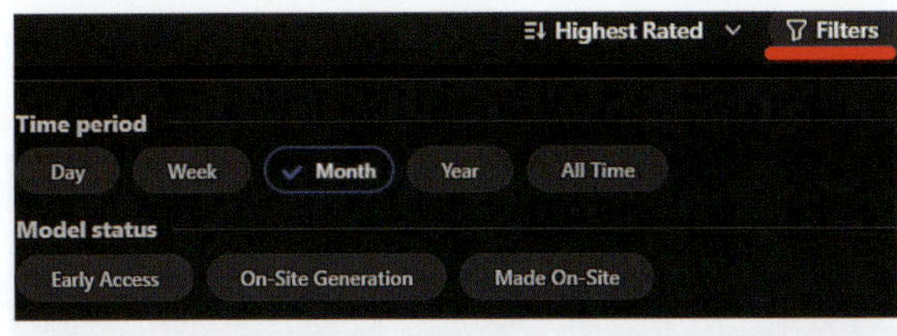

또, 계정관리 및 세팅을 통해 성인, 고어 콘텐츠 조정이나 탐색 설정이 가능합니다.

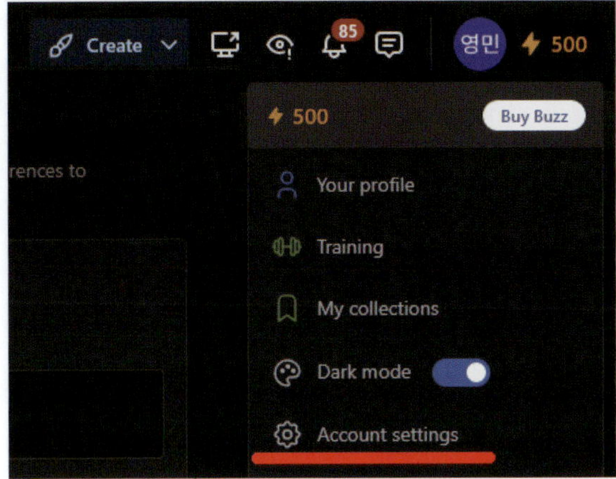

Models을 눌러 원하는 모델을 클릭할수 있습니다. 이미지 좌측 상단에는 체크포인트/로라/임베딩 등 종류를 설명하고 있습니다.

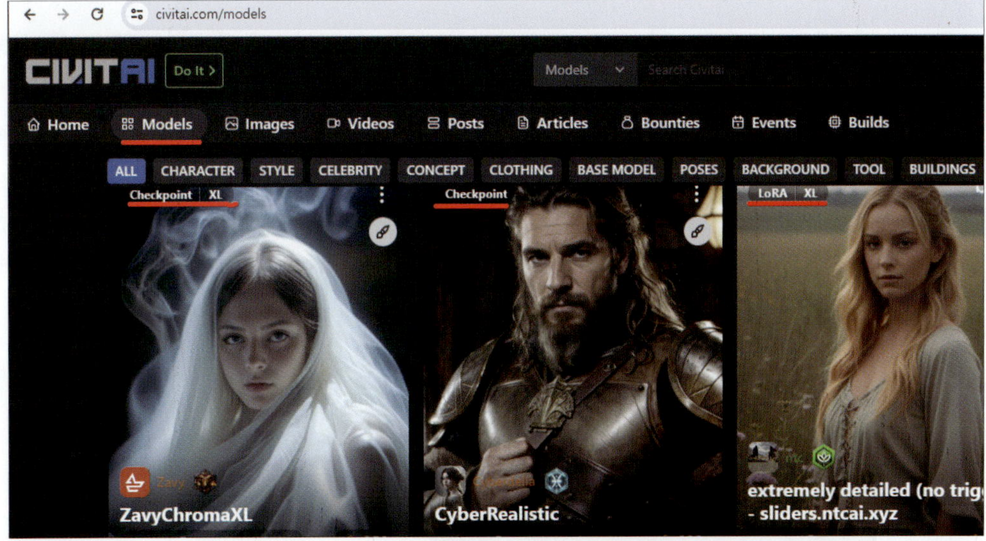

이미지를 클릭하면 어떤 버전인지 선택할 수 있으며, 업로더가 누구인지, 갱신 날짜와 베이스 모델을 어떤 것을 사용했는지 등의 정보들을 알 수 있습니다. 같은 버전의 체크아웃 모델과 로라 임베딩 VAE 등을 연결해야 정상 작동이 되기 때문에 다운받을 때 체크하면 좋습니다.

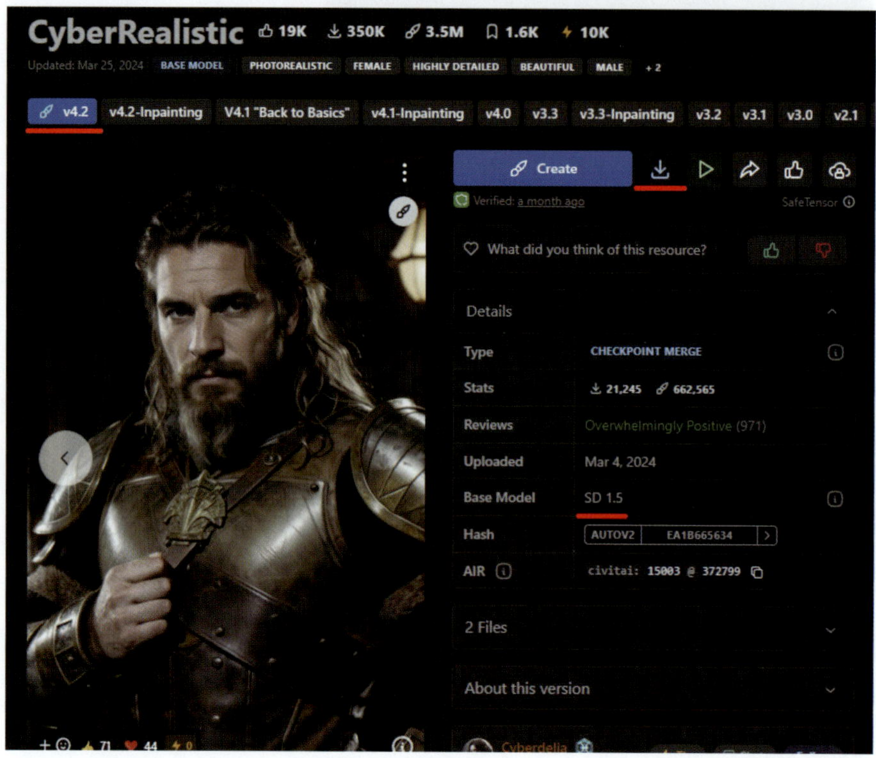

다운로드의 경우 Download를 클릭하거나 이 버튼이 안 보일 경우 아랫 방향 화살표가 있는 모양을 클릭하여 다운로드를 진행합니다. 다운을 받는 파일에는 ckpt, safetensors 2개의 확장자가 있습니다. ckpt는 모델을 압축해 둔 상태라서 풀면서 생기는 보안 이슈가 있을 가능성이 있는데, Safetensors는 이를 해결했을 뿐만 아니라 속도와 램 사용량이 더 좋아졌습니다.

다운로드 위치 : 기본적으로 다운로드 경로는 /ComfyUI/models/ 안에 있습니다. 만약 해당 모델의 폴더가 없으면 직접 폴더를 생성하여 입력해줍니다.

Checkpoints경로 : /ComfyUI/models/checkpoints
Lora 경로 : /ComfyUI/models/loras

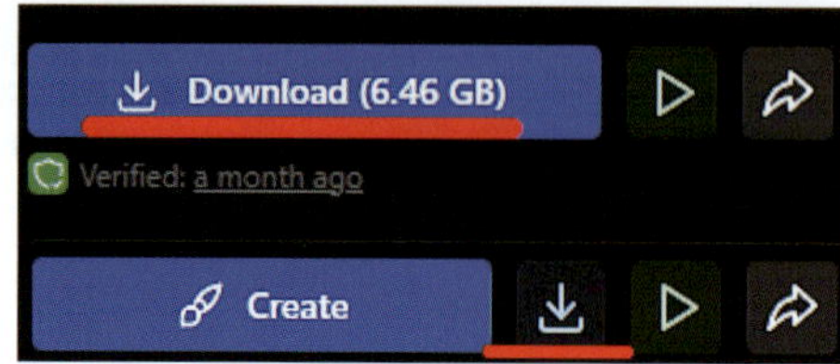

업로더의 이미지를 한 번 더 클릭하면 업로더가 권장하는 프롬프트와 설정값을 볼 수 있습니다. Stable Diffusion의 프롬프트, 세팅 방식이 어떤 모델과 버전을 써서 제작하느냐에 따라 다르기 때문에 권장 프롬프트, 세팅값을 베이스로 입력하고 개인 환경과 의도에 맞게 수정하면 좋은 결과를 얻을 수 있을 것입니다.

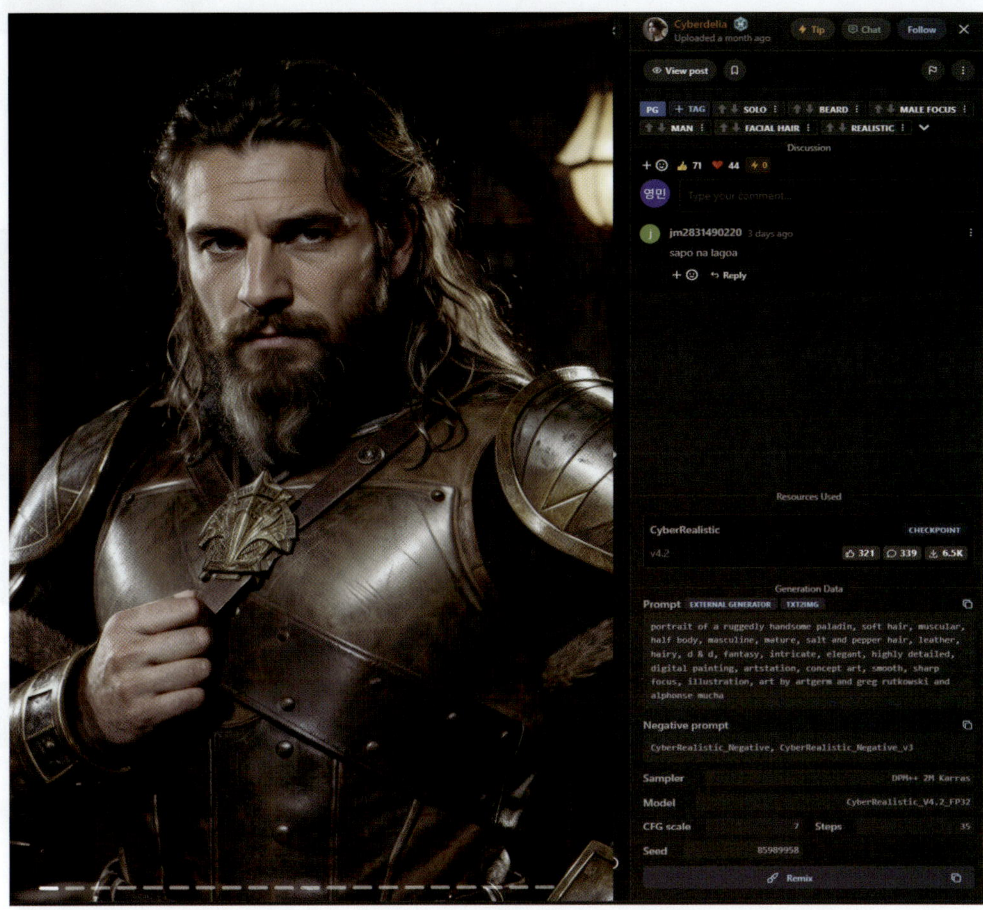

3. Comfy UI 활용 방법

ComfyUI를 큰 장점 중 하나는 내가 사용했거나 다른 사람이 사용한 이미지의 워크플로우를 그대로 사용이 가능하다는 점입니다.

Save 버튼으로 json 확장자로 저장하거나, Open 버튼으로 워크플로우를 부르는게 가능합니다. 생성한 이미지에는 PNG 메타 데이터가 내장되어 있어서 생성한 이미지를 ComfyUI 화면 창에 드래그를 하면 사용했던 워크플로우를 다시 사용할 수 있습니다. (전체적인 설명은 SDXL 모델을 기준)

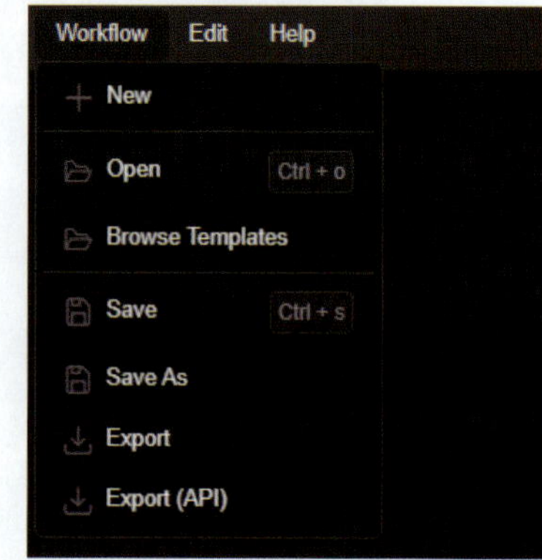

사용에 앞서 방금 전 페이지의 설명처럼 체크포인트 모델과 로라를 다운받아주고, 그 이후 ComfyUI를 실행합니다.

Txt 2 Img (텍스트 투 이미지)

텍스트를 이미지로 바꿔주는 기본적 노드를 만듭니다.
기본적으로 구성되어 있는 노드이지만 실습을 통해 처음부터 다시 만들어 보겠습니다.
[Ctrl + A]를 눌러 기존에 만든 노드를 선택하고, [Delete]키로 모두 지워줍니다.

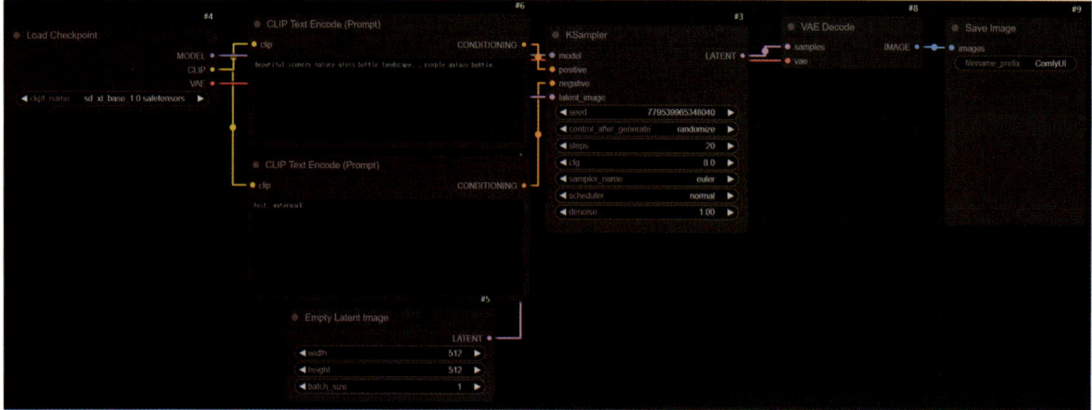

ComfyUI의 노드는 마우스 버튼 왼쪽을 더블클릭하여 Load checkpoint 검색하여 엔터키를 눌러 추가하거나, 마우스 오른쪽 버튼을 빈 화면에 클릭해도 가능합니다. Add Node 〉 loaders 〉 Load checkpoint를 선택해줍니다. sd_xl_base_1.0.safetensors 모델을 선택해보았습니다.

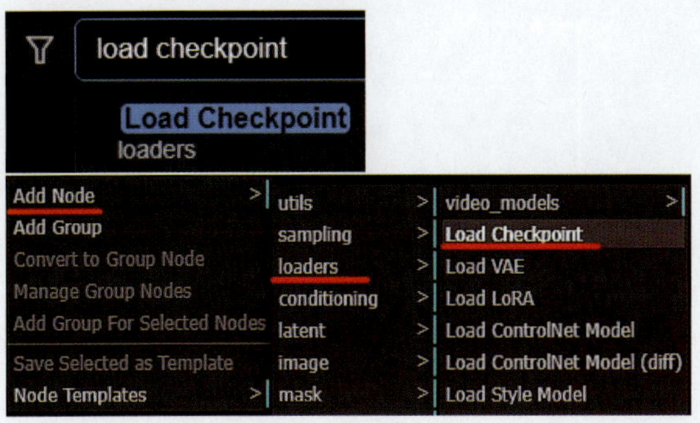

개인 기호에 맞춰 노드박스 안에서 마우스 오른쪽 버튼을 눌러 상단에 있는 동그라미를 눌러 색상을 변경하거나, 흰색 알파벳을 더블클릭해서 이름을 변경해도 좋습니다.

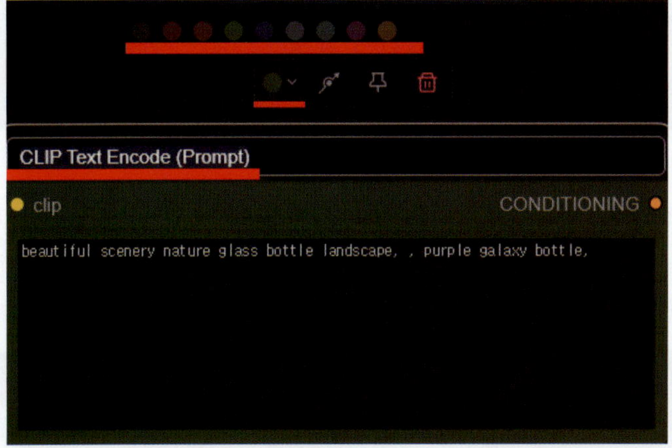

이미지 사이즈를 결정하는 Empty laten image 노드를 1개, 텍스트를 입력할 수 있는 Clip text encode 노드 2개를 마우스 왼쪽 버튼으로 더블클릭을 하고 검색하여 생성합니다.

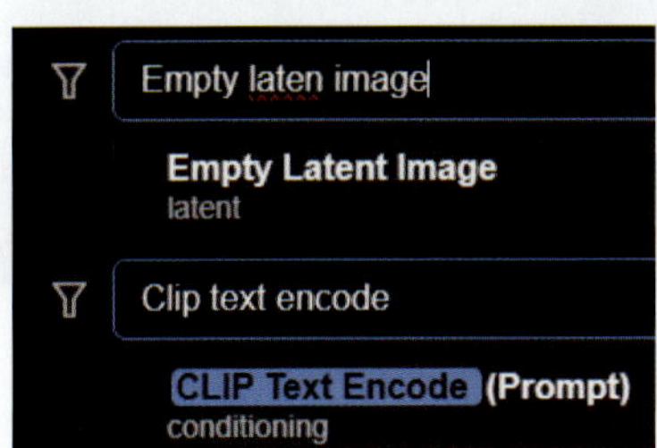

그리고 이미지처럼 노드의 컬러에 맞춰서 연결을 해줍니다.

Load checkpoint의 Clip와 text encode의 Clip끼리 연결시켜줍니다.

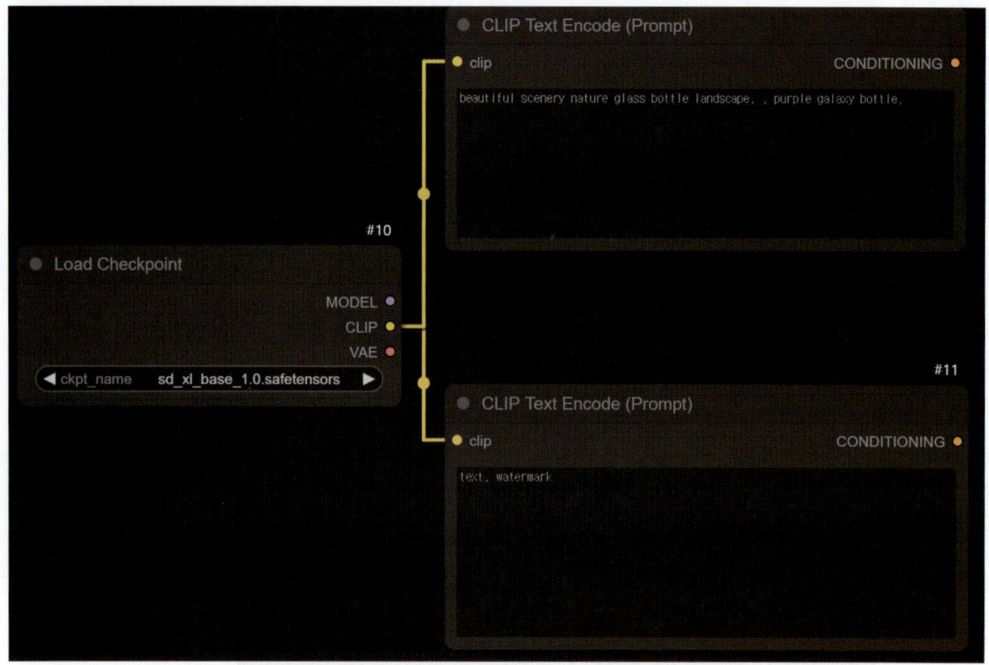

위의 방법과 동일하게 연산을 도와주는 KSampler, 노이즈를 이미지로 변환시켜 주는 VAE Decode, 이미지를 저장하는 Save Image 노드를 검색하여 부릅니다. KSampler와 VAE Decode의 노드를 마우스 드래그로 같은 컬러의 점끼리 연결하고, VAE Decode와 Save Image 노드를 연결합니다.

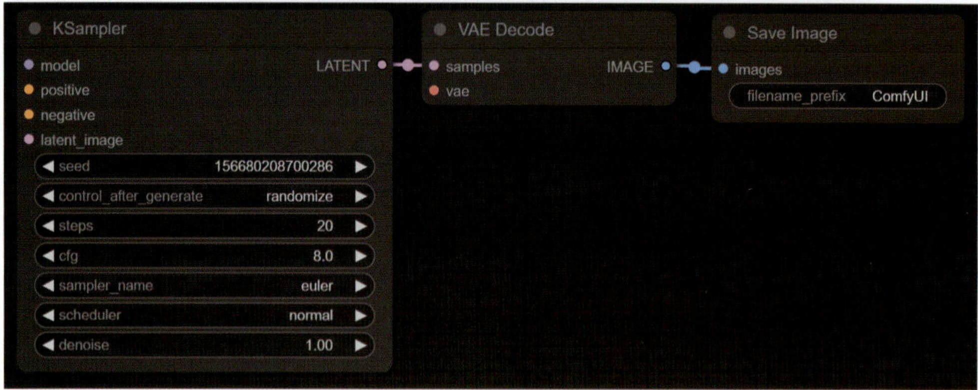

Load checkpoint의 Model은 KSampler 노드의 Model에 연결시켜 주고, Clip text encode 2개의 노드의 Conditioning와 KSampler의 positive, negative에 각각 연결시켜줍니다. positive에 연결한 Clip text encode노드는 상황을 설명하는 긍정 프롬프트이고, negative에 연결한 Clip text encode노드는 부정프롬프트가 됩니다.

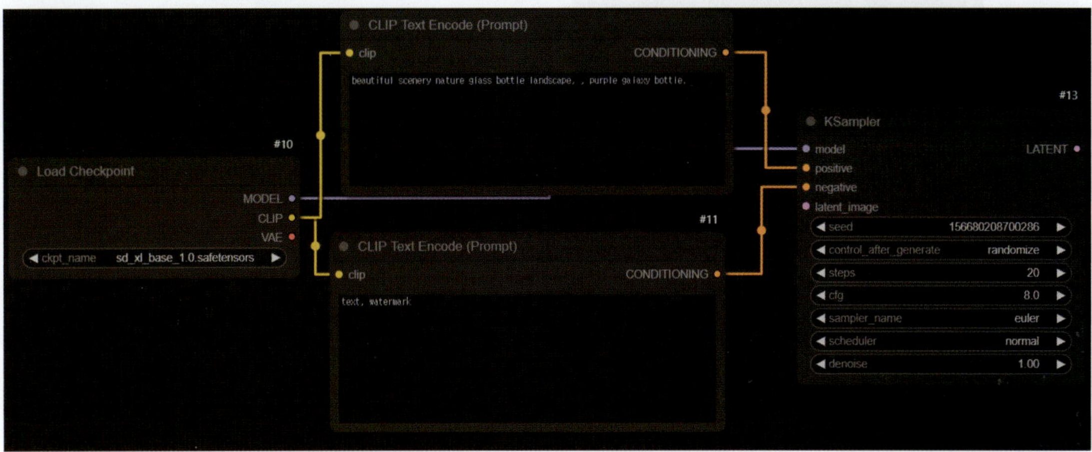

positive에 연결된 Clip text encode 노드에 상황을 프롬프트로 입력해줍니다.

```
beautiful scenery nature glass bottle landscape,purple galaxy bottle
```

negative에 연결된 Clip text encode 노드에 들어가면 안 될 키워드를 넣어줍니다.

```
text, watermark
```

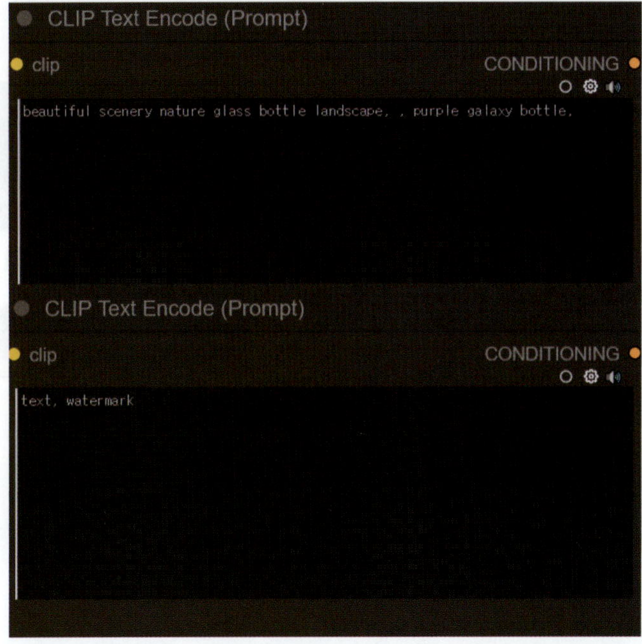

Empty laten image 노드에서 원하는 가로세로 사이즈를 입력해줍니다.

512, 768, 1024 등 2의 배수로 작성하는 것을 추천하지만 자유롭게 입력해도 무방합니다.

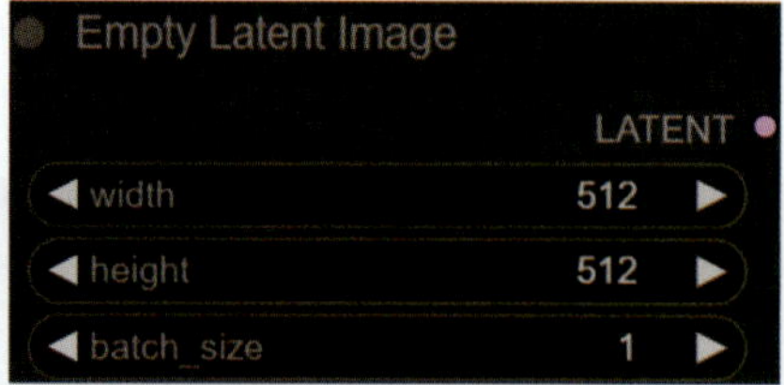

Queue 버튼을 누르면 초록색으로 생성되는 과정이 보이면서, 정상적으로 출력되는 모습을 볼 수 있습니다. 출력된 이미지는 ComfyUI_windows_portable₩ComfyUI₩output 경로에 저장됩니다.

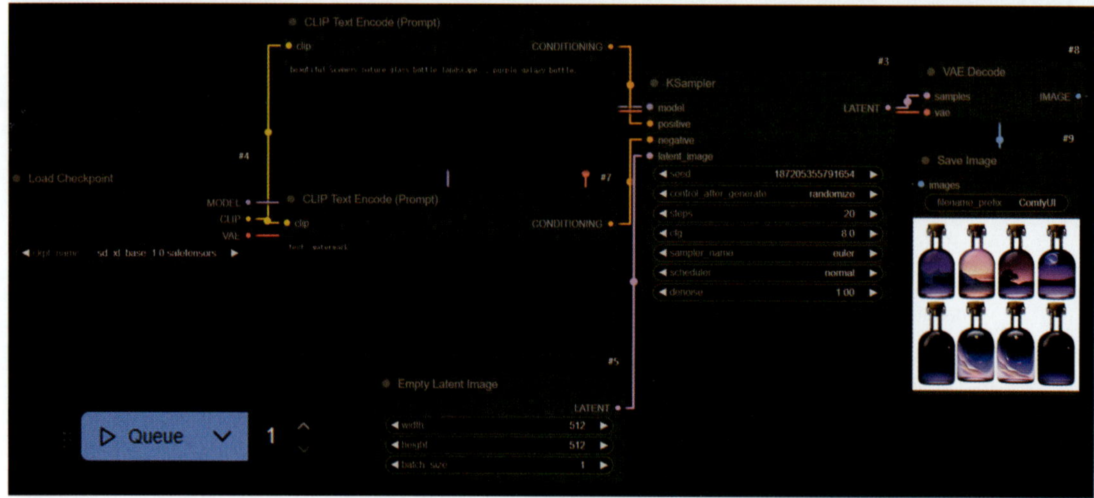

이미지의 파일명을 Save image에서 filename_prefix을 클릭하면 수정이 가능합니다. 수정하지 않으면 ComfyUI_00001_.png, ComfyUI_00002_.png 네이밍으로 순차적으로 생성됩니다. 생성한 이미지에 오른쪽 마우스 버튼을 눌러서 Save Image 버튼을 눌러서 복사하거나 저장하는 방법도 있습니다.

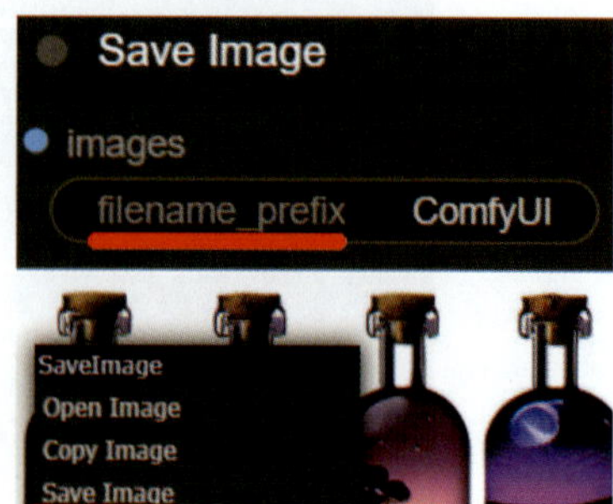

Img 2 Img(이미지 투 이미지)

img2img는 이미지를 이용하여 또 다른 이미지를 생성하는 방법입니다. 위에 노드에서 추가적인 구성으로 쉽게 만들 수 있습니다. 추가적으로 필요한 노드를 알아보겠습니다.

Load Image Choose file to upload 버튼을 통해 이미지를 불러올 수 있습니다.

VAE Encode 이미지를 AI가 인식가능한 노이즈로 만듭니다. VAE Decode와 반대개념입니다.

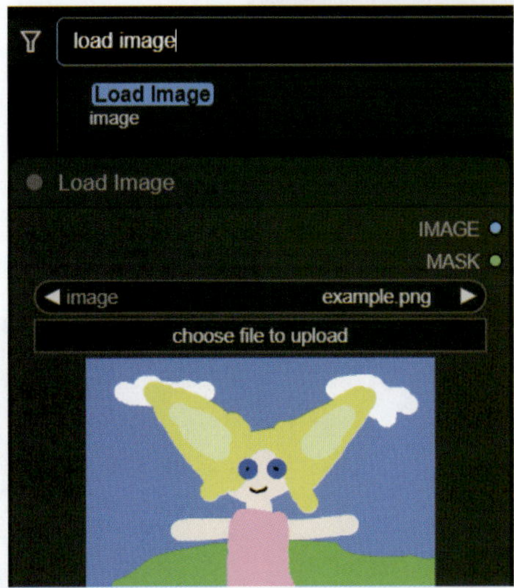

Load Image노드 Image를 VAE Encode 노드 pixels에 연결시켜줍니다. VAE Encode 노드와 Load Checkpoint 노드의 VAE 노드를 서로 연결시켜줍니다.

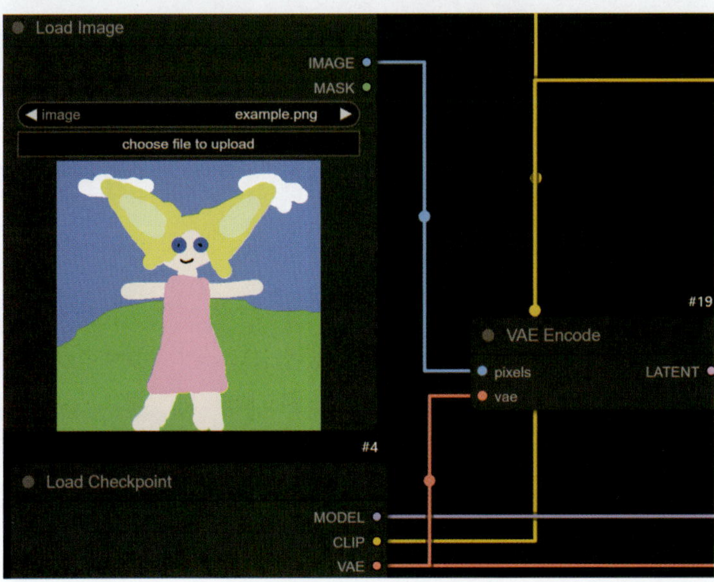

VAE Encode노드의 LATENT를 KSampler노드의 latent_image에 연결시켜줍니다. 기존에 연결했던 Empty laten image 노드는 사용하지 않습니다. 노드를 클릭해 [Delte] 키를 눌러 제거하거나 [Ctrl+B]키를 눌러 비활성화를 시켜줍니다.

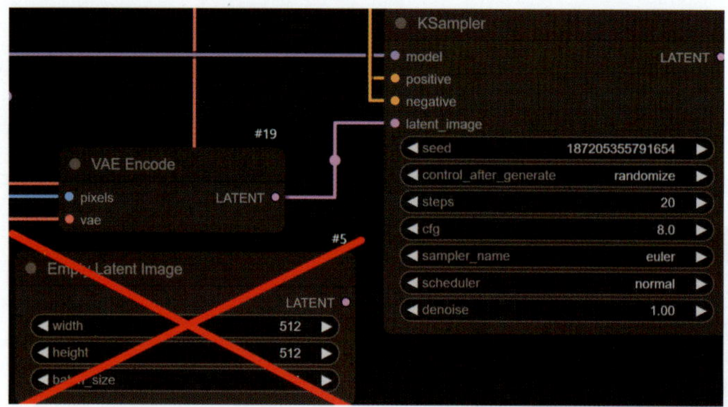

img2img 노드가 완성이 되었습니다.

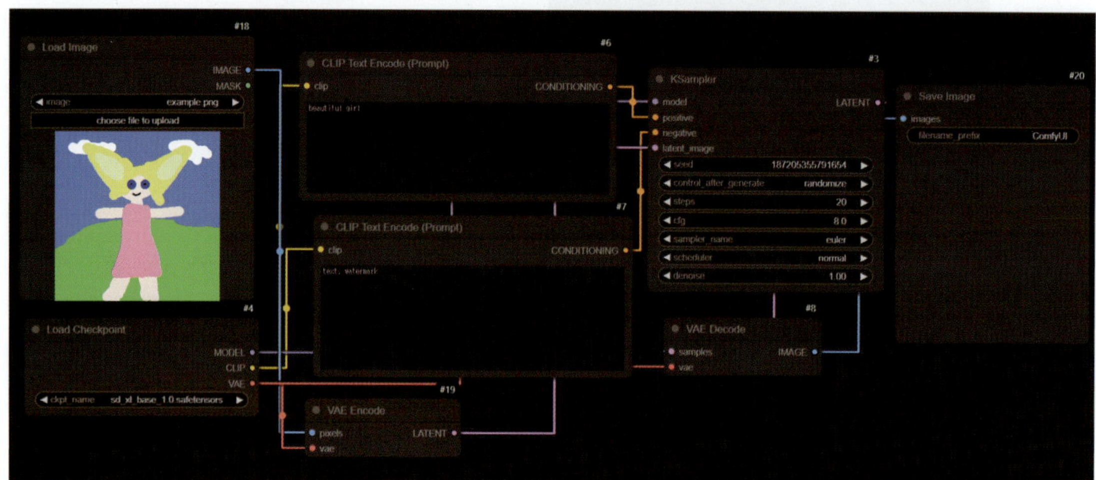

Load Image에 원하는 이미지를 넣고, 체크포인트에 반실사 모델을 넣으면 반실사 모델로 수정이 되고, 실사 모델을 넣으면 실사 모델로 수정이 됩니다. 긍정 프롬프트에는 묘사와 상황설명을 다시 써줍니다.

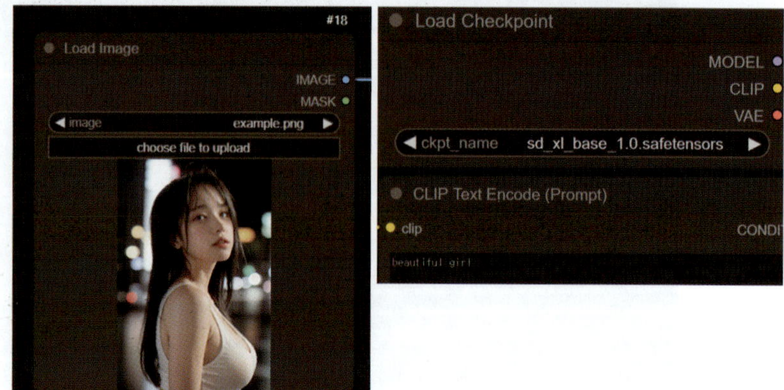

KSampler 노드의 denoise값에는 변형 강도를 써줍니다. 1.00은 변형율 100% 0.8은 80% 이런식으로 수치가 1.00을 기준으로 낮아지면 낮아질수록 변형 강도가 약해집니다.

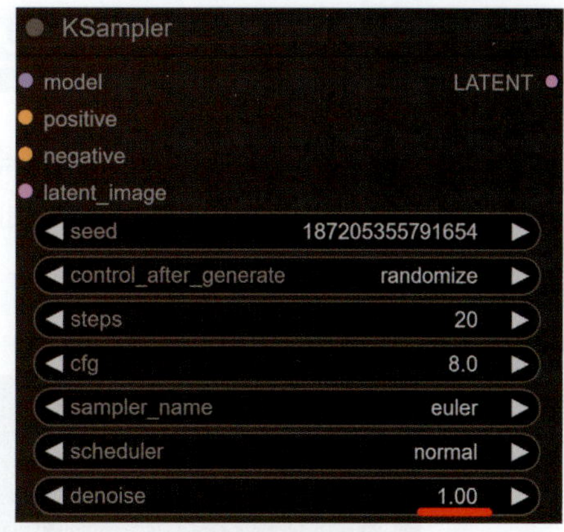

기존 이미지에서 화풍만 변경하는게 가능해집니다.

ComfyUI로 특정영역 마스킹 만들어 수정해 보기

마스킹을 하여 이미지의 특정 영역만 수정이 가능합니다. Load Image에 이미지를 부른 상태로 마우스 오른쪽 버튼 Open in maskEditor를 선택을 합니다. 마우스 왼쪽 버튼으로 영역을 지정하고 Save to node를 입력합니다. 긍정 프롬프트에 gril,sunglasses 여자와 선글라스라는 키워드를 입력 후 이미지를 생성해보겠습니다.

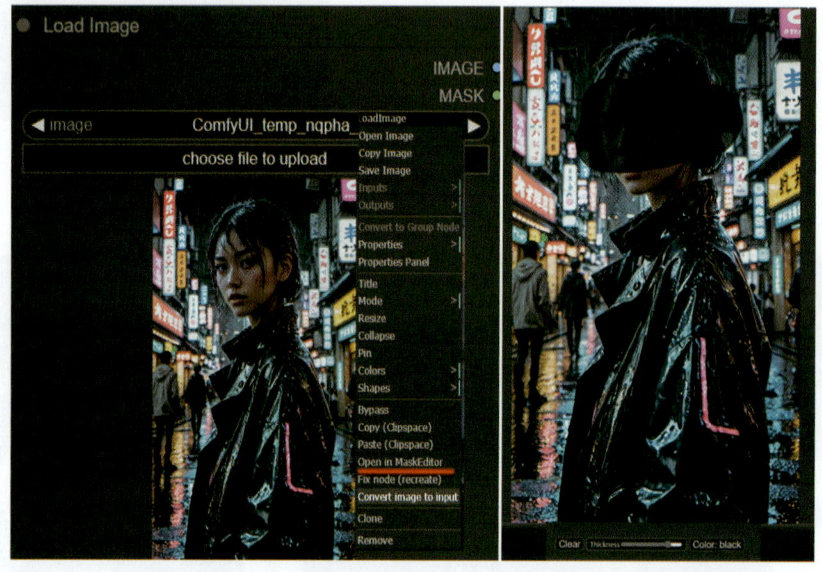

마스킹으로 선택한 부위만 선글라스를 착용한 상태로 수정이 되었습니다.

ComfyUI 업스케일 사용해 보기

Upscale은 저해상도 이미지를 더 나은 이미지 품질, 더 높은 해상도로 바꾸어주는 기술입니다. 기본적으로 업스케일 방식에는 3가지가 있습니다. 빈 공간에서 마우스 왼쪽 버튼을 더블클릭하면 검색이 가능합니다.

Upscale image

이미지의 해상도를 직접 지정해줍니다.

Upscale_method는 별다른 에러가 없다면 기본 설정을 그대로 사용하는 것을 권장합니다.

width는 이미지의 가로 크기, height는 세로 크기를 의미합니다. p 옵션은 지정한 해상도에 맞추어 이미지를 잘라 업스케일을 진행하는 기능입니다.

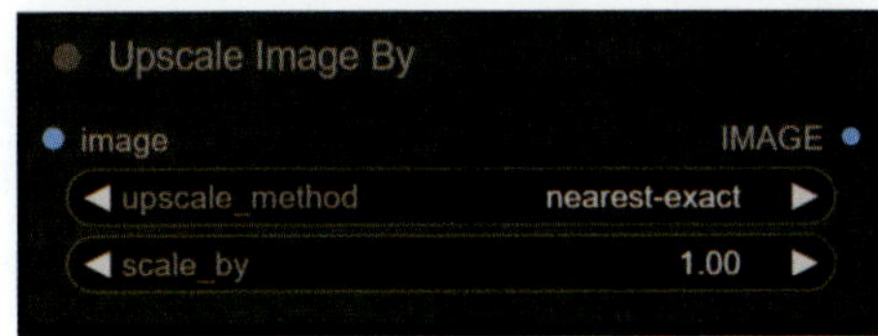

Scale by는 기존 이미지 사이즈에서 배수로 이미지 사이즈를 키워줍니다. (2.0면 기존 이미지의 2배의 사이즈 2.5면 2.5배의 사이즈) Upscale_method는 기본 설정 그대로 사용을 추천드립니다.

Upscale image using : upscale model이 필요한 노드입니다.

학습된 모델을 이용해 픽셀을 추론하는 방식입니다. 다른 노드와 달리 업스케일 전용 모델이 필요하므로, Load Upscale Model 노드를 추가하여 upscale_model에 연결해 사용해야 합니다. 현재 Model_name 항목에 undefined라고 표시된다면 모델이 없다는 의미이므로, 반드시 해당 업스케일 모델을 다운로드해 연결해 주어야 합니다.

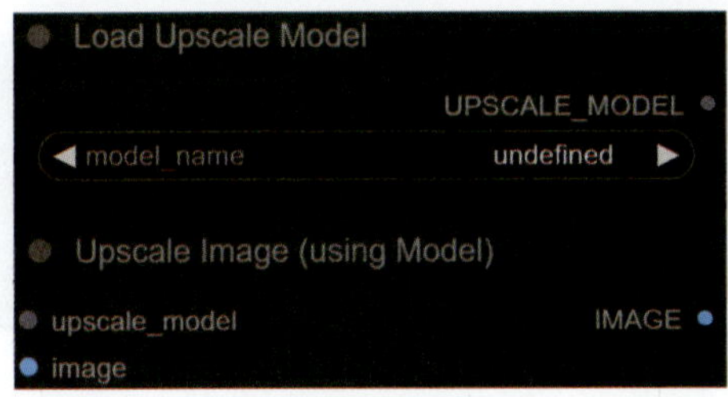

Upscaler는 모델 검색을 통해 다운이 가능합니다.

우측 상단에 **Manager** Manager버튼을 클릭해줍니다.

ComfyUI Manager Menu에서 Model Manager를 클릭해 줍니다.

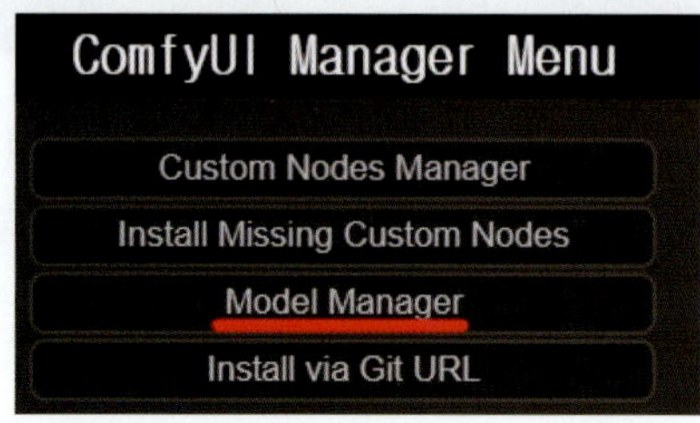

돋보기 모양의 검색창에 RealESRGAN을 입력한 뒤, x2, x4 모델을 찾아 Install 버튼을 눌러 다운로드합니다. 여기서 x2, x4는 각각 이미지를 2배, 4배로 업스케일링한다는 의미입니다. 꼭 RealESRGAN만 사용할 필요는 없으며, x2, x4 키워드로 검색해 다른 업스케일링 모델을 다운로드해도 무방합니다. 다운로드가 완료되면 화면에서 F5 키를 눌러 새로고침한 뒤, model_name을 클릭해 모델이 정상적으로 추가되었는지 확인할 수 있습니다.

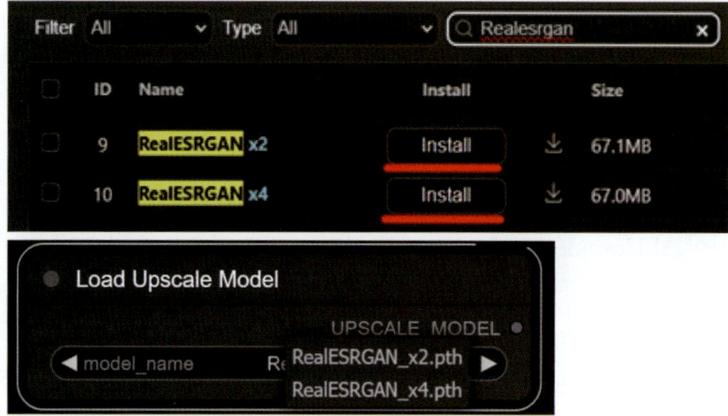

위에 img2imag 작업했던 노드에 VAE Decode에 Upsalce Image 노드 또는 Upsacle image By 노드를 연결시켜주고, Save Image를 연결시켜주면 업스케일링 노드 구성이 되었습니다.

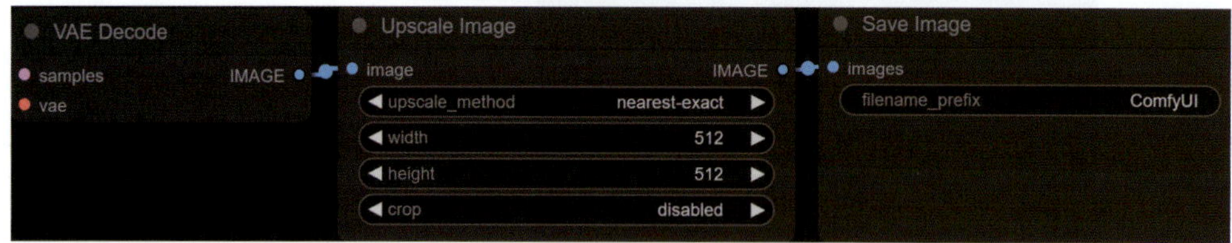

로라(LoRA) 사용해보기

로라(LoRA)는 모델 가중치에 대한 패치입니다. 쉽게 이야기해서 음식점은 모델이고 로라는 메뉴를 추가해주는 개념입니다.

로라를 사용하려면 먼저 https://civitai.com 사이트에 접속해서 회원가입/로그인 후에 메뉴에서 Models를 클릭합니다.

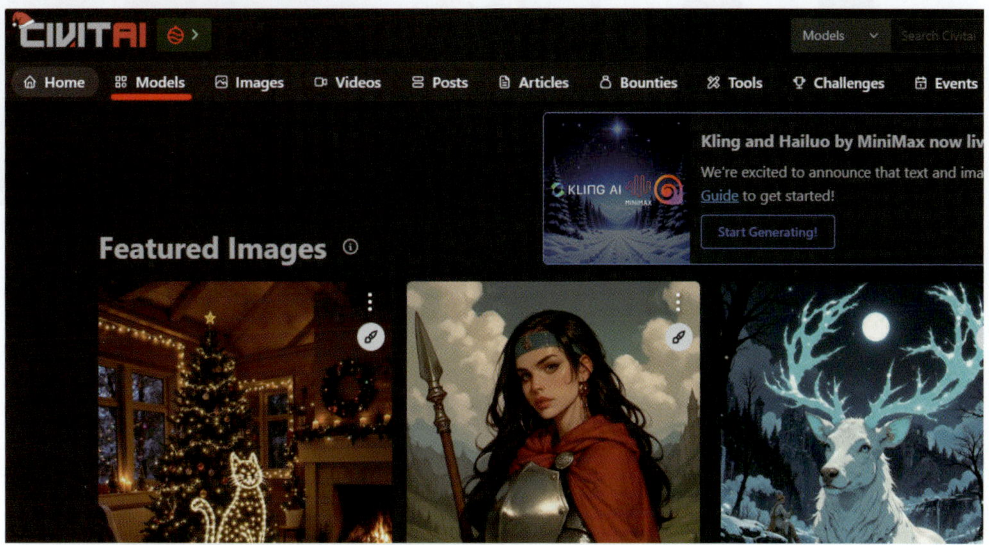

그 이후 Filters에서 LoRA를 클릭해 활성화하고 베이스 모델을 선택합니다. 여기서는 SDXL1.0을 사용하기 때문에 SDXL1.0을 클릭해주겠습니다.

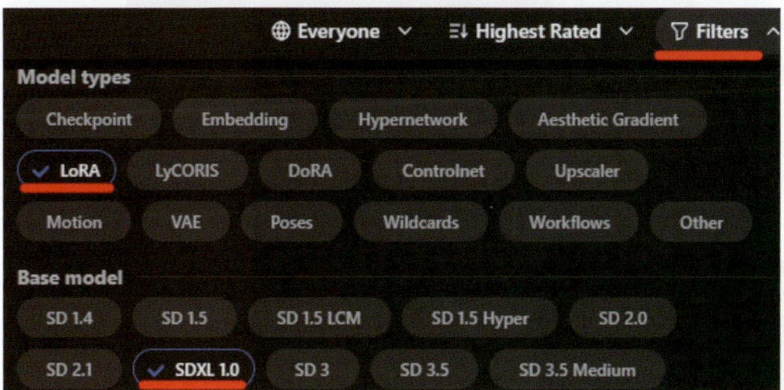

도트 스타일을 생성하고 싶어서, 검색창에 pixel을 검색 마음에 드는 로라를 선택합니다.

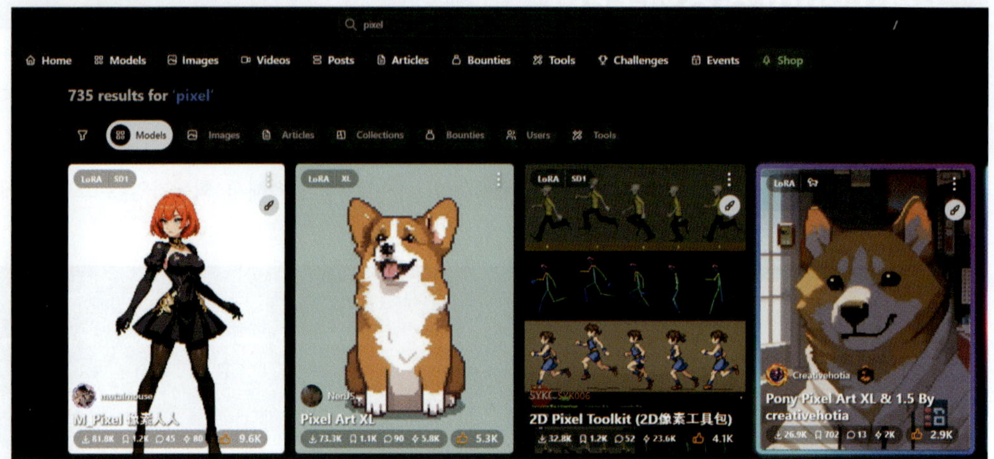

마음에 드는 로라 스타일을 발견했으면 Download 버튼을 눌러서 경로에 파일을 넣어줍니다.

로라 경로 : /ComfyUI/models/loras 만약 해당 모델의 폴더가 없으면 직접 폴더를 생성해 주고, ComfyUI 재실행하거나 F5버튼으로 새로고침을 하면 됩니다.

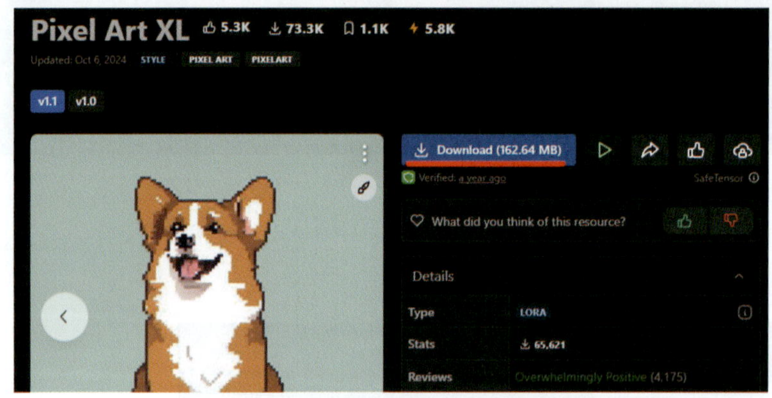

ComfyUI 창으로 다시 돌아가 워크플로우를 다시 기본으로 세팅해 보겠습니다.

상단의 Workflow 창을 눌러서 Browse Templates를 클릭합니다.

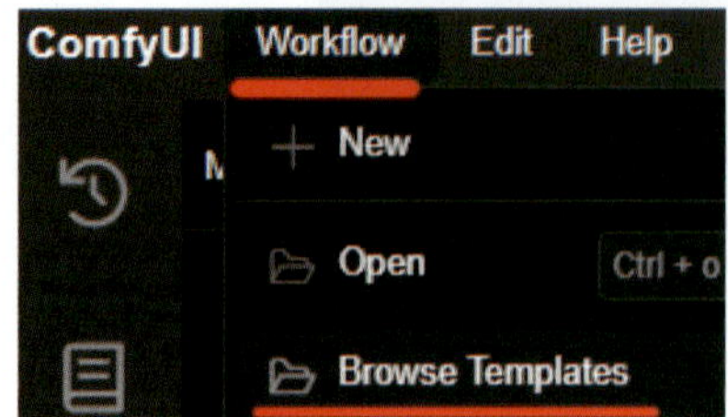

Image Generation을 클릭합니다.

기본 워크플로우로 작업할 수 있습니다. 검색창에 Load LoRA를 검색해서 불러옵니다.

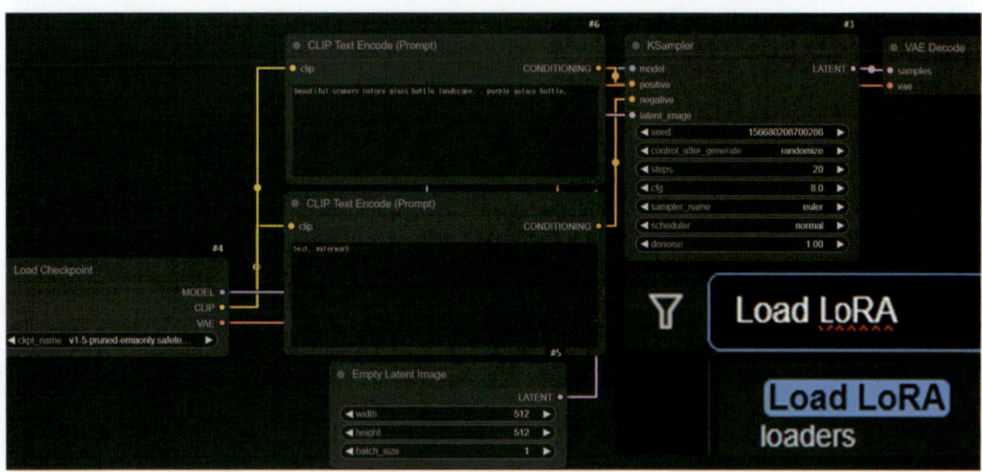

Load Checkpoint와 model,clip을 연결해주고 Clip text encode 긍정 프롬프트, 부정 프롬프트의 Clip끼리 서로 연결을 해줍니다.

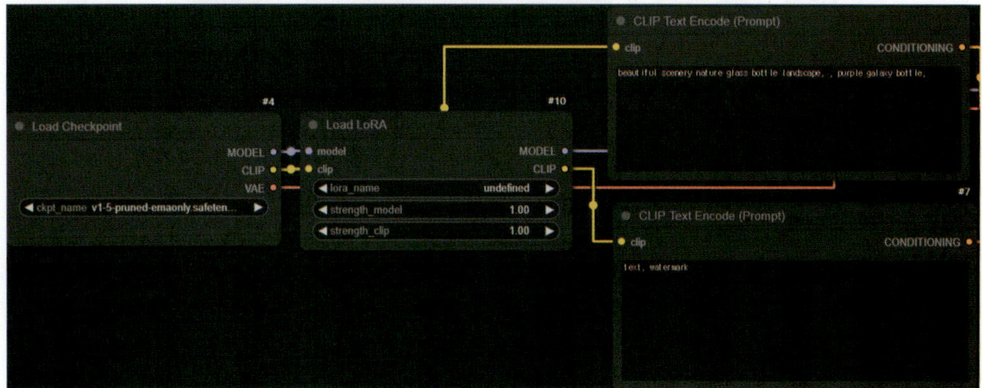

Load LoRA와 Ksampler 노드의 model끼리 서로 연결해주면 기본 세팅이 완료됩니다.

여러 로라끼리 연결하여 중복사용이 가능합니다. Load LoRA 노드 안에 있는 Strength_model은 로라가 모델에 적용되는 수치를 의미하고, Strength_clip은 클립 모델에 적용되는 정도를 의미합니다. 1.0이 기본값이지만 적절한 수치 조절을 통해서 로라의 영향력을 조절할 수 있습니다. 1.0 수치를 초과하거나 수치를 줄일 수 있습니다.

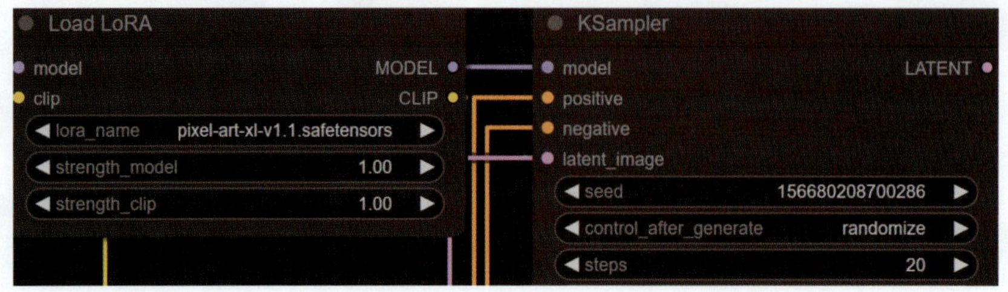

로라의 종류, 강조치, 프롬프트의 추가/제거에 따라 같은 모델이라도 서로 다른 느낌의 이미지를 생성할 수 있습니다. 동일한 로라라도 Pixel 관련 로라와 함께 프롬프트를 추가하면 도트 느낌의 이미지가 만들어지고, chibi를 붙이면 SD 스타일의 캐릭터가 생성됩니다. 반대로 학습에 사용된 프롬프트를 그대로 입력하면 원본 이미지와 유사한 분위기의 캐릭터를 얻을 수 있습니다.

ComfyUI 이미지로 프롬프트 추출하기

ComfyUI를 실행합니다. ComfyUI가 실행되었으면 우측의 Manager 버튼을 눌러서 ComfyUI Manager Menu 버튼을 눌러줍니다. 이후 Custom Nodes Manager를 클릭합니다.

WD14-Tagger노드는 이미지에 구성되어 있는 단어를 표시해 줍니다.

검색창에 WD 1.4 Tagger를 검색해 Install 버튼을 눌러준 후에 설치가 완료되었다는 문구가 나오면 Restart를 눌러서 재실행을 하거나, ComfyUI를 종료 후에 재실행을 해줍니다. 재실행이 완료되었으면 작업 창을 닫고 다시 열어주거나 F5버튼을 눌러줍니다.

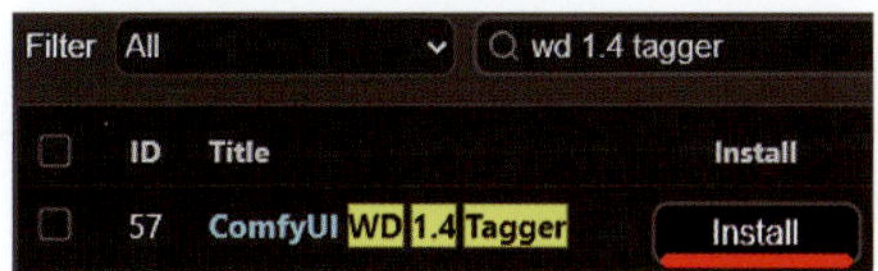

재실행 후에 뷰포트 빈 화면에 Load Image와 WD14 Tagger를 검색합니다.

Load Image와 WD14 Tagger 노드의 image끼리 서로 연결을 시켜주고 Load Image의 upload 칸에 이미지를 넣어줍니다. 이후에 Queue 버튼을 누르면 WD14 Tagger 노드에 텍스트 프롬프트가 생성되었음을 볼 수 있습니다.

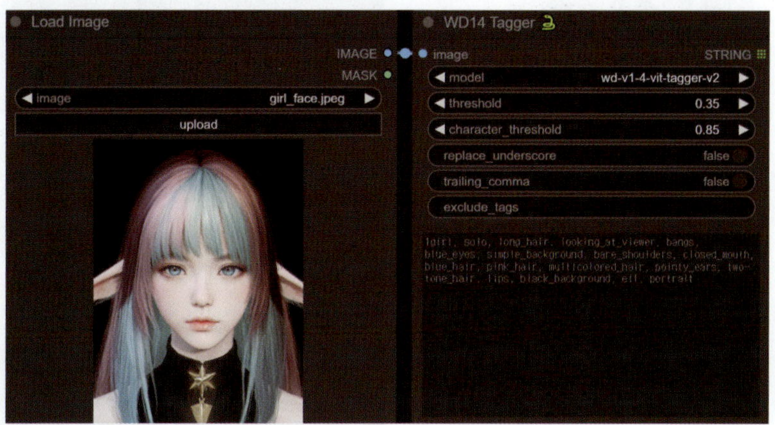

4. 컨트롤넷(ControlNet)의 활용

컨트롤넷(ControlNet)은 피사체의 구도와 자세를 복제할 수 있는 Stable Diffusion의 모델을 제어하기 위한 신경망 모델입니다. 제어를 위한 모델이기 때문에 Stable Diffusion과 함께 사용해야 합니다. Stable Diffusion에서는 무작위로 생성되기 때문에 본인이 의도한 디자인과 자세, 구도를 한 번에 생성하려면 높은 난이도의 노하우가 필요합니다. 많은 이미지를 생성하는 방법도 하나이지만, 컨트롤넷을 사용하면 이러한 부분을 쉽게 해결할 수 있습니다.

Stable Diffusion에서는 텍스트 프롬프트를 입력하면 이를 기반으로 이미지가 생성됩니다. 이후 컨트롤넷은 여기에 조건을 추가하는 역할을 합니다. 예를 들어, 프롬프트만 단순 입력하면 퀄리티는 높게 나올 수 있으나 의도한 디자인이나 형태를 구현하기는 어렵습니다. 이때 컨트롤넷의 모델 중 Canny 기능을 사용하면 외곽선을 추출해 이미지를 생성할 수 있습니다. 특히 스케치처럼 미리 그려진 이미지를 활용할 경우, Canny를 적용하면 손쉽게 유사한 이미지를 만들어낼 수 있습니다. 이를 통해 미리 그려둔 러프 시안을 짧은 시간 안에 높은 퀄리티의 결과물로 발전시킬 수 있습니다.

모델 설치하기

ComfyUI를 실행합니다. 직접 실행을 시켜서 다운을 받을수도 있습니다.

ComfyUI Manager가 설치되어 있어야 합니다. ComfyUI Manager 버튼을 클릭해 줍니다.

ComfyUI 목록에 나옵니다. 여기서 Model Manager를 클릭해줍니다.

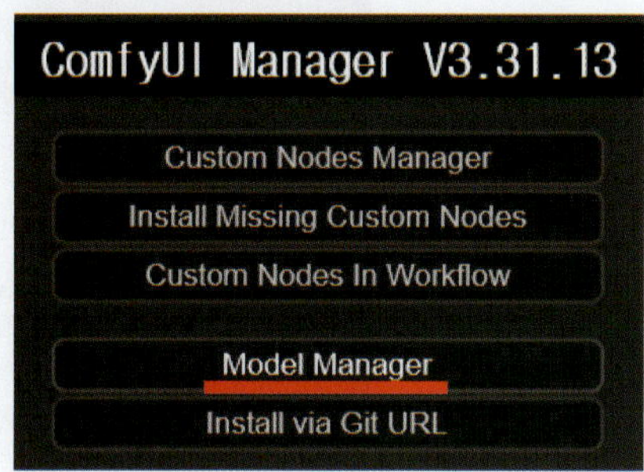

검색창에 ControlNet으로 검색해주면 여러 모델들이 있습니다.

아래 내용을 잘 확인하면서 원하는 모델을 설치해줍니다.

Filter All | Type All | Base All | controlnet | 90 external models

ID	Name	Install	Size	Type	Base	Description
120	T2I-Adapter (depth)	Install	309.5MB	T2I-Adapter	SD1.5	ControlNet T2I-Adapter for depth
121	T2I-Adapter (seg)	Install	309.5MB	T2I-Adapter	SD1.5	ControlNet T2I-Adapter for seg
122	T2I-Adapter (sketch)	Install	308.0MB	T2I-Adapter	SD1.5	ControlNet T2I-Adapter for sketch
123	T2I-Adapter (keypose)	Install	309.5MB	T2I-Adapter	SD1.5	ControlNet T2I-Adapter for keypose
124	T2I-Adapter (openpose)	Install	309.5MB	T2I-Adapter	SD1.5	ControlNet T2I-Adapter for openpose
125	T2I-Adapter (color)	Install	74.8MB	T2I-Adapter	SD1.5	ControlNet T2I-Adapter for color

컨트롤넷의 이름과 종류(타입)를 나타냅니다. 유형을 잘 보고 Inastall 하면 됩니다.

Kohya 모델 비주얼 스튜디오 코드 설치를 해줍니다. 파일의 사이즈가 매우 작다는 장점이 있습니다.

T2I Adapter 모델 빠르게 처리하는 장점이 있지만 퀄리티의 결과가 좋은 편은 아닙니다.

Stability 모델 파일사이즈는 400~700MB 정도로 적당한 편이며, 포즈도 잘 복사합니다. Control weight는 0.75~1.0 정도로 설정하는 것이 좋습니다.

Base (기반 모델) 이 모델이 어떤 기반 모델(SD 버전) 위에 작동하는지를 의미합니다. (예: SD1.5는 Stable Diffusion 1.5에 최적화되어 있음을 뜻합니다.)

Description (설명) 해당 어댑터의 용도를 간단히 설명합니다.

(예: T2I-Adapter for depth → 깊이 정보를 기반으로 이미지 생성 보조)

여자 아이의 원본 이미지를 컨트롤넷으로 변형해 보면서 각 타입을 알아보겠습니다.

Canny

피사체를 선으로 추출하여 이를 기반으로 곡선과 직선의 외곽선 이미지를 생성합니다.

형태나 디자인을 일정 부분 유지하는 데 유용한 모델입니다. 전처리된 이미지는 검은 바탕 위에 흰색 스케치가 나타나는 형태로 확인할 수 있습니다.

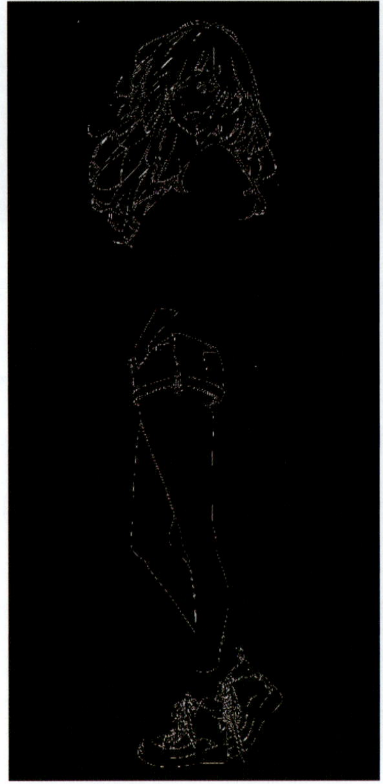

Depth

깊이를 표현하는 이미지를 생성하는 방법입니다. 입체감을 사용할 때 유리하다고 볼 수 있습니다.

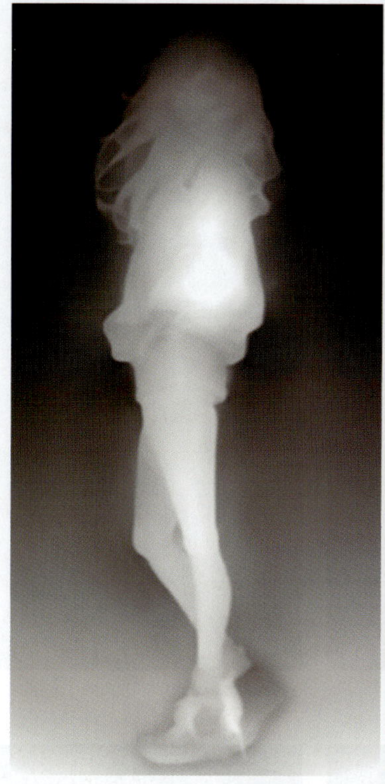

Onpose

OpenPose는 기반이 되는 캐릭터 이미지에서 뼈대를 추출하여 원하는 자세를 구현하는 데 특화된 기능입니다. 이를 활용하면 기존에 생성한 포즈를 다른 환경에서도 빠르게 적용할 수 있다는 큰 장점이 있습니다. 다만 큰 포즈만 가져오기 때문에 레퍼런스 이미지보다는 모델과 프롬프트의 영향을 더 크게 받습니다.

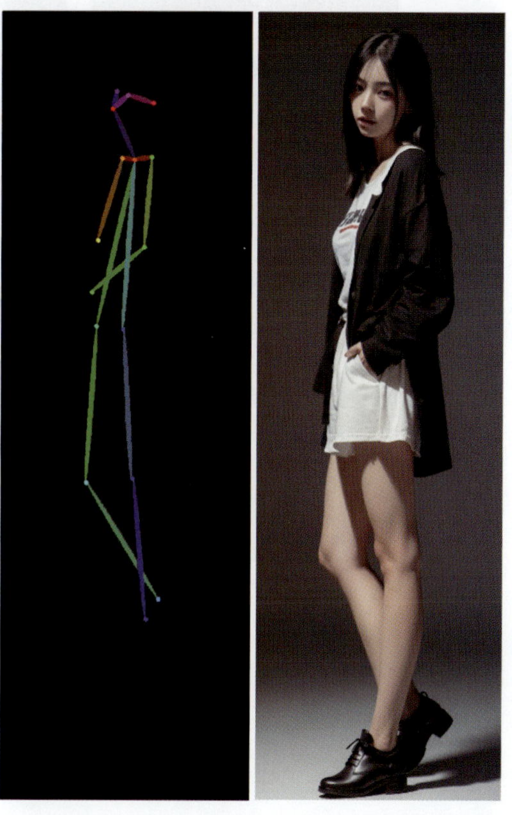

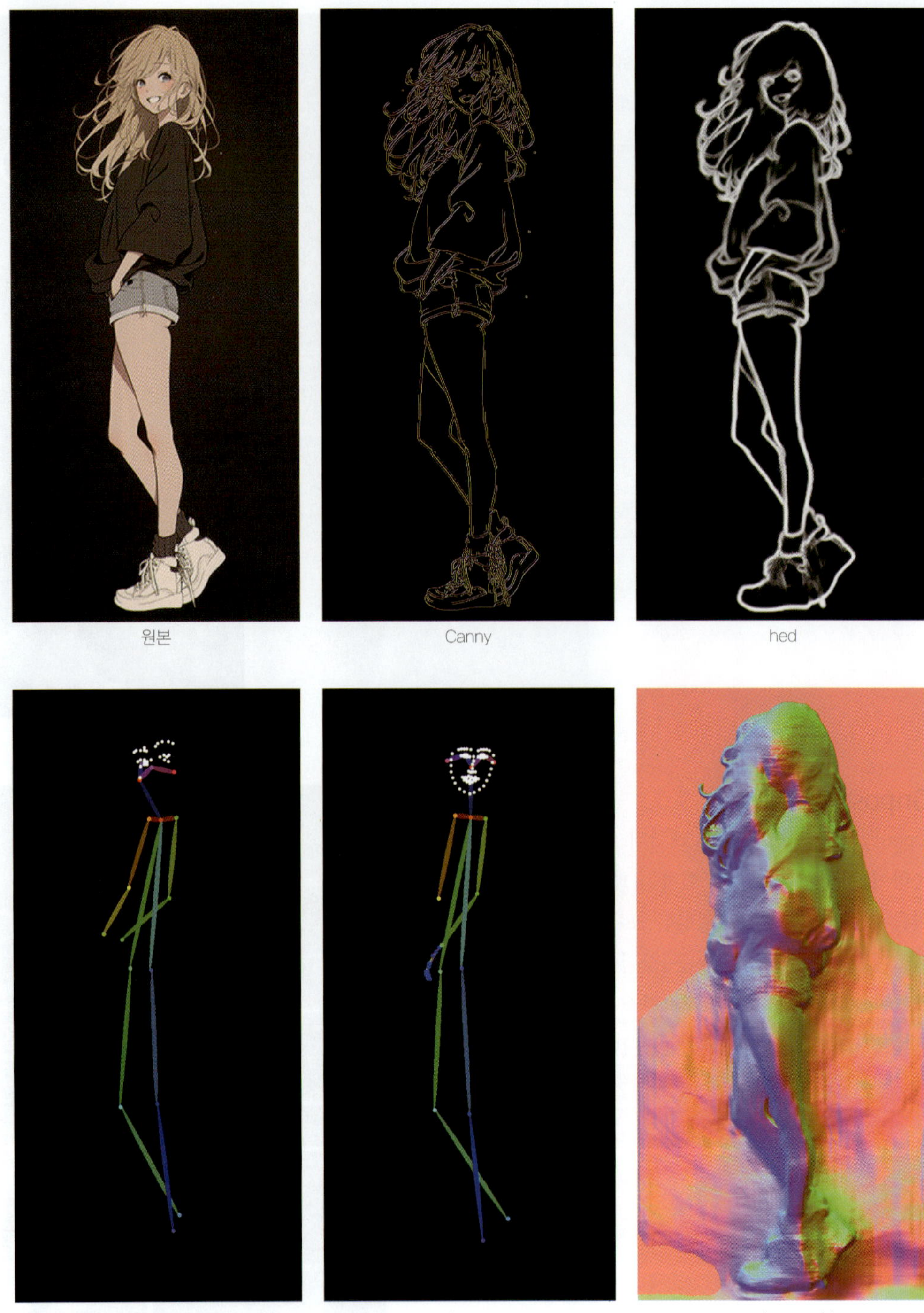

원본 Canny hed

Onepose dwpose normalmap_midas

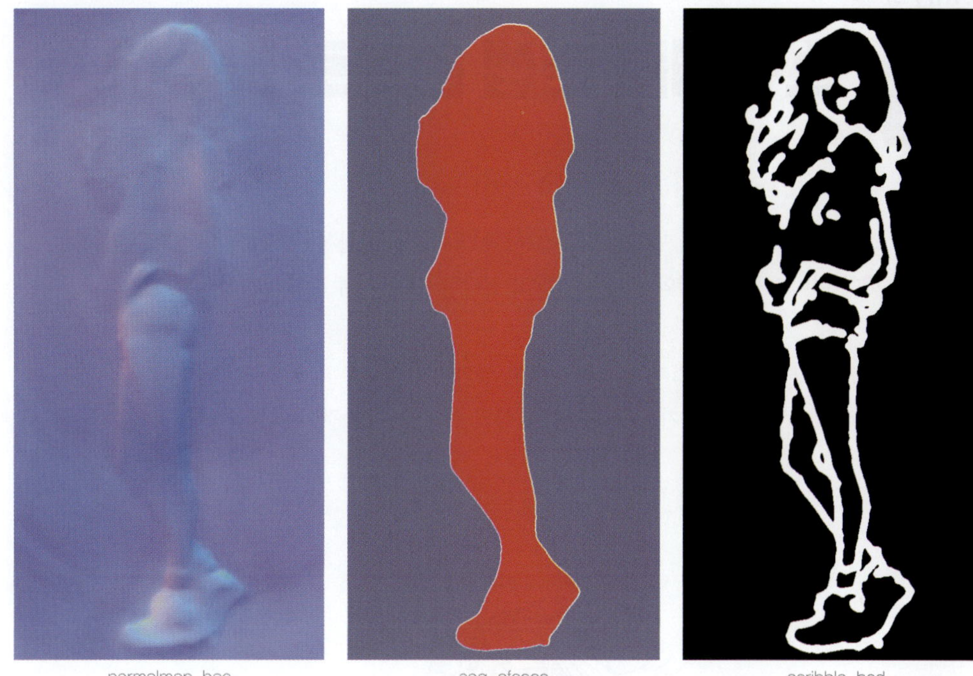

예제

예제파일 **[컨트롤넷 리스트.json]**에서 작동을 확인할 수 있습니다.

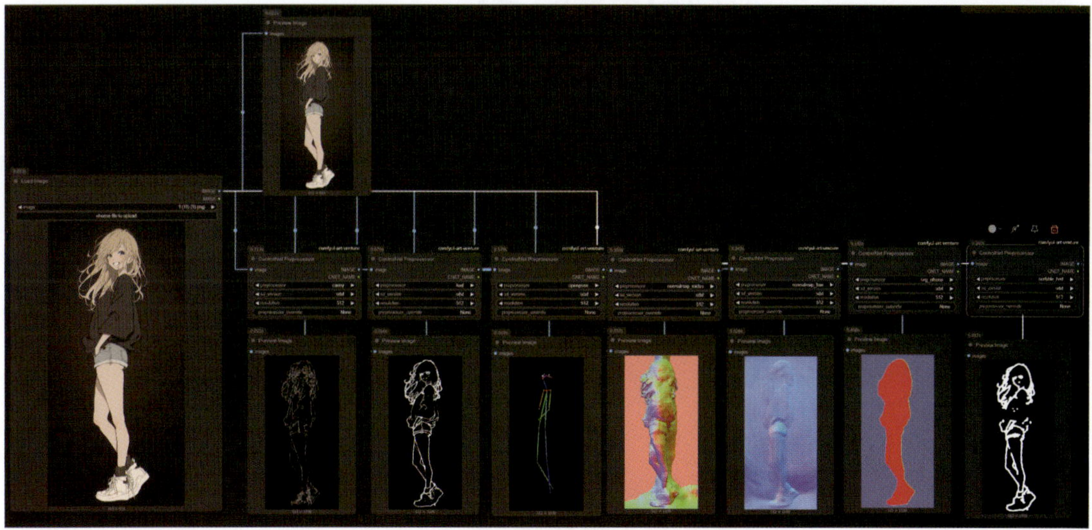

ComfyUI 튜토리얼

스케치를 컨셉 원화로 바꾸기

스케치를 준비합니다. 반드시 세부 묘사가 정교하거나 완성된 드로잉일 필요는 없으며, 해당 이미지처럼 형태와 구도를 간략히 전달할 수 있는 수준이면 충분합니다.

ComfyUI를 활용한 스케치 기반 이미지 생성 워크플로우의 출발점이 되며, AI가 해석할 수 있는 기초 구조와 방향성만 제시해 주는 것이 핵심입니다.

준비한 스케치는 Load Image 노드를 통해 ComfyUI로 불러옵니다.
이후, Image 노드와 WD14 Tagger 노드를 추가하여 순차적으로 연결합니다.
워크플로우를 구축할 때는 예제로 제공된 [WD14-Tagger.json] 파일을 불러와서 활용하면, 보다 효율적이고 표준화된 방식으로 태깅 기반 프롬프트 추출을 시작할 수 있습니다

이렇게 되면 WD14-Tagger 노드에 프롬프트가 설정됩니다.

solo, simple_background, 1boy, white_background, closed_mouth, standing, monochrome, weapon, greyscale, male_focus, sword, cape, armor, torn_clothes, shoulder_armor, gauntlets, pauldrons, over_shoulder, greaves, weapon_on_back, torn_cape, torn

우리는 스케치 이미지가 아니라 완성된 이미지가 필요하기 때문에 불필요한 스케치 관련된 프롬프트를 지우겠습니다.
monochrome, greyscale

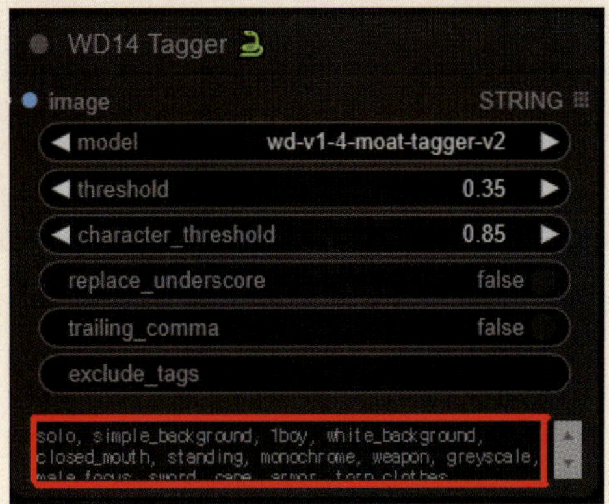

이후에는 이미지 분석 결과를 바탕으로 프롬프트 인코딩을 위한 노드 구성 단계로 넘어갑니다.

WD14 Tagger는 동일한 작업 공간 내에 유지해도 무방합니다.

이제 Load Checkpoint 노드와 Clip Text Encode 노드 두 개를 추가하여, 각각 긍정 프롬프트와 부정 프롬프트(positive/negative prompt)에 연결해줍니다. 이 단계는 스케치 기반의 이미지 생성 품질을 정밀하게 제어하는 핵심적인 역할을 합니다.

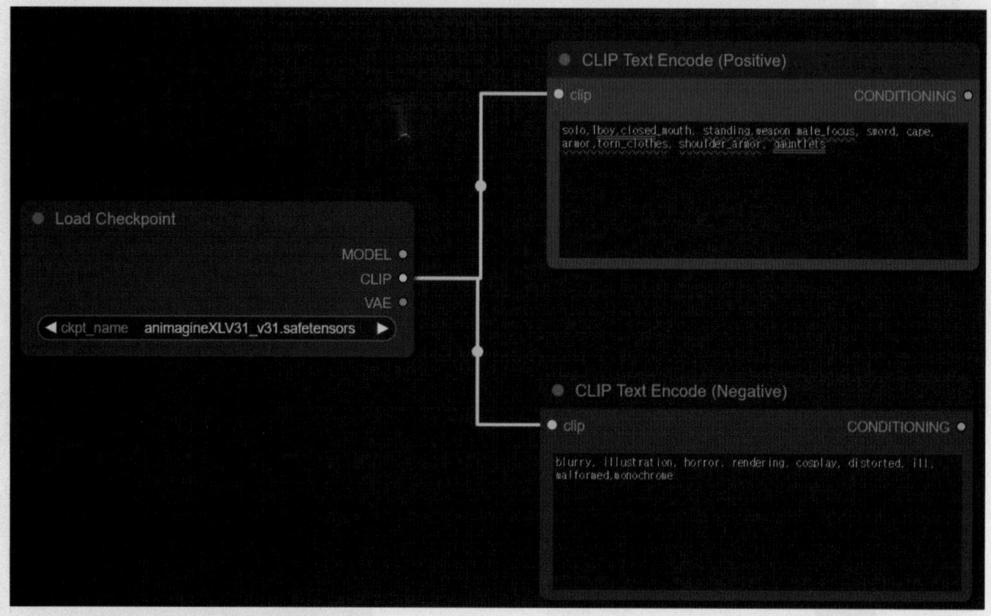

그 이후 KSampler를 불러와서 각각 각자의 색에 맞는 노드를 연결 시켜줍니다.

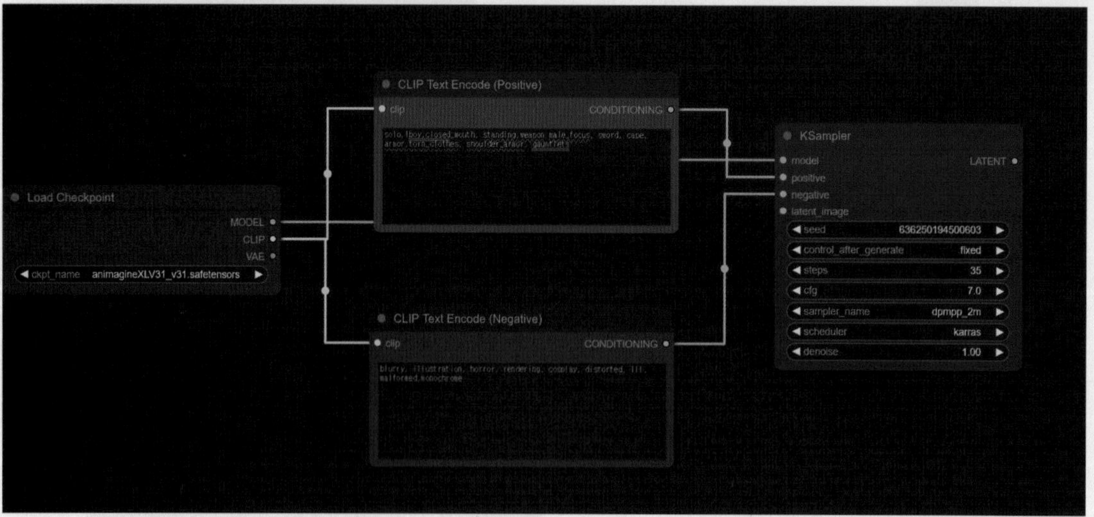

이후 아래 빈칸에 Load image 노드와 ControlNet Preprocessor, Vae Encode 노드를 불러옵니다. 그리고 각각 image 노드에 연결시켜 줍니다. 이후 Preview image를 불러와서 미리보기를 합니다.

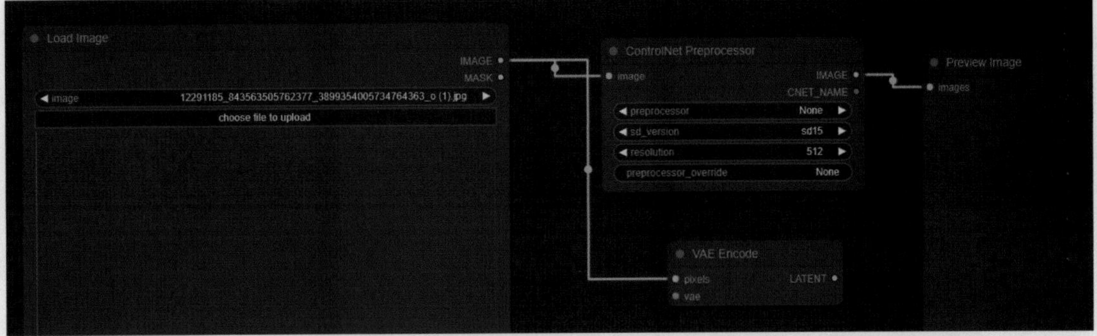

Sd_version을 자기에게 맞는 모델을 선택해줍니다. 저는 sdxl을 선택해주었습니다

ControlNet Preprocessor
image
IMAGE
CNET_NAME
preprocessor None
sd_version sdxl
resolution 512
preprocessor_override None

VAE Encode 노드는 KSampler 〉 latent image 노드와 연결을 시켜줍니다.

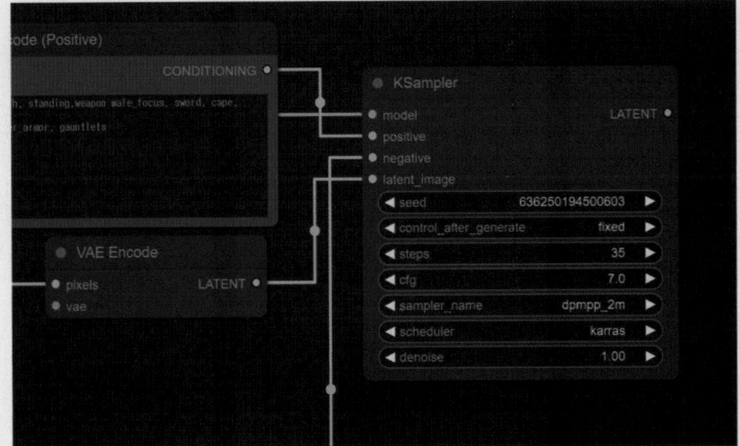

이후 Apply ControlNet 노드와 Load ControlNet Model를 불러와서 ControllNet Preprocessor, Load ControlNet Model노드를 Apply ControlNet 노드에 연결시켜 주고, 긍정 프롬프트에 쓰일 CLIP Text Encode도 Apply ControlNet 노드에 연결합니다.

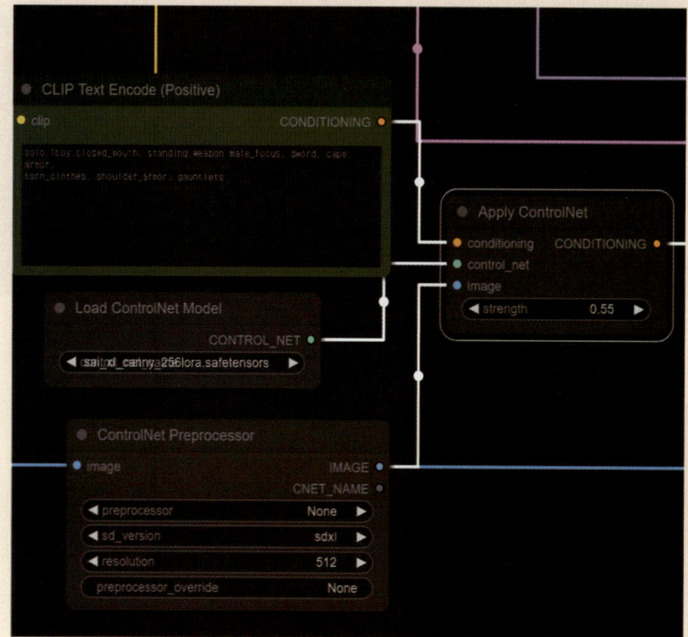

positive : CLIP Text Encode (Positive) 긍정 프롬프트 노드의 출력값을 연결합니다.

negative : CLIP Text Encode (Negative) 부정 프롬프트 노드의 출력값을 연결합니다.

Control_net : Load ControlNet Model 노드의 출력값을 연결합니다.

Image : ControlNet Preprocessor 노드의 image 출력값을 연결합니다.

VAE : 일반적으로 VAE Decode나 Load Checkpoint의 VAE 관련 노드가 있다면 연결해줍니다.

strength, start_percent, end_percent는 ControlNet의 영향력을 제어하는 파라미터입니다. 일반적으로 기본값(1.0, 0.0, 1.0)으로 설정되어 있습니다.

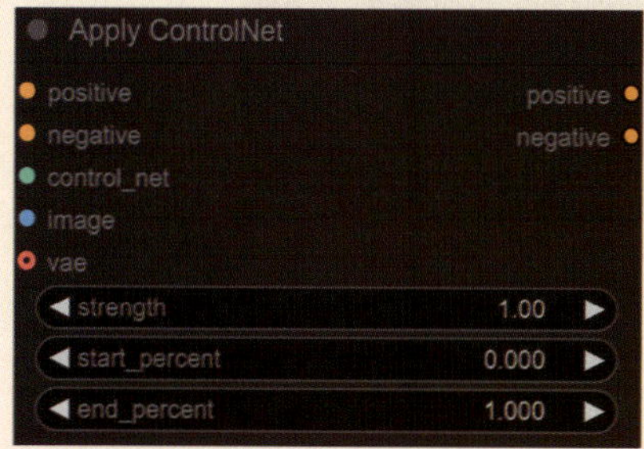

Apply ControlNet의 strength 값의 차이에 따라서 얼마나 원본에 충실하게 컨트롤넷이 작동했는지 알 수가 있습니다.

KSampler VAE Decode로 연결시켜서 이미지로 변환할 준비를 합니다.

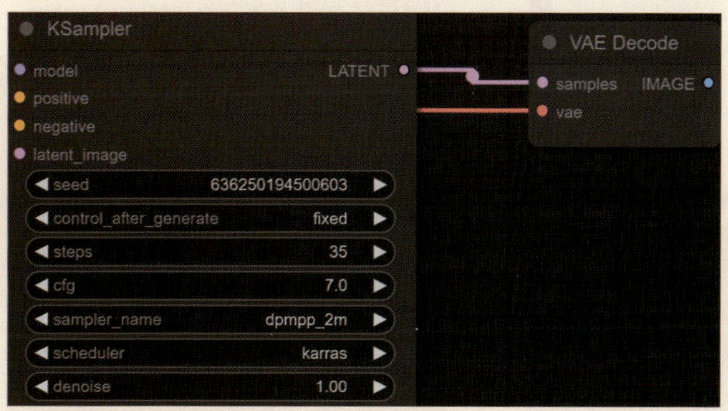

이후 VAE Decode는 Save Image와 연결을 시켜줍니다. 이러면 컨트롤넷의 워크플로우가 끝납니다. 해당 워크플로우는 예제파일 **[컨트롤넷 컨셉워크플로우.json]**에서 확인이 가능합니다.

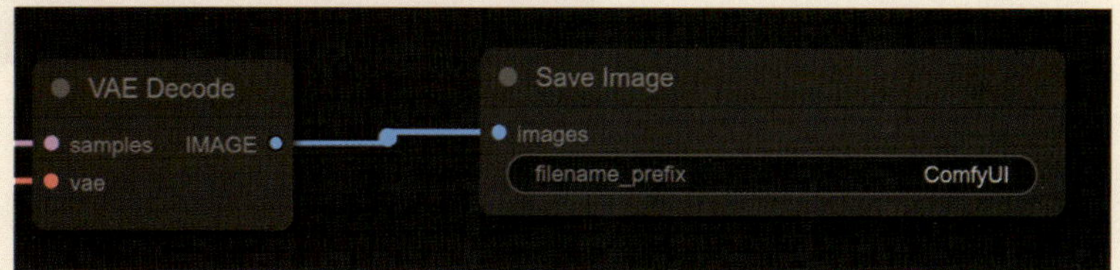

이제 노드를 구성했으니 실제 작업에 들어가겠습니다.

Load image에 스케치를 불러와서 내가 원하는 체크 포인트를 넣어줍니다.

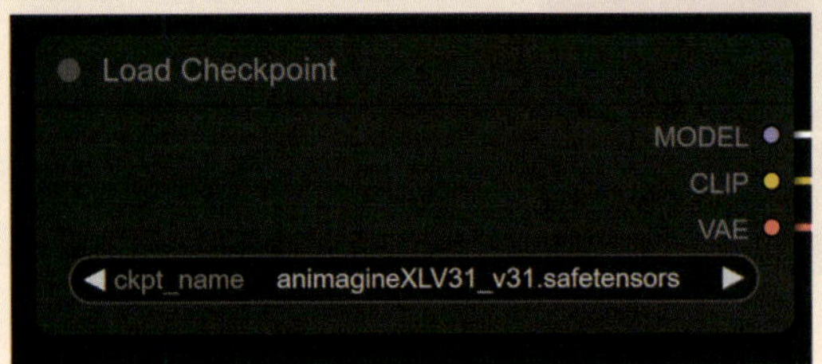

긍정, 부정 프롬프트를 각각 입력해주었습니다.

긍정 프롬프트

solo,1boy,closed_mouth, standing,weapon male_focus, sword, cape, armor,torn_clothes, shoulder_armor, gauntlets

부정 프롬프트

blurry, illustration, horror, rendering, cosplay, distorted, ill, malformed,monochrome

긍정 프롬프트는 WD14-Tagger에서 추출한 프롬프트 중 불필요한 부분을 제거한 뒤, 원하는 방향에 맞게 수정하는 것이 좋습니다. 예를 들어, 갑옷의 색, 얼굴의 피부색, 머리카락의 색 등을 지정하지 않으면 랜덤하게 생성되기 때문입니다. 부정 프롬프트는 각 체크아웃 모델 배포자가 권장하는 부정 프롬프트를 활용하는 것이 바람직합니다.

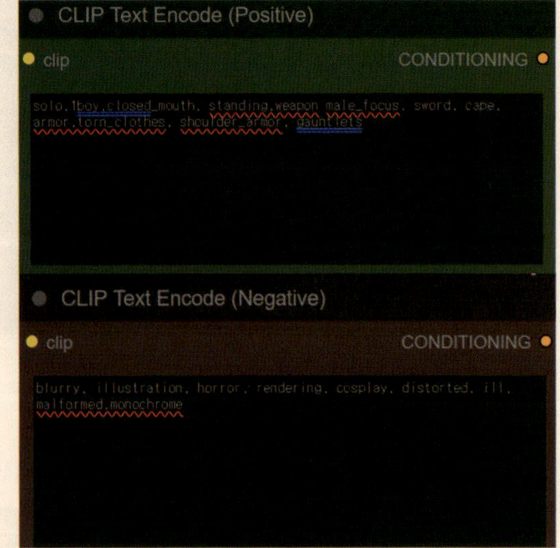

ControllNet Preprocessor, Load ControlNet Model 노드를 canny 모델로 선택해주겠습니다. 모델이 같아야 정상적으로 출력됩니다.

예를 들면 canny 모델의 경우 Preprocessor로 바꿔야 정상적으로 작동됩니다. 해당 컨트롤넷 모델이 없을 경우 ComfyUI Manager 〉 Model Manager에서 검색해서 다운로드 받을 수 있습니다.

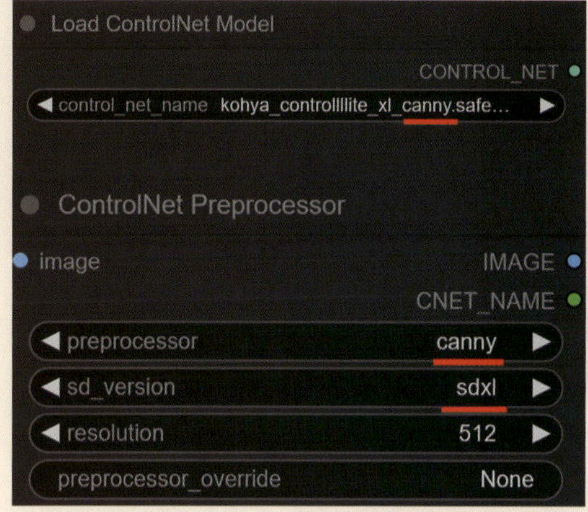

ControllNet Preprocessor 모델을 못 구하거나 없을 경우, 추가 검색을 해도 안 나올 경우, Canny 노드로 대체 할 수 있습니다.

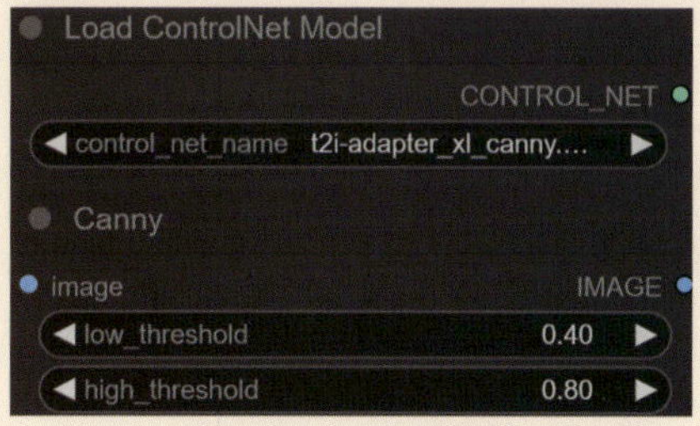

이후 KSampler 값을 설정해 줍니다.

Control_after_generate에서 randomize으로 선택하면 이미지가 계속 바뀌고, fix로 설정하면 이미지의 바코드가 고정되므로 다양한 느낌을 생성하기 위해서 randomize로 설정을 하겠습니다.

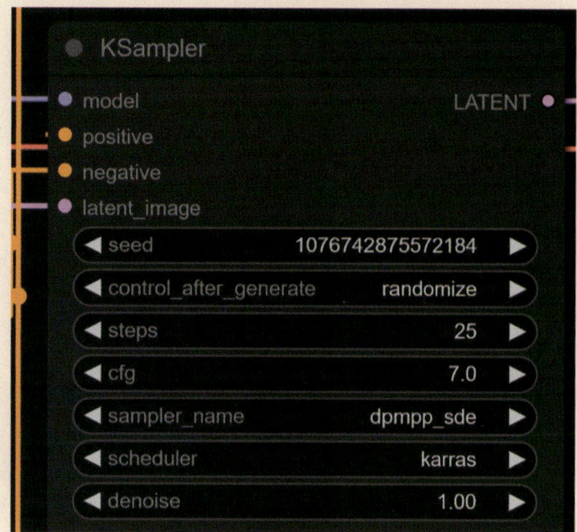

Queue Prompt 버튼을 누르면 절차가 진행됩니다. 여기서 여러 번 누르면 Run 옆에 써진 숫자가 올라가는데 이는 대기 중인 숫자를 의미합니다.

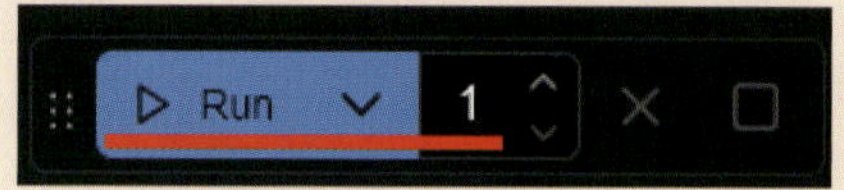

원화를 기반으로 이미지가 생성되었습니다.

결과값은 ComfyUI_windows_portable₩ComfyUI₩output에 저장됩니다.

이미지가 잘 나오지 않을 경우 다른 체크포인트 모델이나 컨트롤넷 모델을 다른 것으로 교체해봅니다.

해상도 이슈가 있을 경우 부분적으로 출력해 보고, 한번에 잘 생성되면 좋겠지만 안 될 경우라도 반복하면서 결과를 확인해봅니다.

추가팁을 말하자면, 해상도와 컴퓨터 성능의 한계가 있으므로 이미지를 부분적으로 확대해서 수정 후에 포토샵이나 다른 프로그램을 사용해 작은 해상도로 합성을 하면 더욱 더 뛰어난 퀄리티의 컨셉아트 이미지가 생성될 수 있습니다.

프롬프트에 선화나 스케치에 관련된 프롬프트(Lineart, sketch)를 추가하면 조금 더 선화에 가까운 느낌을 얻게 됩니다.

해당 워크플로우는 예제파일 **[스케치를 컨셉원화로 바꾸는 워크플로우.json]**에서 찾아보실 수 있습니다.

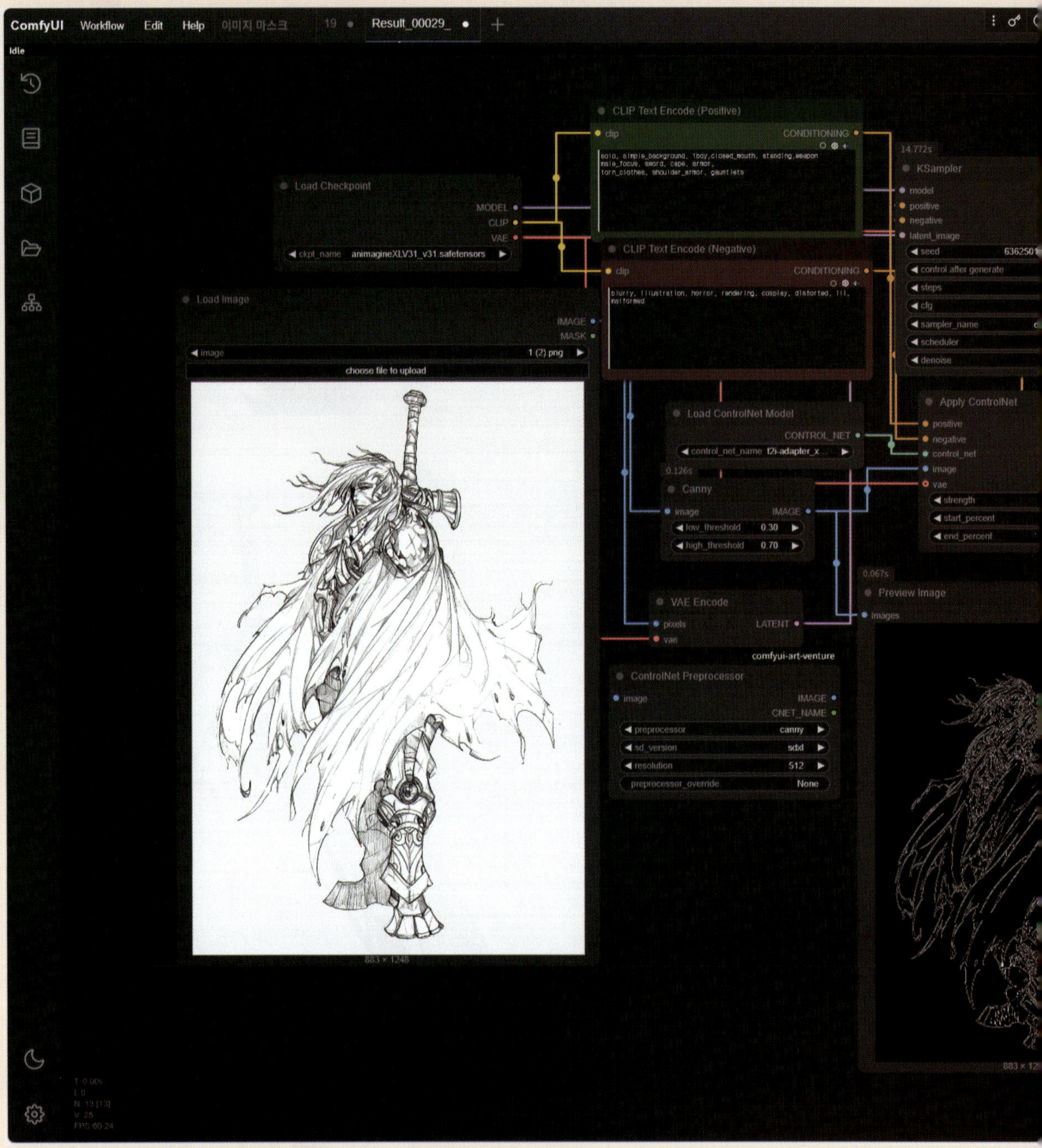

ComfyUI Workflow Edit Help 이미지 마스크 19 Result_00029_

Idle

CLIP Text Encode (Positive)
clip CONDITIONING
solo, simple_background, 1boy, closed_mouth, standing, weapon
male_focus, sword, cape, armor,
torn_clothes, shoulder_armor, gauntlets

Load Checkpoint
MODEL
CLIP
VAE
ckpt_name animagineXLV31_v31.safetensors

CLIP Text Encode (Negative)
clip CONDITIONING
blurry, illustration, horror, rendering, cosplay, distorted, ill, malformed

14.772s
KSampler
model
positive
negative
latent_image
seed 6362501
control after generate
steps
cfg
sampler_name
scheduler
denoise

Load Image
IMAGE
MASK
image 1 (2).png
choose file to upload
883 × 1248

Load ControlNet Model
CONTROL_NET
control_net_name t2i-adapter_x...

Apply ControlNet
positive
negative
control_net
image
vae
strength
start_percent
end_percent

0.126s
Canny
image IMAGE
low_threshold 0.30
high_threshold 0.70

0.067s
Preview Image
images

VAE Encode
pixels LATENT
vae

comfyui-art-venture
ControlNet Preprocessor
image IMAGE
CNET_NAME
preprocessor canny
sd_version sdxl
resolution 512
preprocessor_override None

883 × 12

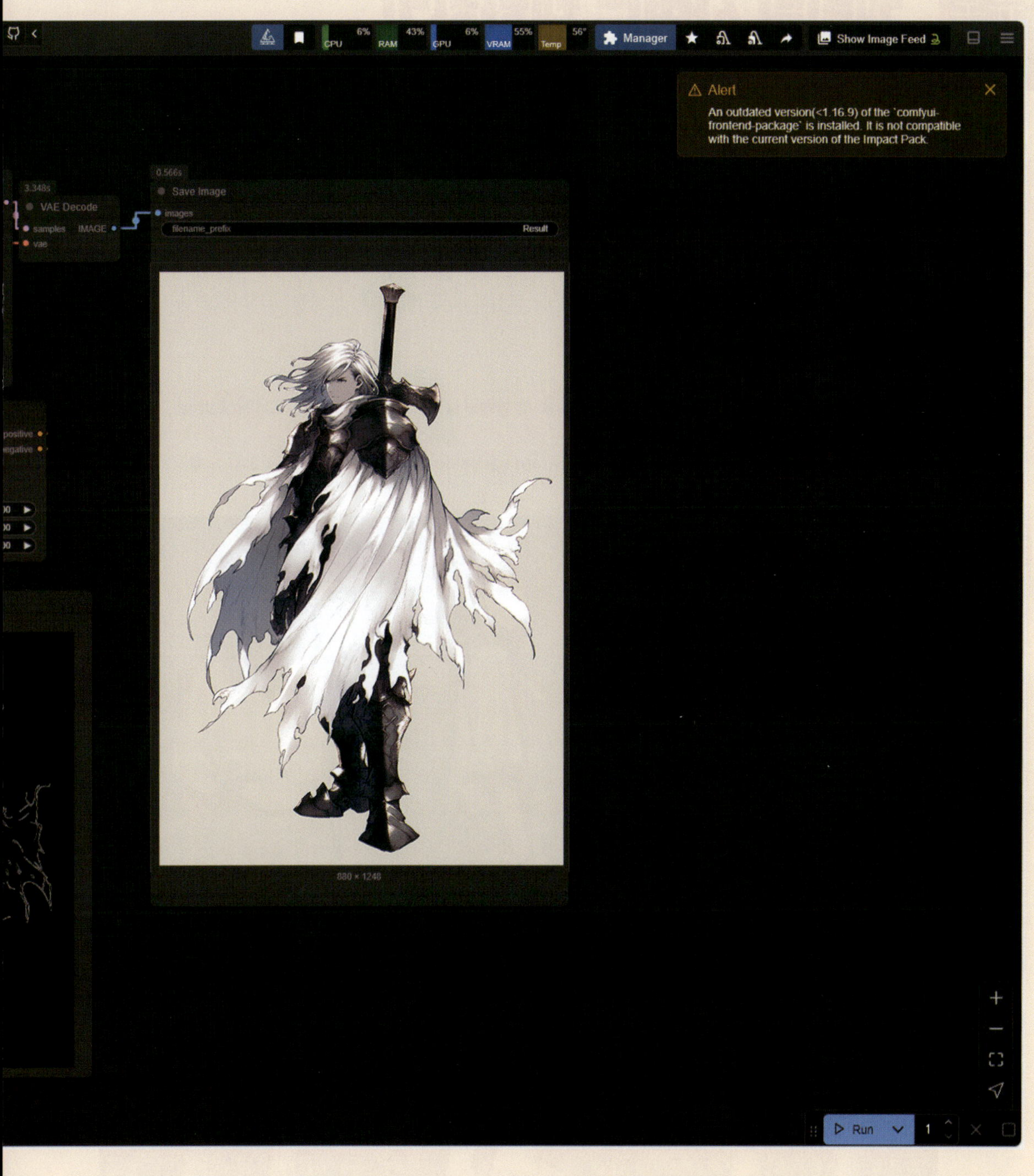

6% CPU
43% RAM
6% GPU
55% VRAM
56° Temp
Manager
Show Image Feed
Alert
An outdated version(<1.16.9) of the `comfyui-frontend-package` is installed. It is not compatible with the current version of the Impact Pack.
3.348s
VAE Decode
samples
IMAGE
vae
0.566s
Save Image
images
filename_prefix
Result
positive
negative
880 × 1248
Run
1

ComfyUI 튜토리얼

캐릭터 삼면도 제작하기

미드저니를 활용하면 비교적 간편하게 캐릭터의 삼면도(정면, 측면, 후면)를 생성할 수 있습니다. 다만, 자동 생성 방식의 특성상 포즈 일관성과 활용 범용성이 제한적이라는 단점이 존재합니다.

이를 보완하기 위해, 본 워크플로우에서는 삼면도 제작에 적합한 기준 포즈의 레퍼런스를 선행으로 준비하고, 그 레퍼런스를 기반으로 좀 더 정밀한 포즈를 고정하고 및 생성하는 방법을 소개하겠습니다. 삼면도 포즈로 참고할 레퍼런스를 준비합니다.

미드저니에서 해당 프롬프트를 사용해서 삼면도를 생성하였습니다. 예제 파일 [삼면도예시.png]

```
fullbody,1girl,turn back side,alpha transparency,turn back side, reference sheet --ar 5:4 --niji
```

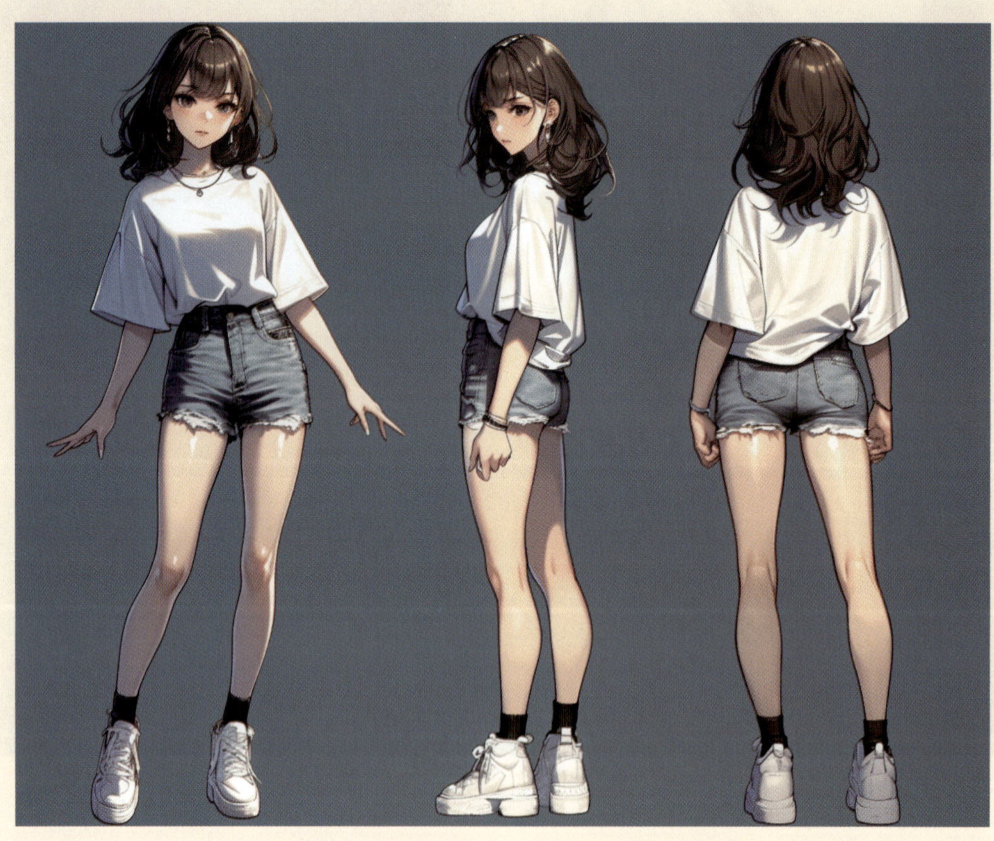

드로잉을 스케치로 바꾸는 워크플로우의 작업 공정을 비슷하게 따라겠습니다.

먼저 참고할 이미지를 Load image로 불러와서 WD14 Tagger와 연결시켜 줍니다. 그리고 Queue Prompt를 클릭하면 프롬프트가 생성됩니다.

```
1girl, long_hair, breasts, looking_at_viewer, bangs, skirt, large_breasts, simple_background, gloves, long_sleeves, standing, tail, full_body, yellow_eyes, white_hair, shoes, sweater,headgear, halo,white_footwear, black_background, grey_skirt, high-waist_skirt, black_sweater, mechanical_tail
```

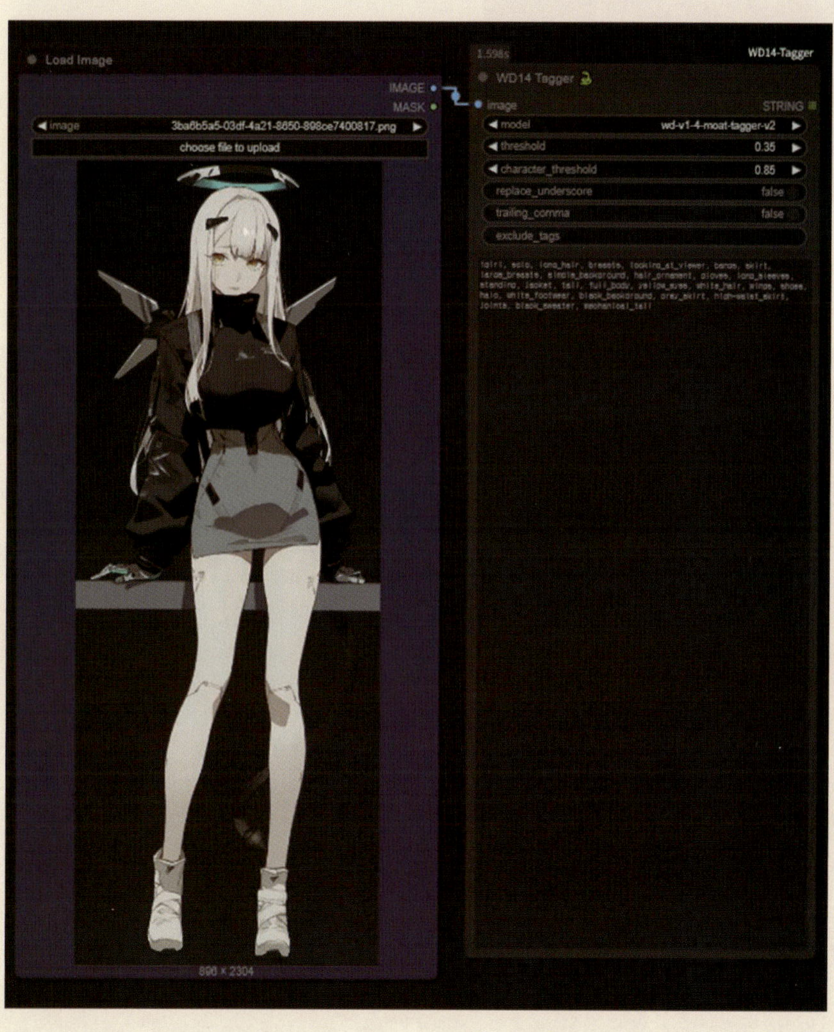

[스케치를 컨셉원화로 바꾸는 워크플로우.json]를 기반으로 진행할 것입니다.

예제 [스케치를 컨셉원화로 바꾸는 워크플로우.json]를 불러옵니다. 다른 점은 컨트롤넷 모델을 canny가 아닌 openpose로 변경하겠습니다.

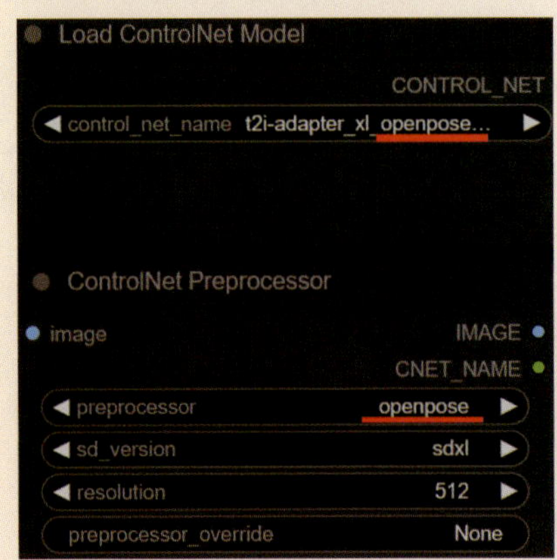

Load image에 참고할 삼면도의 이미지를 업로드합니다.

해당 이미지는 예제 파일 [삼면도예시.png]를 참고해 주면 됩니다.

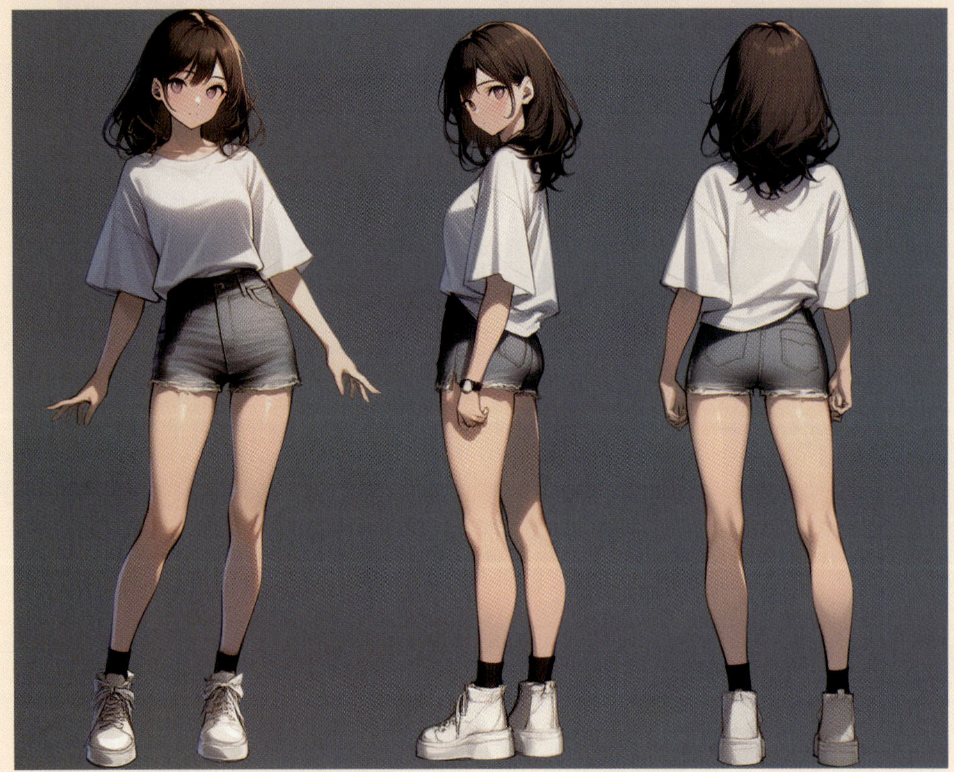

앞서 추출한 프롬프트를 기반으로 긍정 프롬프트는 원하는 스타일과 방향에 맞게 재구성합니다. 스타일에 대한 추가와 전신이나 여러 각도에 대한 프롬프트(Fullbody,multiple_views,)를 추가하고 여기에 불필요한 프롬프트를 제거해보겠습니다. 부정 프롬프트는 사용 중인 모델에서 권장하는 항목을 참고하여 정확히 입력하는 것이 좋으며, 이를 통해 불필요한 왜곡이나 스타일 이탈을 최소화한 안정적인 이미지 생성이 가능합니다.

긍정 프롬프트

```
1girl, long_hair, breasts, looking_at_viewer, bangs, skirt, large_breasts, simple_background, gloves, long_sleeves, standing, tail, full_body, yellow_eyes, white_hair, shoes, sweater, multiple_views, headgear, halo, white_footwear, black_background, grey_skirt, high-waist_skirt, black_sweater, mechanical_tail
```

부정 프롬프트

```
wings, nsfw, low quality, worst quality, normal quality
```

Queue Prompt를 클릭하면 이미지가 생성됩니다.

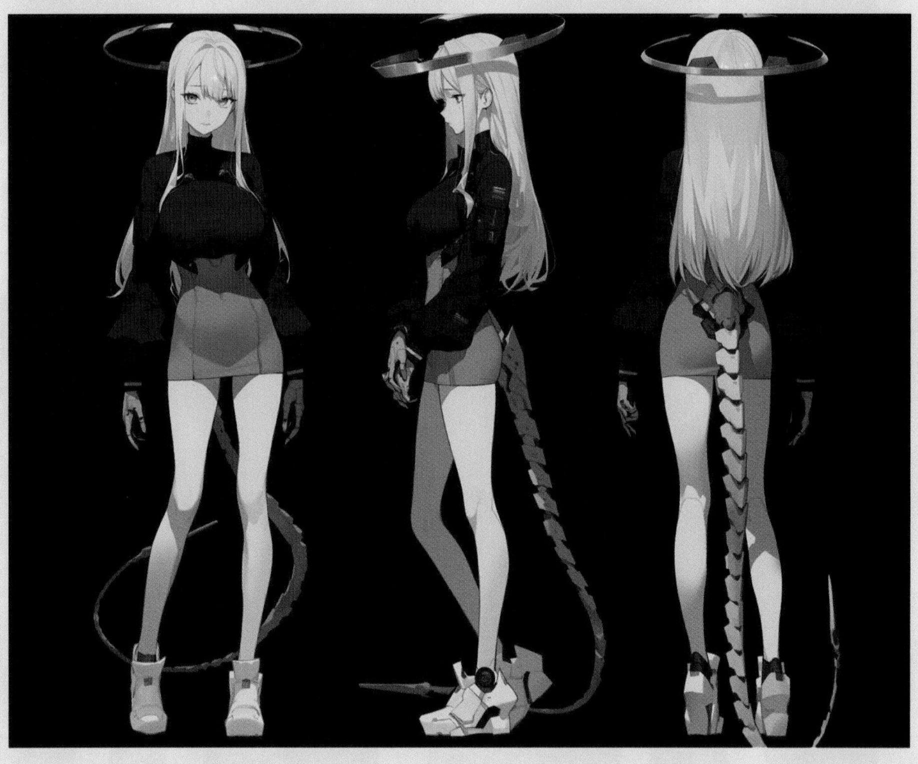

프롬프트를 변형해서 여러 베리에이션 작업을 할 수 있고 다른 캐릭터를 만들 수도 있습니다.

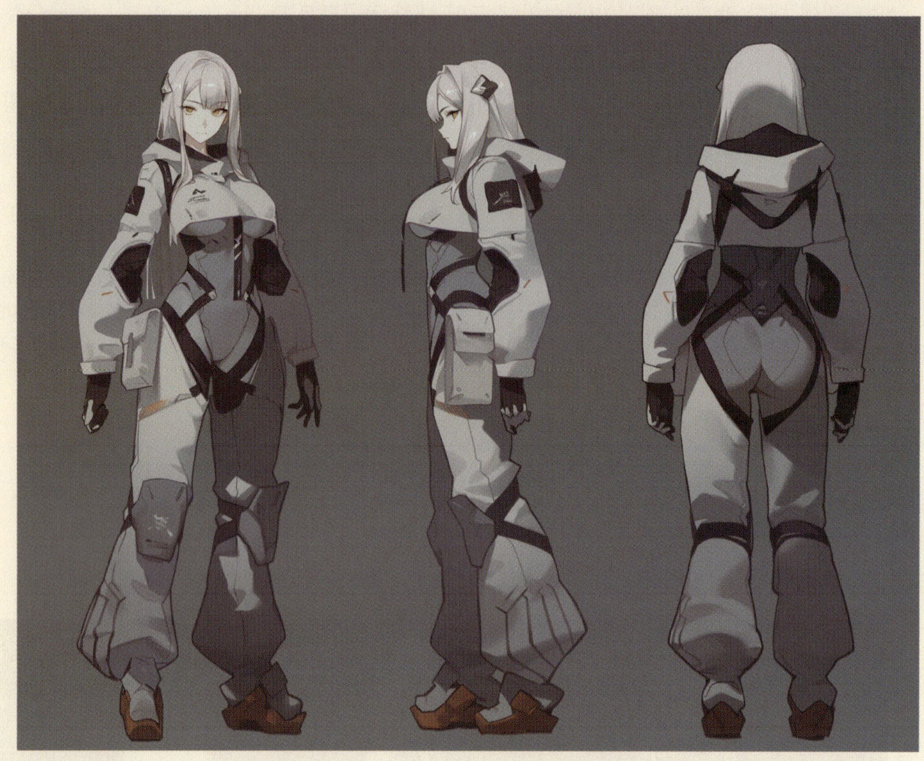

부정 프롬프트에 lineart를 넣거나 긍정 프롬프트에 noline, falt color를 넣으면 외각선 없는 이미지 생성도 가능합니다.

이와 같은 기본 골격 기반의 OnePose 이미지는 이후 작업에도 재활용할 수 있는 중요한 리소스입니다. 따라서, 반복 사용을 고려해 개인 라이브러리에 체계적으로 정리/보관해 두는 것이 좋습니다. 이는 ComfyUI에서 ControlNet의 OpenPose 기반 워크플로우를 구성할 때, 일관된 포즈 제어와 신속한 시각적 피드백을 제공하는 핵심 자료로 활용됩니다.

해당 워크플로우는 예제 파일 **[삼면도를 만드는 워크플로우.json]**에 있습니다.

예제

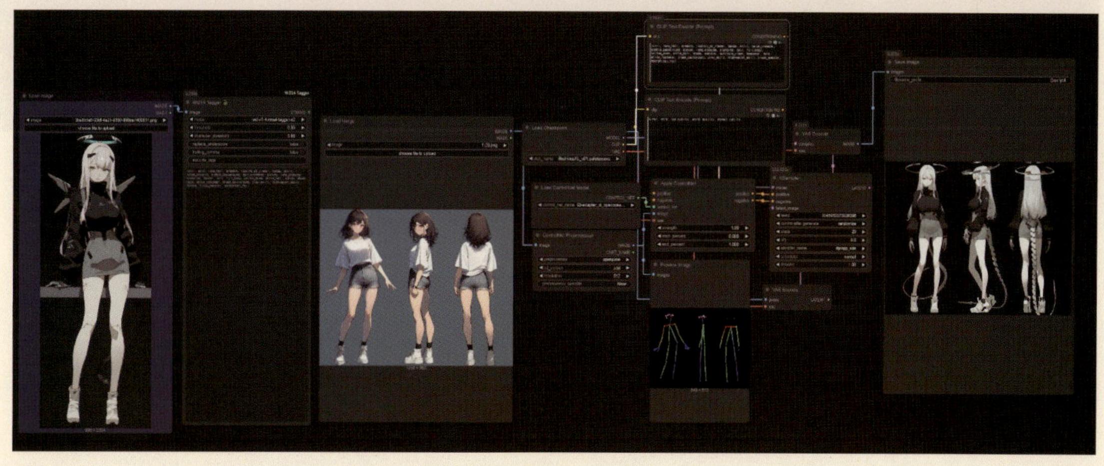

예제

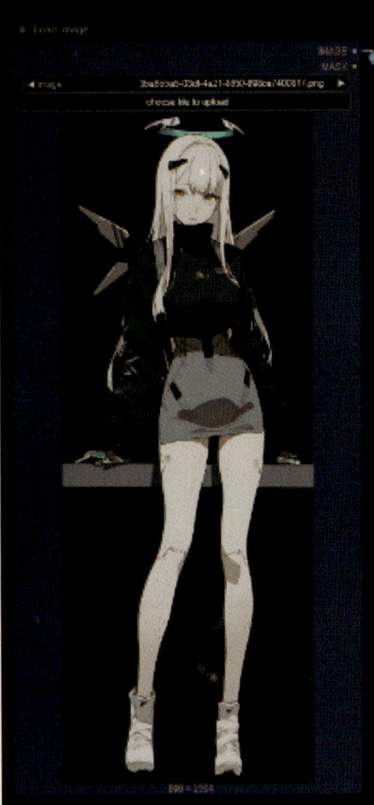
IMAGE
MASK
choose file to upload

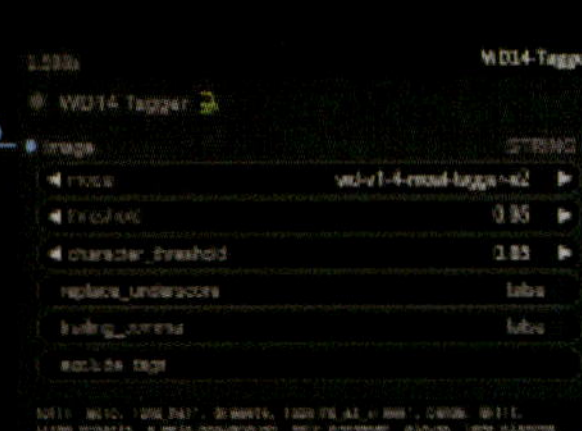
WD14-Tagger
WD14 Tagger
image
STRING
character_threshold
replace_underscore

Load Image
IMAGE
MASK
image
choose file to upload

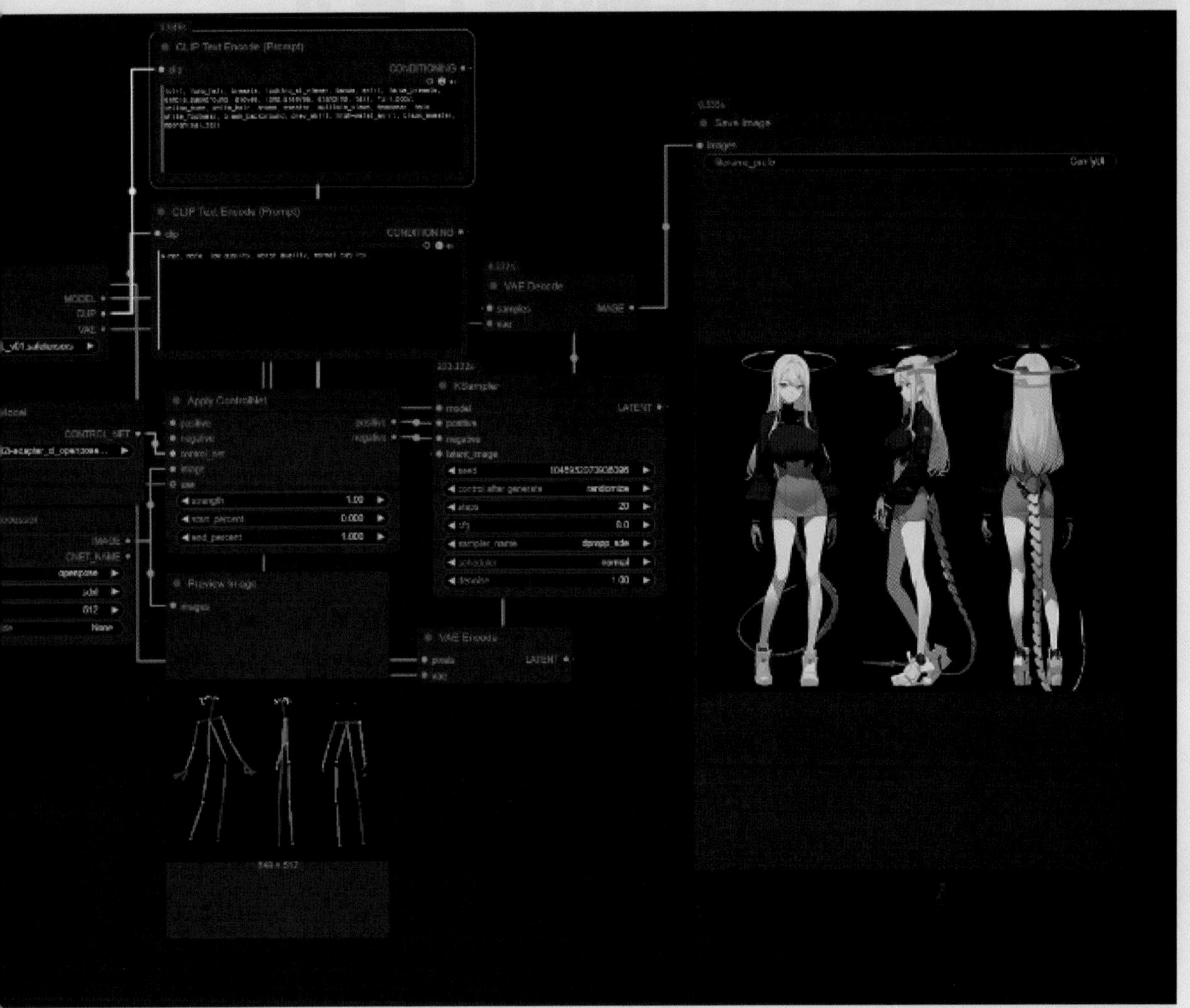

CLIP Text Encode (Prompt)
CONDITIONING
clip
CLIP Text Encode (Prompt)
CONDITIONING
clip
MODEL
CLIP
VAE
Save Image
images
VAE Decode
samples
vae
IMAGE
KSampler
model
positive
negative
latent_image
LATENT
seed
control after generate
randomize
steps
20
cfg
sampler_name
dpmpp_sde
scheduler
normal
denoise
1.00
Apply ControlNet
positive
negative
control_net
image
vae
strength
1.00
start_percent
0.000
end_percent
1.000
CONTROL_NET
IMAGE
CNET_NAME
openpose
Preview Image
images
VAE Encode
pixels
vae
LATENT

ComfyUI 튜토리얼

캐릭터 얼굴 턴테이블 만들기

기존 스케치나 레퍼런스 이미지를 활용해 얼굴 턴테이블을 제작하는 워크플로우를 구성해보겠습니다. 이 방식은 얼굴의 정면/측면/후면 뷰를 한 번에 확보할 수 있어서 초기 컨셉 스케치나 모델링 단계에서 기준이 되는 결과물을 사전에 시각화할 수 있다는 점에서 실무적으로 큰 유용성이 있습니다. 또한 일관된 얼굴 비례와 방향성을 확보하도록 도와주는 기반 자료로도 활용될 수 있습니다.

제공된 예제 파일 **[얼굴 턴테이블.json]**은 ComfyUI의 빈 작업 화면에 그대로 드래그앤드롭하면 간편하게 로드할 수 있습니다. 별도의 불러오기 과정 없이 전체 노드 워크플로우가 즉시 불러와져서, 작업 환경을 빠르게 구성할 수 있습니다.

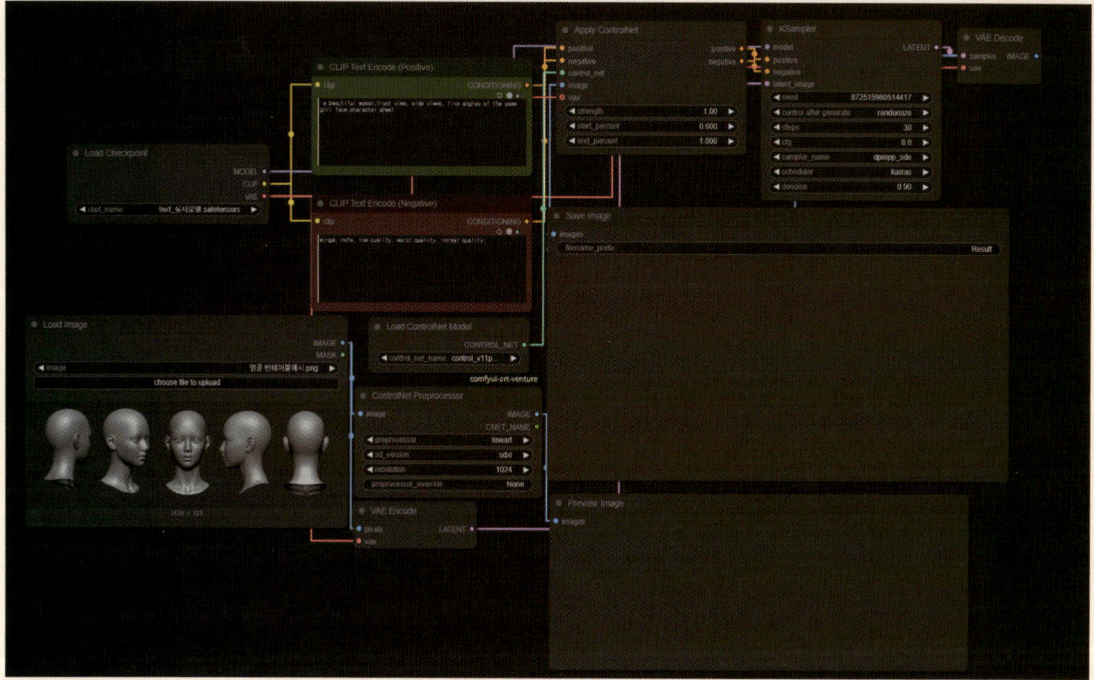

Load image에 예제파일에 있는 **[얼굴 턴테이블예시.png]**이미지 파일을 넣어주거나 개인이 소장하고 있는 턴테이블 이미지를 넣어줍니다. 개인의 기호에 따라서 여러 방향을 넣어도 좋습니다.

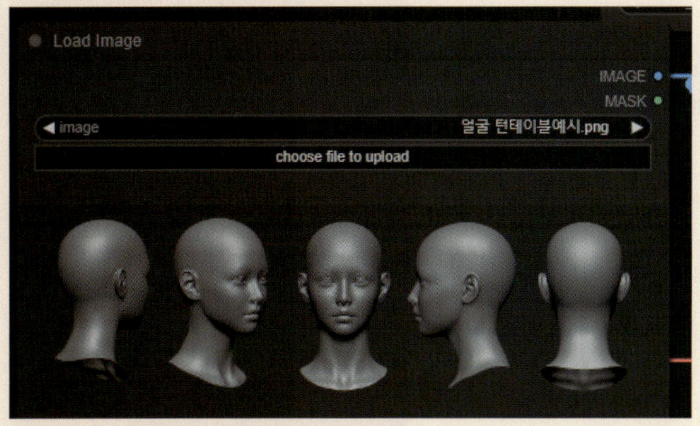

미드저니에서 여러 방향을 간편하게 생성하는 방법도 있습니다.

```
A photograph of an Korean ,four views (front, rear, side views) of the same person's head, white background, soft lighting, a natural style, a natural skin tone --ar 2:1
```

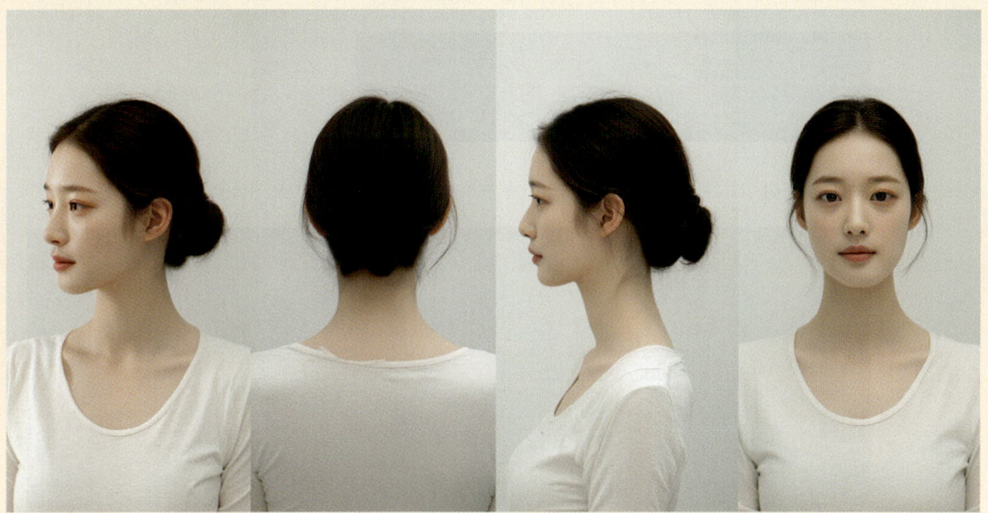

Load Checkpoint 노드에는 보유 중인 실사 또는 반실사 스타일의 모델 중 작업 의도와 취향에 맞는 모델을 선택하여 적용합니다. 선택한 체크포인트에 따라 이미지의 전체적인 질감, 채도, 묘사 방식이 달라지므로 표현하려는 결과물의 스타일에 가장 적합한 모델을 선별하는 것이 핵심입니다.

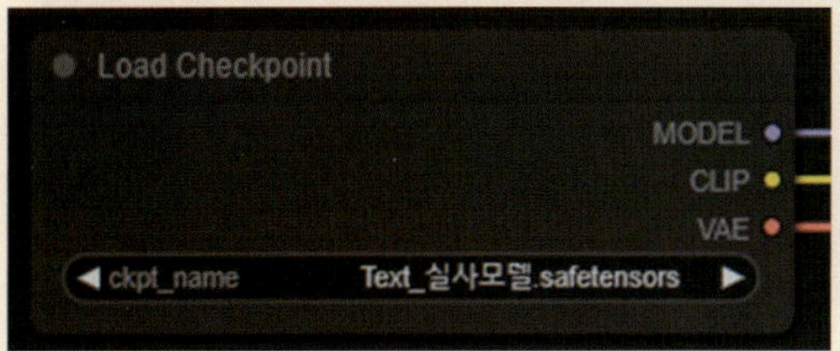

긍정 프롬프트는 턴테이블 캐릭터의 특징을 적어주겠습니다.

긍정 프롬프트

a beautiful woman,front view, side views,back view,five angles of the same girl face,character sheet

부정 프롬프트

wings, nsfw, low quality, worst quality, normal quality,text

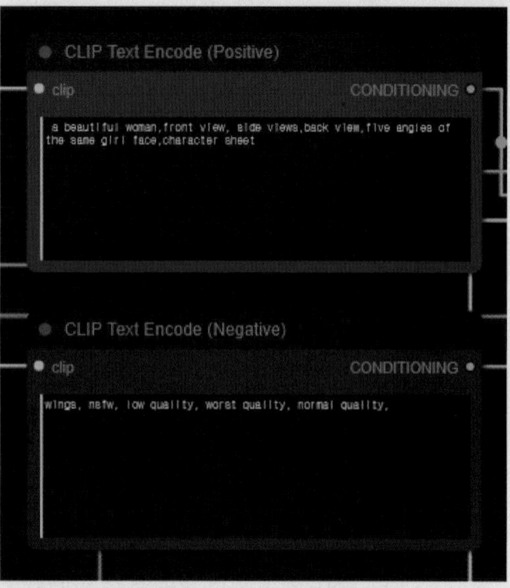

컨트롤넷 모델은 lineart나 Canny를 선택해줍니다.
Lineart는 canny와 비슷하게 이미지를 선으로 표현해 주는 컨트롤넷 모델 중 하나입니다.

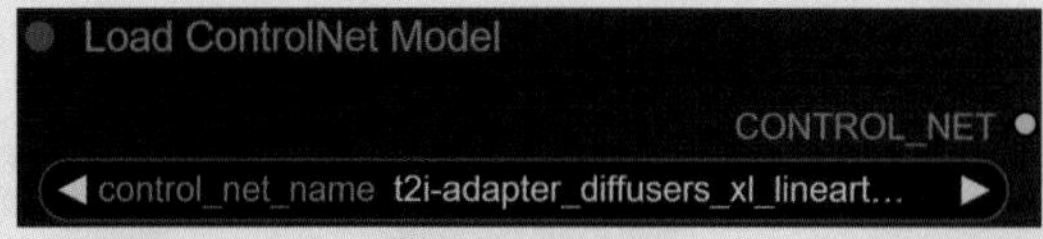

원본 이미지

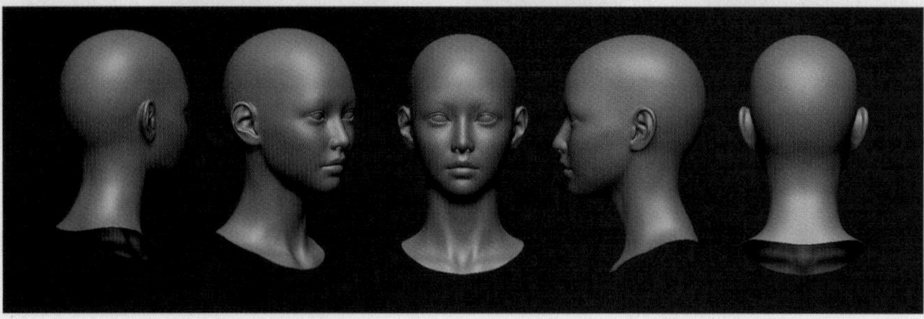

Lineart가 적용된 이미지

ControlNet의 Strength 값을 조절하여 이미지에 대한 제어 강도를 조절합니다.

모델의 스타일이 지나치게 강하게 반영될 경우 이 값을 낮추고, 반대로 원본 이미지의 영향력이 과도하게 유지될 경우 수치를 높이는 방식으로 조정하면 됩니다. 단, 권장 수치는 적용된 체크포인트 모델의 특성이나 전체 워크플로우의 구성에 따라 달라질 수 있으므로, 결과물을 비교하며 적절히 설정하는 것이 핵심포인트입니다.

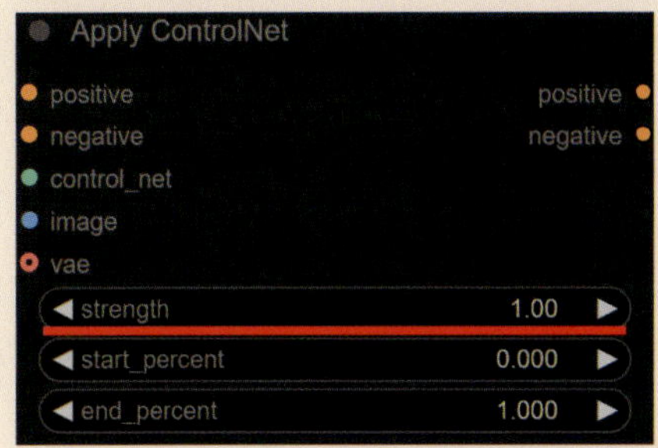

Strength 0.5로 적용해보겠습니다. 강도가 약해서 제대로 이미지 생성이 안 되는 문제가 있습니다.

Strength 1.0로 적용해보겠습니다.

강도가 너무 강할 경우 원하는 방향으로 얼굴이 회전되지 않는 문제가 발생합니다.

KSampler의 설정값과 선택한 샘플러(Sampler) 유형은 사용 중인 체크포인트 배포자가 제시하는 권장 수치를 우선 참고하되, 개인의 환경 설정이나 하드웨어 성능, 요구되는 결과물 수준에 따라 유연하게 조정하는 것이 좋습니다. 특히 KSampler의 Denoise 값은 이미지 변형 강도에 직접적인 영향을 주므로, 원하는 결과에 맞게 세밀하게 조율할 필요가 있습니다.

이번 예시에서는 ControlNet의 Strength 값을 0.8로 설정한 뒤, 전체 세팅을 확인하고 Queue Prompt 버튼을 클릭해 이미지 생성을 진행합니다.

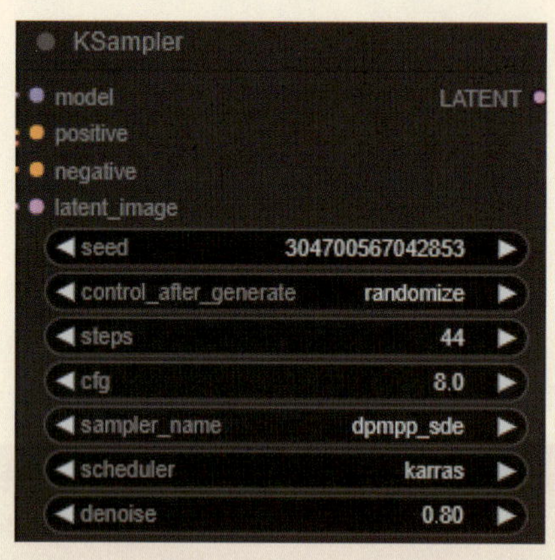

예제 파일 [얼굴 턴테이블.json]을 참고하세요.

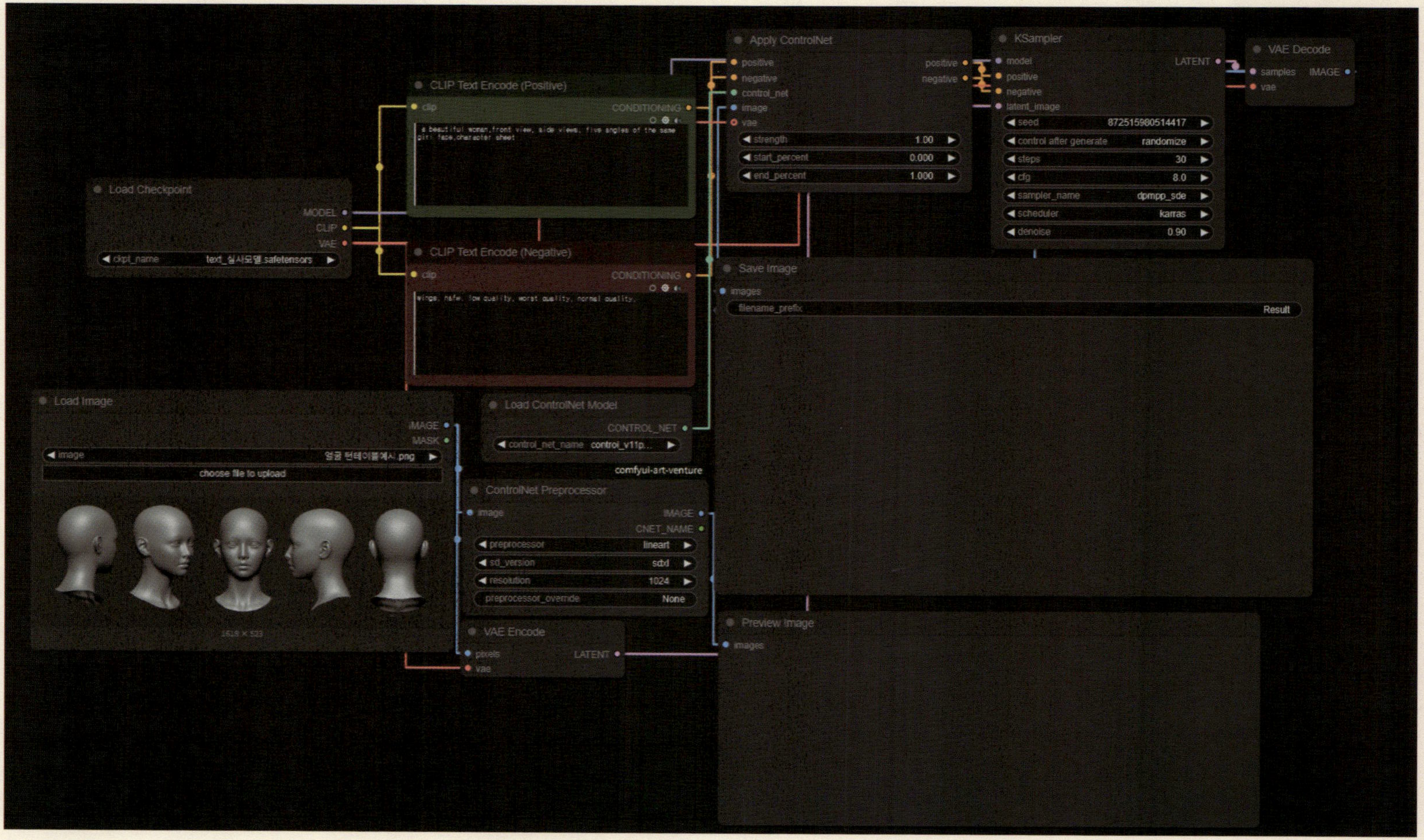

5. 로라(LoRA) 제작하기

체크포인트나 모델을 생성하려면 데이터가 필요하지만, 로라는 기존 모델에 추가 개념을 덧입히는 방식이라 비교적 제작이 간편하며, 상황에 따라 다양한 스타일의 로라를 조합해 활용할 수도 있습니다. 로라는 Kohya_ss, AI-Toolkit, Stable Diffusion DreamBooth 학습을 통해 제작할 수 있으나, 난이도와 유지보수 비용이 높은 편입니다.

이 책에서는 입문자에게 적합하게 Civitai 사이트를 활용하여 손쉽게 로라(LoRA)를 제작하는 방법을 살펴보겠습니다. 다만 학습에 앞서, 반드시 학습에 사용할 이미지들이 준비되어 있어야 합니다.

학습할 이미지를 구해줍니다. 최소 10~12장 이상의 이미지가 있음을 권장드리며 해상도는 가로,세로 사이즈 1024×1024 사이즈 이상의 이미지를 권장합니다. 파일 확장자는 PNG로 통일시켜 줍니다.

특정 캐릭터를 학습시키고 싶을 때는 캐릭터의 여러 각도, 포즈 다양한 라이팅, 얼굴만 있는 사진, 클로즈업, 전신 이미지가 있으면 좋습니다.

움직이는 스프라이트 시트를 학습할 예정이라면, 캐릭터처럼 다양한 앵글이나 포즈가 필요하지 않습니다. 따라서 3×3, 4×4 형태처럼 위치와 배치가 유사한 여러 시트를 학습하는 것이 효과적입니다. 특히, 캐릭터 스프라이트 시트의 경우, 디자인만 다르고 포즈가 동일할수록 애니메이션이 더욱 자연스럽게 생성되도록 학습할 수 있습니다.

https://civitai.com/

civitai 사이트에 접속한 뒤 회원가입과 로그인을 진행합니다. 이후 우측 상단에 있는 내 계정 메뉴에서 로라 학습에 필요한 Buzz라는 포인트를 확인할 수 있습니다. 기본적으로 소량의 Buzz가 제공되지만, 지속적인 학습을 위해서는 추가 Buzz가 필요합니다. 이는 직접 구매할 수도 있고, 자신이 제작한 체크포인트/로라/이미지를 업로드하여 획득할 수도 있습니다.

학습을 시작하려면, 우측 상단의 Create 버튼을 클릭한 뒤 Train a LoRA를 선택하면 됩니다.

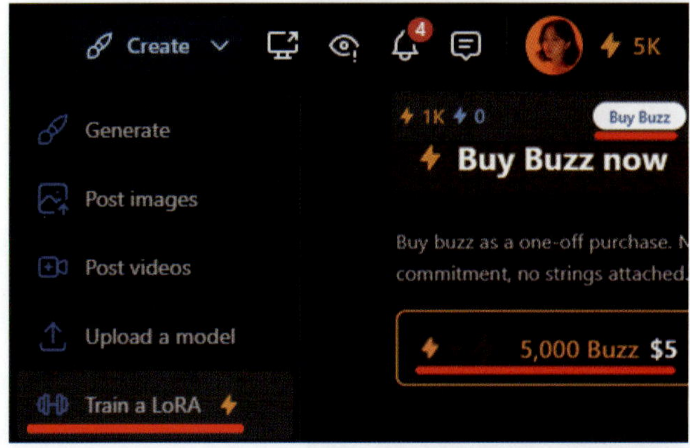

첫 화면에서는 학습할 로라의 유형을 선택해야 합니다. 캐릭터를 학습하려면 Character, 아트 스타일이나 화풍을 학습하려면 Style/의상/오브젝트/포즈 등을 학습하려면 Concept을 선택하면 됩니다. 이후 Name 항목에 생성할 로라의 이름을 입력한 뒤 Next 버튼을 눌러 다음 단계로 진행합니다.

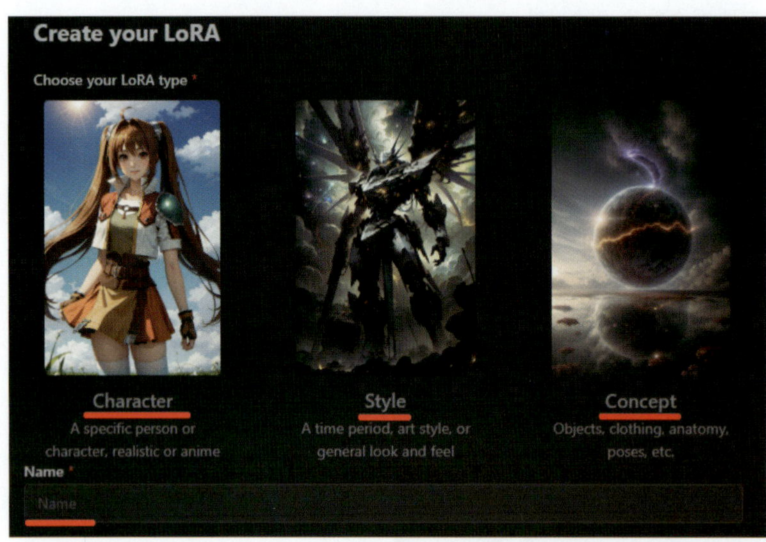

훈련 데이터 관련 안내 조항이 표시되면 내용을 확인한 뒤 숙지했다는 체크 버튼을 선택합니다. 그다음 학습할 이미지를 압축 파일 형태로 업로드하거나, 여러 이미지를 한 번에 선택해 Drag Images 영역에 끌어다 놓습니다. 업로드가 완료되면 다음(Next) 버튼을 눌러 진행합니다.

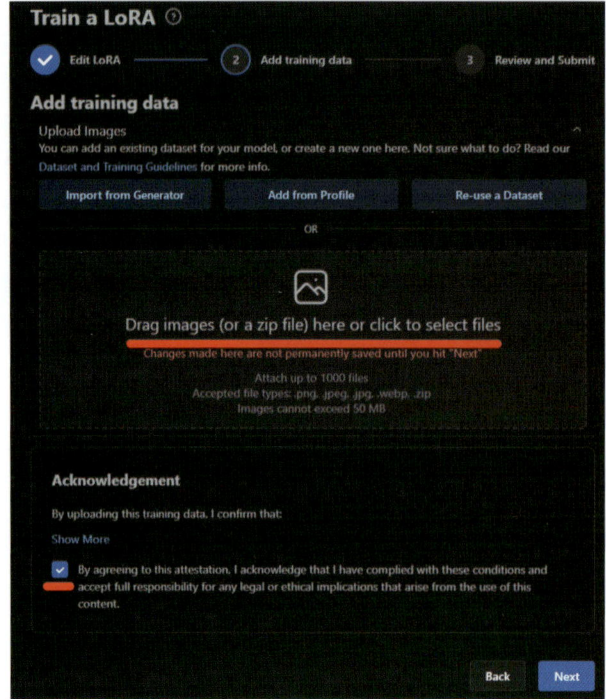

아래 화면에서 Trigger Word는 로라가 올바르게 실행되도록 돕는 일종의 마법 주문 같은 실행 단어입니다. 예를 들어 effect라고 입력해 두면, ComfyUI에서 해당 로라를 적용할 때 프롬프트에 effect를 넣으면 효과가 더욱 선명하고 안정적으로 반영됩니다.

Label Type은 Tage에 둡니다. Tag는 단어를 사용해 SD1, SDXL버전에 사용하며, Caption은 문장을 사용해 Flux, SD3버전에서 사용합니다. 여기서는 Tag를 선택한 뒤 Auto Label 버튼을 누르면 자동으로 단어 라벨이 생성됩니다.

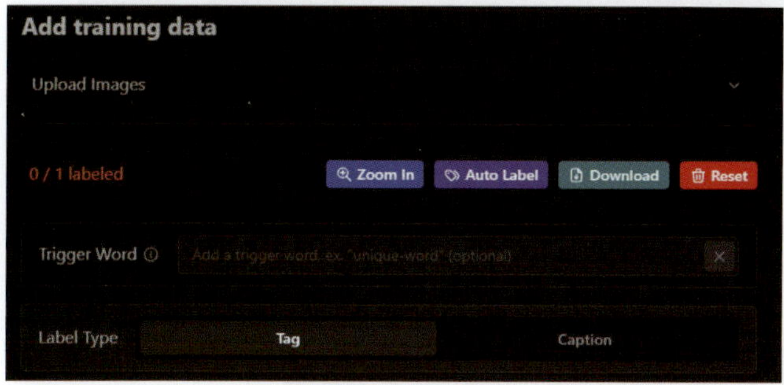

창이 뜨면 기본 설정값 그대로 유지하시고 Submit 버튼을 누르면 됩니다.

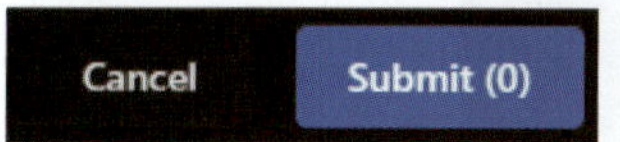

자동으로 단어가 입력되면, 필요에 따라 단어를 클릭해 삭제하거나 + 버튼을 눌러 새로운 단어를 추가할 수도 있습니다. 단어의 개수가 많을수록 디자인이나 화풍을 세분화해 구분하기 쉬워지고, 반대로 단어가 적을수록 각 단어가 로라에 미치는 영향력이 더욱 강해집니다.

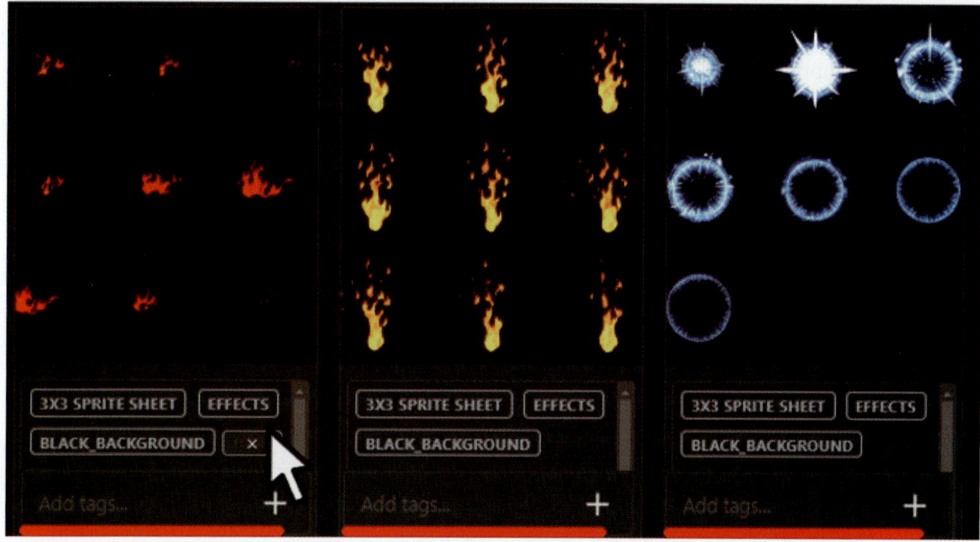

아래 안내 문구를 꼼꼼히 확인한 뒤, 확인 박스에 체크한 후 Next 버튼을 클릭해 진행합니다.

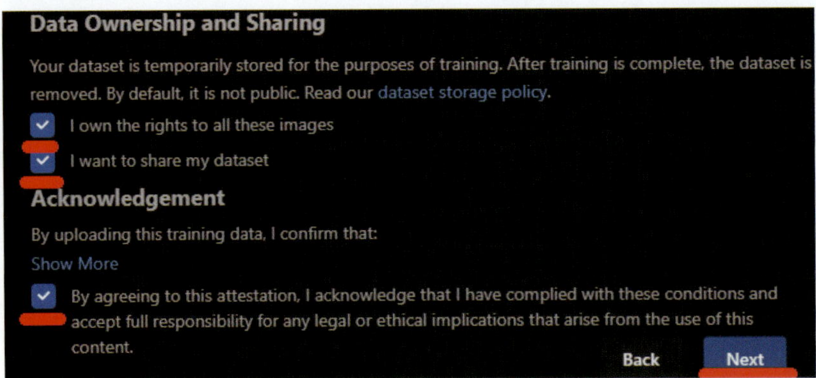

이후 단계에서는 학습에 사용할 체크포인트 베이스 모델을 선택해야 합니다. 동일한 체크포인트를 기반으로 해야 로라가 정상적으로 작동하므로, 반드시 같은 체크포인트를 지정해 주는 것이 중요합니다.

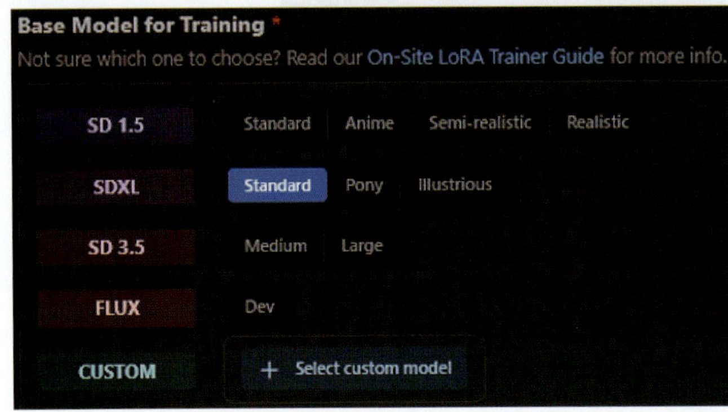

Advanced Settings 창을 클릭하고 샘플로 생성할 이미지의 텍스트 즉 프롬프트를 Sample Image Prompts박스 안에 있는. Lmage #1,2,3 빈 칸에 적어줍니다.

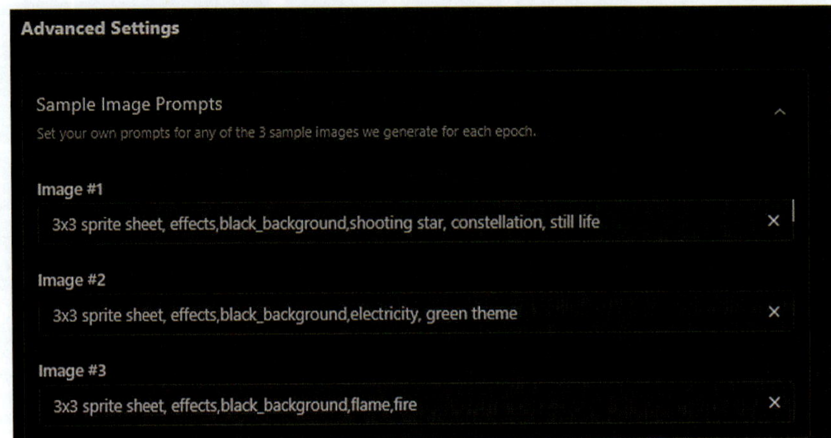

Parameter는 기본 설정값으로 유지합니다.

Shuffle Tags 옵션을 켜주고 애니메이션 화풍이면 CLIP SKIP를 2로 변경해줍니다. Style 기준 Dataset 이미지 개수 * Num repeats * Epochs = 10,000~30,000 되도록 설정해줍니다. 예를 들어 학습할 데이터셋이 100장이면 Repeats 10에 Epochs 20이나 Repeats 5에 Epochs 40 로 설정을 해줍니다. Batch size는 그냥 설정 가능한 최대치로 해둡니다. Batch size에 맞춰서 Learning rate도 수정을 해줍니다.(Batch size=n일 때 Unet LR=0.000N Text Encoder LR=0.0000N) Optimizer는 기본값을 쓰고 나중에 비교 분석을 해보면서 변경해도 좋습니다.

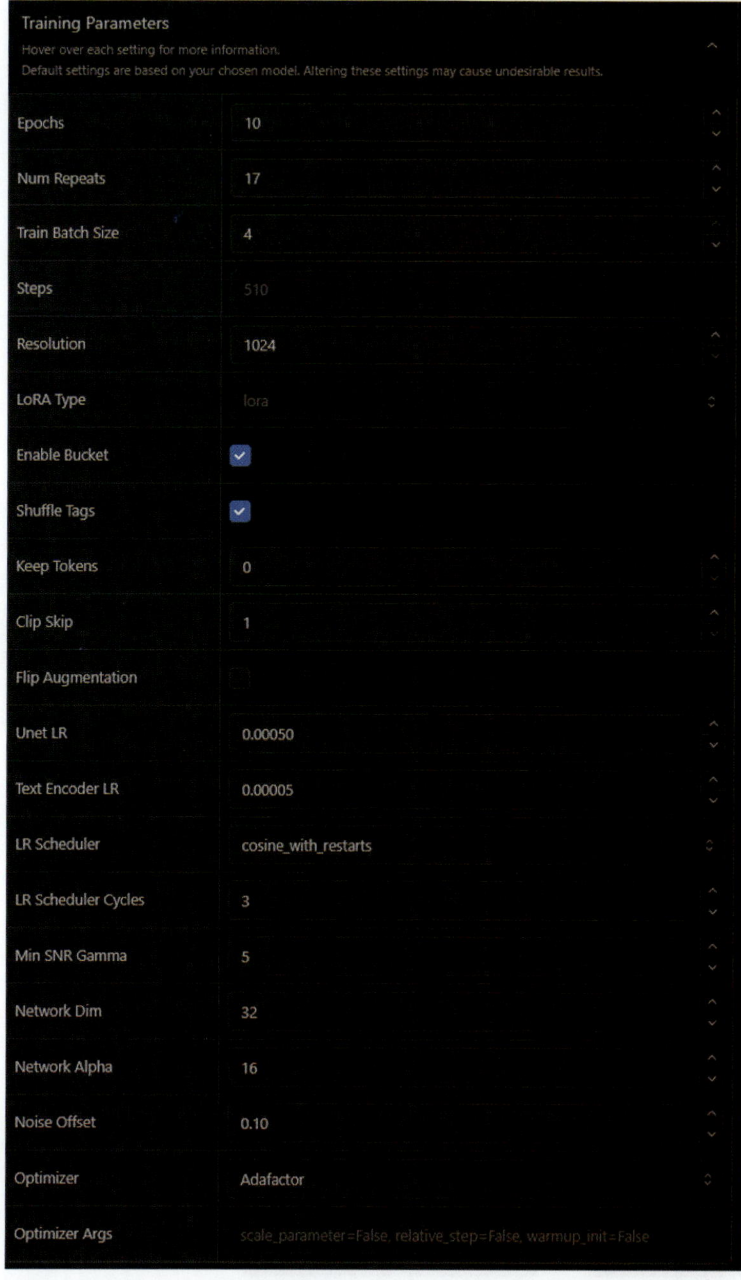

Submit 500 버튼을 누르고 홈페이지에 명시된 시간만큼 기다리면,

Epoch를 10으로 입력했으므로 10개의 LoRA가 생성되었습니다. Epoch #1부터 Epoch #10까지의 생성된 이미지 예시를 보고 마음에 드는 LoRA를 다운로드 받으면 되겠습니다.

LoRA 저장 경로 : /ComfyUI/models/loras

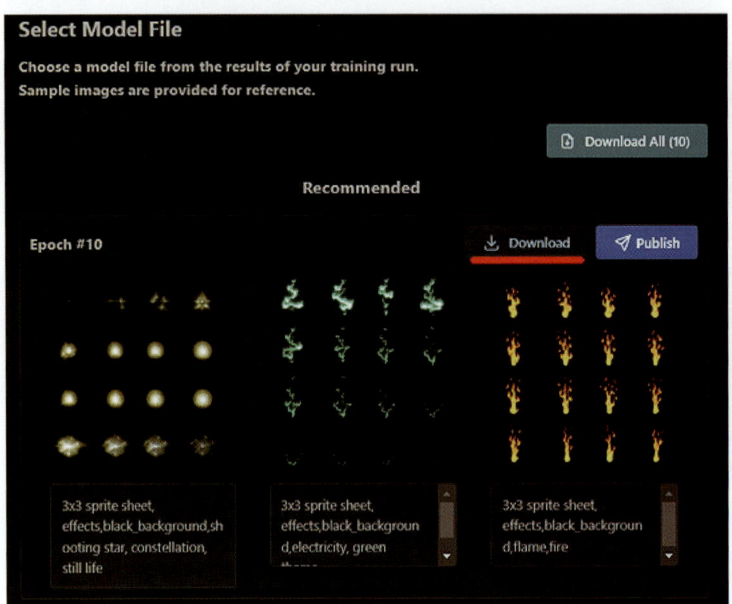

이후에 ComfyUI를 실행 후 경로에 LoRA에 넣어서 제대로 학습되었는지 확인이 가능합니다.

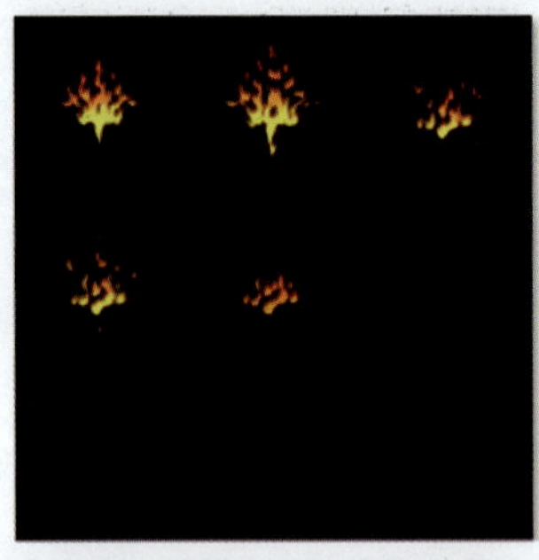

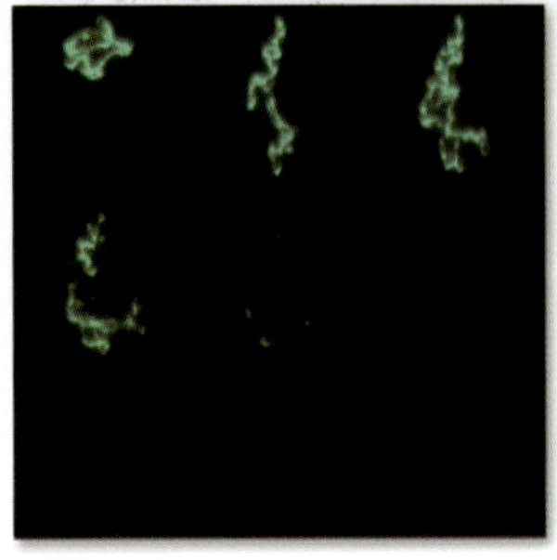

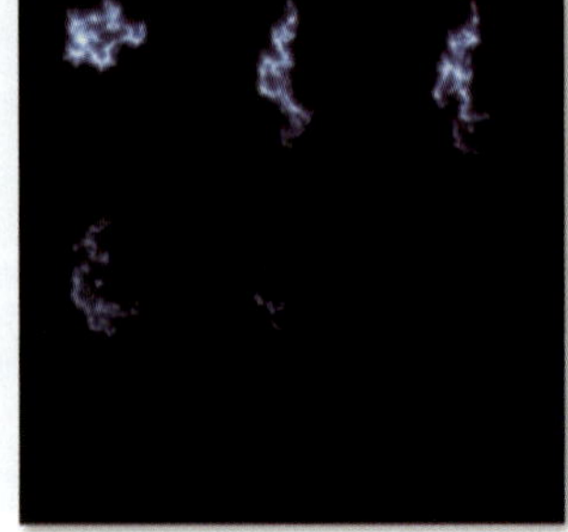

6. 이미지 1장으로 로라 학습하기

LoRA를 제작할때 20~30장의 이미지가 있으면 좋지만 피치못할 상황에 적은 이미지로 피사체를 학습해야 하는 상황이 올 수도 있습니다.

예시 이미지입니다. 이런 주어진 컨셉의 한 장의 원화의 경우, 같은 디자인의 다른 포즈, 방향을 찾기 어렵습니다.

이미지 한 장을 여러 장으로 복사/붙여넣기 후 다른 방향 클로즈업 등 다양하게 분할을 시켜줍니다. 이런 후에 LoRA 학습과 똑같은 방법으로 진행해 주면 문제 없이 생성이 가능합니다.

1 (1).png

1 (2).png

1 (3).png

1 (4).png

1 (5).png

1 (6).png

1 (7).png

1 (8).png

1 (9).png

1 (10).png

1 (11).png

1 (12).png

1 (13).png

1 (14).png

7. ComfyUI로 이미지 배경 제거하기

스프라이트 시트 워크플로우 소개에 앞서, 생성된 이미지를 합성하거나 리소스로 활용하려면 투명한 배경(알파 채널)을 갖춘 이미지가 필요합니다. 이러한 작업은 포토샵 같은 외부 프로그램으로도 가능하지만, ComfyUI를 활용하면 배경 제거와 마스크 관리 과정을 더욱 편리하게 처리할 수 있습니다.

ComfyUI Manager Menu의 custom Nodes Manager를 클릭해 Layer Stlye,Rmbg을 검색하여,

ComfyUI Layer Stlye,ComfyUI Layer Stlye Advance, ComfyUI RMBG 설치한 후 ComfyUI를 재실행합니다. RMBG은 2.0 버전을 다운받아보겠습니다.

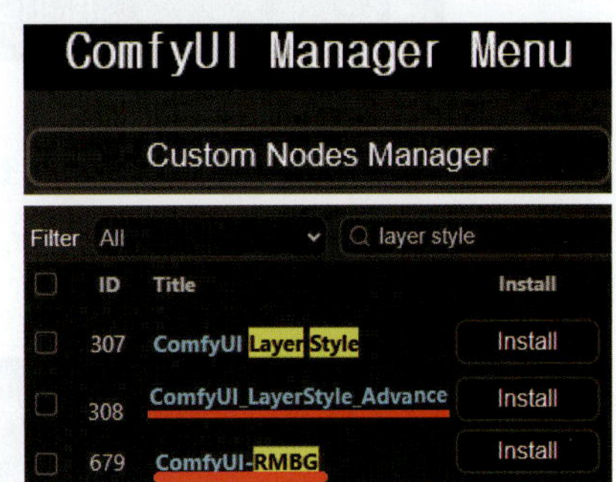

이미지를 불러오기 위해 Load Image 노드를 검색하여 화면에 불러옵니다.

LayerMask: BiRefNet Ultra V2 노드를 검색창에서 검색하고 불러와서 Load Image노드의 Image와 Image끼리 연결해줍니다.

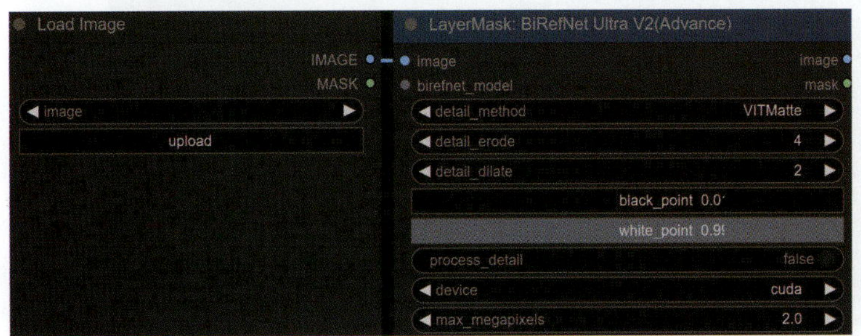

LayerMask: BiRefNet Ultra V2 노드의 birefnet_model의 둥그란 점을 왼쪽 마우스로 클릭하거나 검색창에 LayerMask: LoadBiRefNetModelV2 노드를 검색하여 birefnet_model 끼리 연결시켜줍니다. Version을 RMBG-2.0으로 변경시켜줍니다.

빈 화면 마우스 왼쪽 더블클릭후 검색창에 Mask Preview,Preview Image를 검색하여 노드를 불러와줍니다. LayerMask: BiRefNet Ultra V2 노드에 simage는 image끼리 mask는 mask 끼리 서로 연결을 시켜줍니다.

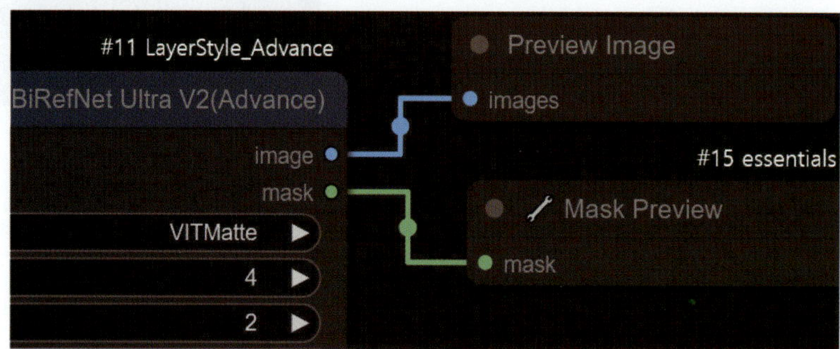

Purge vram을 검색해 추가로 불러와줍니다. 이 노드를 사용하면 생성시간이 단축이 됩니다. LayerMask: BiRefNet Ultra V2노드의 image와 Purge VRAM노드의 anything와 연결해줍니다.

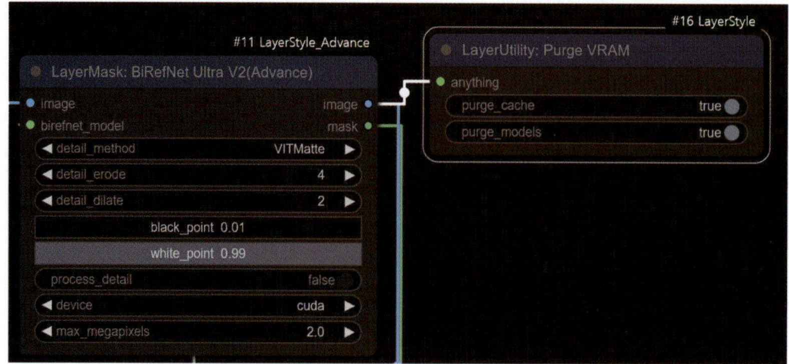

Load Image 노드에서 Upload 버튼을 클릭해 이미지를 불러온 뒤 Queue 버튼을 누르면, 깔끔하게 이미지가 분리되는 것을 확인할 수 있습니다. 이후 LayerMask: BiRefNet Ultra V2 노드의 값을 조절하면 알파 이미지 분리 정도를 세밀하게 제어할 수 있습니다.

Preview Image와 Mask Preview 노드에서 생성된 이미지를 저장하려면, 해당 이미지에 마우스를 올린 뒤 오른쪽 버튼을 클릭하고 Save Image를 선택하면 됩니다.

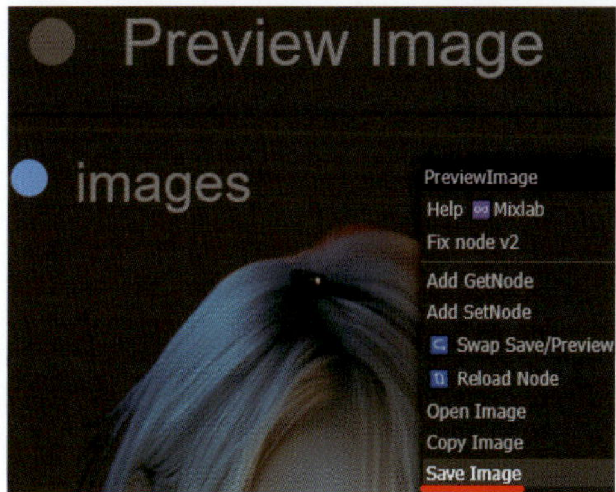

LayerMask: BiRefNet Ultra V2 노드 대신 LayerMask: PersonMaskUltra V2(ADvance) 노드로 대처하여 구성을 하게 된다면 각 신체부위별로 enabled로 체크하게 되면 그 신체 부위만 마스킹을 해주며 disabled로 비활성화를 시키면 해당 부위는 이미지가 제거됩니다.

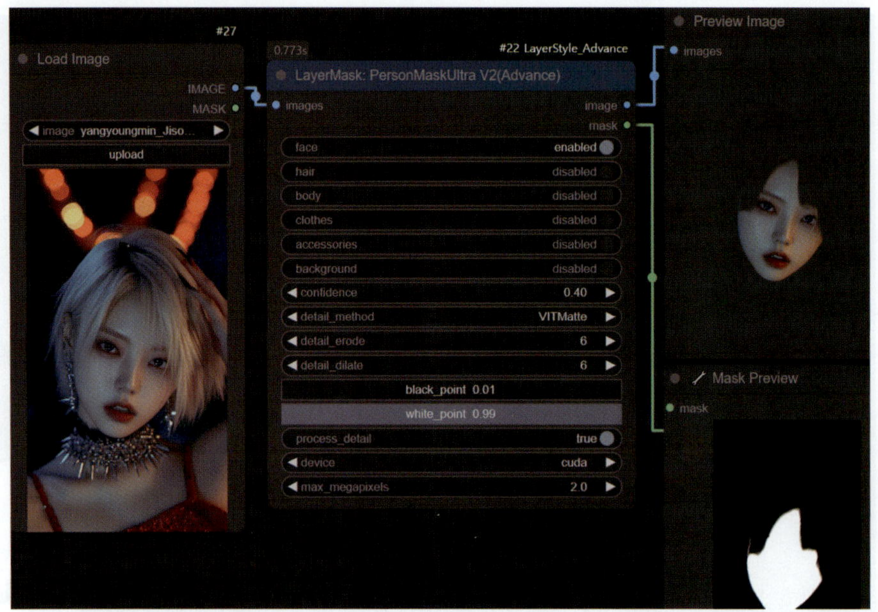

안 쓰는 노드는 [Ctrl+마우스 왼쪽버튼]으로 흰색 테두리 생기게끔 영역을 선택한 후 [Ctrl+B]를 눌러서 비활성화를 시키거나 [Delete]버튼을 눌러서 지워줍니다. [Ctrl+S]를 누르면 지금까지 작업했던 노드가 저장이 되는데 ComfyUI_windows_portable₩ComfyUI₩user₩default₩workflows 경로에 저장이 됩니다. 해당 노드는 예제파일에 있는 **[이미지 마스크.json]** 노드에서 확인할 수 있습니다.

8. 캐릭터/이펙트 스프라이트 시트 만들기

지금까지의 ComfyUI 설명이 이 문서를 위한 설명이였다고 해도 과장이 아닙니다.
게임 제작에 필요한 스프라이트 제작에 대해 알아보겠습니다.

로라(LoRA)파일은 모델 파일처럼 확장자가 ckpt, safetensors 2가지로 나뉘어지며, ckpt는 보완성에 취약하기 때문에 Safetensors 확장자 사용을 권장합니다.

ComfyUI를 실행해서 [Ctrl+O]키를 눌러서 예제파일에 있는 **[캐릭터 이펙트 스프라이트 시트.json]**를 열어줍니다. Note에 사용법과 자세한 설명을 넣었으니 참고 부탁드립니다.

해당 노드는 SDXL 모델을 기준으로 작성되었습니다.
따라서 ControlNet, IPAdapter, CLIP Vision 모델 역시 예제대로 사용할 수 있지만, 베이스 모델을 SDXL이 아닌 다른 모델로 변경할 경우에는 반드시 해당 모델에 맞는 버전을 선택해 교체해야 합니다.

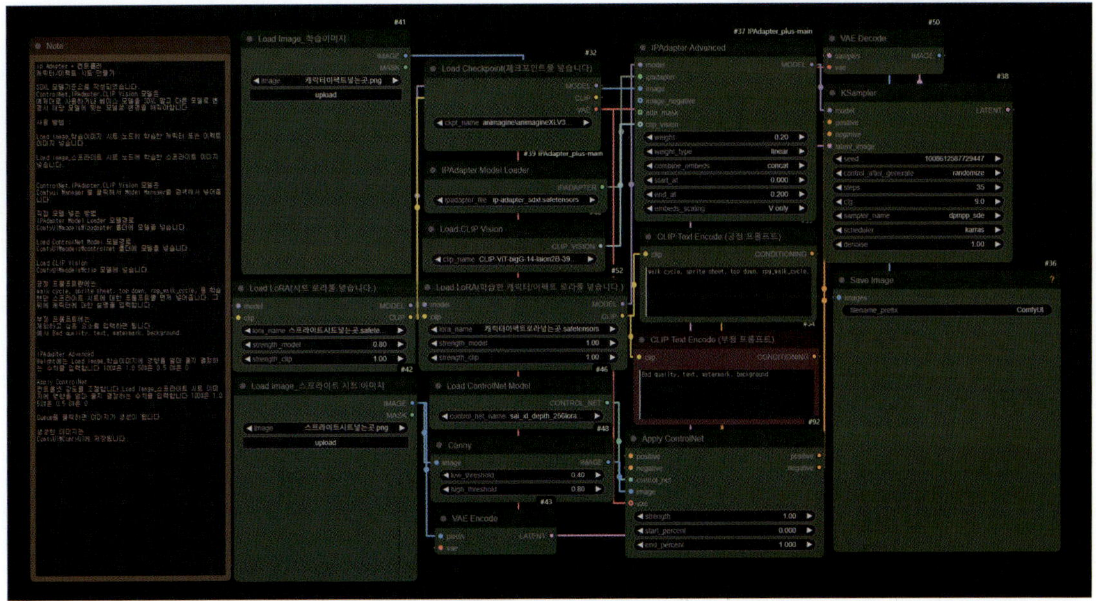

노드를 처음 실행시켰을때 IPAdapter에 관련된 노드를 설치하지않은 경런우 Missing Node Types 경고창을 볼 수있습니다.

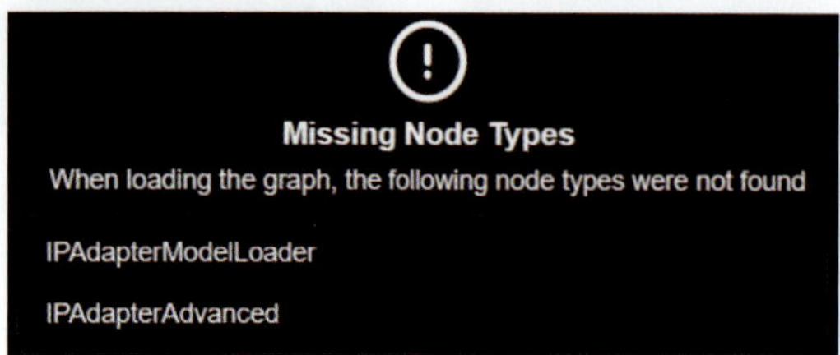

이럴 경우 ComfyUI Manager Menu [Manager] 를 실행시켜서 누락된 노드를 설치 후에 Restart로 재실행해줍니다. 그러면 정상적으로 커스텀 노드가 설치되었습니다.
노드를 하나하나 살펴보겠습니다.

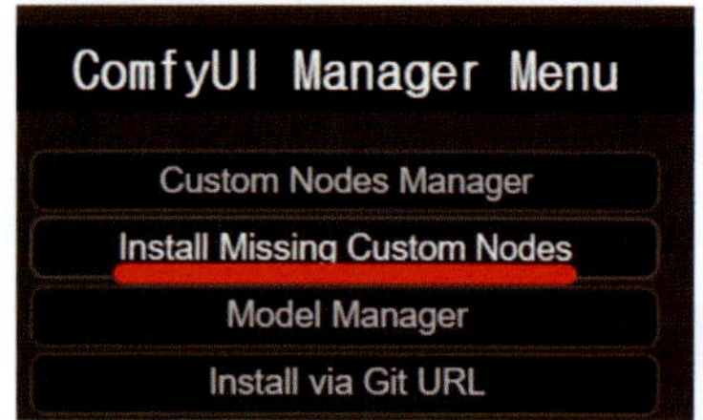

Load Checkpint 노드에 내가 원하는 체크포인트 모델을 넣어줍니다.

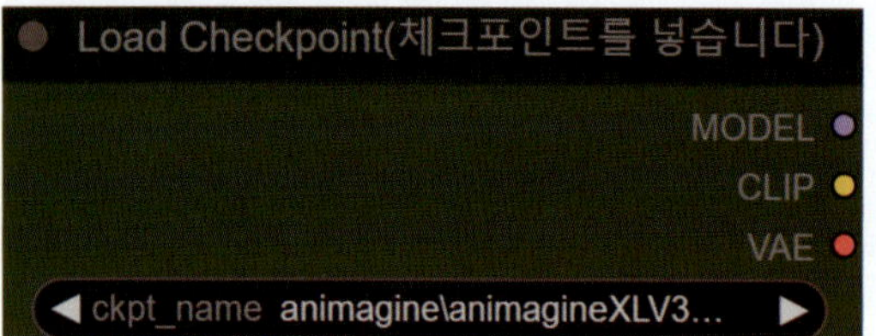

IPAdapter Model Loader

IP-Adapter는 Image Prompt Adapter의 약자로, 이미지를 프롬프트처럼 활용할 수 있게 해주는 어댑터입니다. 현재는 SDXL 버전을 사용하고 있으므로, 반드시 IP-Adapter_SDXL 모델을 준비해 적용해야 합니다.

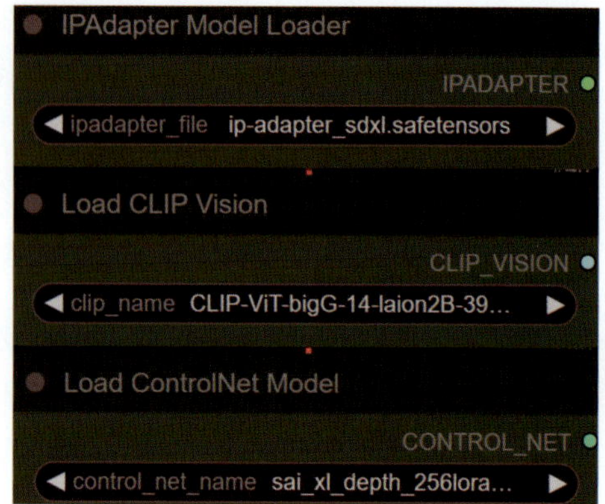

CLIP 모델은 ViT(Vision Transformer)와 Transformer 기반 언어 모델을 결합해 이미지와 텍스트를 동시에 처리할 수 있도록 설계된 모델입니다. 현재 노드에서는 CLIP-ViT-bigG-14 모델을 사용할 예정입니다.

또한 ControlNet은 이미지의 형태, 구도, 의미 등을 세밀하게 제어할 수 있도록, 이미지 생성 모델에 조건부 제어 기능을 추가한 오픈소스 신경망입니다. 이 예시에서는 깊이 정보를 제어하기 위해 SDXL 버전 Depth 모델이 필요합니다.

이럴 경우 ComfyUI Manager Menu를 실행시켜 Model Manager을 클릭해줍니다.

이후 돋보기 창에서 IP-Adapter, ControlNet, CLIP Vision 모델을 검색해 Install 버튼을 눌러 설치합니다.

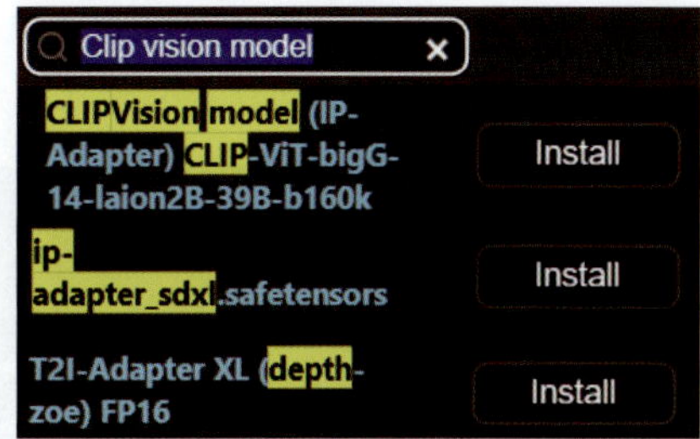

예제 이미지와 파일명이 완전히 동일하지 않아도 무방하며, SDXL 버전 확인만 제대로 하고, ControlNet은 반드시 SDXL Depth 모델을 설치하면 됩니다.

직접 모델을 추가하는 방법도 있는데, 인터넷에서 원하는 모델을 다운로드 한 후 지정된 경로에 넣고 ComfyUI를 재실행하면 됩니다.

IPAdapter Model Loader → ComfyUI₩models₩ipadapter
Load ControlNet Model → ComfyUI₩models₩controlnet
Load CLIP Vision → ComfyUI₩models₩clip

모델을 넣은 뒤에는 F5 키를 눌러 새로고침하거나, ComfyUI를 재실행해 적용합니다.

Load Image_학습이미지에는 로라로 학습한 캐릭터나 이펙트 이미지를 넣습니다. 이 이미지는 IPAdapter Model을 통해 프롬프트로 인식되어 활용됩니다.

Load Image_스프라이트 시트 노드에는 학습한 스프라이트 이미지를 넣습니다. 이 이미지는 동일 데이터로 학습된 로라와 함께 사용될 수 있으며, 동시에 ControlNet 모델에 입력되어 스프라이트 시트의 형태가 흐트러지지 않도록 제어하는 역할을 합니다.

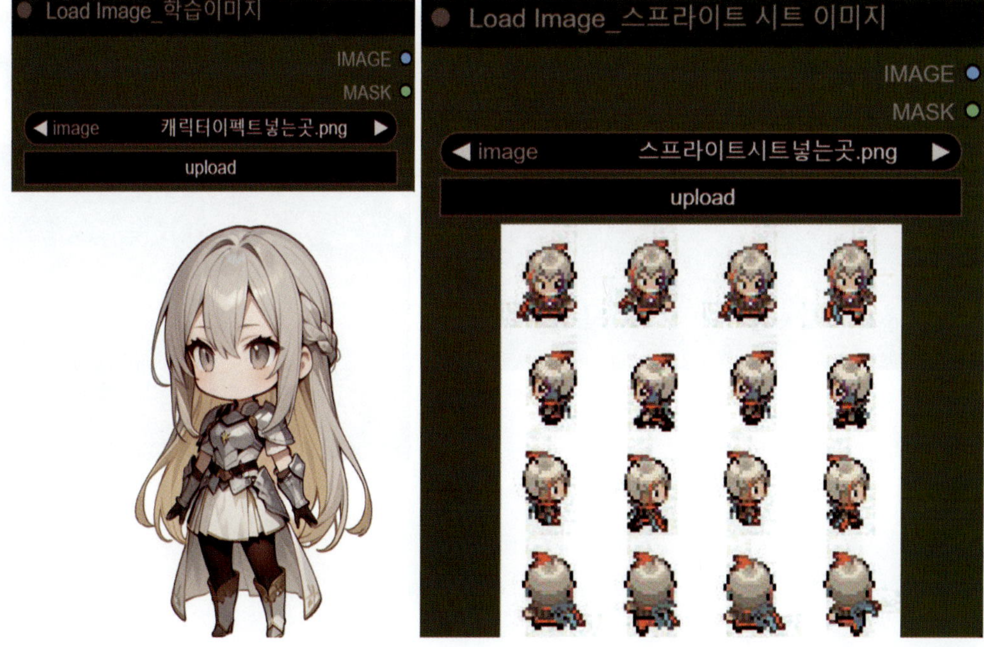

Load LoRA 노드에 각각 학습된 스프라이트시트 로라와 캐릭터 또는 이펙트 로라를 넣어줍니다.

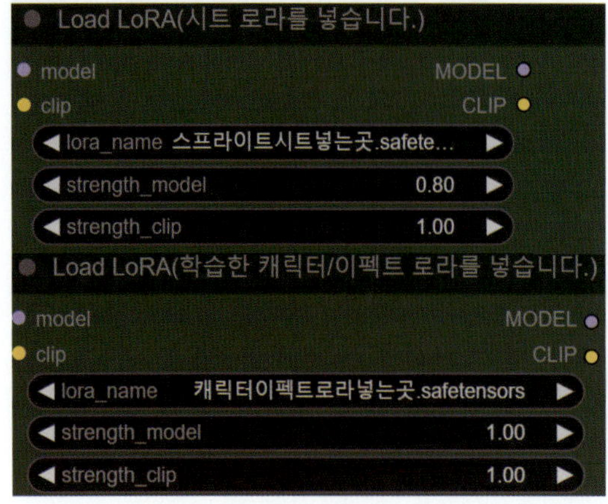

긍정 프롬프트란에는 walk cycle, sprite sheet, top down, rpg_walk_cycle 등 학습했던 스프라이트 시트에 대한 프롬프트를 먼저 넣어줍니다. 그 뒤에 캐릭터 또는 이펙트 설명을 입력합니다.

부정 프롬프트에는 내가 제외하고 싶은 요소를 입력하면 됩니다.예시 Bad quality, text, watermark, background

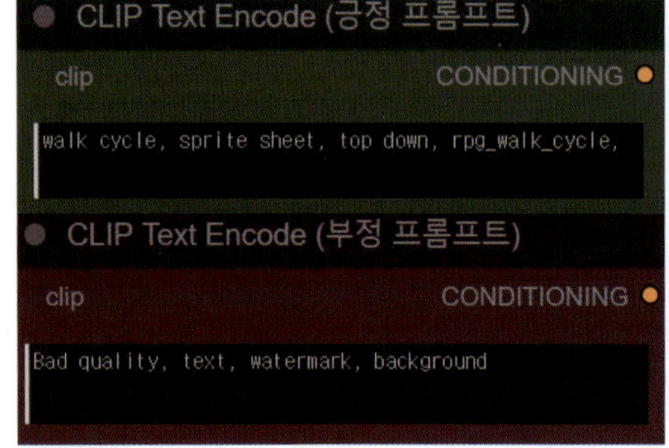

IPAdapter Advanced

Weight에는 Load Image_학습 이미지에 영향을 얼마줄 것인지 결정하는 수치를 결정합니다.
수치값 1은 100%의 영향력을 주고, 0.5는 50%의 영향력, 0.0은 0%의 영향력을 줍니다.

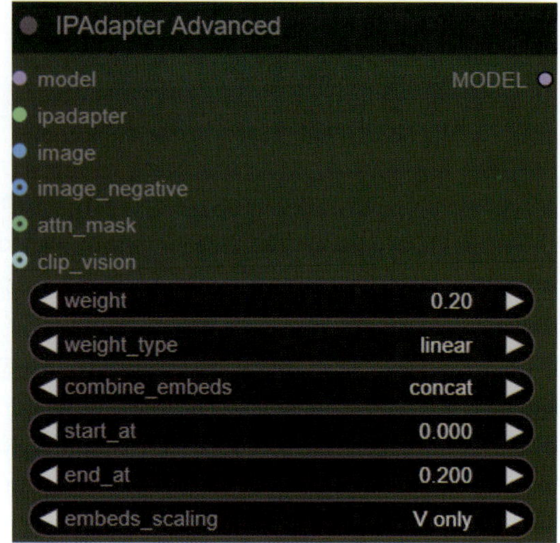

Apply ControlNet

컨트롤넷 강도를 조절합니다.Load Image_스프라이트 시트 이미지에 영향을 얼마 줄지 결정하는 수치를 입력합니다 수치값 1은100%의 영향력을 주고 0.5는 50%의 영향력 0.0은 0%의 영향력을 줍니다.

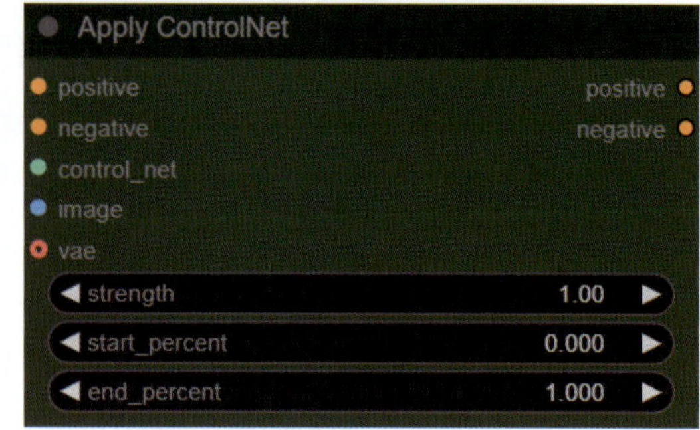

▷ Queue Queue버튼을 클릭하면 이미지가 생성됩니다. 생성한 이미지는 ComfyUI₩ComfyUI에 저장됩니다.

이펙트의 실제 작동은 **[Effect_결과물 gif]** 파일에서 확인할 수 있습니다.

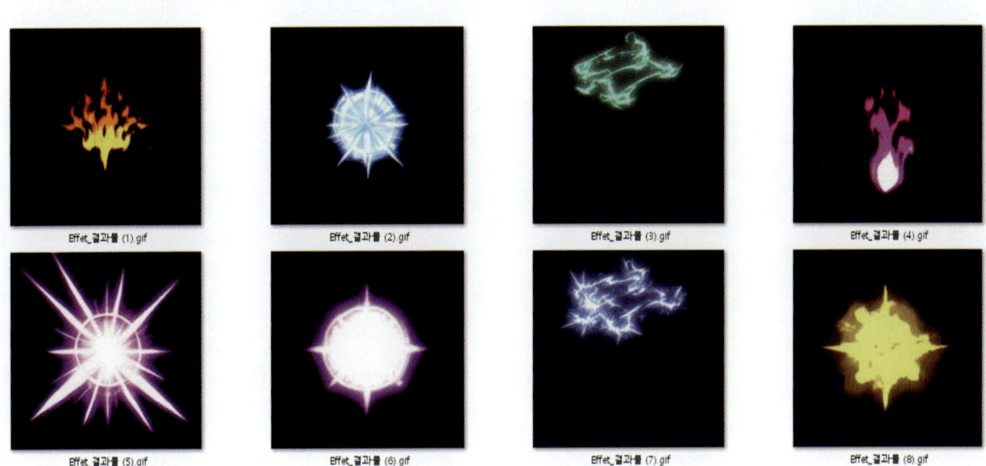